Dello stesso autore in edizione Garzanti:
La letteratura fantastica
Teorie del simbolo
Di fronte all'estremo
Una tragedia vissuta
Memoria del male, tentazione del bene
Il nuovo disordine mondiale
Lo spirito dell'illuminismo
La letteratura in pericolo
La paura dei barbari
La bellezza salverà il mondo

TZVETAN TODOROV

GLI ALTRI VIVONO IN NOI, E NOI VIVIAMO IN LORO

Saggi 1983-2008

Garzanti

Prima edizione: maggio 2011

Per essere informato sulle novità del Gruppo editoriale Mauri Spagnol visita:
www.illibraio.it
www.infinitestorie.it

Traduzione dal francese di
Emanuele Lana

Titolo originale dell'opera:
La signature humaine

ISBN 978-88-11-60115-9

Printed in Italy

www.garzantilibri.it

GLI ALTRI VIVONO IN NOI,
E NOI VIVIAMO IN LORO

INTRODUZIONE
LA CIFRA UMANA

Ho scelto di raccogliere in questo volume i saggi scritti tra il 1983 e il 2008. Volgendomi indietro a esaminare un arco temporale così ampio, sono inevitabilmente chiamato a interrogarmi sul significato del mio percorso. E, per cominciare, sulla scelta dell'anno di partenza: perché il 1983?

Sono nato in Bulgaria nel 1939, alla vigilia della seconda guerra mondiale. Nel 1944 l'Armata rossa attraversò il mio paese natale, che non era in guerra accanto all'URSS, ma che da quel momento entrò nella sfera d'influenza sovietica. Inizialmente nel paese fu instaurato un finto regime democratico, ma a partire dal 1947 era saldamente al potere la dittatura comunista. Fin dai primi giorni di scuola, perciò, mi trovai immerso in un mondo che subiva un controllo ideologico destinato poco per volta a divenire totale. Essendomi orientato verso gli studi letterari, in poco tempo avevo compreso che ogni dibattito sulle idee e sui valori di cui si fa portavoce la letteratura mi era vietato. Restava – forse! – la possibilità di parlare delle opere limitandosi ai loro aspetti meno ideologici: la materia verbale, le forme poetiche o narrative. Studi simili non erano incoraggiati (non contribuivano alla costruzione del socialismo), ma potevano essere tollerati. E così iniziai a nutrire interesse per le diverse scuole di critica «formalista» e le opere di linguistica generale.

Conclusa l'università, all'inizio degli anni Sessanta, grazie agli sforzi della mia famiglia ebbi l'opportunità di trascorrere un anno in Occidente, al di là della «cortina di ferro», dove perfezionare la mia formazione. Senza esitare, scelsi Parigi come luogo di residenza – per motivi che oggi mi appaiono piuttosto superficiali, quali la sua fama (certamente anteriore agli anni della guerra) di «capitale delle arti e delle lettere». Non conoscevo bene né la lingua né la cultura francese. Tuttavia, una volta in Francia, dopo qualche mese in cui rimasi disorientato, alcune persone con cui avevo stretto amicizia, come Gérard Genette e Nicolas Ruwet, m'introdussero in un ambiente intellettuale a me consono. Nel 1963 si era imposta sulla scena una corrente di idee e di pratiche chiamata strutturalismo, il cui rappresentante più illustre era l'antropologo Claude Lévi-Strauss. Tanto nelle scienze umane e sociali quanto negli studi letterari si tentava di seguire le nuove vie che tale corrente sembrava aprire. In ambienti tradizionalmente molto chiusi, dove le mie conoscenze, per quanto frammentarie, di tradizioni diverse da quella francese suscitavano curiosità, parlavo con entusiasmo dei formalisti russi o tedeschi, dei «nuovi critici» inglesi o americani. Le scelte da me compiute negli anni della Bulgaria comunista (per esempio il fatto di aver tenuto a distanza le ideologie) trovavano terreno fecondo nello spirito strutturalista presente in Francia.

Poi le cose cambiarono. Il mio soggiorno in Francia, inizialmente previsto della durata di un anno soltanto, si trasformò in una scelta di vita: mi sono definitivamente trasferito in Francia, mi sono sposato, sono diventato ricercatore al CNRS.* Per la mia formazione considero particolarmente significativi due avvenimenti: nel 1973 l'ottenimento della cittadinanza francese; l'anno successivo la nascita del primo figlio. Questi due cambiamenti, seppur di natura del tutto differente, hanno prodotto su di me il medesimo effetto: mi hanno spinto a vivere maggiormente qui e ora e non più soltanto in un sapere astratto. La cittadinanza mi ha permesso di capire come le strategie di difesa e di allontanamento che avevo messo in atto sotto il regime totalitario non fossero in-

* Centre National de la Recherche Scientifique, equiparabile al nostro CNR. [*n.d.t.*]

dispensabili per vivere in una democrazia liberale quale la Francia. Il dibattito sui valori e sulle idee, dunque, usciva dalla zona di pericolo; mi sono perfino reso conto che ai miei occhi esso acquistava un interesse crescente. Quanto alla paternità, era ormai per me un fatto troppo centrale perché non influenzasse anche il resto delle mie attività e più o meno inconsciamente avrei voluto che si stabilisse una continuità tra i diversi ambiti della mia esistenza.

Con il passare degli anni mi sono reso conto di una specificità delle scienze umane che i teorici del passato avevano formulato da tempo, ma la cui pregnanza mi è apparsa evidente soltanto quando l'ho sperimentata sulla mia pelle. In poche parole, quando si tratta di analizzare i comportamenti umani, è naturale cercare di basarsi su un'informazione abbondante, su osservazioni precise e ragionamenti rigorosi; eppure non basta. Una volta acquisito tale sapere, dobbiamo sottoporlo a un lavoro d'interpretazione, grazie al quale soltanto assume un significato. Ora, per svolgere quest'attività indispensabile, lo studioso di scienze umane si serve di un apparato mentale che è il risultato della sua storia personale. Ben inteso, egli cercherà successivamente di fondare le proprie intuizioni e supposizioni raccogliendo altri elementi a sostegno; rimane il fatto che in questo campo l'identità dello studioso gioca un ruolo molto più decisivo di quello che svolge nel campo delle scienze naturali: una parte del significato che egli elabora deriva da lui stesso.

Alla fine degli anni Settanta studiavo l'opera di uno storico della cultura e pensatore russo, Michail Bachtin, che in alcuni casi si era ispirato al lavoro dei formalisti, ma che li aveva anche fortemente criticati, accusando i loro studi d'ignorare le interazioni umane presenti dietro le forme verbali. Forse le sue idee mi hanno influenzato, ma più ancora ho subito l'impatto di un incontro a prima vista senza importanza. Durante un periodo trascorso in Messico, dove insegnavo teoria letteraria, ho cominciato a leggere i documenti dei primi testimoni della Conquista, nel XVI secolo, e ne sono rimasto colpito. Oggi credo di capire perché: questo incontro lontano tra popolazioni che s'ignorano è apparso ai miei occhi come una sorta di parabola di ciò che avevo vissuto insieme a tanti altri immigrati lasciando il mio paese d'origine. Naturalmente gli avvenimenti erano ben diversi (e molto meno gravi), tuttavia il quadro complessivo era il medesimo.

Appena concluso il libro su Bachtin, mi sono gettato a capofitto in una materia che fino a quel momento era per me ignota, la conquista dell'America. Ho preso lezioni di spagnolo per essere in grado di leggere le fonti non tradotte, sono ritornato in Messico e, tre anni più tardi, pubblicavo un libro molto diverso dai precedenti, intitolato *La conquista dell'America* (1982).

Da quel momento – e così siamo giunti al 1983! –, pur mantenendo una continuità con gli argomenti che mi avevano interessato in precedenza, non potevo più studiarli senza tenere conto di ciò che, dentro di me, mi spingeva verso di loro; tentavo così di trarre profitto dall'esperienza personale. Non intendevo certamente sostituire l'autobiografia allo studio del mondo. L'oggetto della ricerca restava esterno a me e cercavo di raccogliere più informazioni possibili al riguardo, senza dimenticare che per una loro interpretazione dovevo ricorrere all'esperienza personale e alla memoria. È questo che giustifica ai miei occhi la scelta dei temi trattati nei saggi che ho raccolto in questo volume. L'esperienza d'immigrato, per forza di cose ormai abituato a diverse tradizioni, mi avrà guidato nello studio dell'incontro delle culture. Gli anni di formazione nella Bulgaria comunista, tra il 1944 e il 1963, spiegano sicuramente il mio vivo interesse per i comportamenti umani sotto i regimi totalitari. Rispetto poi alla nostra dipendenza dallo sguardo altrui e alla remissività del nostro essere, per quanto mi riguarda penso siano da attribuire ad alcuni tratti specifici del mio carattere.

Che l'esperienza personale dello studioso di scienze umane sia importante per il risultato delle sue ricerche non significa, dunque, né che al sapere sostituisca la confessione, né che tra loro s'instauri un semplice parallelo. Molti dei saggi qui raccolti trattano del rapporto tra «vita» e «opera», che può anche essere, come intendo dimostrare, un rapporto d'inversione, o di compensazione, ovvero di complementarità. Se il rapporto varia, rimane comunque presente. Recentemente ne ho avuto un'ulteriore conferma, quando negli archivi di Germaine Tillion, aperti dopo la sua morte, ho scoperto in quale modo ella descriva il proprio mestiere di etnologa. Si era resa conto che il suo modo di parlare della popolazione oggetto di studio, i contadini dell'Aurès in Algeria, non era il medesimo prima e dopo gli anni della deportazione a Ravensbrück. Eppure non aveva raccolto ulteriori informazioni su di loro! In compenso, molto aveva imparato sui comportamenti umani, sugli effetti della fame, sull'importanza dell'onore, sul senso di solidarietà. Per tale motivo, la comprensione del mondo che ella studiava si era trasformata.

Sul problema del metodo le mie idee non sono mutate dopo il 1983, mentre le mie posizioni sono maturate su molti altri aspetti, specialmente riguardo ai temi trattati: il crollo del muro di Berlino mi ha liberato da un blocco interiore, permettendomi d'introdurre nel mio lavoro l'analisi del totalitarismo. Nello stesso tempo, devo prendere atto che la mia insaziabile curiosità per fatti salienti e storie esemplari mi ha attirato verso materie assai eterogenee, autori che hanno scritto in lingue diverse, in un arco temporale molto ampio (tra il XVI e il XX secolo). La mia attenzione si è rivolta anche alle varie scienze umane, le quali, a mio parere, avendo un oggetto comune, hanno tutto l'interesse a coordinare le proprie ricerche e a condividere i risultati raggiunti. Soltanto la mancanza di tempo e l'obbligo di ottemperare a vincoli burocratici ci chiudono all'interno di una disciplina universitaria, lasciandoci all'oscuro delle attività di ricerca dei nostri colleghi. Sociologia, etnologia, psicologia, scienze politiche sono altrettante vie che conducono al medesimo obiettivo, al quale giungono anche le discipline storiche, quali la storia sociale, la storia delle mentalità, esattamente come quella delle idee, della letteratura o dell'arte. Altrettanto deplorevole da ignorare è il punto nodale sul quale fanno luce anche le scienze naturali, che studiano l'essere umano o i suoi antenati: biologia, neurologia, psicologia clinica, etologia. E non dimentichiamo la prima scienza umana, la letteratura, che per millenni è stata la più importante forma d'espressione e di preservazione della saggezza dell'uomo! Del resto, non è certo resa inutile dallo sviluppo delle scienze umane, come diceva Germaine Tillion, che le conosceva molto bene: «Solo i romanzieri ci liberano dall'approssimazione».

Ho diviso i saggi che compongono questo volume in tre «generi», nessuno dei quali tocca esclusivamente concetti generali (da questo punto di vista mi riconosco in una formula di Leibniz – che Marc Bloch amava citare – quando evoca «il piacere di apprendere cose singolari»). Il primo è quello dei «ritratti», collocati appositamente all'inizio: gli incontri con i loro modelli, che siano avvenuti di persona o attraverso i libri, hanno lasciato in me una traccia indimenticabile. Mi rendo conto dell'effetto un po' strano che può creare la presenza di queste figure tutelari l'una accanto all'altra. Al di là del sentimento di gratitudine che provo nei loro confronti, non vi è alcun elemento che le metta in relazione; gli ammiratori e gli allievi di ciascuno di questi personaggi rimangono dei gruppi umani indipendenti gli uni dagli altri. La giustapposizione di questi ritratti, dunque, è anche un modo per delineare il mio personale autoritratto – un cosiddetto ritratto «cinese», costituito dai miei interessi per gli altri.

L'incontro più lontano nel tempo è quello con Roman Jakobson, linguista e storico russo, poi americano, a cui mi sentivo vicino nel periodo precedente al 1982. Sotto molti aspetti egli era l'emblema vivente dello strutturalismo, inoltre stabiliva dei contatti tra Est e Ovest, tra linguistica e poetica. Credo, però, che ad attirarmi verso di lui fossero piuttosto le sue qualità personali: il cosmopolitismo, il desiderio intenso di conoscere, la generosità verso i giovani che lo circondavano, l'entusiasmo per ogni possibile forma artistica.

Alla sua figura ho unito quella di Michail Bachtin, che, a differenza di Jakobson, non ho mai incontrato di persona, ma ho conosciuto attraverso i suoi libri. In particolar modo mi ha colpito il suo pensiero; il suo modo di mettere in risalto l'interdipendenza degli esseri umani e la loro vita necessariamente dialogica mi ha aiutato a dare forma alle mie intuizioni.

Il terzo personaggio scelto per la galleria di ritratti è Edward Said, critico e saggista americano di origine palestinese; a differenza dei due russi, che erano della generazione dei miei genitori, Said apparteneva alla mia ed eravamo amici, anche se ci vedevamo di rado. Nonostante la diversità delle nostre storie, mi sentivo vicino alla sua riflessione sulla differenza delle culture e sugli effetti dell'esilio; nello stesso tempo ammiravo il suo coraggio civico.

Gli ultimi due modelli scelti per i ritratti, entrambi francesi, si riallacciano ancora alla generazione precedente. È vero che non ho conosciuto Raymond Aron, analista della vita politica e storico, ma dopo la sua morte, sopraggiunta nel 1983, il suo pensiero mi ha toccato direttamente. In primo luogo ha sollecitato il mio interesse la lucida analisi del totalitarismo e dei suoi effetti perversi sugli intellettuali. Ho comunque apprezzato molto anche la sua maniera di occuparsi dei diversi problemi della vita pubblica: bene informato, attento a non deformare il pensiero dell'avversario, capace di tenere sotto controllo (salvo rari casi) le proprie emozioni.

E poi Germaine Tillion, che da una decina d'anni è diventata per me una figura centrale. L'ho conosciuta tardi, anche se frequentavo già da tempo i suoi libri; negli ultimi anni della sua vita (è mancata nel 2008), mi sono impegnato perché i suoi scritti fossero conosciuti meglio dal pubblico, occupandomi di pubblicarli o ristamparli. In lei ammiro la donna intrepida: per anni vive sola sulle aride montagne dell'Algeria, allo scopo di condurre una ricerca etnologica; appena rientrata a Parigi nel 1940, si unisce alla resistenza; deportata a Ravensbrück, lotta con grande determinazione contro l'inumanità. Ciò che la rende maggiormente cara ai miei occhi, tuttavia, viene dopo: è il suo modo di trarre degli insegnamenti dalle terribili prove subite, la sua capacità di evitare il rischio di disumanizzare quelli che le hanno fatto del male, il suo tentativo di proteggere nuove vittime invece di compiacersi nel ricordo della propria sofferenza; e, forse più di ogni altra cosa, la sua umiltà, il suo umorismo, la sua delicatezza. Considero una fortuna l'aver conosciuto una persona così rara.

Il ritratto di Goethe, infine, appartiene alla medesima serie, ma l'ho distinto, sia perché si riferisce a un passato molto più lontano, sia perché non ho avuto la pretesa di svolgere una trattazione esauriente dell'opera e dell'esistenza di quest'uomo universale: mi sono limitato a delinearne un profilo, a darne una lettura tra le tante possibili. Per parte mia, sono stato particolarmente toccato dalla sua riflessione sulla nostra dipendenza gli uni dagli altri, ma anche dalle sue idee sull'arte e sulla letteratura o dalla sua saggezza pratica.

Le altre due sezioni del libro richiedono meno spiegazioni. Ho constatato che i miei saggi oscillano tra le analisi di testi (che definisco «letture») e lo studio di ciò che è stato oggetto di altre opere, ossia gli avvenimenti del mondo (sono le «storie»), anche se vi sono saggi che possono appartenere a entrambe le categorie. Le «storie» riguardano il rapporto degli individui con il regime politico in cui vivono, che viene analizzato attraverso un solo esempio, il totalitarismo del XX secolo, visto nella sua opposizione alla democrazia. Il ruolo del totalitarismo è stato particolarmente importante in Europa, terreno di scontro tra le sue due grandi varianti, comunismo e nazismo; ma non è trascurabile sugli altri continenti, vuoi perché vi si sono instaurati dei regimi ispirati alle idee comuniste, vuoi perché la lotta contro tali idee ha dato vita a dittature militari o è sfociata in scelte antidemocratiche. I regimi totalitari oggi non rappresentano più una minaccia, ma l'esperienza di questo passato non lontano racchiude ancora delle lezioni per noi. Le sue tracce sono visibili ovunque, non soltanto nei paesi che ne hanno sofferto; e questi regimi non sono arrivati da un altro pianeta, sono nati tra noi, a partire da pratiche che non sono estranee al nostro modo di agire. Inoltre, nel corso di questa esperienza sono apparsi dei tratti umani fino a quel momento ignorati, ma la cui presenza oggi è attestata nel mondo intero. Alcune persone ne sono rimaste distrutte; altre, invece, opponendo resistenza al totalitarismo hanno rivelato qualità insospettate. In questa sezione ho tentato di raccontare alcune delle loro storie.

Nell'ultima sezione, quella delle «letture», cerco di attuare una «critica dialogica», che non si limita a descrivere il significato del testo, ma entra in discussione con il suo obiettivo, postulando che ci troviamo entrambi – l'autore studiato e io – all'interno di un quadro più ampio, quello di una ricerca di verità e di giustizia. È questo che mi permette, con grande umiltà, d'indagare alcune idee, per esempio di La Rochefoucauld o di Beckett. L'argomento di questi testi verte su temi già menzionati: la vita comune, l'incontro delle culture, l'arte e la spiritualità.

Attraverso queste differenze di genere, di epoca o di paese, credo di intravedere un oggetto comune alle mie ricerche: indipendentemente dall'approccio utilizzato, dai livelli di generalità o dai percorsi seguiti, si tratta sempre di un tentativo volto a comprendere meglio i comportamenti dell'uomo – come indica anche il titolo di questa introduzione, *La cifra umana.* Non ho la competenza necessaria per identificare ciò che sarebbe specificamente umano, in grado di distinguerci dagli altri mammiferi, peraltro non sono nemmeno sicuro che tale distinzione sia necessaria: dopo tutto, apparteniamo al regno animale e quel che a noi importa sono i tratti salienti dei comportamenti umani, la loro originalità non è decisiva. Per tale motivo, mi interessa l'analisi dei comportamenti sociali, dei regimi politici, dell'incontro tra le culture; ma anche la capacità innata nell'uomo d'immaginare delle opere, un significato, degli ideali, una spiritualità, una continuità temporale (in grado d'includere ciò che precede la nostra venuta al mondo e ciò che segue la nostra scomparsa), un cosmo.

Abbiamo bisogno di conoscere questa «cifra umana» non soltanto perché la conoscenza in sé è motivo di gioia, o perché potremmo trarne alcuni vantaggi concreti, ma anche perché i valori dell'umanesimo, che permettono di orientare la nostra azione più a lungo termine, devono poggiare sui tratti costitutivi dell'identità umana. L'autonomia del soggetto è uno di questi valori, infatti sappiamo come l'essere umano possieda una coscienza e un'immaginazione che gli permettono di esplorare con la mente l'infinità dello spazio e del tempo e anche di concepire valori e ideali che orientano la sua azione; perciò, può tentare di sfuggire a ogni determinazione imposta – in tal senso diciamo che la sua libertà è inalienabile. Se rendere l'altro un fine è un valore legittimo, lo dobbiamo al fatto che l'essere umano è segnato da un'incompletezza innata, ha bisogno degli altri per esistere. Gli uomini dipendono gli uni dagli altri non soltanto per riprodursi e assicurare la propria sopravvivenza, come le altre specie, ma anche per diventare degli esseri coscienti e parlanti; scoprono di non poterne fare a meno, se vogliono realizzarsi: la felicità degli altri diventa la loro. Infine, se l'uguale dignità di tutti i membri della specie è un valore, ciò dipende dal fatto che condividiamo una medesima identità biologica, che ci distingue da tutte le altre specie.

Questi valori comuni, dunque, non sono il semplice risultato della volontà umana, ma corrispondono alla «cifra umana»; s'impongono con la forza di un'evidenza che le semplici convenzioni non possiedono. I valori dell'umanesimo non sono inventati, bensì scoperti.[1]

RITRATTI

GERMAINE TILLION

Ho incontrato l'opera di Germaine Tillion alla soglia dei cinquant'anni, mentre scrivevo il mio libro sulla vita morale nei campi di concentramento, *Di fronte all'estremo.* Il suo *Ravensbrück* mi è parso uno dei testi più ricchi e più ragionevoli su un tema così impegnativo. Dieci anni più tardi, mi sono accostato nuovamente alla sua opera in occasione di un altro lavoro. In *Memoria del male, tentazione del bene,* mi ero posto come obiettivo di riflettere sulla storia europea del XX secolo e avevo deciso di alternare l'analisi delle grandi catastrofi del secolo e i ritratti di alcune personalità fuori del comune, che erano state capaci di reagire con fermezza e dignità di fronte alle ondate dilaganti dei totalitarismi. La figura di Germaine Tillion mi si è subito imposta, accanto a quelle dei suoi compagni Margarete Buber-Neumann e David Rousset, o di autori come Vasilij Grossman, Primo Levi e Romain Gary; era la sola ancora vivente. Ho avuto così l'occasione di leggere gli altri suoi scritti e scoprire, con mio grande stupore, il suo umorismo e il suo spirito anticonformista. Dopo questo mio lavoro l'ho conosciuta personalmente.

Allora aveva ampiamente superato i novant'anni, ma il suo spirito era rimasto brillante e ironico. Ho subito provato per lei un affetto particolare, ma non perché avesse compiuto atti eroici. Eppure l'aveva fatto: come membro della resistenza, in una Parigi occupata, rischiando la vita; nella deportazione a Ravensbrück, tentando di aiutare gli altri; durante la guerra d'Algeria quando, intrepida, si era immischiata in cose che non la riguardavano, suscitando l'ira non soltanto dei sostenitori accaniti dell'Algeria francese, ma anche dei falchi dell'FLN, perché la sua preoccupazione era una sola: salvare delle vite umane, dunque impedire sia la tortura e le esecuzioni capitali sia gli attentati che colpivano i civili. Gli atti eroici suscitano ammirazione; ebbene, coloro che l'hanno conosciuta *amavano* Germaine Tillion. Il fascino che la sua personalità esercitava su di me aveva una diversa origine – forse era dovuta al fatto che non si vantava mai delle imprese compiute. L'ultima cosa che avrebbe fatto sarebbe stata di impartire lezioni, di ergersi a vendicatrice di torti o a incarnazione del bene. Mi sono convinto che, se occupa un posto a sé nella storia della Francia del XX secolo, non è tanto a causa della sua partecipazione alla resistenza, né perché ha saputo testimoniare apertamente del proprio vissuto di deportata, ma piuttosto perché delle esperienze vissute ha saputo fare un uso del tutto particolare. Con il medesimo slancio ha guidato azione e riflessione, ha pensato la propria vita e ha vissuto i propri pensieri. È questa donna eccezionale, misurata e sorprendente al tempo stesso, che si è spenta nella propria casa, nell'aprile del 2008, nel centunesimo anno di vita.

Oggi capisco che l'incontro con lei, avvenuto piuttosto tardi nella mia vita (e ancor più nella sua), mi ha profondamente segnato, che in Germaine Tillion ho trovato una figura al tempo stesso vicina ed esemplare, l'incarnazione di qualità che prima non sapevo distinguere con chiarezza. Per tentare di descriverle, a mia volta sono chiamato a ricordare simultaneamente un'esistenza e un pensiero – perché sono strettamente uniti.

Il racconto degli anni di formazione

A tale scopo non sarà necessario tracciare l'intera vita di Germaine Tillion (1907-2008); sarà sufficiente osservare abbastanza da vicino il periodo relativo alla sua formazione intellettuale e spirituale, il suo *Bildungsroman*, per così dire. Questa formazione interiore ha inizio nel 1934, con la prima missione etnologica nell'Aurès algerino, e si conclude, a grandi linee, nel 1958, quando Tillion, di ritorno da un altro viaggio in Algeria, rientra in Francia e comincia a insegnare presso l'École pratique des Hautes Études, dove sarà eletta direttore degli studi; aveva compiuto da poco i cinquant'anni.

La prima missione, dunque, la porta nel massiccio auresiano, la cui popolazione è costituita dai Chaouia, che parlano il berbero. Come descrivere questa giovane che inizia un soggiorno destinato a durare, con alcune interruzioni, sei anni? Seguendo l'esempio dei suoi genitori, si considera in quegli anni una cattolica praticante. Non appartiene ad alcun movimento politico, ma prova un attaccamento viscerale per la patria – i paesaggi e le abitudini, i contadini e gli insegnanti – senza per questo abbandonarsi all'ammirazione beata: conosce bene le vulnerabilità della Francia, la sua sonnolenza compiaciuta, il suo desiderio d'ignorare i pericoli che la circondano preferendo cullarsi in sogni felici. È il motivo della sua «straziante tenerezza per il [s]uo paese»[1] e delle sue reazioni agli eventi politici di allora: la condanna senza appello della Germania nazista, considerata una minaccia per la Francia, la simpatia per la Spagna repubblicana o per la Cecoslovacchia sacrificata a Monaco, i timori di fronte al patto tra Germania e URSS.

A questa base cristiana e patriottica si aggiunge un ingrediente legato al suo futuro mestiere di etnologa e alla sua appartenenza al gruppo sorto intorno al Museo dell'Uomo, costruito nel 1937 al posto del vecchio Museo etnografico del Trocadero e guidato da personalità simpatizzanti del Fronte popolare. I membri delle nuove équipe non sono degli anticolonialisti, ma sono fermamente convinti che tutti gli uomini siano uguali e che il razzismo è «una stupidità totalmente esecrabile».[2] È con questo spirito che i giovani etnologi, mossi da una grande curiosità, vanno in giro per il mondo a studiare le società straniere.

La prima lezione che riceve Tillion, una volta che ha trovato una sistemazione nell'area oggetto di studio, riguarda gli abitanti dell'Aurès: malgrado le loro apparenti stranezze, in realtà sono molto più vicini di quanto non sembri alle abitudini dei francesi – non degli abitanti delle città, questo è vero, ma dei contadini tradizionali. Nemmeno loro sono perfetti – hanno pregiudizi, difetti e qualità esattamente come i cugini francesi – e agiscono sotto l'impulso degli stessi meccanismi psichici e sociali. Tillion può dunque comprenderli immedesimandosi in loro e stabilendo relazioni (nell'Aurès prima e alla periferia di Parigi poi) improntate alla reciprocità: risponde alla loro curiosità cercando di soddisfare la propria, ricambia l'invito con coloro che l'hanno accolta, aiuta quelli che usano cortesia nei suoi confronti. In tal modo la diffidenza poco per volta cede il passo alla fiducia.

La seconda lezione riguarda la sua persona. Vivere in mezzo a individui così diversi produce in lei un effetto liberatorio: «L'appartenenza a una cultura straniera permette di affrancarsi dalle passioni inculcate».[3] La propria cultura non è più considerata come quella naturale, si stabilisce una distanza con sé stessi e, pur continuando a vedersi dal di dentro, si comincia anche a percepirsi dal di fuori. Il risultato di questa duplice visione e di questa distanza tra il sé visto dall'interno e il sé visto dall'esterno sovente dà origine a un effetto comico. Il tono dei frammenti autobiografici lasciati da Tillion, che descrivono questa fase della sua vita, perlopiù è segnato dall'autoironia, forse perfino dalla derisione. Il contrasto fra le attese della giovane etnologa e le esperienze sul campo suscitano il sorriso dell'autrice che nel 1940, alla fine del periodo trascorso in Algeria, si considera ancora «una finta etnologa».[4]

In questi stessi anni Tillion ha ricevuto una terza lezione, senza rendersene subito conto. La descrive così in un incontro avvenuto più tardi: «La mia esperienza in Algeria dal

1934 al 1940, nell'Aurès, mi aveva già insegnato a vivere in un ambiente che mi era completamente estraneo, a osservare tutti i problemi politici come degli oggetti». Il suo modo di considerare il mondo circostante come un oggetto di studio si dimostrerà particolarmente utile nel corso degli anni successivi. «Quando nel 1940 mi sono ritrovata in Francia e poi a Ravensbrück, ho conservato questo modo di vedere ogni cosa, anche la peggiore, come un oggetto da analizzare, il che costringe a mettersi a cercare le informazioni là dove si trovano.»[5]

Tillion conclude le missioni nell'Aurès all'inizio del giugno del 1940 e rientra a Parigi al momento della disfatta. La sua decisione di rifiutare la sconfitta ed entrare nella resistenza è immediata, spontanea, impulsiva; non è il risultato di un'analisi attenta o politica, ma la reazione a un semplice istinto patriottico. L'annuncio della richiesta di armistizio, da parte di Pétain, l'ha fatta letteralmente vomitare; il mattino seguente, si è messa in testa che «bisognava assolutamente fare qualcosa»[6] e parte alla ricerca di altri che la pensino come lei; non ha difficoltà a trovarne. Lo stesso patriottismo le rende immediatamente sospetti tutti i tedeschi, anche se è ben consapevole che non sono tutti nazisti (cambierà decisamente opinione su quest'ultimo punto).

Una volta entrata nella resistenza, Tillion compie molte nuove scoperte. Se l'etnologia le aveva insegnato che nessuna differenza qualitativa separa le diverse varietà umane e che, a ben vedere, il lontano si rivela vicino, ora comprende che non tutti gli uomini sono simili e che i vicini possono risultare profondamente estranei. Certo, esistono due razze di uomini, ma non oppongono gli europei agli africani, né i civilizzati ai barbari. Non separano nemmeno i sostenitori di posizioni politiche differenti o i membri di partiti in lotta: Tillion ha scoperto che tra i suoi compagni di resistenza le simpatie politiche vanno dall'estrema sinistra, che condivide le posizioni dei comunisti, all'estrema destra monarchica e cattolica; lei, invece, si considera una «moderata», perché continua a rivolgersi a tutti. La categoria sociale o la classe, poi, assumono poca importanza. Nella resistenza, la divisione che conta è molto semplice: ci sono quelli con noi e quelli contro di noi. Deportata a Ravensbrück, Tillion elabora progressivamente la propria intuizione: la grande divisione dell'umanità in due categorie è di natura morale. «Vi sono alcuni che preferivano morire piuttosto che tradire e altri che preferivano tradire piuttosto di morire; quelli che sapevano di poter cedere l'ultimo pezzo di pane e quelli che sapevano di poterlo rubare a una malata o a un bambino.»[7] La qualità umana considerata da Tillion più importante di ogni altra sarà l'*affidabilità*.

Ella osserverà da vicino l'azione di quelli che scelgono di tradire, perché sarà a sua volta vittima di un traditore e, fatto più grave ancora, il tradimento invierà gli amici del Museo dell'Uomo davanti al plotone d'esecuzione e sua madre alla camera a gas di Ravensbrück. Tillion scoprirà che esistono degli esseri umani che, non paghi di tradire per egoismo o avidità, godono anche della sofferenza degli altri: ai suoi occhi costoro occupano il gradino più basso della qualità umana e incarnano quello che Tillion definirà «il lato atroce dell'umanità». Uno di loro, un canonico di cui ha fatto un sorprendente ritratto, le descrive con «il sorriso più radioso e più felice» la sorte atroce che attende i suoi compagni condannati a morte. Un altro, «con il medesimo sorriso di felicità piena e radiosa», sceglie a Ravensbrück le donne che devono essere immediatamente inviate alle camere a gas, dicendo loro: «Batte forte il cuore, vero?».[8] Lezione crudele per Tillion: eppure, sono uomini come tanti altri, persone comuni. Non potrà più cullarsi nelle illusioni sull'umanità, né dimenticare il suo «lato atroce». Qualunque società contiene in sé i germi dell'odio, della paura e del crimine, che condizioni favorevoli possono trasformare in mostruosità simili a quelle da lei vissute a Ravensbrück. Allo stadio embrionale l'estremo è nascosto in ciascuno di noi. Tillion compie qui un passo importante nella propria formazione: «Fu allora, e soltanto allora, che ripensai le mie classi "umanistiche"».[9]

Nello stesso periodo, fa delle nuove scoperte su di sé. Ora sa che il dolore più intenso non è quello fisico, non è causato dalla prospettiva della morte, ma dalle sofferenze inflitte a persone che ci stanno accanto e che non abbiamo alcuna possibilità di consolare. È costretta ad attraversare questa prova dolorosa almeno in due circostanze. La prima quando i suoi amici del Museo dell'Uomo sono arrestati, poi torturati, infine condannati a morte. Immaginare il sangue che sgorga a fiotti da volti conosciuti e amati le è insopportabile; sente «un nodo stretto in gola». Essere informata della loro condanna a morte, assistere al fallimento di tutti gli sforzi profusi per evitare l'esecuzione è mentalmente insopportabile e alimenta uno stato di angoscia permanente. Ad aggravare ancor di più la sofferenza è l'idea di sapersi anche solo in minima parte responsabile delle disgrazie altrui. «Una cosa è sostenere una tesi morale seduti in poltrona, bevendo una tazza di tè, ben diverso [...] è dirsi che degli esseri – vivi, felici, circondati dall'affetto delle proprie famiglie – subiranno la vera morte, dopo la vera tortura, perché ti hanno ascoltata, tu e le tue edificanti ragioni.»[10]

La seconda prova è altrettanto insopportabile: riguarda sua madre. Émilie Tillion è stata arrestata per complicità nelle attività illegali di Germaine, in particolare per aver dato ospitalità a dei paracadutisti inglesi e la figlia non può evitare di sentirsi responsabile del destino della madre. Per un certo periodo le due donne sono detenute nella medesima prigione, poi la sola Germaine è inviata a Ravensbrück, dove arriva verso la fine di ottobre del 1943. Questa circostanza le fa ben sperare che la madre venga liberata; viene invece a sapere, durante l'appello del 3 febbraio 1944, che anche lei è arrivata al campo. «Ero pietrificata dal dolore.»[11] Germaine fa tutto il possibile per rendere questo periodo meno angosciante alla madre, ma nulla può contro la politica di sterminio: il 1° marzo del 1945 Émilie è inviata nelle camere a gas, condannata a morte a causa dei suoi capelli bianchi. La sofferenza della figlia, impotente, è indicibile.

Accanto a questa nuova vulnerabilità, legata all'amore e all'amicizia per i propri cari, Tillion compie un'altra scoperta su di sé. Venendo a sapere, mentre è nella resistenza, dell'imminente esecuzione dei propri compagni, sente crescere dentro di sé una nuova determinazione: se necessario, è disposta a uccidere. «Ogni mossa contro il nemico mi parve valida.»[12] È inutile condannare determinati atti definendoli «terroristici»: in quel tipo di combattimento è possibile difendersi solo con i mezzi che si hanno a disposizione. Il suo stesso arresto, d'altronde, è legato a un progetto «terroristico»: cerca di liberare dei prigionieri appartenenti alla resistenza e «neutralizzare», ossia eliminare, il traditore responsabile dell'arresto della rete «Museo dell'Uomo». Questa nuova esperienza le sarà particolarmente utile quindici anni più tardi, quando dovrà confrontarsi con i «terroristi» dell'FLN algerino.

Tillion vive delle esperienze che non si sarebbe mai immaginata. Per esempio lo choc dell'arresto, quando all'improvviso tutto si ferma, i nostri cari sono in pericolo e ogni nostra sensazione svanisce, eccetto il dolore. O la lettura dell'atto d'accusa, che elenca non meno di cinque imputazioni a motivazione della sua condanna a morte. Con un certo humour osserva: «Due o tre condanne mi sembravano sufficienti al mio caso, ma ne ricavai un'impressione pessimista sul mio futuro». Tuttavia, alcuni mesi più tardi, vive uno stato d'animo del tutto diverso: le esecuzioni si sono fatte provvisoriamente più rare e viene autorizzata durante la detenzione a dedicarsi alla propria tesi di etnologia. Si sente improvvisamente serena e addirittura euforica, prova un «senso di pace e di gioia», «una pacificazione profonda nel potersi affrancare a pieno diritto dall'odio e dall'ossessione dei crimini tedeschi». Non li condanna certo di meno, né rinuncia al proprio ideale patriottico, ma riesce a superare il manicheismo che pone al di fuori dell'umanità i nemici del momento. Ormai riesce a «equilibrare l'amore assai esigente e doloroso che avevamo per il nostro paese e il bisogno di non rifiutare nulla di ciò che è umano».[13]

Alcuni mesi più tardi, comunque, subisce una nuova esperienza brutale: l'arrivo al campo, un luogo dove gli esseri umani nell'arco di poche ore vengono privati di tutto ciò che fino a quel momento formava la loro identità, dai diritti più elementari al nome, passando per la totalità dei loro oggetti o vestiti, perfino dei capelli. Lo scopo, il più delle volte raggiunto, è di gettare i detenuti in uno stato di profondo avvilimento.

Tillion si è chiesta per quale motivo si fosse ritrovata tra i sopravvissuti del campo. Domanda ancora più difficile perché, all'indomani dell'assassinio della madre, aveva constatato la scomparsa del «desiderio viscerale di vivere».[14] La sua risposta menziona diversi motivi. Innanzitutto, pochi giorni dopo questa prima constatazione, in lei matura una ferma decisione di rimanere in vita. Lo scopo dei nazisti è l'annientamento delle detenute, pertanto sopravvivere in un contesto simile diventa una forma di resistenza, un mezzo per contrastare il loro progetto. A ciò si aggiunge, ben inteso, una buona dose di fortuna: è illusorio pensare, nelle condizioni del campo, di mantenere un pieno controllo sul proprio destino; sarebbe stato sufficiente che uno dei medici delle SS fosse passato per l'infermeria un quarto d'ora prima o dopo perché i vostri fermi propositi di resistenza fossero distrutti. Entra in gioco anche un senso del dovere: le deportate sono consapevoli di assistere e di prendere parte a una situazione eccezionale, un degrado della specie umana mai visto prima; restare in vita per informare di tutto ciò il resto dell'umanità è quasi un obbligo, non con l'intenzione di punire i responsabili dei crimini del passato, ma di prevenire, per quanto possibile, il verificarsi dei medesimi crimini in futuro.

Lo stesso pensiero di una missione da compiere, alcuni anni più tardi, spingerà degli ex deportati a impegnarsi nella lotta contro i campi ancora in attività, in URSS e in Cina, in Grecia e in Spagna. Tillion era già stata informata sulla realtà del regime sovietico dal suo maestro di etnologia, Marcel Mauss; nel campo aveva ascoltato i racconti della compagna Margarete Buber-Neumann, trasferita a Ravensbrück dai gulag sovietici, regalo di Stalin a Hitler ai tempi del patto. Finita la guerra, l'esperienza traumatizzante degli ex deportati li chiama a un compito: condividere con gli altri gli insegnamenti di ciò che hanno vissuto e intervenire in situazioni in cui altri ne risultassero vittime. È per questo motivo che David Rousset, reduce da Buchenwald nel 1945, quattro anni più tardi costituisce un movimento in difesa dei detenuti che non sono ancora stati liberati, quelli dei campi sovietici; il suo appello è rivolto in particolare agli altri ex deportati. Tillion, che si unirà a lui in questa battaglia, a nome della propria associazione di ex deportate scriverà: «Non potevamo disinteressarci della sorte di coloro che soffrivano ciò che avevamo patito noi».[15] Vivrà sempre questo appello ad aiutare gli altri come un obbligo che non ammette eccezioni. I membri della commissione fondata da Rousset non dispongono di alcuna forza, né militare, né diplomatica, né politica; impugnano soltanto un'arma: la verità su questi regimi, che essi cercano di far conoscere e diffondere il più ampiamente possibile.

In qualche misura Tillion riuscirà a proteggersi dagli atti di crudeltà subiti al campo grazie alla propria capacità di creare una distanza tra la sua coscienza e l'esperienza del momento. Forse è il risultato di ciò che ella definisce come «il profondo interesse che nutro per lo spettacolo della vita e un certo disinteresse di me stessa e dei miei sentimenti»:[16] è questo che le permette di considerare il vissuto immediato alla pari delle altre istanze del mondo esterno. Dopotutto, è stato proprio il medesimo aspetto del suo carattere a indirizzarla verso una carriera scientifica e, come abbiamo visto, a insegnarle fin dai tempi dell'Algeria a considerare le situazioni nelle quali è immersa come un «oggetto da analizzare».

Un aspetto senza dubbio responsabile anche dell'atteggiamento ironico con cui guarda al proprio destino. Si tratta di una scelta deliberata, che aveva difeso in un volantino destinato a una pubblicazione clandestina, quando era appena entrata nella resistenza. «Siamo convinti che la gioia e l'umorismo costituiscano un clima intellettuale più stimolante rispetto all'enfasi lacrimevole. Abbiamo intenzione di ridere e scherzare e riteniamo di averne il diritto, perché ci siamo buttati anima e corpo nell'avventura nazionale.»[17] Una volta in prigione, minacciata di tortura da coloro che la sottopongono a interrogatori, riesce a farli ridere con la propria autoderisione; all'atto d'accusa che può portarla a una quintuplice condanna a morte risponde con una lettera ironica e piena di humour, che trasforma in commedia delle peripezie propriamente tragiche. Di questa lettera si potrebbe dire che è la prima opera letteraria di Tillion e che segna la scoperta di una vocazione: scrivere suscita in lei uno stato di estasi. «Fui così contenta di poter scrivere con una penna, dopo cinque mesi di totale isolamento, che mentre scrivevo la mia mano tremava per la gioia.»[18]

La stessa capacità di ridere di sé permette a Tillion di redigere, a Ravensbrück, la sua incredibile operetta umoristica *Le Verfügbar aux enfers* (letteralmente, Il disponibile all'inferno), che, per risollevare il morale delle compagne detenute, ironizza sulle loro disavventure. Così facendo, l'autrice non manca di tracciare una caricatura degli stessi etnologi, presentati nelle vesti di un naturalista che tenta di descrivere una nuova specie vivente, le detenute classificate come *verfügbar* («disponibili»), ossia coloro che, invece di partire in missione, restano al campo dove sono sfruttate senza pietà. Così scoprono progressivamente la vera vita da campo.

Nenette: *Andrò in un campo modello, con ogni comodità, acqua, gas, elettricità...*
Il coro: *Gas soprattutto...*[19]

Le deportate sono vestite di stracci, ma si comportano come modelle all'ultimo grido; sono sfinite, ma tentano di ballare il cancan; trattate come degli animali, usano un linguaggio castigato; sono fameliche e imbruttite, ma vengono chiamate *girls*...

Infine, quella che Tillion definisce «una lega dell'amicizia» è altrettanto responsabile della sua sopravvivenza al campo. Si manifesta già in prigione, dove i gesti di solidarietà sono numerosi e immediati e, seppur affievolita, è ancora presente nei campi, in particolare, a quanto sembra, in quelli femminili. Occorre guardarsi da una visione riduttiva del comportamento morale dei detenuti: l'avvilimento di alcuni si affianca all'elevazione di spirito di altri, la protezione dei compagni a rischio della propria vita non è un comportamento eccezionale. «Sovente è sembrato che i tenui fili dell'amicizia venissero sommersi dalla nuda brutalità dell'egoismo, ma tutto il campo ne era invisibilmente intrecciato», osserva Tillion.[20] Questi fili hanno superato la prova del tempo: il giorno della sua sepoltura, nell'aprile del 2008, erano presenti tutte le ex deportate di Ravensbrück ancora in vita.

Dopo il campo

Nell'aprile del 1945 Tillion lascia il campo grazie all'intervento della Croce Rossa e torna a Parigi in luglio, dopo tre mesi di convalescenza trascorsi in Svezia. Gli anni successivi, nel suo ricordo, sono i peggiori che abbia mai vissuto e non ha parole abbastanza dure per descriverli: «l'abisso», «fatica insopportabile e cupa disperazione», «periodo spaventoso». Cade in una vera depressione postliberazione, non trova più alcuno stimolo per desiderare la vita. Le ragioni del suo stato sono molteplici. Sopravvivere era considerato un atto di resistenza contro la volontà di sterminio che animava i nazisti; dopo la loro sconfitta, continuare a vivere non ha più significato. «Per questo motivo, molti di noi hanno vissuto la liberazione come una cosa spaventosa, perché il sostegno del pericolo è venuto improvvisamente meno a individui che ormai avevano perduto ogni energia vitale.» Quando la semplice gioia di vivere scompare, gli esseri umani hanno bisogno di un obiettivo al di là della propria esistenza. Corrono un grosso rischio, se l'obiettivo viene raggiunto; ecco perché Tillion lancia questo avvertimento: «Partigiani di tutti i paesi, diffidate della vostra vittoria».[21]

La scomparsa di questa ragione di vivere non è la sola perdita. Le sofferenze subite al campo erano enormi ma Tillion sperava che, una volta cessate, quest'esperienza sarebbe servita a qualcosa, che avrebbe prodotto automaticamente un risultato positivo; invece non è così, i benefici sono assenti. «La sola sofferenza non serve a niente, soltanto a far male.»[22] Tillion ha perduto anche altre componenti importanti della propria identità: gli amici sono stati fucilati, la madre e altre persone care sono morte al campo, il lavoro sui Chaouia, amorosamente proseguito e portato a termine in prigione, è andato perduto a Ravensbrück.

Non si tratta di perdite soltanto materiali: all'uscita dal campo, Tillion non è più credente. «Dal fondo dell'abisso abbiamo gridato verso di Te e Tu non hai risposto.»[23] Il male vissuto durante la prigionia è così estremo che finisce per diventare incompatibile con l'idea di un mondo creato e ordinato da Dio. Più grave ancora per questa accesa sostenitrice dell'idea secondo cui i lumi della conoscenza e della civiltà nobilitano il cuore degli uomini che il popolo tedesco, alla vigilia della seconda guerra mondiale, fosse tra i più civilizzati al mondo, appassionato di filosofia, di letteratura e di musica. Nulla di tutto ciò gli ha impedito di commettere le peggiori atrocità né di agire con la più grande crudeltà.

Lo stesso è accaduto a coloro che, in Francia o negli altri paesi occupati, hanno accettato – peggio, salutato – l'avvento del nazismo, o collaborato, oppure incoraggiato il tradimento e la violenza: anch'esse non erano persone prive di cultura. Ma allora la scienza, la cultura, l'istruzione non hanno alcuna utilità?

Rientrando in Francia, Tillion ritrova il proprio posto al CNRS, ma non si sente in grado di ricominciare da capo il lavoro da etnologa. Cambia settore e decide di dedicarsi alla documentazione e allo studio della resistenza e della deportazione. Questo lavoro, che considera indispensabile, finisce per deprimerla. In particolare il suo compito è quello di documentare il percorso dei membri della resistenza e delle deportate con i quali è stata in contatto, diretto o indiretto, per consentire ai sopravvissuti o ai familiari dei dispersi di ottenere documenti d'identità o aiuti e pensioni. Un lavoro estenuante, in primo luogo a causa delle seccature burocratiche («per una vedova occorreva fornire sedici giustificativi di stato civile e nove per ciascuno degli orfani»),[24] ma anche perché è chiamata a confrontarsi con migliaia di vite spezzate, deve ricreare le circostanze della tortura, delle deportazioni, delle esecuzioni di persone che conosceva bene. Costretta anche a raccogliere una documentazione sui carnefici, che trasmette alla giustizia, durante questa immersione nel male si sente soffocare.

Ma non è tutto. Anche il suo lavoro storico, peraltro indispensabile, le lascia l'amaro in bocca: è obbligata a scartare infiniti dettagli (e deve rinunciare a cercarne molti altri) per enucleare solo le crude informazioni necessarie all'amministrazione o alla ricerca storica: nomi, date, numeri; eppure, erano donne realmente vissute, uniche, ciascuna amata per ciò che era, quelle che gemevano accanto a lei. La scienza non ha alcun bisogno degli individui – ebbene, nulla è più prezioso. Sotto i suoi occhi il vissuto si trasforma in storia astratta e impersonale – viene annientato una seconda volta.

La giustizia dei tribunali non è certo più entusiasmante della storia. Tillion sarà la rappresentante delle deportate francesi al processo delle guardie di Ravensbrück, nel 1947; di ritorno, racconta alle compagne le ragioni del proprio sconforto. «Sappiamo bene che ogni agonia è stata unica, che ha rappresentato personalmente l'amaro destino di una sola donna [...]. Ed è falso che sia possibile, con dieci crimini, includerne altri mille.» I crimini totalitari sono di una grandezza tale da sfuggire alla giustizia, che giudica e condanna degli individui isolati, ma qui si tratta di crimini di stato, ripetuti infinite volte da agenti convinti di obbedire a leggi e ordini. Il male introdotto nel corso del mondo è destinato a restarvi per anni, se non addirittura per secoli. A ciò si aggiunge un ulteriore motivo per provare una «cupa disperazione»: durante questi processi, in Germania o in Francia, Tillion non può evitare di osservare gli ex carnefici di allora divenuti a loro volta prigionieri e constatare che, in stato di detenzione, si comportano come facevano le sue compagne e lei stessa, sono persone comuni e nei loro confronti prova una certa compassione. «Mi rendo conto che, pur odiandoli, ho pietà di loro ed è una cosa che mi fa impazzire.»[25]

L'ultimo capitolo nel *Bildungsroman* di Tillion sarà scritto durante la guerra d'Algeria. Sollecitata da persone a lei vicine nel 1954, si reca nel paese che ha conosciuto bene, ma questa volta per tentare d'impedire l'aggravarsi del conflitto. In un primo momento, non considera auspicabile l'indipendenza perché teme che possa portare a un ulteriore impoverimento della popolazione algerina; pensa piuttosto a «una simbiosi economica tra i due paesi».[26] A suo parere, l'origine del malessere va individuata nella miseria e nell'ignoranza della popolazione algerina e la sua proposta è di combattere questi mali creando dei centri assistenziali,* destinati all'i-

* Cfr. AA.VV., *Les centres sociaux 1880-1980. Une résolution locale de la question sociale?*, Presses Universitaires du Septentrion, Villeneuve d'Ascq 2004. [*n.d.t.*]

struzione di tutti: abitanti delle città, ma anche dei borghi più remoti, ragazzi e ragazze, bambini e adulti analfabeti. Un titolo di studio, pensa Tillion, è un'eredità migliore di un pezzo di terra sterile o di qualche capra affamata.

Ma non è la soluzione scelta né dall'FLN né dal governo francese, ciascuno dei quali tenta di vincere il conflitto con l'uso della forza. Quest'ultimo obiettivo esige il ricorso a mezzi quali omicidi, attentati contro la popolazione civile, tortura indiscriminata, apertura di campi di concentramento, regno dell'arbitrio nelle prigioni, esecuzioni sistematiche, che a loro volta fomentano l'odio da entrambe le parti. Dal gennaio del 1957, quando il compito di garantire la sicurezza è affidato all'esercito francese, l'aumento della violenza diventa l'avversario principale di Tillion, prima ancora della miseria; e così fa il possibile, talvolta rischiando la propria vita, per impedire le aggressioni contro le persone, da qualunque parte provengano. Spesso fallisce (com'era già accaduto, quindici anni prima, durante il processo alla rete «Museo dell'Uomo»), qualche volta ha successo, ma ne vale sempre la pena: ogni vita umana è infinitamente preziosa.

Sotto molti punti di vista la nuova guerra ricorda a Tillion la vecchia. La somiglianza non si pone, evidentemente, a livello del significato generale del conflitto, una guerra mondiale contro il fascismo e il nazismo in un caso, una guerra d'indipendenza contro il potere coloniale nell'altro; tantomeno nel ruolo di Tillion, protagonista e vittima nel primo caso, ora semplice testimone interessato. Ma fin dai primi passi che muove in Algeria, dove ritorna dopo una lunga assenza, s'impadronisce di lei una strana sensazione di déjà-vu. «Nel corso dell'indagine avevo acquisito la certezza (con quale vergogna! e quale dolore!) dell'impiego quasi indiscriminato della tortura.»[27] Quando vengono perquisiti dai soldati francesi, i contadini algerini alzano le braccia con lo stesso sguardo smarrito dei francesi arrestati dagli agenti della Gestapo. Gli attentati, gli imprigionamenti, i tradimenti, la tortura scatenano gli stessi meccanismi psichici e sociali. Le esecuzioni dei «terroristi» algerini richiamano irresistibilmente alla memoria quelle dei suoi compagni entrati nella resistenza e la propria inefficacia nell'impedirle fa soffrire Tillion crudelmente, ancora una volta. Paragonabili sono anche le spiegazioni che i vincitori del momento forniscono della vittoria, attribuendola alla propria superiorità intellettuale e morale.

La novità per Tillion consiste nella dinamica stessa dello scontro, dove ai colpi degli uni fa immediatamente seguito la replica degli altri – ma con intensità accresciuta. Ogni gesto di uno degli avversari alimenta nell'altro l'indignazione e la convinzione, in buona fede, di essere dalla parte del giusto, in un gioco di specchi che non fa che amplificare gli scontri. Agli atti di tortura rispondono gli attentati che colpiscono civili, viene poi il turno delle esecuzioni capitali, seguite da attentati ancora più mortali. La violenza è causa di umiliazione, che a sua volta provoca altra violenza. Come fermare questo cupo meccanismo? Tillion si vede investita, senza che fosse nelle sue reali intenzioni, del ruolo di mediatrice e di volta in volta supplica ciascuno dei belligeranti perché sospenda il crescendo di violenza, anche se non dovesse ottenere alcuna contropartita. Il suo scopo non è quello di fermare la guerra; in maniera molto più modesta (e realista), tenta semplicemente di far «calare progressivamente l'odio e il terrore che i due gruppi s'ispirano reciprocamente»,[28] diminuire la tensione di qualche grado, per rendere possibile un atto eminentemente umano: sedersi intorno a un tavolo e discutere.

Per alcune settimane, durante l'estate del 1957, otterrà un momentaneo successo sul versante algerino: Yacef Saadi, capo dell'azione militare ad Algeri, accetta di sospendere gli attentati contro i civili; la stampa francese di Algeri dà subito prova di una certa inquietudine e si chiede: che cosa nasconde questa tregua? Ma le autorità francesi non prendono in considerazione questi timidi progressi e non fermano le esecuzioni dei «terroristi». Il miracolo, non c'è da stupirsi, ha vita breve: Yacef viene arrestato, gli attentati ricominciano, la repressione riprende vigore. L'analisi alla quale Tillion sottopone i «nemici complementari» e le loro logiche, le lezioni ricavate dalla lotta contro il «terrorismo» algerino sono oggi di una singolare attualità, mentre i paesi occidentali si sentono minacciati da un nuovo «terrorismo» mondiale: il suo invito a una «politica del dialogo» merita sempre di essere ascoltato (una bocca che parla non morde).

L'altra novità, nella situazione in cui si trova, è rappresentata dal fatto che le cause e i principi ai quali vuole restare fedele non si trovano tutti sullo stesso versante. Aveva già intravisto questo conflitto precedentemente, per esempio quando, entrata nella resistenza, scopriva che amore della verità e amore della patria potevano non coincidere. O ancora quando, in prigione, provava un gran sollievo a non contrapporre il proprio patriottismo alla propria accettazione dell'umanità in tutta la sua diversità. Ma questa volta la riconciliazione appare ancora più difficile, perché i suoi due atti di fede si suddividono tra le fazioni opposte. Il suo lavoro di etnologa l'ha portata a conoscere da vicino la popolazione musulmana d'Algeria, araba e berbera; questa frequentazione, durata diversi anni, ha instaurato legami di simpatia, fiducia, amicizia. Il suo attaccamento alla verità non le permette di dubitare che questa popolazione sia maltrattata, umiliata, perseguitata, torturata. Ancora una volta è l'esperienza di deportata a determinare la sua reazione. «È stata la prigione a rendermi sensibile alle prove del popolo algerino», afferma nel 1961 (in un'intervista concessa alla rivista tunisina «Faïza»). «Avendo provato le pene, le umiliazioni che ha conosciuto, ho compreso attraverso quali prove è passato.» Tuttavia, ciò non le impedisce di prendere in considerazione le sofferenze dei francesi nati in Algeria che, se devono andarsene, rischiano di perdere tutto. Perciò interviene regolarmente anche in favore di questi ultimi, o degli *harki.** Nel 1964 sappiamo che inviava lettere perfino al generale de Gaulle per appoggiare la causa di ex militari golpisti, allora detenuti in carcere...

Si trova così sommersa da incarichi che la portano in direzioni opposte: il patriottismo e la giustizia, la solidarietà con i connazionali e il diritto dei popoli all'indipendenza, la compassione per le vittime di oggi e di domani. Si unirà a «quelli che servono il proprio paese» o a «quelli che obbediscono alla propria coscienza»? Non può e non vuole rinunciare: né alla solidarietà con il paese natale, né all'«estrema compassione che [le] ispirano le sventure del popolo algerino». Si riconosce da entrambi i lati della barricata, mentre la guerra raggiunge la massima intensità. Deciderà di non prendere posizione, ma di salvare dalla morte e dalla tortura il maggior numero di persone, senza informarsi preventivamente della loro posizione politica. «Mi rifiuto di uccidere l'uno per salvare l'altro.»[29] Situazione apparentemente senza via d'uscita, ma da cui si può venire fuori caso per caso, misurando la gravità di ogni urgenza, come fa Tillion. Quest'ultima lezione consiste dunque nell'accettare che nessuna lezione può essere l'ultima.

Contemporaneamente Tillion assiste alla trasformazione del modo stesso in cui pratica il mestiere di etnologa e di storica. Nel 1954, quando interviene in Algeria, crede che la propria storia personale si stia ripetendo: come nel 1940, è sottratta al lavoro scientifico che le sta molto a cuore per rispondere a un'urgenza e impegnarsi nell'azione immediata. Poco per volta comprende che si è avviato un nuovo processo, non più di alternanza tra conoscenza e azione, ma di sintesi. I due modi d'intervento ora le appaiono come derivanti da «una duplice lezione». La scienza, storia o etnologia, non è la sola fonte del sapere: anche l'esperienza vissuta crea un sapere, benché di altra natura. Per comprendere

* Algerini che hanno combattuto per la Francia nella guerra d'Algeria. [*n.d.t.*]

un avvenimento come la guerra d'Algeria, Tillion ha bisogno di entrambe: dati oggettivi e sensazioni soggettive, solidità della storia e sensibilità della memoria, ragione e passione – «la combinazione della grande luce bianca dell'indagine storica, che illumina ovunque i rilievi e i colori, e dell'oscuro raggio dell'esperienza, che penetra gli strati della materia».[30] Poco dopo applicherà questa lezione allo studio di Ravensbrück: adesso sa che non esiste conoscenza del mondo umano e degli eventi storici libera da pregiudizi, che in assenza di un'implicazione personale la scienza umana è destinata a restare uno sterile esercizio. Reciprocamente, la conoscenza stessa conduce all'azione, il ruolo dello scienziato non è soltanto quello di studiare, ma anche d'intervenire. «Consideravo gli obblighi della mia professione di etnologa paragonabili a quella degli avvocati, con la differenza che mi costringeva a difendere una popolazione e non una persona.»[31]

Tra il 1961 e il 1964 Tillion inizia anche a scrivere un'opera dedicata all'«apprendimento delle scienze umane», in cui intendeva spiegare come la resistenza in Francia e la deportazione a Ravensbrück le avessero fatto vedere con occhi diversi la popolazione dei Chaouia in Algeria. Né si può né si deve fare astrazione dell'identità dello scienziato nel lavoro della conoscenza: grazie a un apparato mentale costituito dalle proprie esperienze, egli comprende gli uomini che sono oggetto del suo studio. Tillion, tuttavia, rinuncia a portare a termine l'opera, senza dubbio scoraggiata dall'atmosfera che regna negli ambienti scientifici da lei frequentati: in quegli anni, gli esperti dell'umano coltivano l'ambizione di eliminare ogni riferimento alla soggettività dello scienziato.[32]

Verità, giustizia, compassione

Cerchiamo ora di avere una visione complessiva del pensiero di Tillion, anche se ogni tentativo di separare in lei pensiero e azione appare problematico. Una passione in particolare domina la sua esistenza: «Per tutta la vita», afferma, «ho voluto comprendere la natura umana.»[33] Passiamo in rassegna alcuni risultati della sua ricerca.

La politica non è invenzione dell'uomo. Molte specie animali conoscono elaborate forme d'interazione sociale, stabiliscono tra loro un complesso ordine gerarchico, regolano i conflitti d'interesse dei gruppi. Ma solo gli uomini hanno saputo introdurre nella vita politica dei principi che trascendono le abitudini e gli interessi; e sono proprio questi che permettono di definire l'azione di Tillion. Parlando di uno dei compagni di lotta, l'ex deportato David Rousset, ricorda la scelta da lui compiuta, di «difendere il giusto e il vero»; riflettendo sul proprio percorso, l'autrice vuole separare l'accessorio dall'essenziale, ciò su cui si può o non si può transigere e conclude: «Penso, con tutte le mie forze, che giustizia e verità siano più importanti di qualsiasi interesse politico». È questa battaglia che ci permette di svelare la «cifra umana»[34] e che può anche diventare il nostro ideale.

Innanzitutto, l'essere umano postula «l'esistenza di un ordine nascosto in tutto ciò che vive», come nella natura inanimata; egli è chiamato a «osservare tentando di comprendere». Non si tratta di un'attività secondaria o facoltativa, ma dell'identità stessa della specie: «Forse è questo che possiamo definire *esistere*».[35] La verità è la misura e anche l'orizzonte del lavoro di comprensione. Tutti gli uomini vi si dedicano sempre, ma una parte di essi ne fa la propria professione, gli scienziati. Nel loro cammino progressivo verso la verità, hanno individuato alcune fasi: in primo luogo raccogliere informazioni il più possibile complete, poi sottoporle alla critica e al giudizio – infatti non è possibile analizzare l'uomo senza giudicare. Infine, tentare di formulare un'interpretazione complessiva, separando ciò che è fondamentale e ciò che è derivato, il necessario e il contingente, le cause e gli effetti. Nel proprio modo d'agire, Tillion rimarrà fedele a questa vocazione dell'uomo.

Per conoscere occorre operare confronti; infatti, è un individuo quello che tenta di conoscerne un altro e, se il primo ignora sé stesso, la sua conoscenza rischia di essere viziata. Ma per conoscersi l'essere umano ha bisogno di uno specchio e questo non può che essere un'altra persona. La riflessione nasce dal riflesso. Il confronto tra società assume due forme principali. La prima è quella dell'etnologia, che confronta l'altrove con il qui (non si limita a studiare società lontane); del resto, è una sorta di percorso obbligato per la sociologia in generale, perché non è possibile identificare le proprie caratteristiche senza distinguerle da ciò che non sono. La seconda via è quella della storia, che prende in esame – anche se non sempre lo dice apertamente – il passato e il presente. Al posto della coppia informatore/etnologo si trova qui quella di testimone/storico. Il primo ha vissuto l'avvenimento in prima persona, ma ne conosce soltanto una minima parte; il secondo ha una visione d'insieme, ma gli manca l'intuizione che deriva dall'esperienza. Entrambe sono necessarie.

La conoscenza del passato è indispensabile all'azione nel presente e al tempo stesso le rimane subordinata. Da un lato, «non si prepara il futuro senza far luce sul passato», ecco perché la conoscenza del mondo, il discernimento, deve precedere il giudizio che orienta le scelte concrete. In questo senso, ciascuno di noi è investito di un «dovere di verità».[36] È questa maniera di preparare l'azione che, guardando all'esperienza di Tillion, assicura le maggiori possibilità di successo. Lei stessa ha agito così, applicando alla drammatica situazione in cui si è trovata immersa le lezioni apprese durante l'indagine etnologica precedente. D'altra parte, lo stesso far luce si giustifica con la costruzione del presente e dell'avvenire: lo scopo non è regolare i conti con il passato, ma imparare a vivere meglio il presente.

Che i risultati della conoscenza debbano essere posti al servizio dell'azione non autorizza comunque alcuno a prendersi delle libertà con ciò che considera verità – altrimenti, rischia di venir meno al proprio dovere di uomo. A maggior ragione è un obbligo assoluto per tutti coloro che, come Tillion, «hanno scelto quella che viene definita una “carriera scientifica”»: in ogni circostanza sono tenuti a rispettare la verità. È per questo che, quando le viene suggerito che le sue constatazioni sulla miseria in Algeria potrebbero alimentare una politica sbagliata, può soltanto replicare dicendo: non ho detto ciò che ho detto perché andava bene a me o a qualcun altro, l'ho detto «perché era vero».[37]

Questa ferrea esigenza di verità si manifesta fin dal primo testo che Tillion redige nel periodo della resistenza, il volantino del 1941. Le circostanze in cui viene scritto sono particolarmente significative: in clandestinità, si rivolge ai compatrioti privi di ogni fonte sicura d'informazione. La radio di Vichy e quella dei tedeschi diffondono false notizie, naturalmente, ma nemmeno Radio Londra e quella svizzera possono essere prese alla lettera: ciascuno si preoccupa evidentemente dei propri interessi. Ma è indispensabile la verità. Nel volantino Tillion s'impegna solennemente a non mascherare mai la verità, nemmeno quando apparentemente risponde agli interessi del suo paese, per i quali ella si batte. Le sue parole invitano a «una severa disciplina della mente», a diffidare tanto dell'entusiasmo quanto dell'odio. Se occorreva scegliere tra la causa che sentiva più vicina in quel momento, la difesa della patria, e il dovere di verità, avrebbe optato per quest'ultimo, perché «la nostra patria ci è cara solo a condizione di non doverle sacrificare la verità».[38]

Poco tempo dopo, durante la detenzione nel campo di Ravensbrück, le abitudini acquisite nel suo lavoro di etnologa permettono a Tillion di rendersi meglio conto della situazione in cui è finita; la comprensione, anche se non basta a salvare, contribuisce a proteggere. Avendo goduto in prima persona di questa protezione, Tillion decide di condividerla con le compagne; trova il modo di radunarle e tener loro «un vero e proprio corso universitario»[39] sulla struttura e sulle funzioni di un campo di concentramento; chi la ascolta le racconterà in seguito di averne tratto un vero conforto. Subito dopo la liberazione, Tillion comincia a raccogliere scrupolosamente tutte le informazioni disponibili su ognuna delle deportate, su ciascuno di quelli che sono entrati nella resistenza e che ha conosciuto di persona.

Dieci anni più tardi si trova nuovamente in una situazione analoga. Lo strappo, questa volta, si verifica tra la solidarietà con una parte delle compagne di Ravensbrück, ex deportate, e la verità che impone di rivelare le informazioni sui campi di concentramento che proliferano in URSS o in Cina. Una delle compagne, comunista come molte altre, le rimprovera il suo impegno nella commissione d'inchiesta di David Rousset; Tillion replica: «Purtroppo sono convinta che in URSS esistano i campi di concentramento e che vi muoiano migliaia di persone, in una miseria e una disperazione indicibili». Da quel momento ogni considerazione sul cattivo uso che si può fare della verità diventa superflua. «Non posso dire che una cosa non sia vera, quando penso che lo sia.» Questo rispetto assoluto della verità è capace di prendere il sopravvento anche sull'attaccamento più forte. «Se scopro qualcosa che il mio paese ha fatto male, tenterò d'impedirlo con tutte le mie forze. Perché vuoi che per l'Unione Sovietica faccia più di quel che non farei per la Francia?»[40]

Quando ci si dedica anima e corpo alla ricerca della verità, bisogna essere pronti anche ad accettare delle verità scomode. A questo periodo risale un episodio emblematico di quello che potremmo definire il «metodo Tillion». In un processo istruito in Germania, nel 1950, due sorveglianti di Ravensbrück sono state accusate di aver decapitato con un'ascia alcune detenute francesi. Germaine Tillion ne viene avvisata; convince la compagna Geneviève de Gaulle-Anthonioz, che peraltro ha appena partorito, ad accompagnarla al processo che è stato intentato alle sorveglianti a Rastatt, per testimoniare in loro favore. Cinquant'anni dopo la compagna ricorda: «Mi hai detto: "Se dobbiamo continuare a dire la verità, dobbiamo farlo anche quando ci costa"».[41]

Questo è il principio fondamentale a cui si richiama Tillion. Ma «dire il *vero* non basta, bisogna anche dire il *giusto*». E che cos'è il giusto? Gli esempi che fornisce a sostegno delle proprie parole sono rivelatori. La constatazione dei misfatti dei nazisti è conforme alla verità; se vogliamo però attenerci anche alla giustizia, bisogna «menzionare *anche* il calvario del popolo tedesco». I deportati che occupavano delle posizioni gerarchicamente superiori hanno commesso delle brutalità; disconoscere allo stesso tempo i numerosi servizi che hanno reso sarebbe stato ingiusto. La nostra visione globale del mondo deve aspirare a una giustizia capace di inquadrare e trascendere ogni verità puntuale. Tillion ha mutato atteggiamento rispetto agli anni della seconda guerra mondiale, quando il suo giudizio era animato dal patriottismo più che da una preoccupazione di giustizia astratta, cosa che la portava a condannare in blocco i tedeschi, tutti colpevoli, tutti bestie, tutti cattivi. «Quando, nel 1940, occuparono il mio paese, confesso di averli considerati, loro e tutte le balle che raccontavano, attraverso l'ottica opaca dell'ostilità – ma sono passati ormai vent'anni, durante i quali non ho cessato di pulire le mie lenti.»[42]

Le esigenze di verità e giustizia s'intrecciano infatti nel successivo lavoro di Tillion sull'esperienza nazista. Non è più questione di punire i carnefici né di aiutare le vittime ricorrendo a informazioni precise, ma di approfondire la conoscenza del male accaduto per essere capaci di prevenirne la ricomparsa, sotto un'altra forma, nel presente. La sua lunga esperienza dell'argomento la porta ad auspicare che nessun periodo del passato sia isolato dagli altri, anche se quelli che l'hanno vissuto tendono a considerarlo diverso e privo di rapporti con tutto il resto, in altre parole a sacralizzarlo. I campi di concentramento nazisti, gli «istituti» di eutanasia e i campi di sterminio non devono essere analizzati «singolarmente, come avviene oggi», ma considerati diverse sfaccettature di un solo e medesimo progetto. Questo lavoro di studio e d'interpretazione deve essere approfondito il più possibile, anche se resterà sempre qualcosa d'insondabile in un comportamento umano tanto estremo quanto quello dei carnefici nazisti. Dopo aver dedicato gran parte della propria vita all'analisi del fenomeno nazista, Tillion è costretta ad ammettere: «In fondo, non sappiamo che cosa sia il male estremo», «non riesco a spiegarlo».[43] Prima di giungere a questo limite ultimo, è comunque riuscita a comprenderne interi blocchi, aiutando anche noi a capire.

Non bisognerebbe ridurre il principio di giustizia all'azione dei tribunali. Essi oltrepassano facilmente il proprio compito, ossia proteggere la società da coloro che la minacciano, e invadono la responsabilità ora degli storici - che devono contribuire a stabilire la verità – ora dei predicatori, che impartiscono lezioni di morale. È per questo che Tillion accoglieva con scarso entusiasmo la tendenza più recente che vuole istruire un processo per crimini commessi quaranta o sessant'anni fa. Era proprio necessario giudicare nel 1987 Klaus Barbie, l'ufficiale torturatore tedesco, per crimini commessi nel 1944? Tillion esprime dei dubbi in proposito, ma ricorda che, comunque, l'essenziale non è tanto punire i criminali molto tempo dopo i fatti, quanto «riflettere sul crimine in sé. Per il passato, ma anche per il futuro». È scandaloso che Barbie abbia trovato un avvocato? Solo la domanda può essere considerata scandalosa, infatti quelli che credono di trovarsi dalla parte del bene dimenticano subito i più elementari diritti umani. Nel 1998 era proprio necessario rinchiudere in prigione l'anziano funzionario di Vichy, Maurice Papon? Tillion pensa di no: «Oggi è l'unico a espiare per tutti i funzionari di Vichy. Trovo che sia una cosa intollerabile». Per chi rappresenta una minaccia oggi? «Non sopporto che vengano imprigionate delle persone senza che sia indispensabile.»[44] Lo scopo della giustizia dovrebbe essere quello di proteggerci dai pericoli del presente piuttosto che punire gli errori del passato; è necessario impedire l'atto criminale, ma, una volta raggiunto lo scopo, la detenzione non è più indispensabile.

Bisogna perseguire in giudizio i torturatori dell'esercito francese al tempo della guerra d'Algeria? Tillion, che ha combattuto la tortura fin dagli anni Cinquanta e si è unita all'appello lanciato nel 2000 da numerose personalità perché l'utilizzo della tortura da parte dell'esercito sia riconosciuto ufficialmente dal governo, è contraria: «Bisogna condannare la tortura, ma non le persone», occorre sempre riuscire a «distinguere il crimine dal criminale»[45], essere inflessibili nei confronti dei misfatti e clementi con coloro che li commettono. Non si può seriamente perdonare il male che ha distrutto definitivamente una vita, insostituibile; ma è possibile provare compassione anche per quelli che hanno commesso il crimine.

Aspirare a essere giusti non significa nemmeno considerarsi investiti di una missione, ovvero fare la morale agli altri. Colui che vi si dedica implicitamente ritiene di non avere nulla da rimproverare a sé stesso; il fatto è che «il peggior gruppo umano è quello che si considera perfetto».[46] Per questo motivo, Tillion ha deciso una volta per tutte di non impartire lezioni né di morale né di politica; non ama nemmeno firmare continuamente petizioni o appelli. Il *giusto* al quale aspira Tillion, in fin dei conti, si richiama a un'idea: quella del valore irriducibile dell'individuo umano. Anche se siamo costretti, per le necessità della conoscenza, a classificare le persone in base alla loro origine, alla classe, alla professione, alle convinzioni religiose, quando si tratta di giudicare occorre partire dal principio che l'individuo non è riconducibile ad alcuna categoria. Da qui nasce il fallimento dei tribunali, che si limitano a esaminare alcuni casi e li considerano applicabili universalmente.

Il principio di giustizia appreso nel campo di concentramento porta dunque alla compassione, che ingloba e supera questo concetto. Da un certo momento della propria vita, Tillion non dimenticherà in alcuna circostanza quest'ultima scelta. È il motivo per cui non aderisce mai ad alcun partito, non abbraccia alcuna ideologia, fatta eccezione per quella che la invita a interessarsi agli individui più che alle loro appartenenze politiche o nazionali. «Le cause sacre non sono eterne. Eterna (o quasi) è piuttosto la povera carne sofferente dell'umanità.» In Algeria, l'esercito francese uccide in nome della difesa della patria, gli insorti, al contrario, per la libertà e l'indipendenza; rimane il fatto che da entrambe le parti sono comunque degli esseri umani a morire. Piuttosto che distinguere i partecipanti al conflitto in buoni e cattivi, Tillion si riconosce negli uni e negli altri, «fraternamente solidale e responsabile di tutti i colpevoli dei due schieramenti».[47] Invece di sentirsi fiera degli eroi usciti dal suo gruppo e provare simpatia per gli innocenti, si sente ogni volta responsabile.

Per tutta la vita è sempre stata una persona «impegnata», ma il suo impegno assume una natura molto particolare: mai per una causa politica, ma prima per la verità, poi per la giustizia, infine per «la povera carne sofferente dell'umanità»: la compassione le sembra superiore alla giustizia stessa. Tillion non fa distinzione tra le vittime, suscitando l'incomprensione, addirittura l'indignazione, da parte di coloro che militano per una giusta causa e credono che le proprie vittime valgano di più di quelle degli avversari. In tutto ciò si distingue nettamente dalla classica figura dell'«intellettuale impegnato», pur essendo sia l'uno sia l'altro.

Si può osservare particolarmente bene tale contrasto durante una delle peripezie legate alla sorte di Yacef Saadi. Viene arrestato poco dopo l'incontro con Tillion, che vuole salvargli la vita. In un primo tempo riesce a farlo trasferire, insieme ai complici, dalle mani dei militari a quelle della giustizia, condizione che li protegge dalla tortura e dall'esecuzione immediata. Poi, nell'ottobre del 1957, redige una testimonianza che indirizza alla giustizia militare francese, in cui racconta dettagliatamente le trattative informali avviate con il detenuto. «Tra loro e la ghigliottina, in tutto quel periodo, non vi fu altro che la timida velleità dei negoziati che ero stata incaricata d'intraprendere.» Il processo si svolge nell'estate del 1958; malgrado le minacce ricevute, Tillion si reca ad Algeri per testimoniare in favore di Yacef. Viene condannato a morte (con tre imputazioni), ma l'elezione di de Gaulle alla presidenza della repubblica gli salva la vita: il neoeletto concede la grazia a tutti i condannati a morte. La testimonianza di Tillion sarà pubblicata sull'«Express» alla fine dell'agosto di quell'anno.

Nell'autobiografia *La forza delle cose*, Simone de Beauvoir racconta che nel settembre di quello stesso anno «s'immerge, alla Nazionale, nella guerra d'Algeria» e scopre il testo pubblicato sull'«Express». Annota con queste parole le proprie impressioni: «Abbiamo cenato tutti [...] facendo a pezzi l'articolo di Germaine Tillion che secondo Bost, Lanzmann e me è una vera porcheria».[48] Leggendo questo giudizio alla pubblicazione del volume, nel 1963, Tillion risponde indirizzando a «Le Monde» una splendida lettera aperta, pubblicata nel marzo successivo.

Simone de Beauvoir non ha mai fornito una spiegazione dettagliata per il giudizio formulato nel 1958, ma è deducibile dal contesto. L'équipe di «Les Temps modernes», a cui appartengono i tre personaggi in questione, a quell'epoca è impegnata nel sostegno all'FLN. Il tenore della testimonianza di Tillion è molto più misurato, in qualche modo cerca di difendere l'azione di Yacef ricordando le sue buone intenzioni, il suo rammarico per le vittime civili o le sue promesse di sospendere gli attentati. Di fronte all'intransigenza degli intellettuali parigini, le parole di Tillion, che cerca di evitare la morte a un «terrorista» in stato di arresto, ai poteri in carica suonano inevitabilmente come una concessione inammissibile, dunque come una «porcheria». La combattente algerina Zohra Drif, presente a quello stesso incontro, arrestata contemporaneamente a Yacef e come lui minacciata di morte ma salvata dall'intervento di Tillion, è della stessa opinione: in ogni occasione, e ancora di recente, dichiarava di nutrire stima soltanto per coloro che appoggiavano senza riserve la causa dell'FLN e di disprezzare «le lezioni di morale» ricevute da Tillion nel corso dell'incontro. Da un lato, la difesa di una causa; dall'altro, quella di un essere umano.

Presente alla sepoltura di Germaine Tillion a Parigi, Yacef Saadi ripeteva a chi voleva ascoltarlo: «Ho perso la mia seconda mamma. La prima mi aveva dato la vita, la seconda me l'ha data di nuovo».

Gli usi della memoria

Tre quarti di secolo vissuti sulla scia del continuo impegno sotto gli occhi di tutti sono un lungo periodo e Tillion non ha mai voluto limitare la propria curiosità né accontentarsi di un solo centro d'interesse. Abbracciando con lo sguardo il suo intero percorso siamo colpiti dalla molteplicità o dall'unità? Va detto che su alcuni punti ha cambiato opinione, come abbiamo visto nel suo «romanzo di formazione». Tuttavia, prevale l'unità: tutto è cominciato da questa duplice esperienza, la profonda simpatia provata per i contadini Chaouia e l'enorme pericolo rappresentato dall'invasione nazista. In seguito ogni cosa sarà letta alla luce di queste esperienze decisive vissute tra il 1934 e il 1945.

Ciò non significa che il suo atteggiamento rimanga immutato: le circostanze cambiano e, dato che Tillion vuole sempre partire dalla ricerca scrupolosa e imparziale della verità, cambieranno anche le sue reazioni. Pensiamo al problema dell'istruzione. Abbiamo visto che Tillion è ritornata dal campo di deportazione ossessionata da una domanda, che in seguito formulerà in questi termini: «Com'era possibile che un popolo più colto della media fosse sprofondato in una tale follia?».[49] Siamo di fronte, infatti, a una sconcertante anomalia per chiunque si professi discepolo dei lumi, che ci insegnano come l'istruzione sia la via più importante per la liberazione degli uomini. Il problema è che in questo caso l'istruzione non ha evitato la barbarie. È l'enigma che tenterà di svelare il suo libro intitolato *Ravensbrück*. Quale conclusione trarre da questo tragico episodio della storia? Sappiamo che, all'indomani della seconda guerra mondiale, alcuni autori non hanno esitato a concludere che sarebbe stato proprio l'illuminismo, a distanza di due secoli, a portare, con una dialettica perversa, ai misfatti dei regimi totalitari. L'istruzione, di conseguenza, ha perduto molto del prestigio di cui godeva.

Ritornata in Algeria nel 1954, dopo aver osservato lo stato deplorevole della popolazione, Tillion individua proprio nell'istruzione una possibile risposta per migliorare la condizione degli algerini. Non ha dimenticato il caso della Germania durante la seconda guerra mondiale, ma non vuole confonderlo con quello dell'Algeria. Adesso sa che l'istruzione non è sufficiente a prevenire ogni catastrofe, ma non per questo è meno necessaria. Non è l'unico mezzo per formare individui moralmente e politicamente superiori; ma quando bisogna fronteggiare l'estrema miseria, è indispensabile acquisire almeno i primi rudimenti del sapere. L'istruzione consente di combattere alcuni mali, di fronte ad altri è impotente, occorre distinguere.

Lo stesso vale per i due conflitti ai quali ha preso parte, la seconda guerra mondiale e quella d'Algeria. Gran parte dei francesi li ha vissuti senza soluzione di continuità. Tra i membri della resistenza, alla fine della guerra nel 1945, molti si sono arruolati nell'esercito; si ritrovano al comando di diverse unità, in Indocina nel 1953, in Algeria a partire dal 1954. Hanno la sensazione di continuare la stessa battaglia: difendere la patria; per vincere sono pronti a sacrificare tutto. Obbediscono a un dovere di memoria: la patria non deve essere di nuovo umiliata, questa volta saranno i più forti. In nome di una guerra che credono giusta, gli ex combattenti della resistenza, comandanti dei paracadutisti, uccidono, torturano e bruciano i campi del nemico.

Significa forse che i ruoli si siano semplicemente invertiti, i francesi interpreterebbero ora quello dei tedeschi e gli algerini quello dei francesi? Sappiamo che, dal 1947, Camus è pronto a diagnosticare proprio questo di fronte ai fatti accaduti: «In quei casi ci comportiamo come abbiamo rimproverato ai tedeschi di aver fatto». Anche Tillion, l'abbiamo visto, si esprime così quando è messa di fronte all'utilizzo sistematico della tortura. Ma i medesimi fatti non hanno necessariamente lo stesso significato: «Non bisogna confondere le atrocità compiute nel panico del pericolo immediato con gli stermini pianificati del nazismo».[50] La situazione non è la stessa e nemmeno semplicemente invertita; ecco perché il primo obiettivo è cercare di conoscerla. È dunque perfettamente possibile restare sensibili alle differenze tra i due momenti storici e nello stesso tempo constatare che i medesimi meccanismi psicologici e sociologici sono in atto qui e là, o s'ispirano ai medesimi principi morali.

Da un medesimo evento iniziale – la resistenza –, rispetto a coloro che, dopo avervi partecipato, si sono dati alla caccia degli indipendentisti algerini (*fellaga*), Tillion trae una lezione diversa, perché il suo interesse è rivolto agli individui più che alle formule. Di conseguenza, le sue reazioni non saranno identiche nelle due circostanze. Nel 1940 non esita un giorno, nemmeno un attimo, a entrare nella resistenza: si trattava, dice Tillion, di un nemico «assolutamente insopportabile». Nel 1957, di fronte agli abitanti del luogo, francesi d'Algeria e musulmani arabi o berberi, si sente «incapace di maledire o ingiuriare una delle due categorie»,[51] perché capisce le ragioni degli uni e degli altri, soffre con loro, prova compassione per tutti quelli che rischiano di patire. Al posto del nemico «assolutamente insopportabile», adesso vede, come dice il titolo del suo libro dedicato alla guerra d'Algeria, dei «nemici complementari». Perciò non s'impegna sul fronte dell'FLN (non raccoglierà fondi per la causa), né dell'«Algeria francese», tenterà solo di evitare il peggio per alcuni. Ancora una volta, le lezioni della guerra precedente vengono prese in considerazione, ma non in modo meccanico.

Prendiamo infine un terzo esempio, quello dell'estrema miseria. Ancora una volta, la sua esperienza vissuta risale ai tempi di Ravensbrück; sensibilizzata al problema, ne applicherà i risultati all'Algeria e alla Francia. Del resto, accadrà così anche per le sue compagne di prigionia che lottano contro la povertà del Quarto Mondo, come Geneviève de Gaulle-Anthonioz; di lei Tillion dice: «Ha vissuto Ravensbrück e questo l'ha messa a contatto con l'estrema miseria».[52] La stessa Tillion si dedica alla battaglia contro la miseria sia di ritorno in Algeria, tra il 1954 e il 1957, sia dopo la fine della guerra, nel 1962.

Il metodo Tillion consiste, ancora una volta, in primo luogo nell'informarsi con la maggior completezza possibile. Qual è l'origine della miseria del Terzo mondo e, in particolare, dei contadini algerini? Perché si sono così tanto impoveriti tra il 1934 e il 1954? È l'esito dell'incontro tra il vaso di coccio e quello di ferro. L'economia di sussistenza degli abitanti dell'Aurès è crollata entrando in contatto con l'economia europea, introdotta dallo stato coloniale. Le conseguenze più evidenti si riflettono sul piano demografico: igiene, vaccinazioni, antibiotici hanno permesso di ridurre la mortalità infantile. Il risultato è che la popolazione cresce rapidamente, ma le risorse stagnano; la terra sterile non è più in grado di mantenere una popolazione in aumento. Alcuni contadini si trasferiscono in città, ma si adattano con difficoltà alla vita cittadina, perché non sono qualificati; di conseguenza, si ammassano nelle bidonville, dando così vita a un nuovo fenomeno, che Tillion definisce *clochardisation.* Parallelamente avvengono delle trasformazioni sul piano economico: la costruzione di strade, l'arrivo di prodotti manufatti contribuiscono a distruggere l'equilibrio di un tempo senza riuscire a instaurarne uno nuovo.

Se le cose stanno così, come introdurre in questo mondo un po' più di giustizia e favorire la sopravvivenza degli uomini? In primo luogo bisogna porre fine al rapido aumento della popolazione: è necessario il controllo delle nascite.

Inoltre, bisogna che anche le ragazze possano guadagnare, in modo tale da risultare indispensabili alle famiglie esattamente come i ragazzi. Infine, occorre che gli uni e le altre ricevano una qualifica più alta, che li renda capaci di lavorare nel mondo moderno. In una parola, bisogna intervenire non tanto sugli effetti (distribuire degli aiuti ai meno abbienti) quanto sulle cause, ossia qui sulla struttura familiare, rendendo le donne più autonome, permettendo a tutti – ragazze e ragazzi – di frequentare studi avanzati. «Una società che distrugge le donne», dice Tillion, «si condanna a morte da sola»,[53] ecco perché come primo passo bisogna tentare di modificare la condizione della donna. Non è un caso se, per la copertina di una delle edizioni del suo libro *L'harem e la famiglia*, ha scelto una delle fotografie da lei scattate, in cui è ripresa una ragazzina dell'Aurès algerino: il futuro del paese è tra le sue mani. I mezzi per favorire il suo avvento sono la legislazione e l'istruzione.

Anche in Francia una parte della popolazione soffre di una forma di miseria: si tratta di coloro che vivono nelle carceri. Dopo averne scoperto l'esistenza nel 1942 e aver sofferto delle «cimici francesi», la cui esistenza non l'aveva minimamente infastidita finché era stata libera, Tillion decide, una volta tornata dalla deportazione, di non smettere mai d'interessarsi delle condizioni della vita carceraria. Divenuta in poco tempo visitatrice delle carceri, continua per tutta la vita a inviare dei pacchi ai detenuti. Ma approfitta anche di un colloquio al gabinetto del ministro della Pubblica istruzione per suggerire il suo rimedio preferito contro la miseria: ancora una volta, è questione di rendere accessibile a tutti l'istruzione. Grazie ai suoi sforzi, oggi in Francia è possibile frequentare studi normali, anche come detenuti: si può entrare in carcere analfabeti e (ammesso di restarci per un tempo sufficiente...) uscirne con un titolo universitario.

La vita nel campo di concentramento, inoltre, ha insegnato a Tillion che esiste uno spazio vitale assolutamente necessario alla sopravvivenza, che la privazione di spazio è ancora più grave della fame, del freddo o delle percosse. «Nel blocco in cui i prigionieri dormivano in due per letto, la mortalità era molto elevata, ma in rapporto alla mortalità media del campo; nei blocchi in cui i prigionieri dormivano in tre o quattro per letto, la mortalità era assolutamente spaventosa». Questa lezione viene a proposito quando pensiamo alla sovrappopolazione in alcuni paesi del mondo, anche se il quadro politico è completamente diverso. «L'aggressività umana è proporzionale alla densità. La densità umana è in aumento, a un ritmo finora mai visto.»[54] Anche qui, e al di là delle innegabili opposizioni, esiste una profonda continuità.

Tillion ci presenta un uso molto particolare della memoria. Da un lato, evita la tentazione di sacralizzare il passato, ossia di mantenere in una gabbia dorata l'avvenimento che ha conosciuto, di considerarlo non paragonabile a ciò che è avvenuto altrove o successivamente, di ritenere un sacrilegio ogni tentativo di metterlo in relazione con il resto del mondo. Il passato è chiamato a servire, non a essere studiato per sé stesso. Allo stesso tempo, però, evita anche il rischio della banalizzazione: gli avvenimenti non si ripetono, non è sufficiente proiettare sul presente gli atteggiamenti del passato, senza interrogare la giustizia e la compassione, i principi fondamentali che dovrebbero guidare sempre i nostri passi.

La traversata del male

Il lungo percorso di Germaine Tillion non le ha portato soltanto delle gioie. Uomini e donne meravigliose, i suoi cari, sono morti durante la resistenza o nei campi, altri hanno visto la propria vita spezzata. La guerra d'Algeria – diversamente dall'indipendenza del paese – poteva essere evitata, così come la moltitudine di sofferenze e di rancori che i due popoli, francese e algerino, continuano a patire. I poveri nel mondo ogni giorno crescono di numero e la loro condizione peggiora. Le passioni, più ancora delle parole di saggezza di Tillion, muovono le folle. Leggendo i suoi testi, tuttavia, non si delinea una figura disperata. Il suo senso dell'umorismo, dell'ironia senza malizia non ha mai cessato di manifestarsi. Le ha permesso di superare senza danni eccessivi le prove che la vita le ha inflitto, di far fronte alle numerose lezioni di morale che ha dovuto subire e, invece di schiacciare gli avversari del momento, li ha invitati a vedersi dal di fuori. L'ultimo libro al quale ha lavorato, *Il était une fois l'ethnographie* (C'era una volta l'etnografia), pubblicato nel 2000, è interamente pervaso da questo sorriso gioioso.

Come si spiega questa saggezza, qual è la ricetta di questo equilibrio straordinario tra lucidità e compassione? La risposta, evidentemente, è che non esiste una ricetta e che l'equilibrio non ha una spiegazione. Il comportamento di ciascun individuo risulta da una molteplicità di fattori che si uniscono, si oppongono o s'ignorano reciprocamente, tanto che non si può mai sapere preventivamente come si comporteranno un uomo o una donna specifici di fronte all'estremo. Nel 1940 c'erano altri scienziati, altri etnologi; non tutti sono entrati nella resistenza. C'erano altri che combattevano nello stesso movimento: solo alcuni hanno giurato che mai avrebbero sacrificato la verità alle proprie passioni. Altri deportati, che non hanno lottato contro i campi in URSS; altri ex combattenti, che non hanno rifiutato la violenza in Algeria: si potrebbe continuare a lungo questo elenco. Occorre prendere atto che alcuni avvenimenti drammatici hanno guidato Tillion a compiere le scelte giuste. Ella ha attraversato la vita dando prova di un'umanità fuori dal comune.

Senza ulteriori commenti, si può comunque ricordare il momento più doloroso della sua vita: l'esecuzione della madre al campo di Ravensbrück, mentre anche lei era tenuta prigioniera. Émilie Tillion non è stata soltanto sua madre, ma anche una figura straordinaria. Meglio dei ricordi delle sopravvissute lo dimostra questa sua breve lettera inviata, pochi giorni prima di morire, a una ragazzina incontrata a Ravensbrück, di cui riportiamo un estratto:

> Mia piccola amata, quale momento di dolcezza, di calma, di piacere mi arreca la vostra lettera; ed è talmente lontano dal clima attuale che se ne assapora meglio tutto ciò che rappresenta e ci si sofferma a pensare come alcuni arricchimenti compensino tutto il resto. L'idea delle grandi consolazioni che merita la nostra vita attuale, del resto, mi ha sempre dato forza. Al di là delle grandi, imperiose ragioni che abbiamo di essere qui, sono convinta che vi troviamo un ampliamento eccezionale del nostro orizzonte, in ogni ordine di idee, e delle possibilità inattese. Inoltre, credo che esageriamo molto la prova attuale: a forza di pensarci, e soprattutto di sentire che le altre ci pensano, abbiamo finito per ammettere senza pensarci che la nostra sfortuna è immensa. Ebbene, non è vero...[55]

È inevitabile pensare che qualcosa in questa donna eccezionale e nel suo tragico destino sia responsabile di ciò che la figlia diventerà in seguito. Ma è necessario passare attraverso prove così terribili per avvicinarsi un giorno alla saggezza? Come per risparmiarcelo, Germaine Tillion ha lasciato una traccia, durante l'intera esistenza, delle domande che l'hanno tormentata e delle risposte che ha trovato. Questi pensieri danno vita a un'opera e della sua autrice si può dire ciò che lei stessa affermava alla morte di Albert Camus:[56] «Cesseranno dolori e ostilità, moriranno anche quelli che non li dimenticano e tutto passa. Eccetto poche opere – terreno comune e condiviso, patrimonio senza frontiere».[57]

A distanza di alcuni decenni dalla sua scomparsa, Raymond Aron (1905-1983) appare il commentatore politico più perspicace che la Francia abbia conosciuto nel XX secolo. Del commento politico ha praticato con talento tutti i registri, a partire dall'editoriale sul quotidiano fino al trattato filosofico, passando per il saggio storico e l'opuscolo polemico. Le sue tesi principali oggi sono accolte da tutti i sostenitori della democrazia. Se ci limitiamo alla sua biografia ufficiale, si ha l'impressione che il suo trionfo non sia di oggi. Da vivo ha pubblicato una quarantina di libri, scrivendo regolarmente sulla stampa a grande tiratura, da «Combat» a «L'Express» passando per «Le Figaro». Poi ha insegnato alla Sorbona, all'École pratique des Hautes Études e al Collège de France, ha tenuto innumerevoli conferenze nelle più importanti università di Stati Uniti, Gran Bretagna e Germania. Ha ricevuto i premi più prestigiosi e numerose lauree ad honorem. In Francia, in Europa, in America ha incontrato gli uomini politici più in vista del suo tempo, che hanno ascoltato con interesse le sue idee.

Tuttavia, questa immagine ufficiale di un vincitore le cui idee avrebbero il consenso di tutti è ingannevole. Non soltanto perché il pensiero di Aron, nel momento in cui viene formulato, non ha alcunché di ortodosso e addirittura si oppone alle idee dominanti e ai luoghi comuni. Il lettore attento delle sue *Memorie* scorge, oltre all'autore di analisi straordinarie, anche una persona pronta a mettere in dubbio ogni cosa e in particolare sé stesso. Dietro alla sua ostentata sicurezza si celano una vulnerabilità, un'inquietudine, un'insoddisfazione di sé; e non stupisce sentir parlare Nicolas Baverez, il suo biografo, dell'«infinita complessità di quest'anima tormentata».[1]

Per capire meglio Raymond Aron non è sufficiente ricapitolare le sue teorie – così come non bisogna ignorarle, limitandosi a considerare il destino dell'individuo. La forza del pensiero e la fragilità dell'individuo non sono affatto in contrasto, ma complementari.

Le grandi scelte

Per gli europei del XX secolo come Aron, nati prima della Grande Guerra ma troppo tardi per prendervi parte, le grandi questioni politiche rispetto alle quali occorre assumere una posizione si chiamano nazismo, comunismo, colonialismo. Ogni volta Aron sceglie da che parte stare con grande determinazione.

La sua scoperta del nazismo non è certo fatta sui libri: dal marzo del 1930 all'agosto del 1933 lavora e studia in Germania, inizialmente a Colonia, poi a Berlino; assiste perciò da vicino al crollo della democrazia e all'ascesa al potere di Hitler. Questi avvenimenti trasformano il modo in cui egli percepisce la vita politica. Aron abbandona il pacifismo, largamente diffuso tra i giovani intellettuali francesi, e negli articoli che scrive all'epoca per diverse riviste lancia un segnale d'allarme: la minaccia hitleriana gli appare in tutta la sua forza. Ma a quell'epoca il suo nome non gode di alcun prestigio e i suoi avvertimenti non suscitano alcun interesse. Negli anni seguenti, cerca di comprendere meglio questo nuovo ordine politico, introducendo il concetto di «religione secolare», su cui si fonderebbe il nazismo. Richiamato nell'esercito all'inizio della guerra, dopo aver ripiegato nel Sud della Francia nel giugno del 1940, sente parlare di quei francesi che continuano a resistere all'invasore da Londra. La decisione è presa immediatamente: lasciando moglie e figlio in Francia, riesce a imbarcarsi, il 23 giugno, su una nave che sta salpando alla volta dell'Inghilterra. Là, tra le forze francesi libere, vivrà la guerra, fino al ritorno a Parigi nel settembre del 1944.

Anche prima dello scoppio del conflitto Aron guarda con occhio critico al comunismo, un'altra «religione secolare»; nel 1942, malgrado l'alleanza tra russi e occidentali contro un comune nemico, egli solleva dei dubbi su «questo credo in un aldilà terreno».[2] Ma è soprattutto all'indomani della vittoria sui nazisti, quando si sarebbe potuto accontentare di raccogliere i vantaggi del proprio impegno a fianco dei vincitori, che Aron inizia una battaglia senza tregua contro l'ideologia comunista. A partire dal luglio del 1945 nei suoi articoli appare l'espressione «cortina di ferro». In ragione di questa battaglia nel 1947 decide di scrivere come editorialista per «Le Figaro» piuttosto che per «Le Monde», un giornale segnato dall'indulgenza prolungata per i crimini del comunismo. Ancora una volta, il pacifismo non viene accolto. Con lo stesso spirito nel 1950 diventa membro fondatore di un organismo antitotalitario, il Congresso per la libertà della cultura, al fianco di altri francesi come Léon Blum e David Rousset, François Mauriac e Albert Camus (il Congresso terminerà la propria attività nel 1966, quando si verrà a sapere che parte dei fondi a disposizione provenivano dalla CIA; nonostante ciò, la libertà d'espressione e d'azione dei suoi membri non era mai stata soggetta a restrizioni). Aron scrive frequentemente sulla rivista pubblicata da questo organismo, «Preuves»; nel 1955 esce *L'oppio degli intellettuali*, analisi straordinaria delle ragioni per cui il comunismo affascina l'intellighenzia occidentale. Altre opere esaminano la struttura e l'ideologia della società sovietica. Quando viene pubblicato *Arcipelago Gulag* di Solženicyn, a metà degli anni Settanta, Aron denuncia ancora le illusioni ostinate della sinistra francese, secondo cui i campi di concentramento cessano di essere atroci nel momento in cui trovano la propria giustificazione in un nobile ideale. Aron, evidentemente, non è il primo né l'unico a mettere in guardia contro la seduzione comunista; comunque, in Francia è lui a sostenere questa lotta con la massima ostinazione e a fornire ai compagni d'armi gli argomenti più convincenti.

È lecito presentare comunismo e nazismo come «religioni secolari», o «ideocrazia», oppure totalitarismo, nonostante le evidenti differenze? A questa domanda Aron risponde senza esitazioni e durante tutta la propria vita pubblica con un deciso sì. È necessario, inoltre, condannarli entrambi con la medesima severità? Per lungo tempo Aron ritiene di no, in ragione dell'opposizione nei loro progetti e malgrado la vicinanza delle loro pratiche: i crimini nazisti sono l'applicazione del progetto nazista, spiega, i crimini comunisti, invece, un tradimento del progetto comunista. È sempre la giustificazione ideologica a indurlo a ritenere che lo sterminio dei contadini da parte di Stalin rimanga razionale, mentre quello degli ebrei perpetrato da Hitler non lo sia. Comunque, nel momento in cui redige le *Memorie*, Aron conclude che in realtà si tratta di un differenza illusoria, il programma comunista ha soltanto un ruolo di dissimulazione; di conseguenza, le valutazioni formulate sui due regimi tendono ad avvicinarsi. «Il comunismo non mi è meno odioso di quanto mi fosse odioso il nazismo. L'argomentazione che usavo un tempo per differenziare il messianismo della classe da quello della razza non m'impressiona più. L'apparente universalismo del primo è diventato, in ultima analisi, una falsa apparenza» (M, p. 737).

La questione coloniale cattura meno sovente l'attenzione di Aron, eppure anche qui si osserva una continuità: egli si sente chiamato alla solidarietà con la nazione francese, ma pensa che sia opportuno concedere l'indipendenza alle colonie. A Londra parla in favore dell'abbandono dell'Indocina. Nel 1946, quando scoppia l'insurrezione vietnamita, non vuole condannare apertamente le truppe francesi impegnate in combattimento; ma vede una contraddizione tra i principi universalisti ed ugualitari, a cui si richiama la politica del governo, e le scelte attuate: «Non dubitiamo che gli eletti del popolo non affermino la volontà di "mantenere" le posizioni, ma le vere posizioni francesi, quelle che non si confondono con i sordidi interessi, quelle che la nazione è decisa a salvare, non sono tali da poter essere mantenute con la sola forza. Mantenere con la violenza non sarebbe mantenere la Francia» (M, p. 219). Egli ama con passione la patria, ma il suo amore esige che la Francia rimanga fedele al proprio ideale. Nel 1951 reitera il proprio augurio: è necessario che l'Indocina ottenga l'indipendenza. Nonostante ciò, in seguito si rimprovererà di non essere intervenuto abbastanza spesso in favore della decolonizzazione.

Egli s'impegnerà a tutti gli effetti soltanto durante la guerra d'Algeria con un opuscolo che, nel giugno del 1957, avrà l'effetto di una bomba: *La Tragédie algérienne.* In Francia non è il primo a parlare in favore dell'indipendenza della colonia; ciò che lo distingue dagli altri non è lo scopo da raggiungere, ma gli argomenti che sviluppa. La sua opposizione al mantenimento della colonia si deve al fatto che quest'ultima incarna la disuguaglianza tra gruppi umani e contraddice così l'ideale che si ritiene rappresentato dalla Francia; di conseguenza, se le cose non cambiano, si corre il rischio di far precipitare il paese nella guerra civile. Rivolgendosi non agli anticolonialisti ormai convinti, ma ai politici del governo e del parlamento, aggiunge un argomento economico a cui dovrebbero essere sensibili: il mantenimento della colonia, soprattutto in un periodo di conflitto, ha un costo molto più alto dei vantaggi che comporta. Ancora una volta, tuttavia, Aron non si spinge ad abbracciare la causa dell'FLN né a consigliare la diserzione alle giovani reclute: finché si vive in una democrazia, l'obbedienza alle leggi è preferibile all'insubordinazione civica.

L'opposizione di Aron al nazismo, al comunismo e al colonialismo è dovuta, in effetti, alla sua scelta per la democrazia liberale. Essa incarna un compromesso, sempre fragile, tra due componenti: «Il campo d'autonomia lasciato ai cittadini; i mezzi che lo stato dà ai meno abbienti perché possano esercitare i diritti che gli sono riconosciuti» (M, p. 768). Da un lato la libertà, fondata sul pluralismo dei poteri; dall'altro la lotta contro le disuguaglianze. È un compromesso non soltanto fragile, ma in ogni momento imperfetto. Non bisogna dunque evitare di criticare i regimi democratici; ma la critica non nasce da una nostalgia del passato né dal sogno di una società futura perfetta. Viene esercitata in nome dell'ideale democratico stesso. Pur accettando e approvando il quadro generale della società in cui vive, Aron le rimprovera l'esclusione dell'interesse generale da parte degli interessi dei singoli, la paralisi dello stato operata dalle lobby, la trasformazione dei cittadini in semplici consumatori, preoccupati unicamente della soddisfazione dei propri desideri. È un dibattito che non avrà mai fine.

C'è un altro pericolo che minaccia i regimi democratici: si considerano un'incarnazione del bene e con l'uso della forza vogliono imporre il proprio ideale agli altri paesi del mondo. Una democrazia, scrive Aron, «non può e non deve condurre una crociata per diffondere le proprie istituzioni» (M, p. 623). Voler sottomettere le relazioni internazionali ai principi che regolano la vita interna degli stati è un'illusione pericolosa. «I diritti dell'uomo non fanno una politica», questo il titolo di un capitolo del suo libro di incontri *Le Spectateur engagé* (Lo spettatore impegnato).[3] Nello stesso contesto, Aron mette in dubbio i recenti tentativi d'instaurare una giustizia internazionale, sovranazionale. «Nelle relazioni internazionali non esiste tribunale.» Norimberga non rappresenta una confutazione: il primo capo d'accusa dei vertici della Germania nazista è stato il «crimine contro la pace», un reato di cui può decidere solo il vincitore del conflitto. «Chi vincerà la guerra dimostrerà che il perdente ne era stato responsabile.»[4] In altre parole: questo sedicente esercizio del diritto illustra in realtà la supremazia della forza.

Sono queste le principali posizioni politiche di Aron; oggi dobbiamo riconoscere che tra i suoi contemporanei ben pochi intellettuali possono vantare scelte così meditate. Peraltro, anche Aron è un intellettuale. L'incontro con la filosofia, alla fine della scuola superiore, lo ha portato a scegliere un atteggiamento che consiste nel «pensare la nostra esistenza invece di subirla» (M, p. 19). Com'è possibile, allora, che sia riuscito a evitare gli ostacoli abituali dell'intellighenzia? Forse grazie a un'educazione superiore, a maestri particolarmente illuminati? La risposta è sorprendente: Aron compie le tappe decisive della propria istruzione non sui banchi dell'École normale supérieure, ma lungo le strade di Berlino; i personaggi decisivi per il suo orientamento politico non si chiamano Kant o Hegel, ma Stalin e Hitler. Assistendo in prima persona, tra il 1932 e il 1933, all'ascesa del nazismo in Germania, sceglie una via difficile e riservata a pochi: non chiudere gli occhi davanti al mondo che lo circonda, non sostituire alla realtà sogni e astrazioni, fare dell'esperienza vissuta la prova del fuoco delle teorie. Forse è questa la lezione più importante che Aron ha lasciato alle generazioni future: rifiutare la rottura tra vivere e pensare, non smettere mai di «confrontare le idee con le realtà che traducono, deformano o trasfigurano» (M, p. 596). Alla fine della vita, rivendicherà per sé, non la saggezza, ma esattamente questa continuità tra le proprie reazioni come singolo individuo e le proprie elaborazioni intellettuali: «Non ho mai giustificato l'ingiustificabile per ragion dialettica» (M, p. 742).

Durante il periodo trascorso in Germania si decidono anche le forme d'intervento che Aron adotterà per sé. È qui, infatti, che scopre non solo la potenza delle forze irrazionali e la violenza delle masse, ma anche alcune regole concernenti le reazioni auspicabili di fronte al male politico. Una di esse è ricavata da Max Weber, il grande sociologo tedesco. Nel mondo dell'azione pubblica occorre considerare non tanto le intenzioni di chi agisce, quanto le conseguenze dei suoi gesti. Un'altra proviene da un incontro fortuito con un uomo politico francese al quale, durante una visita a Parigi, Aron fa un resoconto sul crescente pericolo in Germania. L'ascoltatore replica: «Senza dubbio lei ha ragione, ma concretamente che cosa farebbe se si trovasse al posto del primo ministro?». Non limitarsi all'indignazione virtuosa, sostituirsi agli uomini d'azione e non solo criticarli in nome di nobili principi, riflettere su ciò che è possibile e non soltanto su ciò che è auspicabile, non lasciarsi sedurre dalle belle parole, ma metterle alla prova dei fatti: è questa la lezione, straordinaria per un intellettuale, che Aron ricaverà dagli anni trascorsi in Germania.

In quel paese troverà anche l'oggetto preferito della sua futura ricerca: non si limiterà alla semplice riflessione filosofica, a cui lo preparavano i suoi anni di studi, ma cercherà di conoscere e comprendere gli uomini presi nel movimento della storia e nella diversità delle loro società. Sulle rive del Reno e della Sprea, concepisce un progetto al quale resterà fedele per tutta la vita: «Pensare la storia nell'atto del suo compimento».[5] Anche sotto questo aspetto, Max Weber appare ai suoi occhi come una figura esemplare, perché più di altri filosofi o eruditi ha saputo introdurre nell'oggetto della propria riflessione la storia in cammino, quella che fa tremare il mondo; ha saputo unire «il senso della durata e quello dell'istante» (M, p. 71). A sua volta, Aron sceglierà di vivere pienamente nel mondo che lo circonda, di essere il contemporaneo che «sente l'urlo e il furore e ne cerca il senso» (M, p. 757).

La continuità rivendicata tra vivere e pensare avrà anche una conseguenza, a prima vista paradossale: l'esigenza, sovente reiterata da Aron, di non confondere il bene con il vero. Ciò che retrospettivamente egli rimprovera ai primi scritti, anteriori alla conversione avvenuta in Germania, è la mescolanza inestricabile dei due valori, con il risultato che al posto di una lucida analisi dei fatti si trova un riflesso delle buone intenzioni dell'autore. Chi vuole conoscere la politica deve sospendere i propri giudizi per comprendere gli attori così come sono, non come vorrebbe che fossero. Lo stesso politico, scrive Aron nel 1937, non dovrebbe essere «umano e benevolo, ma coraggioso e rude».[6] Serve coraggio per scoprire e difendere la verità; proprio perché a lui non manca – mentre ne è priva la maggior parte degli intellettuali del suo tempo –, fin dal 1933 Aron si renderà conto della minaccia hitleriana e dal 1945 del pericolo staliniano.

La distinzione netta tra il vero e il bene, il rifiuto di sostituire astrazioni moralizzanti a una conoscenza imparziale del mondo non significa comunque che sia necessario eliminare uno dei termini e accontentarsi dell'altro. Evitare di confonderli consente piuttosto di metterli in relazione. Il contributo di Aron consiste nel rifiutare le opposizioni tradizionali e nel collocarle in una nuova struttura. In politica è un errore opporre «realisti» e «idealisti». Questi ultimi – che si preoccupano solo di ciò che auspicabile – si oppongono agli osservatori rigorosi, che si limitano a prendere atto dello stato delle cose. I realisti, invece, non si fermano all'alternativa: partono da una conoscenza approfondita del mondo prima di cercare di trasformarlo nella direzione voluta. L'azione realista si oppone sia all'atteggiamento rassegnato, che finisce per postulare che la realtà è auspicabile, sia al sogno che si compiace di sé, che considera reale ciò che è tutto sommato auspicabile; il realista non è conservatore, né utopista. Allo stesso modo, l'etica della convinzione non si oppone a quella della responsabilità, ma al puro pragmatismo, alla ricerca di un'efficacia immediata; la responsabilità, invece, implica sia che esistano delle convinzioni sia che vengano prese in considerazione le circostanze, atteggiamento necessario al successo di qualunque impresa. Aron esalta una politica realista e responsabile, non la rassegnazione o il cinismo; non rinuncia al proprio ideale, ma rifiuta di farne uno strumento per conoscere la realtà.

Aron stesso non diventerà un uomo politico. Nelle *Memorie* racconta come in Germania, quando i nazisti assumono il potere, egli diventi cosciente della scelta che gli si prospetta. Un amico studente, di nazionalità tedesca, che ha deciso di piegarsi alle nuove esigenze, gli si rivolge in questi termini: «Voi sarete sempre uno spettatore e uno spettatore critico, non avrete mai il coraggio d'impegnarvi nell'azione che sospinge il movimento delle masse e della storia. – Aveva ragione», commenta Aron (M, p. 75). Si può essere in disaccordo con questo giudizio. S'impegna nell'azione, immediatamente e con molto coraggio, nel 1940, nel 1945 o nel 1957. Bisogna comunque riconoscere che, fatta eccezione per quando si recherà a Londra, la sua è un'azione che si colloca sul piano intellettuale e non su quello dell'attivismo politico. Non sarà mai interessato nemmeno dal potere gerarchico, mentre aspirerà all'autorità intellettuale. Anche gli autori del passato capaci di suscitare le sue simpatie, da Tucidide a Weber passando per Montesquieu, sono uomini che cercano di comprendere il mondo più che trasformarlo. Questa scelta condanna Aron a una certa solitudine, lontano dalla calorosa fratellanza che regna tra compagni di lotta.

La medesima mancanza d'impegno nello scontro dei partiti politici gli permette di non fermarsi alle proprie certezze fondamentali, ma di rielaborarle all'infinito. Aron confessa: «Categorico sulle forze profonde, mi sento sempre diviso e incerto quando arrivo a speculare sul corso degli avvenimenti vicini o lontani» (M, p. 305). E non potrebbe essere diversamente; colui che ha posto come premessa necessaria a ogni giudizio una conoscenza più possibile approfondita del mondo è costretto ad arrendersi all'evidenza: gli esseri umani e le società in cui vivono sono infinitamente complesse, le migliori intenzioni possono causare risultati catastrofici (ma è vero anche il contrario). I grandi principi possono anche essere fermi e indiscutibili, ma i casi specifici non si adattano a giudizi perentori. Il mondo non è dipinto in bianco e nero: «Non è mai la lotta del bene contro il male, ma del preferibile contro il detestabile», scrive nello *Spectateur engagé*.[7]

Ecco perché il lavoro di conoscenza non può mai considerarsi concluso: le interpretazioni del mondo umano sono condannate a restare molteplici, a completarsi piuttosto che a eliminarsi reciprocamente. Aron non ha mai preteso di possedere una verità definitiva o un sistema capace di spiegare ogni cosa. Di conseguenza, i giudizi che esprime non sono categorici, ma lasciano spazio al dibattito. Nel 1940, a Londra, redige l'editoriale di «La France libre», rivista dei francesi che in esilio combattono la Germania nazista; pur prendendo posizione nella guerra in corso, egli afferma che l'obiettivo della rivista è «la libertà e il rispetto equilibrato di tutte le convinzioni».[8] Nel 1955, scrivendo la prefazione alla propria opera polemica *L'oppio degli intellettuali*, descrive i compagni di pensiero come «quelli che sanno combattere senza odiare».[9] I suoi giudizi su argomenti così scottanti come l'armistizio e la collaborazione, Vichy e Pétain, restano eccezionalmente equilibrati; lo spirito dei giustizieri dell'epurazione è a lui del tutto estraneo. Paragonato all'astio con cui Sartre ha parlato del compagno di un tempo, il ritratto che di lui fa Aron nelle *Memorie* è assai generoso; lo stesso può dirsi per gli altri suoi avversari del passato. Questa tendenza a vedere sempre il lato positivo delle idee che critica e i difetti di quelle che difende esaspera i critici e gli alleati: è troppo imprevedibile, incostante, misura ogni affermazione con così tante riserve che alla fine non si sa più che cosa pensare! Lui stesso nelle *Memorie* si chiede se non sia stato un po' troppo antimanicheo...

Ma non è stato così. Aron ha saputo evitare gli scogli complementari del manicheismo e del relativismo. Vedere la continua mescolanza del bene e del male non gli ha impedito d'identificare chiaramente i mali politici del secolo. «La verità non sta sempre nella giusta misura», scrive nel 1956, «gli orrori delle tirannie del XX secolo sono smisurati» (M, p.

368). Aron è rimasto categorico nella condanna del male e incerto nell'esplorazione del bene.

Aron come un emarginato

L'accettazione consensuale che caratterizza oggi il pensiero di Aron, l'ammirazione che hanno dimostrato nei suoi confronti alcuni pensatori di vaglia quando era in vita rischiano di indurci in errore, facendoci pensare che fosse un personaggio centrale del suo tempo, un portavoce dell'opinione comune. Non è affatto così. Un uomo altrettanto preoccupato della veridicità non può andar bene per lungo tempo ad alcun partito e ad alcuna istituzione; Aron ha pagato il prezzo delle proprie scelte intellettuali restando sempre ai margini – anche quando è stato ricoperto di onori. Rousseau l'aveva capito, quando osservava: «Ogni uomo di partito, soltanto per questo nemico della verità...».[10] Ne è pienamente consapevole anche Aron, come dimostra questo autoritratto del 1965: «Un deviato, troppo preoccupato della verità nell'azione, troppo preoccupato dell'azione nel pensiero [...]. Eccomi qui, dopo tanto tempo, un emarginato, sia qui sia là [...]. Un indipendente, le cui opinioni urtano ora gli uni, ora gli altri, tanto più insopportabile in quanto pretende di essere un moderato senza misura».[11]

Aron si è sempre tenuto ai margini del potere politico. Lo si sarebbe potuto immaginare come «consigliere del principe», perché intrattiene relazioni personali rispettose con i presidenti della Quinta repubblica, Charles de Gaulle, Georges Pompidou, Valéry Giscard d'Estaing, così come conosce molti uomini politici della Quarta. Tuttavia, non sarà mai il consigliere ufficiale o ufficioso di un dirigente del paese: ogni forma di servilismo nei confronti del potere gli è odiosa ed egli tiene fermamente alla propria indipendenza. Lo stesso vale per i partiti politici. Tra il 1926 e il 1927, quando è ancora studente, s'iscrive al Partito socialista; quest'affiliazione non sopravvive alla sua metamorfosi in Germania. A Londra, a partire dal 1940 sarebbe potuto diventare gollista: è irritato dal culto della personalità che aleggia intorno al Generale e dall'obbligo imposto ai suoi ammiratori di vedere il mondo o bianco o nero; perciò prende le distanze. Rimane sulle sue dopo la liberazione, quando de Gaulle diventa capo del governo. Ma, quando quest'ultimo è lontano dal potere, Aron decide di manifestargli la propria fedeltà ed entra nel partito da lui fondato, l'RPF (Rassemblement du peuple français). Vi militerà, un po' controvoglia, dal 1948 al 1952. Si allontanerà invece dal Generale quando questi tornerà al governo e criticherà con durezza alcune delle sue scelte. Nelle *Memorie* osserva ironicamente: «L'avevo seguito solo in quella delle sue imprese che fallì, l'RPF» (M, p. 572).

Lo stesso può dirsi delle sue grandi scelte ideologiche. Prima della guerra, la sinistra non comunista, che rappresenta l'origine del pensiero di Aron, è in maggioranza pacifista; lui non si stanca di mettere in guardia contro il pericolo militare rappresentato dalla Germania nazista. Nel 1945 Aron si sarebbe potuto vantare di aver rifiutato ogni collaborazione, di aver partecipato immediatamente alla resistenza; ma non ne fa parola. Al contrario, s'impegna in una battaglia molto poco popolare: far scendere l'Unione Sovietica, e l'ideologia comunista che essa dovrebbe incarnare, dal piedistallo su cui è stata innalzata. Il prestigio del popolo sovietico, con l'aureola della sua vittoria sulla Germania nazista che gli è costata 25 milioni di vittime, è allora al culmine; il Partito comunista francese è rispettato e temuto, gli intellettuali parigini fanno a gara nelle dichiarazioni antifasciste e nelle prese di posizione di sinistra, spesso mossi dall'intenzione di far dimenticare la propria passività durante la guerra. La sinistra non è maggioritaria alle urne, ma lo è all'università, dove professare simpatie filocomuniste è considerato un segno distintivo. Divenuto docente, Aron si scontra con l'ostilità silenziosa o rumorosa sia degli studenti, sia dei colleghi, che considerano il marxismo come una verità rivelata. Il dibattito pubblico è dominato dalla figura di Sartre, che non parla più al compagno dell'École normale e ha proclamato: «Un anticomunista è un cane, non mi muovo di qui e mai lo farò».[12] In condizioni simili difendere le proprie convinzioni senza nulla concedere richiede un coraggio molto determinato: durante tutto questo periodo Aron è un uomo solo.

Era ipotizzabile che, respinto dalla sinistra, sarebbe stato accolto a braccia aperte dalla destra. Ma non è nemmeno più quella la sua tradizione. Uno dei ritratti più impietosi delle *Memorie* è quello di un ideologo di destra. «Ritrovai in lui lo stampo Action française che mi faceva orrore; ancora una volta sentii che questi nazionalisti o reazionari appartengono a un universo nel quale non potrei mai respirare» (M, p. 705). I gollisti non lo considereranno mai davvero dei loro e le prese di posizione di Aron in occasione della guerra d'Algeria gli valgono l'odio tenace di buona parte della destra, senza che il suo anticolonialismo gli ottenga nuovamente i favori della sinistra.

Non è certo nemmeno un caso che il riconoscimento istituzionale gli giunga tardivamente e non senza contraccolpi. Nel 1948 Aron propone la propria candidatura per un posto di insegnamento alla Sorbona; a lui sarà preferito un altro candidato, meno lontano dal marxismo e meno colpevole di scrivere (bene) sui giornali. Aron si ripresenta nel 1955 e questa volta ottiene il posto per il rotto della cuffia. Comunque, la vita da mandarino universitario non fa per lui e, evento raro nella carriera di un professore, nel 1967 si dimette per insegnare esclusivamente alla École des Hautes Études. Sarà escluso dalla facoltà di Scienze politiche e parteciperà solo sporadicamente ai lavori del CNRS. Una candidatura al Collège de France nel 1961 cade nel vuoto, per mancanza di appoggi; Aron sarà eletto solo nel 1970, all'età in cui altri vanno in pensione (Michel Foucault, eletto insieme a lui, allora ha solo quarantatré anni). Non diventerà mai membro dell'Académie française. Tenta di rassegnarsi a questi parziali fallimenti: «Sfuggivo alla norma e tutte le corporazioni diffidano dei marginali» (M, p. 347).

Il mondo universitario ha buone ragioni per diffidare di lui in quanto egli non smette di criticarlo nei propri articoli di giornale. Ciò che rimprovera all'università non è il controllo ideologico della sinistra, ma la natura formale e scolastica degli esami, come il concorso per l'abilitazione all'insegnamento universitario (*agrégation*); la sovranità intoccabile dei professori che non devono rendere conto a nessuno, lontana dagli studenti e dai colleghi; la mancanza d'interesse per la ricerca. Per uno che ha conosciuto da vicino la guerra, tra il 1939 e il 1945, che ha praticato la battaglia politica sulla stampa, tra il 1945 e il 1955, l'università non si può certo definire il luogo ideale: «La maggioranza degli universitari uscivano dagli studi solo per entrare nell'insegnamento. Universo ovattato, abitato da bambini o da ragazzi, che rischia di perpetuare una specie di puerilità» (M, p. 227). Molte delle sue critiche saranno riprese dagli studenti in rivolta, nel maggio del '68. Tuttavia, Aron non si riconosce in loro più di quanto non lo facesse nei mandarini e nei rappresentanti degli *agrégés*. I discorsi che ascolta intorno a sé, rifiutando di riconoscere i meriti del sapere, gli sembrano rasentare spesso la demagogia; il pathos rivoluzionario non fa per lui. Invece di avvicinarlo agli studenti, il Maggio sessantottino lo spinge ulteriormente nella sua solitudine.

Si può criticare ora l'una ora l'altra posizione di Aron, ma non lo si può accusare di essersi comportato come un conformista o di essersi piegato alle mode intellettuali che invadevano Parigi una dopo l'altra, a intervalli regolari; reagisce sempre e soltanto in accordo con il proprio animo e la propria coscienza. Evita perfino il conformismo dell'anticonformista: non cerca di provocare l'opinione pubblica, di opporsi sistematicamente al consenso, di distinguersi per scelte stravaganti. Interpreta il proprio ruolo nella commedia sociale, ma senza troppa convinzione, e non esita mai quando è il momento di assumersi dei rischi.

Aron come Sisifo

Aron rinuncia a elaborare un sistema filosofico globale, a cercare una chiave interpretativa che apra tutte le porte. Le risposte che dà a ogni problema sono evidentemente parziali e provvisorie, le sue interpretazioni non aspirano a essere definitive né esclusive. La sua attività è comunque mossa da un medesimo spirito e orientata verso il medesimo orizzonte. Al primo posto egli pone la necessità d'informarsi il più possibile. Accettare di mascherare la verità sulle realtà del mondo diventa una colpa morale quando si ha l'ambizione di guidare gli uomini. «La dissimulazione è un'espressione di pusillanimità piuttosto che di coraggio», scrive replicando a un critico nel 1957.[13] In secondo luogo bisogna imporsi di ricorrere soltanto ad argomenti razionali, l'unico modo per far progredire il dialogo sia tra individui che hanno opinioni diverse sia tra civiltà che professano valori apparentemente in contrasto. L'idea di ragione è l'orizzonte ultimo di una umanità che vorrebbe riconciliarsi con sé stessa: è un'idea che partecipa, allo stesso titolo della verità, a una vocazione universale.

Aron ha formulato il proprio ideale di universalità, fondamento comune dell'etica e della scienza, in un commento alle critiche mosse da Leo Strauss al pensiero di Max Weber. «Anche ammettendo», scrive Aron, «che logicamente la verità di "2 x 2 = 4" non è dello stesso tipo dell'affermazione "tu non ucciderai", rimane il fatto che il significato ultimo dell'uguaglianza aritmetica si rivolge a tutti gli uomini, universalità che il divieto di uccidere ritrova in altro modo. Le regole formali della morale razionalista [...] sono lo sviluppo logico dell'idea di umanità, di società universale degli uomini, idea che non si può separare dal significato profondo della verità scientifica.»[14] L'universalità morale e scientifica non si lascia osservare empiricamente, ma rende il dibattito possibile, addirittura proficuo: è una scommessa giustificata.

Tale constatazione, anche se non del tutto tragica, non lascia comunque molte speranze. Ogni essere che abbia deciso di conformarsi alla ragione si condanna a un'impresa simile a quella di Sisifo: senza dubbio è possibile analizzare con la ragione anche i comportamenti più insensati, ma è piuttosto improbabile riuscire a trasformarli. Valida per una diagnosi, la ragione si rivela insufficiente come rimedio. Se si è scommesso sulla ragione, il lavoro deve ricominciare in perpetuo, senza attendersi troppo successo: il combattente lucido è un lottatore senza speranza. «Non mi faccio illusioni sull'efficacia della parola ragionevole», dice Aron nel 1961.[15] Da dove proviene questo scetticismo? Nel migliore dei casi, i discorsi agiscono sui discorsi; ma gli esseri non s'incarnano perfettamente nei discorsi che formulano. «Non c'è quasi mai vero dialogo tra esperienze vissute» (M, p. 507), osserva malinconicamente Aron riferendosi agli avvenimenti del Maggio parigino: degli individui, peraltro mossi dalla preoccupazione di comunicare, non riescono in alcun modo a sgretolare le convinzioni gli uni degli altri. Si possono smontare gli argomenti altrui, ma ciò non ha alcuna conseguenza rispetto al cambiamento dei loro comportamenti. «I sentimenti resistono a lungo alla confutazione delle ideologie attraverso le quali si esprimono e si razionalizzano» (M, p. 595).

Decidersi per il carattere irragionevole dei comportamenti umani produce una visione, se non tragica, quanto meno poco entusiasmante della storia dell'umanità. Ci si può aspettare che la violenza sia arginata in un certo luogo, per un certo periodo – ma non che venga sradicata. All'interno degli stati viene controllata, ma non eliminata; nelle relazioni internazionali è sempre presente, se non altro in secondo piano. E per combatterla occorre a sua volta esercitarla. Romain Gary, compagno di lotta di Aron a Londra, a proposito delle missioni come aviatore nei cieli della Germania diceva: «Hitler ci aveva *condannati* a uccidere. Anche le cause più giuste non sono innocenti».[16] Per difendersi dagli attacchi del nemico bisogna fabbricare delle armi mortali; e anche in tempo di pace ogni progresso tecnico si paga con la distruzione di antiche forme di vita. Per questo Aron, così abile a mostrare l'inanità delle promesse sbandierate dai mercanti di sogni, non è adatto al ruolo di venditore di speranze. La democrazia liberale che egli difende non ha alcun aspetto in comune con il paradiso terrestre; è semplicemente un compromesso meno cattivo degli altri.

Non è soltanto il divenire dell'umanità che non obbedisce alla ragione; è anche il singolo individuo, per quanto sia fedele al suo culto. Da sempre Aron ha compreso e ammesso che nemmeno lui fa eccezione alla regola, che nella vita di ognuno arriva un momento, come scrive nel 1933, in cui «lo sforzo di obiettività deve lasciare il posto a un'indignazione necessaria»[17] e che dunque i giudizi espressi non possono aspirare a una totale obiettività. Nell'autoritratto del 1965, di sé dice perfino che «nasconde le proprie passioni dietro degli argomenti»,[18] affermazione probabilmente eccessiva: il più delle volte, i suoi argomenti non sono il mascheramento razionalizzato di sentimenti. Tuttavia, può anche capitare; l'esempio più evidente è la reazione di Aron alla Guerra dei sei giorni, che vede lo scontro di Israele e dei vicini stati arabi. In particolare, in un articolo uscito nel giugno del 1967, in merito alle proprie posizioni filoisraeliane parla di un «irresistibile moto di solidarietà. Poco importa da dove viene» (M, p. 514).

Commentando il testo sedici anni dopo, Aron si rimprovera «la dimenticanza o la mancata comprensione del rapporto tra le forze». Ha dunque trascurato la prima regola di comportamento che lui stesso aveva stabilito: cominciare informandosi il più ampiamente possibile. «Avrei dovuto, anche in quell'attimo, conservar la mente fredda» (M, p.

514). Per un osservatore imparziale la situazione era chiara: la forza militare israeliana era di gran lunga superiore a quella dei paesi vicini e l'esistenza dello stato d'Israele non aveva corso alcun pericolo.

Se in Francia si è potuto credere il contrario, in gran parte ciò è dovuto all'influenza di una stampa in cui alcuni autori di origine ebrea hanno difeso con passione gli interessi d'Israele. Tale constatazione fornisce l'occasione per uno scambio epistolare tra Aron e Claude Lévi-Strauss, che il primo, scrupoloso come sempre, riproduce nelle *Memorie.* Il grande etnologo, di fronte allo storico Aron, assume una posizione universalista. Quelli che hanno diffuso delle falsità attraverso la stampa non sono scusabili per il fatto, suggerito da Aron, che «non esiste verità storica obiettiva oltre i modi diversi in cui individui o gruppi percepiscono situazioni e avvenimenti». Essi hanno mancato al necessario «rispetto dei fatti», primo articolo del credo intellettuale. Dalla familiarità con società diverse dalla propria Lévi-Strauss ha tratto una lezione valida per entrambe: «Evidentemente non posso sentire come una mia ferita aperta nel fianco la distruzione dei Pellerossa e reagire in modo opposto quando si tratta degli arabi palestinesi». Non è la prima volta nella storia dell'umanità, infatti, che «perseguitati e oppressi andarono a stabilirsi in terre occupate da millenni da popoli ancora più deboli, che vennero rapidamente scacciati» (M, p. 535).

È esattamente ciò che pensa anche Aron – in qualunque circostanza, ma non in questa. È abbastanza sorprendente vedere, per esempio, con quale severità egli giudichi l'atteggiamento di Camus durante la guerra d'Algeria – perché questi non riesce a dimenticare le proprie convinzioni: «Nonostante la sua volontà di giustizia, la sua generosità, il signor Albert Camus non riesce a innalzarsi al di sopra dell'atteggiamento del colonizzatore di buona volontà» (M, p. 390). Il famoso rifiuto di Camus di scegliere tra la madre e la giustizia gli pare allora (nel 1957) l'espressione di una posizione priva di senso. Nel 1967 spiega in questi termini la posizione degli intellettuali ebrei francesi che hanno scelto di difendere incondizionatamente Israele: «Hanno fatto la stessa esperienza di Camus. In certe circostanze, l'intellettuale tenterà vanamente di approdare a una presa di posizione a forza di riflessione, soppesando il pro e il contro, confrontando le ragioni degli uni e degli altri, riferendosi alle regole astratte della giustizia. O tace o ubbidisce al proprio demone» (M, p. 532). Camus, in quel caso criticato e qui preso a modello, di fronte all'Algeria ha scelto di tacere; altri hanno preferito seguire il proprio demone.

Introdurre un po' più di ragione nel corso del mondo o anche in quello dei propri pensieri non è compito facile. Aron non ha mai voluto nasconderlo: «A forza di considerarmi come un meccanismo intellettuale, tutti finiscono per dimenticare a qual punto io rassomigli a tutti gli altri» (M, p. 569). Per questo non rinuncia a far rotolare il proprio masso di Sisifo.

Aron come Giobbe

La storia di Giobbe è quella di un uomo giusto e felice, al quale Dio proprio per questo motivo decide d'inviare le prove peggiori.

La vita di Aron comincia sotto i migliori auspici. Cresciuto in una famiglia che gli vuole bene, dotato di capacità intellettuali fuori dall'ordinario, segue la via ideale dei giovani nella repubblica francese: nel 1924 entra all'École normale supèrieure, quattro anni dopo risulta primo al concorso per l'abilitazione all'insegnamento di filosofia come docente universitario. I primi colpi gli vengono inferti dalla storia. In primo luogo la crisi economica del 1929 manda in rovina la sua famiglia e condanna il padre, che aveva già rinunciato alle proprie ambizioni a una brillante carriera, a cercare lavoretti nel settore alimentare. Morirà poco dopo. Allora

Aron si ripromette di compiere nella vita tutto ciò che il padre aveva sognato senza riuscire a realizzarlo.

Il secondo colpo Aron lo riceve in Germania: è l'avvento del nazismo. Fino a quel momento, si entusiasma ora per Kant, ora per Proust. Ma soprattutto per la politica: «Il gusto della politica rappresentava per me l'equivalente della debolezza» (M, p. 69). Hitler si assumerà l'incarico di stravolgere i suoi valori. A questo punto Aron mette decisamente da parte le proprie velleità letterarie (nel 1928 aveva tenuto una comunicazione su Proust) e, se discute una tesi sulla filosofia della storia, lo fa per introdurvi la propria consapevolezza della drammaticità del presente, al punto da urtare i professori, sorpresi di vedere che gli avvenimenti politici sconvolgono le polverose aule dell'università. Gli eventi danno ragione ad Aron, ma è una magra consolazione: richiamato alle armi, traumatizzato dall'armistizio, deve abbandonare i familiari per continuare la lotta da Londra. Là, sotto le bombe, vivrà il *Blitzkrieg* scatenato da Hitler contro la Gran Bretagna.

La fine della guerra avrebbe potuto arrecargli un senso di pace, ma non sarà così. Di ritorno a Parigi, ricorda nelle *Memorie*, «oscillavo tra la buona e la cattiva coscienza» (M, p. 199). Per quale motivo avrebbe una cattiva coscienza, proprio lui che, a differenza di tanti altri, si è arruolato fin dal primo giorno? Perché le esigenze che ognuno rivolge a sé stesso sono più severe di quelle degli altri. In servizio militare, prima della guerra, Aron è stato assegnato a una unità meteorologica. Durante la «guerra farsa», richiamato alle armi, si ritrova nello stesso corpo d'armata. Chiede di essere trasferito ai carristi, incarnazione dell'esercito moderno che meglio si addice alle sue aspirazioni bellicose. La rapidità dell'armistizio lascia la sua richiesta senza seguito. Una volta a Londra, crede di poter realizzare il proprio sogno: gli esiliati possono scegliere il corpo in cui prestare servizio. Aron non ha esitazioni: saranno i carristi! La domanda viene accolta, ma lo attende una brutta sorpresa: avendo ormai trentacinque anni, è tra le reclute più anziane, così viene assegnato all'amministrazione dei conti della compagnia... Ritrovarsi nei panni di contabile a Londra non ha alcunché di eroico; perciò non ci pensa sopra a lungo quando gli viene proposto di diventare redattore capo della rivista dei francesi a Londra, «La France libre».

A ragionare in astratto, non si può nutrire alcun dubbio: Aron è utile alla causa della Francia più come giornalista brillante e moderato che come contabile. Ma di fronte al tribunale della propria coscienza, non è tranquillo: non ha forse fuggito l'azione? E se avesse trovato ogni valido motivo per scegliere il lavoro di giornalista soltanto perché aveva paura delle pallottole? «Non era certamente un fatto disonorevole, ma non era altrettanto certamente un fatto glorioso» (M, p. 174). Rispetto agli aviatori, che rischiano la vita in ogni missione, come Romain Gary, Aron si considera un «imboscato». In occasione della liberazione si accusa anche di aver cercato eccessivamente di restare al di fuori della mischia, di non aver difeso la causa gollista con maggior ardore.

A quel punto Aron è mosso, a un livello che oggi tende a divenire incomprensibile, da un senso del dovere verso la patria, la Francia. I bisogni del paese, non appena vengono compresi, prevalgono, e di gran lunga, sui suoi desideri. Il risultato di questi rimorsi, di questi rimpianti, di questi rimproveri che si rivolge a bassa voce è che nel 1945 prende una decisione sorprendente: sceglie di rinunciare, non soltanto più alla letteratura e alla filosofia, ma anche alla riflessione indifferente dell'intellettuale. Aron abbandona la carriera universitaria che si stava per aprire davanti a lui e, per dieci anni, fino al 1955, si dedica essenzialmente al giornalismo: ai suoi occhi è il mezzo più adatto per servire il paese. Si è punito da solo per quella che considera la propria inattività nel passato, frenando le proprie aspirazioni di natura eminentemente intellettuale. Scriverà dunque abbondantemente, prima su «Combat», poi su «Le Figaro»; è con questo stesso spirito che nel 1947 entrerà nell'RPF gollista.

Viene però presto assalito dai dubbi: teme la dispersione di cui il padre aveva già sofferto, ha paura di affogare nell'effimero, nelle urgenze che il giorno seguente sono già dimenticate. Dal 1948 sopporta male la vita da giornalista di professione e tenta di entrare alla Sorbona; ma i «cari colleghi» lo respingono. In seguito, Aron considererà questi anni come un intermezzo, per non dire uno spreco; la formula con cui vorrebbe intitolarli, nelle *Memorie*, è: «Dieci anni perduti» (M, p. 227). A ciò si aggiungono delle disgrazie personali: nel 1950 gli nasce una bimba affetta da sindrome di Down, pochi mesi dopo muore di malattia la secondogenita, nata nel 1944. Aron ne rimane profondamente turbato; per preservare il proprio equilibrio, si getta con maggiore accanimento nel lavoro, in quello che lui stesso chiama «il giornalismo ossessivo».[19] Questo duplice choc gli rivela per sempre quanto gli uomini siano poco padroni del proprio destino: «Chi ha assistito, impotente, alla morte del figlio non sarà più tentato di aderire all'orgoglio prometeico».[20]

Aron uscirà da questo periodo, giudicato a posteriori sterile, con un duplice gesto: si candida di nuovo a un posto da docente alla Sorbona, nel 1955, questa volta con successo, il che lo porta a riallacciare i rapporti con l'ambiente votato alla conoscenza piuttosto che all'azione; e quello stesso anno pubblica *L'oppio degli intellettuali*, un'opera certamente polemica, ma che gli permette di riprendere la riflessione di fondo, al di là delle controversie effimere. Il libro suscita un'eco importante. L'affetto di cui lo circondano i suoi cari lo aiuta a emergere dallo stato di prostrazione in cui l'aveva gettato la tragedia personale. «Ero uscito dalla notte, forse sarei arrivato a riconciliarmi con la vita» (M, p. 330).

Inizia così un nuovo periodo della sua esistenza, che durerà fino al 1977 e nel corso del quale egli scriverà la maggior parte delle opere più importanti. Il riconoscimento pubblico andrà sempre in crescendo. Questi successi non saranno comunque sufficienti a placare la sua inquietudine.

Durante tutti questi anni Aron proseguirà la collaborazione con «Le Figaro». La quantità e la qualità non mancano: nella sua carriera avrà scritto circa 4000 editoriali; ormai sa di essere diventato il miglior editorialista francese. Ma nel 1965 muore il direttore del quotidiano, Pierre Brisson; inizia così, agli occhi di Aron, un lento degrado del giornale (la rottura sarà consumata nel 1977). Comunque, è l'attività giornalistica in sé ad aver perduto molto della propria attrattiva per Aron. I complimenti che riceve non hanno alcun effetto sui dubbi che nutre: sarà forse troppo accomodante? Ammirano i suoi articoli perché sono firmati da Raymond Aron e non perché sono validi? Successivamente ammetterà di essere stato tentato dall'esempio di Romain Gary, di nascondersi dietro uno pseudonimo – ma questo paragone con un uomo disperato, la cui esistenza si concluderà con il suicidio, non è inquietante?

Brisson ha lasciato un ritratto di Aron giornalista: dice di aver conosciuto pochi uomini caratterizzati «da uno stato febbrile altrettanto vivo, da un'intima veemenza così bruscamente solcata da inquietudini».[21] Aron può anche cercare di essere più lucido degli altri, ma il commento politico che si sussegue giorno dopo giorno ha sempre qualcosa di frustrante, nella misura in cui la storia è imprevedibile e le certezze di oggi diventano gli errori di domani. Con il privilegio che abbiamo a venticinque anni dalla scomparsa di Aron, possiamo osservare l'inadeguatezza dell'opinione da lui maturata su uno dei principali oggetti della sua riflessione, ossia l'Unione Sovietica. Questo critico impietoso del sistema comunista è rimasto, malgrado tutto, vittima della sua propaganda. In primo luogo, per lunghi anni Aron si è illuso che l'ideologia comunista fosse erede dell'umanesimo occidentale; inoltre, ha creduto che lo stato sovietico, invece di utilizzare tale ideologia per l'esercizio del potere, volesse conformarsi a un progetto teorico. Ma soprattutto Aron ha sostenuto, sino alla fine della vita, la superiorità militare dell'URSS sull'Europa e addirittura sugli Stati Uniti. Egli s'immaginava, in un prossimo futuro, che il potere sovietico avrebbe dominato l'Europa occidentale, perché «gli Stati Uniti hanno perduto la superiorità militare» (M, p. 772). Gli avvenimenti degli ultimi anni del XX secolo mostrano come rimangano fragili perfino le predizioni meglio argomentate.

L'insegnamento regolare riesce a pacificare l'individuo Aron. Vi si dedica con la massima serietà. Tuttavia, proprio come si rimprovera di non essere stato un vero combattente durante la guerra, ora è preoccupato di non essere un vero studioso, di non poter più condurre ricerche di sostanza ed escogita una nuova prova: senza che nessuno glielo richieda, nel 1962 pubblica una seconda «tesi», *Paix et guerre entre les nations*; poi, nel 1976, una terza, *Penser la guerre, Clausewitz!* Questi lavori eruditi e sistematici rafforzano la sua reputazione universitaria, ma non per questo lo rassicurano; fino agli ultimi giorni della vita, non smette di chiedersi: «Il mio insegnamento ebbe qualche valore per i giovani che mi ascoltavano?» (M, p. 765).

Nello stesso periodo Aron pubblica numerose opere, che non soddisfano, però, le sue attese. «Di nessuno dei miei libri sono pienamente soddisfatto [...]», scrive nelle *Memorie*, «anche in rapporto al livello al quale aspiro» (M, p. 753). Fatta eccezione per le «tesi» universitarie, non si tratta propriamente di libri, ma di raccolte di articoli, dispense di corsi, spesso redatte o messe a punto da altri; Aron li considera tutti come lavori preparatori in vista di libri – che non scriverà. L'idea di opera, anche non letteraria, gli rimane estranea. Per scriverla gli manca la fiducia in sé o l'autostima capace di giustificare il dispendio di energie e di tempo necessario a individuare la forma più adatta a esprimere un pensiero. Il periodare di Aron è conciso ed efficace; i suoi libri per lo più non aspirano a una costruzione originale. Si è vietato ogni seduzione narrativa, ogni contesto metaforico, ogni riferimento letterario, ogni ingerenza personale. Probabilmente è a questo che egli si riferisce in un'intervista del 1976, quando spiega che non ha avuto coraggio a sufficienza per distaccarsi dalla realtà: «Sono stato paralizzato dalla paura di sbagliare. Temo l'invenzione, sia in filosofia sia in politica».[22] L'«invenzione» irrefrenabile può avere conseguenze assai negative in politica, è fuor di dubbio, ma non è utile all'autore di libri?

Dietro ciò che Aron definisce «la mia volontà di avere sempre ragione» (M, p. 357), che si può vedere all'opera nei libri da lui scritti e perfino nelle *Memorie*, si cela il sospetto che quest'uomo nutre costantemente nei propri confronti: egli teme di cedere alla condiscendenza, di presentare le proprie passioni come degli argomenti, di mancare di coraggio e maschera questi timori con una bulimia di lavoro e un eccesso di argomenti razionali. Ma, osserva in conclusione, «dubito di aver condotto la mia carriera e i miei lavori ragionevolmente» (M, p. 365).

Serenità

Negli anni giovanili Aron decide di sottomettersi alla propria volontà e dunque, tra le altre cose, di escludere la propria vita dal campo d'indagine. In una lettera del 1928 al migliore amico del momento, chiede scusa di limitarsi a espressioni molto vaghe e generali per parlare di sé: «Non è una questione di reticenza nel confidarmi, ma tutto ciò merita soltanto l'oblio, va rifiutato, distrutto dalla critica e dalla volontà».[23] Due anni più tardi, al medesimo scrive: «Rifiuto di guardarmi, d'interrogarmi, perché non voglio ricadere in sospetti assurdi, dato che hanno la mania di rivolgersi sempre al passato, sterili, dato che sono comunque forte abbastanza da non lasciar loro voce in capitolo».[24] Il giovane manifesta il proprio Super-Io tirannico. Saranno gli avvenimenti degli anni Trenta a creare qualche ostacolo alla sua esistenza; in seguito, volontà e circostanze esterne saranno alleate nella formazione del suo personaggio pubblico.

Il mutamento avverrà nel 1977, quando Aron sarà a sua volta sfiorato dalla morte: un'embolia – un grumo di sangue che raggiunge il cuore – lo colpisce duramente, in un primo tempo privandolo del movimento e della parola. Un'altra morte, quella della figlia nel 1950, l'aveva gettato nella più grande disperazione, facendogli toccare con mano la vanità di ogni tentativo di controllare il destino: nulla è paragonabile alla vita di un essere amato. La notizia della propria mortalità che gli ha trasmesso l'embolia, paradossalmente, ottiene su di lui l'effetto opposto: è come liberato da ogni timore, rinuncia a ogni tentativo di controllo e accetta serenamente la vita. Ormai non vuole più dimostrare al mondo o a sé stesso alcunché; negli ultimi anni della vita, Aron sarà un uomo in pace.

Le prime parole che è in grado di formulare dopo il problema cardiaco – parole non pronunciate, ma scarabocchiate malamente con la mano sinistra, ancora in sala di rianimazione – sono queste: «morire niente paura» (M, p. 703). Aron non ha mai mancato di coraggio, ma ne ha avuto la certezza soltanto quando si è trovato di fronte alla morte. «Non sapevo affatto se avrei saputo fronteggiare il sibilo delle pallottole e le esplosioni degli obici» (M, p. 174). Ora la prova c'è stata e, di conseguenza, Aron allontana dai propri pensieri questa preoccupazione. Ormai è in pace con sé stesso.

Ciò modifica in primo luogo il suo rapporto con gli altri. Le battaglie condotte instancabilmente, per circa un mezzo secolo, adesso non hanno più importanza: «Per me, il tempo delle polemiche è finito». Smette anche di preoccuparsi ossessivamente dell'opinione che gli altri hanno di lui: «La mia suscettibilità eccessiva dei vent'anni è ricaduta al di sotto della normalità» (M, p. 753). In compenso, il posto di coloro che gli sono stati vicini e che egli ha amato è riconosciuto per il suo vero valore: essenziale. Aron non l'aveva mai ignorato, ma adesso lo riconosce pubblicamente e si abbandona, in un certo modo, all'affetto per la famiglia, i nipoti, gli amici in età avanzata o ancora giovani. Le ultime parole delle *Memorie* sono dedicate a loro: è grazie a loro che ha trovato la serenità.

La medesima trasformazione avviene nel rapporto che Aron ha con sé stesso. Quando riprende le forze dopo l'embolia, si chiede per quale scopo dovrebbe usarle prioritariamente: adesso sa di avere il tempo contato. Pensa a tre progetti: un libro su Marx, uno sulla filosofia della storia – dunque due opere in linea con le precedenti – e poi un libro di memorie. L'incertezza è di breve durata: «A meno di compiere uno straordinario sforzo su me stesso, anzi contro me stesso, dovevo scegliere il terzo. Non per volontà cosciente, ma spontaneamente, abbandonato a sé stesso, il mio *io* aspirava a rievocare il mio passato» (M, p. 709). La volontà non decide più di ogni cosa e l'essere individuale, complesso, incompiuto, fino a quel momento sempre sottomesso alla ragione, può giocare un ruolo di primo piano: Aron si lancia nella scrittura delle *Memorie*.

Prima ancora di portarle a termine, ne produce una versione ridotta e orale: sono le interviste che concede a due giovani universitari e che saranno pubblicate sotto il titolo di *Le Spectateur engagé*. Segno dei tempi, i due interlocutori di Aron non appartengono propriamente alla sua famiglia politica: nati dagli «avvenimenti di Maggio», entrambi si collocano chiaramente a sinistra. Ma non soltanto è finito il tempo delle polemiche, anche l'opposizione tra sinistra e destra è cambiata: la critica del terrore comunista, la difesa della democrazia e dei diritti dell'uomo sono diventati un passaggio obbligato di quasi tutti gli impegni politici. Aron non è più «di destra», ormai incarna il consenso democratico. L'accoglienza riservata al libro è un'ulteriore testimonianza del cambiamento avvenuto nelle persone: il successo giunge al momento opportuno, sia con il grande pubblico sia con i rappresentanti delle diverse correnti politiche.

Le *Memorie*, uscite nel 1983, pochi mesi prima della scomparsa dell'autore, ritornano molto più dettagliatamente sugli avvenimenti e sulle idee accennate negli incontri. Il personaggio di Aron rimane dunque centrale negli ultimi due libri che ha pubblicato ancora da vivo. Da un uomo come lui, che ha dedicato così tanto tempo a lasciare in secondo piano la propria individualità, non ci si può attendere, perfino dopo un'embolia, una copia delle *Confessioni* di Rousseau. Un uomo che per cinquant'anni ha escluso dalla vita pubblica l'introspezione non può cambiare da un giorno all'altro; adesso, però, accetta di mettersi al centro della propria ricerca e il suo ritratto emerge, poco alla volta, a partire da queste pagine. Le *Memorie* sono un libro doppio. Da un lato, Aron evoca i grandi avvenimenti della storia di Francia nel XX secolo e delinea i ritratti, equilibrati ma in generale magnanimi, di molti dei suoi attori. In essi inserisce gli episodi fondamentali della propria esistenza, essenzialmente quelli che riguardano la vita pubblica; il versante intimo e materiale è accennato solo di sfuggita. Dall'altro, nelle *Memorie* egli condensa l'insieme dei propri scritti: l'argomento centrale di ognuno di essi si trova riassunto in poche pagine, alle quali Aron aggiunge le reazioni dei critici, le lettere di approvazione o disapprovazione ricevute, oltre ai propri commenti retrospettivi. Sotto un certo punto di vista, le *Memorie* accolgono l'insieme di una vita e di un'opera.

All'uscita da un processo per diffamazione in cui ha voluto testimoniare, Aron pronuncia le sue ultime parole: «Credo di essere riuscito a dire l'essenziale»;[25] pochi minuti dopo morirà per un arresto cardiaco. Sono parole ancora più adatte alle *Memorie*, che dicono l'essenziale del suo percorso lungo il XX secolo. Piuttosto che il ruolo di consigliere del principe, ha scelto di essere un servitore, un esploratore del pubblico, un portatore di luce. Ha compiuto il proprio dovere rinunciando a fare il venditore di sogni, incitando ciascuno a conoscere il mondo circostante e a giudicarlo con equità. Ha dato l'esempio, ma non ha voluto condurre alla meta: ciascuno deve esercitare la propria libertà e compiere le proprie scelte. Piuttosto che infiammare i cuori ha voluto illuminare le menti; e ancora, la luce che apporta, più che a quella del fulmine, assomiglia alla fiamma tremolante della candela che viene continuamente riaccesa. Non ha creato un sistema di pensiero che permetta di spiegare ogni cosa, né una verità rivelata, per questo motivo non esiste un possibile «aronismo», anche se sono molti a riconoscersi nel suo approccio. Più volte sono state sottolineate la chiarezza e la lucidità di Aron; si potrebbe ancora ricordare che un uomo, il quale alle menzogne consolatrici preferisce sistematicamente ciò che ai suoi occhi sembra la verità, non è mai animato dal solo desiderio di conoscere il mondo. Questa scelta testimonia, al di là di ogni scetticismo, la nobile idea che Aron si faceva dell'umanità e dell'amore che le riservava.

Edward Said è stato uno degli intellettuali più conosciuti e più influenti al mondo tra la fine del XX e l'inizio del XXI secolo. Critico letterario nei primi anni della carriera, sulla scia di György Lukács e di Erich Auerbach, doveva la propria notorietà agli studi sulle identità culturali e sull'incontro delle culture, sui nazionalismi e sugli imperialismi. Era anche una delle voci più ascoltate in favore della causa palestinese, tanto più preziosa in quanto si preoccupava che la sua difesa tenesse pienamente conto delle sofferenze degli ebrei, dalle persecuzioni fino al genocidio. Nello stesso tempo era un appassionato di musica e della sua interpretazione e s'ispirava tanto al filosofo tedesco Theodor Adorno quanto al pianista canadese Glenn Gould. Era un lavoratore instancabile, dalla curiosità mai soddisfatta, la cui vita sembra non aver conosciuto un solo attimo di respiro.

Mi è difficile parlare dell'opera di Edward Said come di un qualunque altro argomento di studio, perché mi ha legato a lui un'amicizia durata una trentina d'anni. L'ho incontrato negli anni Settanta, alla Columbia University di New York. A quei tempi ci andavo ogni tre anni per tenere un corso al dipartimento di letteratura comparata, dove insegnava Said. L'ho conosciuto nel 1974, ma siamo diventati amici solo tre anni dopo. Cercherò di descrivere fedelmente l'impressione che mi aveva fatto allora, possibilmente senza lasciarmi influenzare nel resoconto dagli incontri che ci sono stati successivamente.

Avevamo alcuni tratti in comune che potevano avvicinarci. Nato nel 1935, Said era più vecchio di me di quattro anni, una differenza che alla nostra età non contava molto. Nel 1966 aveva pubblicato il primo libro, uno studio di Conrad[1] in cui aveva sviluppato l'argomento della sua tesi – il mio primo, anch'esso il risultato di un approfondimento della tesi, sarebbe stato pubblicato l'anno successivo. Said s'interessava dei dibattiti che allora definivamo «teorici» e che erano stati aperti da alcuni critici o filosofi francesi, ai quali aveva partecipato con il suo secondo libro, intitolato *Beginnings*,[2] che risaliva al 1974. Occupandomi anch'io del rinnovamento degli studi letterari, potevamo trovare un linguaggio comune.

Molto più significativa era un'altra caratteristica che accomunava le nostre biografie: eravamo entrambi immigrati, lui negli Stati Uniti, io in Francia, provenienti da paesi che si trovano ai margini dell'Occidente: nel suo caso la Palestina e l'Egitto, nel mio la Bulgaria. Paesi diversi sotto molti aspetti, ma nei quali si ritrova lo stesso sentimento sia di vicinanza sia d'inferiorità rispetto all'Europa occidentale o al Nordamerica – un sentimento che poteva dare origine a un miscuglio d'invidia e malcontento.

I nostri paesi, poi, condividevano anche il fatto di essere appartenuti, nel passato più remoto, al medesimo impero, quello ottomano. I turchi non avevano praticato l'assimilazione con la forza, ma alcuni aspetti della vita si ritrovavano agli estremi opposti dell'impero. Per esempio, scoprivamo con stupore la corrispondenza delle nostre tradizioni culinarie: il cetriolo con lo yogurt, le melanzane, le polpette di carne... Molti anni dopo, leggendo la sua autobiografia, mi sono reso conto che le nostre radici condividevano un ulteriore elemento. Nel 1912, lo stato di Bulgaria, da trentacinque anni emancipato dalla tutela ottomana (il termine usato in bulgaro era «giogo»), scatenò la prima guerra balcanica contro i turchi. Il padre di Said, che abitava in Palestina, sempre sotto il dominio turco, era chiamato a svolgere il servizio militare e dunque a combattere i bulgari. Una prospettiva poco felice, che lo aveva indotto a lasciare il paese, per portarlo alla fine negli Stati Uniti – paese di cui aveva allora acquisito la nazionalità; tale condizione, a sua volta, avrebbe orientato il destino del figlio quarant'anni più tardi. L'impero ottomano e l'opposizione contro di esso facevano ormai parte della nostra eredità.

Rispetto agli altri abitanti di un paese, gli immigrati hanno delle personalità ancora più sfaccettate, perché conoscono la rottura tra un prima e un dopo; ciascuno, però, vive tale pluralità a modo suo. Quella di Said era particolarmente complessa e ne recava i segni perfino nel nome, metà inglese, metà arabo. Era originario di un paese inesistente, esiliato in Egitto, educato in scuole di lingua inglese destinate all'élite del paese, ma improntate a un atteggiamento di disprezzo o di rifiuto della cultura indigena, esiliato una seconda volta negli Stati Uniti, un paese di cui, tuttavia, aveva già il passaporto e in cui le università gli sembravano un'ultima e meravigliosa utopia, ma la cui politica estera lo indignava... Said non sapeva più quale fosse la propria lingua madre, l'arabo o l'inglese, quella dei dominati o quella dei dominanti; in poco tempo si era reso conto che «un ritorno o un rimpatrio integrale è impossibile».[3] La sua esperienza, invece di essere appannaggio esclusivo di pochi individui, incarna uno degli aspetti tipici del mondo moderno: l'accelerazione dei contatti tra culture, il carattere mutevole di queste ultime, la pluralità interna di ogni identità.

La comune appartenenza a paesi «di second'ordine» e, rispetto all'Occidente, ai margini, era senza dubbio all'origine della simpatia che provavo per il mio nuovo amico, ma non era la sola. Said non si mostrava mai altezzoso, non attribuiva alcuna importanza alle convenzioni né alle consuetudini della vita accademica, care ad altri colleghi (meno rispettate, comunque, a New York che altrove). Amava scherzare e nessun gesto di amicizia era al di sotto della sua dignità. I suoi modi erano l'espressione della semplicità, era la persona più calorosa che avessi incontrato in quell'ambiente. Senza alcun imbarazzo ci recavamo a casa sua e di Mariam, la moglie, anche quando eravamo accompagnati dai nostri figli. Me lo vedo ancora – dieci o quindici anni più tardi, però – correre dietro la nostra famigliola nelle vie di New York per riportarci il biberon del nostro ultimogenito, dimenticato nel suo appartamento alla fine di un'allegra serata.

Nello stesso tempo, Said era un uomo che viveva sempre di fretta, o piuttosto a un ritmo superiore a quello della maggior parte degli altri esseri umani: aveva innumerevoli attività, doveva sempre correre per occuparsi di quella successiva, senza mai un attimo di pace. Autore di una ventina di libri pubblicati da vivo, sembrava condurre più esistenze contemporaneamente. L'angoscia della pagina bianca era a lui ignota e non si prendeva mai una vacanza. La velocità era la sua caratteristica: suonava molto bene il pianoforte, ma avrei voluto che rallentasse un po'; era un buon giocatore di tennis, ma preferiva lo squash, perché la pallina torna subito indietro. Anche nelle relazioni umane talvolta mostrava segni d'impazienza.

Rispetto alla maggior parte dei colleghi della Columbia, Said impressionava anche per la prestanza fisica. Non era soltanto un bell'uomo, si vestiva con buon gusto, indossando gilet di daino che gli donavano molto; soprattutto, si muoveva con eleganza. A guardarlo bene, non lo si poteva confondere con i colleghi, pallidi ed evanescenti, che sembravano vivere solamente in mezzo ai libri e tendevano a divenire puri spiriti; lui, invece, aveva i piedi per terra, era anche un corpo e non cercava d'ignorarlo. Era un uomo generoso e appassionato, ammiratore entusiasta ma talvolta critico sarcastico.

All'università e in città

Questa scelta aveva delle ripercussioni sul suo lavoro – cosa che, già di per sé, rappresentava un'eccezione. Pur partecipando alla nuova ondata della «teoria» negli studi letterari, che si opponeva a una fase precedente in cui ci si accostava ai testi con un approccio puramente biografico, storico o estetico, egli ne prendeva già le distanze e ne parlava con una certa derisione. Diede spiegazione di tale comportamento in scritti che avrebbe raccolto nel 1983 sotto un titolo rivelatore: *The World, the Text and the Critic.*[4] Vent'anni dopo, nella prefazione all'ultima raccolta di articoli sulla letteratura, *Reflexions on Exile* (*Nel segno dell'esilio*), evocava questo momento della storia della nostra professione: «Nel momento in cui la "teoria" faceva negli Stati Uniti delle conquiste intellettuali nei dipartimenti d'inglese, di francese e di tedesco, la nozione di "testo" era stata trasformata in qualcosa di quasi metafisicamente distinta da ogni esperienza».[5] Anch'io nelle scienze umane avevo preso parte alla promozione di questo tipo di approccio, a cui davamo nome «strutturalismo» o «semiotica» e che ci permetteva, almeno così credevamo, di analizzare meglio i testi; ma che, occorre riconoscere, teneva in scarsa considerazione l'altra parola che appare nel titolo di Said: il *mondo.* All'epoca di cui parlo, intorno al 1977, questa situazione aveva cominciato a disturbarmi, tanto più che, ormai da molti anni, ero giunto alla conclusione che fosse necessario mantenere una continuità tra l'essere e il pensiero, tra la mia esistenza e il mio lavoro. Mi sentivo dunque a mio agio rispetto alle critiche che Said cominciava a rivolgere ai compagni «teorici».

Le esperienze che mi avevano spinto in questa direzione erano del tutto personali: la mia naturalizzazione in Francia, nel 1973; la nascita del mio primo figlio, l'anno successivo. Per Said le ragioni erano altre: l'avvenimento che aveva cambiato il suo modo di pensare era stato la Guerra dei sei giorni, nel 1967, uno scontro da cui palestinesi ed egiziani erano usciti sconfitti e, cosa ancor più grave, umiliati. La famiglia di Said, di condizione agiata e di religione cristiana, viveva al Cairo, mentre lui si era stabilito negli Stati Uniti dal 1951; fino al 1967 non si era mai occupato di politica. Dopo questa data, si sentì visceralmente interessato da ciò che capitava al suo popolo d'origine, ma decise che la propria esistenza doveva svolgersi su due piani nettamente separati: all'università, nel mondo della professione, non faceva parola delle origini palestinesi e si occupava di scrittori europei o americani; nell'ambiente cittadino si dedicava con crescente interesse alle vicende della propria patria perduta. Mi rendo conto solo adesso che nel 1977 entrò a far parte del Consiglio nazionale palestinese, il parlamento in esilio di questo paese inesistente. Non me ne aveva parlato: non appartenevo a quel mondo.

Era un impegno politico del tutto individuale: non soltanto i suoi genitori non lo avevano incoraggiato, avevano perfino tentato di dissuaderlo. Said raccontava che nel 1971, sul letto di morte, suo padre lo metteva in guardia: «La tua professione è la letteratura. Perché ti occupi di politica? Rischi di pagarla cara!». La madre, scomparsa vent'anni dopo, gli aveva a sua volta rivolto sempre le medesime raccomandazioni: «Ritorna alla letteratura, dalla politica araba non può venire nulla di buono!». Ma, osservava Said nel 1998, «per quanto mi riguarda, non ho mai saputo condurre una vita non impegnata, isolata: non ho avuto alcuna esitazione a dichiarare la mia affiliazione a una causa estremamente impopolare».[6]

Comunque, proprio in occasione del nostro incontro, egli aveva già trovato il modo di avvicinare e intrecciare i due fili della propria esistenza. Lo studioso di opere di letteratura occidentale e l'esiliato palestinese avevano scoperto un ambito comune: Said avrebbe studiato il discorso occidentale sull'Oriente, da lui definito «orientalismo». Sarebbe stato anche il titolo del suo libro, pubblicato nel 1978, destinato a segnare un nuovo cambiamento nel suo percorso (dopo quello avvenuto nel 1967): ormai la sua esistenza e la sua professione potevano comunicare. Il libro sarebbe stato tradotto in non meno di trentasei lingue e avrebbe influenzato profondamente lo studio delle relazioni culturali tra metropoli e colonie.

La tesi centrale di *Orientalismo* non è, come alcuni hanno creduto, che sia necessario riabilitare, in qualche modo, un Oriente maltrattato da celebri autori europei e dunque rettificare l'idea che ne è stata data. L'obiettivo era molto più radicale; si trattava di sostenere che l'«Oriente» non esisteva, se non come una creazione, un'invenzione degli occidentali. L'affermazione di Said si basava sulla constatazione che, in primo luogo, la parola stessa «oriente», come quelle da cui talvolta viene sostituita, «arabo» o «musulmano», si applica a una realtà troppo estesa e multiforme, dispersa nel tempo e nello spazio, perché sia possibile farne un uso fecondo. Inoltre, le società definite «orientali» non sono mai esistite isolatamente, dunque è impossibile coglierne la vera essenza: come per tutte le altre società, la loro cultura è ibrida, è il risultato di innumerevoli incontri, scambi, interazioni. Le nozioni di «oriente» o di «orientale» non derivano da una generalizzazione dei fatti osservati in questa parte del mondo, ma da un'esigenza sentita dagli europei di reificare al di fuori di sé il loro «altro», che costituisce al contempo un contrasto deprimente e un'attraente terra esotica. Il discorso che riguarda «l'oriente» non ci fornisce notizie sul mondo orientale, ma su quelli che l'hanno creato, gli occidentali. È questo il risultato delle analisi condotte da Said su testi i cui autori erano sia scrittori sia viaggiatori come Chateaubriand, Nerval e Flaubert, uomini politici come Disraeli, Cromer o Balfour, o ancora eruditi come Silvestre de Sacy, Renan o lo stesso Karl Marx.

Orientalismo avrebbe suscitato molte reazioni ostili, sul versante sia degli orientalisti occidentali sia dei nazionalisti orientali: negava tanto agli uni quanto agli altri il diritto di rifarsi all'oggetto «Oriente» e metteva in discussione la loro stessa identità. Personalmente, le nostre conversazioni avvenute nel 1977 a tale proposito, seguite l'anno successivo dalla lettura del libro, mi hanno convinto dell'esattezza di molte analisi: il discorso «orientalista» era effettivamente impregnato di luoghi comuni che passavano da un autore all'altro e schematizzavano eccessivamente le popolazioni descritte. Ibrido culturale a mia volta, ero altrettanto persuaso che le identità nazionali o etniche non restassero impermeabili alle mescolanze. In compenso, mi trovavo in difficoltà di fronte alla prima affermazione di Said, concernente l'impossibilità di generalizzare a partire dalle esperienze individuali. Spinta all'estremo, questa presa di posizione nominalista (esistono soltanto gli individui) avrebbe reso impossibile ogni conoscenza delle culture.

Ora, se è vero che in seno a una cultura gli individui differiscono tra loro, è altrettanto vero che hanno numerosi tratti in comune – questi, in particolare, saltano più agli occhi degli osservatori stranieri (è il privilegio dello «sguardo da lontano» di cui parla Claude Lévi-Strauss). Le culture certamente non hanno essenza (eterna), ma ciò non impedisce loro di avere un'esistenza (storica). Lo sguardo di viaggiatori, eruditi, uomini politici, era sicuramente influenzato dai pregiudizi e dall'esigenza di crearsi un «altro»; ma non poteva essere determinato anche, almeno parzialmente, dall'oggetto esaminato? Se così fosse, il loro discorso può forse essere ridotto allo statuto di sintomo, negandogli così ogni valore di verità? Possiamo formulare la domanda anche diversamente: a partire da quale momento una generalizzazione diventa illegittima? L'«Oriente» forse non esiste, l'«Arabo» nemmeno, ma suscita un interesse parlare di egiziani? Di abitanti del Cairo? Delle caratteristiche di un quartiere o di una via? Said non intendeva porsi questo genere di domande e non poteva interrogarsi su quelle identità, perché mutevoli ed eterogenee: avrebbe rischiato altrimenti di incorrere negli stessi rimproveri che rivolgeva a sua volta agli orientalisti. Perciò, si limitava a identificare la loro appartenenza all'Occidente come causa dello strabismo di cui davano prova – tuttavia, questa era a sua volta una generalizzazione!

Queste riserve non m'impedivano di rendermi conto che la lettura di Said era una boccata d'aria fresca e dunque di consigliare il suo libro al mio editore di allora, Seuil. L'idea della pubblicazione è stata accolta, ho trovato nella persona di Catherine Malamoud, che conoscevo bene, una traduttrice al tempo stesso competente, precisa e appassionata e così, nel 1980, è uscita con la mia prefazione la prima traduzione di *Orientalismo* in lingua straniera. In quegli stessi anni portavo avanti un lavoro parallelo sull'opinione che gli appartenenti a una determinata cultura hanno su quelli di un'altra, dunque sull'unità e sulla pluralità interna della specie umana; questi studi sono sfociati in due libri: *La conquista dell'America* e *Noi e gli altri* –[7] quest'ultimo tradotto in inglese all'interno di una collana diretta da Said... Come lui, avevo fatto della mia condizione di emigrato un argomento di riflessione – non direttamente, con stile autobiografico, ma per analogia, interessandomi di altre esperienze paragonabili alla mia. Dal canto suo, Said avrebbe proseguito l'esplorazione della via da lui inaugurata attraverso altre opere, come *Covering Islam* e *Culture and Imperialism.*[8]

L'impegno politico

Questa vicinanza di interessi non nascondeva ai miei occhi tutta una serie di differenze tra la piega che avevano preso il percorso di Said e il mio. La maniera più semplice, ma non necessariamente la più corretta, di presentarle sarebbe quella di ricordare la disparità delle nostre esperienze precedenti: ora eravamo entrambi degli immigrati, prima, invece, lui era vissuto in un paese del Nordafrica, l'Egitto, che era sotto la tutela coloniale inglese, mentre io provenivo da un paese dell'Europa dell'Est, sottoposto al controllo sovietico. Avevo come l'impressione che, per Said, le discussioni tra Oriente e Occidente, comunismo e democrazie liberali, rappresentassero un conflitto tra ricconi, tra bianchi, tra europei, tra gruppi che meritavano di essere considerati sullo stesso piano ed essere opposti in blocco alla gente del Sud o del Terzo mondo, protagonista di un conflitto ben più importante. Ciò che allora scriveva qua e là Said sullo scontro Oriente-Occidente mi sembrava, come anche in seguito, mal documentato e poco chiarificatore, il prodotto di un pregiudizio piuttosto che il risultato di una conoscenza approfondita.

Era la prima di altre differenze che venivano alla luce. Per lui l'avversario principale era l'imperialismo, europeo o americano; per me il totalitarismo, comunista o nazista. Gli autori che lo ispiravano erano Lukács e Auerbach, Gramsci e Adorno, Fanon e Foucault, io invece mi sentivo aiutato da Michail Bachtin e Louis Dumont, Karl Popper e Raymond Aron, Vasilij Grossman e Germaine Tillion. Sembrava continuamente tentato dall'idea di mettere in discussione l'autorità, qualunque essa fosse; io, invece, preferivo cercare le vie del consenso. Di fronte ai testi letterari avevo l'impressione che il suo primo interesse fosse rivolto all'asse della comunicazione: chi parlava e chi ascoltava, per quale motivo e come, cercando quale fosse sul piano politico la posta in gioco di questa interazione. Dal canto mio, in un primo tempo lasciavo da parte le cause e gli effetti dei discorsi per concentrarmi sulla loro interpretazione – prima di tutto li leggevo, non come un mezzo d'azione, ma come la produzione di un significato. Queste divergenze, indubbie, non ostacolavano comunque in alcun modo il nostro rapporto di amicizia. Ignoro se egli ne fosse consapevole; sta di fatto che durante i nostri incontri, resi sempre meno frequenti dalle distanze, semplicemente non ne parlavamo mai, preferendo concentrarci sugli elementi che ci avvicinavano.

Un'altra differenza fondamentale nelle nostre vite pubbliche consisteva nel fatto che Said era attivamente impegnato in una battaglia politica, quella che doveva portare alla creazione di uno stato palestinese, mentre io ero estraneo a ogni impegno di questo tipo. Tuttavia, il mio paese d'origine, la Bulgaria, restava sottomesso a un regime che giudicavo odioso – e, come se ciò non bastasse, le era imposto dall'esterno, dall'Unione Sovietica, secondo la migliore tradizione imperiale. Ma ogni idea di militare contro questo regime mi era estranea: in parte, senza dubbio, perché ne temevo le conseguenze per i membri della mia famiglia che continuavano ad abitare in Bulgaria; in parte perché questo regime, identificandosi a sua volta nella causa di un impegno politico (per la vittoria finale del comunismo) aveva reso noi, adolescenti dell'Europa dell'Est, reticenti a ogni azione nella sfera pubblica. Nello stesso tempo, ci sbagliavamo riguardo alla solidità del governo bulgaro: ai nostri occhi era destinato a durare in eterno, o comunque per molti anni ancora, tanto più che era appoggiato da una forza più lontana e più inaccessibile ancora, quella dell'URSS. Lottare contro il regime ci sembrava inutile quanto opporsi al clima o alla geomorfologia del paese.

La causa palestinese dava forse, più di quella bulgara, l'impressione di essere suscettibile di riuscita? L'impegno di Said mi sembrava trovare la propria ragione profonda non tanto nelle speranze di successo quanto nello statuto stesso della Palestina. La Bulgaria, indipendentemente dal tipo di governo, non sarebbe scomparsa. Potevo allontanarmene, rifarmi una vita a Parigi – che il paese restasse sottomesso a un regime di polizia non mi toccava più personalmente. La Palestina, invece, aveva cessato di esistere come entità. Era stata dichiarata «terra senza popolo» – i palestinesi erano stati negati nella loro stessa identità e invitati a considerarsi diversamente: come arabi o musulmani, egiziani o libanesi. Per una persona come Said, nato a Gerusalemme, questa negazione equivaleva a un rifiuto di riconoscere la sua esistenza, un tentativo di negarlo nel suo stesso essere. Per poter vivere da tranquillo emigrato – come facevo io – Said aveva bisogno che l'esistenza del paese d'origine fosse riconosciuta. Non si può lasciare un paese che non esiste e nemmeno è possibile disinteressarsene. Non era la nostalgia del ritorno in patria ad animare l'impegno di Said – ormai era un intellettuale cosmopolita, che si sentiva a proprio agio a New York, la città più aperta del mondo –, ma la minaccia che sembrava incombere sulla sua identità – la sua patria veniva infatti dichiarata inesistente – e un sentimento di ingiustizia che affondava le radici nella storia.

La posizione di Said su questo scottante problema era semplice: chiedeva che israeliani e palestinesi fossero trattati su un piano di parità. La sua appartenenza affettiva a uno dei gruppi non gli impediva di vedere i bisogni dell'altro. Storicamente, bisognava riconoscere e meditare la gravità del genocidio che si era abbattuto sugli ebrei: mai la minima tentazione negazionista in Said. Giuridicamente, bisognava ammettere la legittimità dello stato d'Israele e cessare d'ignorare la realtà dei fatti: Said trovava ridicola l'ostinazione di tanti militanti arabi che volevano bandire il nome stesso d'Israele dai propri discorsi. Politicamente, bisognava condannare la lotta armata contro Israele e in particolare gli attentati terroristici contro la popolazione civile: non in quanto inefficaci o addirittura dannosi alla causa palestinese, ma perché moralmente e perfino metafisicamente inammissibili.

Lo stesso tipo di richieste, tuttavia, doveva essere rivolto agli israeliani per quanto concerneva il destino dei palestinesi ed era questa battaglia a mobilitare la maggior parte dell'energia di Said. In primo luogo bisognava, sul piano dell'azione politica, fermare il terrore di stato quotidianamente esercitato sulla popolazione civile palestinese, mettere fine all'occupazione militare delle terre palestinesi e smantellare le colonie che vi erano insediate. Inoltre occorreva, sul piano storico, riconoscere ufficialmente la violenza che avevano subito i palestinesi al momento della creazione dello stato d'Israele – violenza che non diventava più facilmente accettabile per il fatto di non essere un genocidio. Infine, era necessario riconoscere giuridicamente il diritto dei palestinesi all'autodeterminazione e garantire le condizioni di vita del loro stato indipendente. Le simpatie personali di Said propendevano per uno stato non religioso e non etnico che occupasse l'insieme dei territori israeliani e palestinesi;

consapevole, però, dell'impopolarità di tale soluzione presso le popolazioni interessate, ammetteva la necessità preliminare di creare uno stato palestinese sovrano. Queste esigenze, ai suoi occhi, non erano soddisfatte dagli accordi di Oslo.

La decisione di parlare dei due popoli muovendo dai medesimi criteri di giustizia rendeva Said sensibile a tutto ciò che la loro storia aveva in comune. Amava sottolineare che un certo antisemitismo del XIX secolo accomunava nel medesimo disprezzo ebrei e arabi; o che le due popolazioni erano state similmente condannate a vivere per lungo tempo nella diaspora. Vedeva anche un tragico paradosso della storia nel fatto che l'ingiustizia subita dagli ebrei aveva comportato quella patita dai palestinesi, «vittime delle vittime» – e nessuna delle due ingiustizie era immaginaria. Purtroppo non era la prima volta che, per riprendere le parole di Lévi-Strauss, «perseguitati e oppressi andarono a stabilirsi in terre occupate da millenni da popoli ancora più deboli, che vennero rapidamente scacciati».[9] Del resto, lo stesso Said era un'incarnazione vivente di questa vicinanza tra i due popoli: molti dei suoi amici erano ebrei e lui stesso rappresentava la figura dell'intellettuale eloquente, cosmopolita e poliglotta, come molti membri della diaspora ebraica avevano fatto prima di lui. In un'intervista concessa nel 2000 al giornale israeliano «Haaretz», diceva: «Sono l'ultimo intellettuale ebreo. Non ne conoscete altri. Tutti i vostri altri intellettuali ebrei adesso sono borghesi rispettabili [*suburban squires*]. Da Amos Oz fino a quelli degli Stati Uniti. Perciò sono l'ultimo. Il solo vero discepolo di Adorno. Per dirla in altre parole: sono un palestinese ebreo».[10]

Said ha scritto numerose considerazioni sulla situazione in Medio Oriente e più in particolare in Palestina, pubblicate sia sotto forma di libri sia sulla stampa a grande tiratura (quella pubblicata al Cairo o a Londra, ma non negli Stati Uniti). Non si stancava mai di descrivere la situazione desolante della popolazione palestinese. Parallelamente, egli denunciava la crudeltà della politica israeliana nei suoi confronti, stigmatizzava l'opinione pubblica americana, sistematicamente allineata con le scelte dei governi d'Israele, e deplorava la passività o l'indifferenza dei paesi europei. Non era più tenero con i vertici dei paesi arabi o con quelli delle organizzazioni palestinesi. Perlopiù il tono di questi commenti era quello della collera e dell'indignazione, il che lo portava a ricercare costantemente le espressioni più forti, le invettive più esasperate (gli atti del presidente americano erano descritti ora come un «appoggio incredibilmente ignorante e grottesco», ora come una «esecrabile mescolanza di pensiero confuso»). La situazione di guerra e di disastro non favorisce un pensiero equilibrato e non dava modo a Said di spiegare perché, contemporaneamente, preferisse malgrado tutto vivere a New York piuttosto che in un paese arabo.

Tuttavia, anche se il tono dei suoi interventi politici era virulento e non ammetteva repliche, il suo impegno si caratterizzava per la moderazione: egli sapeva che l'azione politica consiste nella riconciliazione di interessi divergenti ed esige dunque dei compromessi. Non difendeva mai le azioni violente, contrariamente all'immagine che volevano dare di lui i suoi avversari ideologici. La sola azione concreta nella quale si era impegnato dopo le dimissioni dal «parlamento» palestinese era stata la fondazione nel 1999, insieme all'amico Daniel Barenboim, di un'orchestra sinfonica chiamata Il divano occidentale orientale (rifacendosi all'opera di Goethe). L'orchestra era (ed è) composta da giovani musicisti provenienti sia da Israele sia dai paesi arabi vicini quali Egitto, Giordania, Libano, Siria o dai territori palestinesi; ha tenuto dei concerti in molti di questi paesi, anche a Ramallah. I suoi ideatori contribuivano così, nel limite delle proprie possibilità, a una reciproca migliore conoscenza dei popoli.

La posizione atipica di Said in questo conflitto gli creava dei nemici intransigenti su entrambi i versanti. I nazionalisti o gli antimperialisti militanti del fronte palestinese vedevano talvolta in lui un traditore della causa, un nemico da eliminare, perché non accettava di mettere il proprio prestigio intellettuale al loro servizio. I sostenitori della politica israeliana lo calunniavano per screditare meglio le sue parole: doveva apparire come un «professore del terrore». Ciò che di Said era maggiormente fastidioso ai loro occhi non era l'una o l'altra affermazione: viviamo in società liberali in cui quasi tutte le opinioni sono ammesse. A irritare in lui era il fatto stesso che fosse vivo, un palestinese né miserabile né terrorista, irriducibile a una comoda categoria. Con il suo modo di essere Said confutava, più efficacemente di tante parole, i luoghi comuni sui palestinesi minacciosi. Il tributo che pagava per la propria libertà di giudizio erano le minacce di morte ricevute da lui e dalla famiglia, l'incendio del suo ufficio alla Columbia University, le calunnie regolarmente diffuse o, in modo più raffinato, la censura o l'esteso boicottaggio di cui era vittima, negli Stati Uniti e in Europa, dunque anche in Francia, dove si rinunciava alla pubblicazione o alla ristampa dei suoi libri e a diffondere i servizi a lui dedicati.

Nel mondo arabo o musulmano la situazione non era certo migliore; il fatto è che Said poneva ciò che considerava vero e giusto al di sopra degli obblighi derivanti dalla solidarietà e dalla lealtà. Quando nel 1989 una *fatwa* condannò a morte Salman Rushdie per il suo romanzo falsamente considerato blasfemo, *I versetti satanici*, Said non ha esitato a intervenire pubblicamente davanti alle assemblee di musulmani in collera, per difendere il diritto dell'artista di cercare senso e verità senza alcuna costrizione. Le sue relazioni con gli uomini politici palestinesi si sono incrinate dopo il 1993, quando aveva espresso la propria condanna degli accordi di Oslo. Sono divenute veramente critiche nel momento in cui ha iniziato a denunciare la corruzione e l'autoritarismo presenti nell'entourage dell'autorità palestinese – al punto che in Palestina dopo il 1996 era vietata la vendita dei suoi scritti. Said non era un militante malleabile; come Aron, avrebbe potuto far propria l'espressione di Jean-Jacques Rousseau che diceva «ogni uomo di partito, soltanto per questo nemico della verità».

È così che egli intendeva la funzione dell'intellettuale, il personaggio della vita pubblica al quale dedicò nel 1994 un opuscolo, tradotto in italiano con il titolo *Dire la verità. Gli intellettuali e il potere.*[11] L'intellettuale in primo luogo è colui che non si accontenta di essere esperto di questo o quell'ambito, ma interviene nella sfera pubblica; che parla del mondo e al mondo si rivolge. Inoltre, è colui che, invece di mettersi al servizio incondizionato di questo potere o di quella causa, mantiene la propria indipendenza e invoca la libera ricerca della verità e dei valori che sarebbe pronto a incarnare personalmente. Si tiene idealmente a distanza dalle autorità, ma anche da tutte le appartenenze imposte – etniche, nazionali, religiose –, perché rischiano di impedire che la sua azione venga guidata dai soli ideali di giustizia e verità. Said era un difensore accanito della laicità, avversario di ogni nazionalismo; tale atteggiamento gli permetteva di criticare con altrettanta forza il governo americano e i vertici palestinesi. Condividevo questo punto di vista, ma non seguivo più Said quando richiedeva agli intellettuali di essere obbligatoriamente gli avversari del consenso e dell'ortodossia, di ricercare l'isolamento fine a sé stesso, di privilegiare sempre l'atteggiamento di rivolta, perché tale esigenza mi sembrava contrapporsi alla precedente: e se l'opinione comune o le autorità in carica, di tanto in tanto, avessero ragione?

A partire dalla rivendicazione di questo isolamento si stabiliva per Said il legame tra intellettuali ed esiliati. In sé stesso un fatto amministrativo, l'esilio può condurre anche a uno stato mentale che personalmente avevo descritto, in un libro uscito nel 1996, come quello dell'«uomo spaesato».[12] Perché sia un'esperienza feconda, devono trovarsi riunite alcune condizioni favorevoli, ossia il fatto di aver lasciato il proprio paese volontariamente piuttosto che costretti, di essere riusciti – inevitabilmente, più o meno bene – a integrarsi nel paese di accoglienza, di parlarne la lingua, di lavorarvi e di prendere parte alla vita sociale.

L'«uomo spaesato» che emerge da questa esperienza non è, tuttavia, un autoctono in più: non rinuncia interamente alla propria identità d'origine, ma partecipa simultaneamente di due quadri di riferimento, senza identificarsi pienamente in alcuno di essi. Questo individuo vede ciascuna delle proprie culture sia dall'interno sia dall'esterno, il che gli permette di sfuggire ai loro automatismi e di esaminarle con occhio critico. Non si lascia ingannare dalle parole né dalle abitudini. Non per questo i due paesi si pongono su un piano di parità: tra loro si formano gerarchie complesse, alcuni gesti sono possibili soltanto in una delle due culture, alcune parole sono traducibili, altre no. L'esiliato vive sempre in un «fuori-luogo», «controcorrente», è messo da parte – ma attribuisce grande importanza a questa carenza come se si trattasse di un privilegio. Lo spaesamento che subisce può a sua volta lasciare disorientati coloro che gli stanno accanto, rendendo loro possibile osservare le proprie abitudini sotto una nuova luce, scoprire un atteggiamento indotto dalla cultura là dove pensavano di obbedire alla natura. Il passaggio da un paese all'altro, oggi un'esperienza assai diffusa, non è del resto la sola forma di spaesamento: portatori di identità molteplici, possiamo vivere tale condizione cambiando provincia, ambiente, professione o sistema di valori; in altre parole, l'esilio è la forma emblematica di tutte queste «transculturazioni». Se possiamo definire l'intellettuale come colui che è pronto a interrogare le categorie della propria esistenza, allora ogni intellettuale, in un modo o in un altro, è un esiliato dalla propria condizione d'origine.

In alcuni degli ultimi scritti, Said attribuiva un'importanza ancora maggiore a questa esperienza delle frontiere che ogni esiliato è costretto a vivere. Ne faceva uno degli ingredienti costitutivi dell'umanesimo. Nell'idea di Said tale concetto non si definiva soltanto come la capacità di aprirsi all'universalità, dunque a tutte le culture del mondo, senza privilegiare la propria, in una cieca visione etnocentrica; né solamente come l'attenzione a concedere spazio a tutti i gruppi nella società, compresi quelli marginali, abitualmente sottomessi alla discriminazione, e non soltanto alle voci dominanti. «Il compito dell'umanista non consiste solo nell'occupare un posto o un luogo, né semplicemente nell'appartenere a un paese, ma piuttosto nell'essere sia dentro sia fuori rispetto alle idee e ai valori che circolano nella nostra società o in quella di qualcun altro.»[13]

La valutazione di Said sulla condizione di esiliato era ambivalente: poteva dire nello stesso tempo che «l'esilio è una sorte tristissima» e che favorisce la riflessione, perché «l'esilio significa per l'intellettuale irrequietezza, movimento, la sensazione irrimediabile di essere dislocati, a disagio, e di mettere a disagio gli altri».[14] Ho la sensazione che, con il passare del tempo, Said apprezzasse sempre più i vantaggi della posizione dell'esiliato, dell'«uomo spaesato»; l'idea di chiusura all'interno di un'identità etnica o nazionale era a lui insopportabile. Di quella che sarebbe potuta essere una maledizione aveva fatto la propria vocazione. All'amico Daniel Barenboim nel 2000 diceva: «Con il tempo, ho finito per considerare che l'idea di "essere a casa propria" è ampiamente sopravvalutata [...]. Questa nozione di "patria" non m'interessa poi molto. Spostarmi qua e là è ciò che davvero mi piace». Nel 2002 aggiungeva: «Come si può veramente "amare" qualcosa di così astratto e imponderabile come un paese?». Il suo ultimo lavoro, rimasto incompiuto, riguardava un'altra forma di esilio, che egli chiama lo «stile tardo»[15] degli artisti e a cui si sentiva particolarmente vicino. Era stato impressionato dal vedere, infatti, che numerosi importanti artisti – Bach e Beethoven, Rembrandt e Matisse, Thomas Mann e Tomasi di Lampedusa, tra gli altri – al crepuscolo della vita avevano sviluppato nelle proprie opere un nuovo orientamento, segnato non dalla sintesi di tutto ciò che vi era stato in precedenza, dalla pacificazione e dalla serenità, come ci si sarebbe attesi, quanto piuttosto dalla puntualizzazione di pulsioni inconciliabili, contraddizioni irrisolte, tensioni invincibili.

Per propria scelta, Said era anche affittuario e non proprietario dell'alloggio in cui viveva. Si riconosceva forse nella figura dell'ebreo errante?

Gli effetti della malattia

L'esistenza di Said ha avuto una svolta nel 1991, quando ha scoperto di avere una malattia incurabile, una leucemia linfoide cronica. Questa rivelazione sconvolgente, in seguito alla quale è diventato un uomo in attesa di morire, ha comportato numerosi cambiamenti significativi. Come prima cosa, egli ha lasciato tutte le responsabilità politiche: ormai aveva i giorni contati, doveva concentrarsi sull'essenziale, sui gesti che gli erano più indispensabili. Tra questi figurava un viaggio con la famiglia a Gerusalemme, dove non si era più recato dal 1947 – come se, di fronte alla malattia, avesse avuto il bisogno di riaffermare il proprio essere ristabilendone la continuità, non solo per sé ma anche per i familiari. Il viaggio è stato all'origine di un racconto pubblicato sulla stampa inglese quello stesso anno; l'acume e il tono personale dello scritto mi hanno talmente colpito che, a distanza di poco tempo, ho fornito il mio aiuto perché fosse pubblicato in francese in una plaquette che non esisteva in inglese nella stessa forma, *Entre guerre et paix.*[16]

Mentre riposizionava la propria vita sulle cose essenziali, Said scopriva un registro fino ad allora mai praticato, quello della scrittura autobiografica. Questo lavoro, al quale si è dedicato in particolar modo tra il 1994 e il 1998, ha visto la luce in quello che considero il suo libro più importante, il racconto dei primi anni della sua vita, intitolato *Sempre nel posto sbagliato.*[17] I ricordi s'interrompono alla fine degli studi, nel 1963, prima dell'ingresso di Said nella vita professionale, molto prima del risveglio del suo interesse politico per la causa palestinese. È comunque l'adulto che scrive, costretto dalla morte incombente a evitare ogni finzione e a spingersi più avanti possibile nella ricerca della verità; ed è in questo libro che Said riesce a fornire l'immagine più approfondita e più comprensibile di sé: riesce a tenere insieme non più soltanto la propria condizione storica di palestinese in esilio e i propri interessi professionali per l'analisi dei testi, come in *Orientalismo*, ma anche la propria figura pubblica e quella privata. Sono elementi che, a mio parere, fanno di questo libro una delle autobiografie contemporanee meglio riuscite.

Accanto ad altre innumerevoli osservazioni e analisi, c'è un aspetto dell'esistenza di Said che mi colpisce leggendo il libro: il posto che occupava in lui la madre. Tutto il progetto, in realtà, è nato dall'esigenza che ha provato l'autore, all'indomani della scoperta della propria malattia, di rivolgersi alla propria madre: quando è ormai morta da un anno e mezzo, Said si confida mentre le scrive una lunga lettera. Leggendo *Sempre nel posto sbagliato,* ho compreso che una ferita inguaribile intaccava questa relazione fondamentale per Said, un amore da lui vissuto non del tutto in maniera reciproca. Mi dicevo che questa mancanza, concepita nei primi anni, doveva essere in parte responsabile, per il resto della sua vita da adulto, della sua perenne inquietudine, della sua fertile attività, della sua incapacità di concedersi delle pause; e misuravo, per contrasto, la protezione di cui mi avevano circondato i miei genitori, dandomi la certezza incrollabile del loro amore.

Venire a sapere di essere colpiti da una malattia alla quale non esiste rimedio, rendersi conto che la mortalità non è più soltanto la legge generale del mondo vivente, ma che annuncia il nostro destino in tempi relativamente brevi, può provocare le più svariate reazioni, dal panico febbrile fino all'introversione. Said ha scelto una via ancora diversa: ha scoperto la «necessità di pensare alle cose ultime». Questo pensiero ha assunto la forma di un viaggio verso i luoghi d'origine e, soprattutto, di un progetto di scrittura, attività certamente a lui familiare, ma questa volta una scrittura il più possibile lontana sia dalla sua vita professionale, sia da quella politica: un'esplorazione del proprio essere. In quel momento non cercava più di analizzare gli autori del passato né di promuovere le tesi che gli sembravano giuste, ma di scoprire la propria identità, di avvicinarsi a sé stesso; parlava dello «sforzo tardivo d'imporre la forma di un racconto a una vita che avevo più o meno lasciato abbandonata a sé stessa, disorganizzata, dissipata, senza punti di riferimento».[18] È riuscito nell'intento, ma sacrificando la propria salute.

La malattia era sempre presente, i dolorosi effetti secondari aumentavano e Said trascorreva mesi interi in terapia intensiva. «Negli ultimi tre mesi sono stato ricoverato più volte e ho trascorso delle giornate segnate da lunghi e dolorosi trattamenti, trasfusioni di sangue, esami interminabili, ore e ore improduttive passate a fissare il soffitto, a drenare la fatica e la malattia, incapace di lavorare normalmente, e a pensare, pensare, pensare».[19] Appena dimesso, riprendeva le sue innumerevoli attività a un ritmo ancora più accelerato – perfino ai suoi occhi era inconsueta una tale bulimia d'azione. Si susseguivano conferenze ai quattro angoli del mondo, articoli nei quali commentava l'attualità politica, nel Vicino Oriente o altrove, incontri approfonditi sui temi a lui cari (per esempio con Barenboim sulla musica), studi eruditi sugli argomenti più diversi. Said sapeva di avere ancora poco tempo; ogni giorno vissuto doveva compensare giorni, mesi, anni e decenni di cui sarebbe stato privato. Risultato, dopo la sua morte non sono bastati quattro volumi a raccogliere gli scritti degli ultimi anni.[20]

Il più significativo di questi sviluppi tardivi mi sembra la sua rivendicazione dell'eredità umanista, termine che riprendeva a modo suo, «malgrado il rifiuto sprezzante per le sofisticate critiche postmoderne».[21] Infatti, volendo individuare la corrente ideologica a cui Said si sentiva più vicino, non si sarebbe trattato, nonostante alcune affinità, né del marxismo né del nietzschianesimo di moda per alcuni decenni nelle università americane (la *French Theory*), ma l'umanesimo – a condizione che sia veramente universale e non si confonda più con l'eurocentrismo. Said riteneva possibile andare in questa direzione, confrontando la tradizione europea con quella di altre grandi culture; e vedeva i segni di uno spirito veramente universale nella diffusione del sapere scientifico, nella comune preoccupazione per la preservazione del pianeta, nel consenso sui diritti umani. In nome dell'ideale umanista, è possibile, oltre che doveroso, criticare le pratiche che in passato l'hanno scelto come fondamento. Con queste premesse, Said accettava volentieri ciò che altri avrebbero definito un'ingenuità filosofica, richiamandosi a nozioni desuete come «liberazione» o «emancipazione» oppure «progresso», perché sapeva che i popoli della terra, lungi dal nutrire un sospetto epistemologico nei loro confronti, traggono ispirazione dai «grandi racconti» degli illuministi e dai loro ideali di giustizia e di uguaglianza; non ignorava poi che i diritti umani, al pari delle loro trasgressioni, erano tutt'altro che un «effetto del discorso».

L'umanesimo per Said era anche un mezzo con cui superare un'altra frontiera, quella tra le parole e il mondo. L'esperto in studi umanistici o in scienze umane che si richiama a un atteggiamento umanista deve essere, da un lato, un buon conoscitore dei testi; ma, dall'altro, non dimentica mai il quadro in cui questi testi sono prodotti e accolti. Non si stanca mai di un andare e venire dalle parole alle cose; non ignora alcuno dei termini della relazione. Non saremo sorpresi di vedere che Said non intendeva limitarsi a un'analisi puramente formale dei testi letterari, che li separa nettamente dal rapporto esistente con l'esperienza umana: ancora una volta, occorreva ampliare gli orizzonti e non confondere l'umanità con l'idea che se ne fanno alcuni critici occidentali annoiati. «I soli a poter formulare simili teorie sono gli individui mai toccati dall'esperienza immediata del tumulto della guerra, della pulizia etnica, della migrazione forzata e delle separazioni dolorose.» Personalmente, non dimenticava mai che «la domanda principale posta all'intellettuale oggi» non proviene dai dibattiti scolastici, ma dalla «sofferenza umana».[22] Per lo stesso motivo, l'intellettuale umanista valica un'altra frontiera, quella tra sapere riservato agli esperti e quello accessibile a tutti e non si stanca di passare dall'uno all'altro; per questo Said era nemico dell'oscurità del linguaggio per iniziati, quello che abitualmente permette allo specialista di tenere lontano i profani dalla propria riserva di caccia.

In Said la minaccia di morte era schernita da un supplemento di vita. La sua intensa attività si è interrotta il 25 settembre 2003.

Le cause perse

In un saggio che risale ai suoi ultimi anni, Said meditava su quelle che definiva «le cause perse». Era ben consapevole che sarebbe uscito sconfitto dalla lotta che lo riguardava più direttamente, quella contro la morte – come tutti noi, ma in tempi più brevi. La causa palestinese ai suoi occhi aveva fatto dei passi indietro, la conclusione gli pareva più lontana di quanto non fosse dieci anni prima. I fanatismi etnici, nazionali e religiosi che si era proposto di combattere non facevano che esacerbarsi. Da questo punto di vista, gli avvenimenti scatenati dagli attentati dell'11 settembre 2001 avevano inferto ulteriori duri colpi alle sue speranze di migliorare il mondo. Ciò che Said tentava di ottenere attraverso i propri scritti, in *Orientalismo* o in altri, era un'eliminazione dei luoghi comuni e delle generalizzazioni esagerate, quelle dell'orientale, del musulmano, dell'arabo. Ora, lo spirito violento che si è insediato, a quanto pare in maniera duratura, in seguito agli attentati, sia nella parte del mondo di cui era originario Said sia nella sua patria d'adozione, favorisce al contrario il manicheismo primario, la stigmatizzazione senza compromessi del nemico, la chiusura di ogni individuo nella categoria alla quale ormai è condannato ad appartenere. Ai «cattivi arabi» degli uni corrispondono i «cattivi americani» degli altri. Sedicenti esperti dissertano in pagine e pagine di giornale, per giorni interi alla televisione, sul presunto carattere immutabile degli uni o degli altri. Le tare denunciate in *Orientalismo* si sono molto aggravate dall'epoca della sua pubblicazione.

A che cosa aggrapparsi quando si scopre di essere il difensore di tante cause perse? Said, tra l'altro, citava una formula di Romain Rolland nella quale si riconosceva, evocando «il pessimismo dell'intelligenza, l'ottimismo della volontà».[23] Continuare ad agire, verso e contro tutto, malgrado gli avvertimenti della ragione? Ricordava anche una formula di Adorno che, in ultima analisi, scommette sull'universalità umana: l'idea concepita in passato con giustezza, anche se non porta alla vittoria, non può essere sconfitta; inevitabilmente, sarà ritrovata e ripresa da altri, in tempi e in luoghi diversi. Se è giusto che accada così, Said concludeva, nessuna causa è definitivamente persa perché si trasmette, come una fiaccola, da un individuo all'altro.

Aggiungerò che egli ha fatto qualcosa di più che affidare le proprie cause a quelli disposti a riprendere la fiaccola. Per il modo in cui Said ha vissuto gli ultimi anni della vita, ha fatto di essi un'opera. Non è che rifiutasse di ammettere ciò che il caso assegna inizialmente a ciascuno di noi. Anzi, il suo percorso precedente l'aveva già portato a rifiutare la vulgata esistenzialista secondo cui l'uomo sarebbe soltanto il risultato della propria volontà e delle proprie scelte e ad accettarsi così com'era, per ragioni che dipendevano in scarsa misura da lui: un palestinese esiliato, un newyorkese gioviale, un professore di letteratura, un commentatore politico, un uomo capace di provare amore e collera. Aveva anche accettato la propria malattia, con le trasformazioni che essa gli imponeva e perfino le modifiche che apportava al suo lavoro autobiografico: il più delle volte, non era lui, ma la malattia a decidere quando e come poteva scrivere. Eppure, accogliendo nella coscienza ciò che non dipendeva dalla sua volontà, Said era riuscito ad andare oltre il proprio io precedente, a raggiungere e dire la verità del proprio essere, a scolpire la propria esistenza come un'opera. Così è diventato un individuo universale, un essere particolare il cui destino, da lui stesso interpretato, chiama in causa ogni essere umano. Ignoriamo se saremo capaci, quando giungerà il nostro momento, di trovare le forze necessarie per fare altrettanto. Ma possiamo pensare a lui, allo sforzo che ha compiuto su di sé e che ha avuto come risultato di rendere il mondo un po' più bello e un po' più ricco di significato.

Per tutto questo Edward Said merita la nostra gratitudine.

JAKOBSON E BACHTIN

Il confronto tra Roman Jakobson e Michail Bachtin sembra imporsi naturalmente a chiunque rifletta sulla storia intellettuale del XX secolo. Stretti contemporanei (Bachtin è nato nel 1895, un anno prima di Jakobson, ed è morto nel 1975, sette anni prima di lui), grazie alla loro longevità hanno abbracciato la storia del secolo. Nati entrambi in Russia, frequentano gli studi durante la prima guerra mondiale nel quadro di una facoltà «storico-filologica», Bachtin a San Pietroburgo, Jakobson a Mosca. Tutti e due lasciano un'opera importante, dedicata al linguaggio e alla letteratura; i loro scritti sono oggi pubblicati in decine di lingue, commentati e dibattuti nel mondo intero. Nel campo delle scienze umane essi sono, indiscutibilmente, due degli autori più influenti del secolo.

A questa vicinanza oggettiva si aggiunge, a mio parere, il ruolo decisivo che hanno svolto nella mia formazione. Ho visto Jakobson per la prima volta nel 1960, a Sofia, quando è venuto a presentare all'università, in un'aula magna gremita, l'analisi di un poema di Christo Botev, la gloria nazionale bulgara. Alcuni anni più tardi, avendo terminato gli studi, mi sono ritrovato a Parigi, a preparare la traduzione in francese di un'antologia dei formalisti russi e tramite il nostro comune amico Nicolas Ruwet ho naturalmente cercato di mettermi in contatto con Jakobson, che era stato membro del gruppo.[1] Lo avrei poi incontrato nel 1964. Anni dopo, mi sono occupato dell'edizione francese di tre dei suoi libri: *Questions de poétique*, *Une vie dans le langage* e *Russie Folie Poésie*. Quanto a Michail Bachtin, non l'ho mai conosciuto di persona, ma sono entrato in contatto con i suoi scritti proprio in quello stesso periodo, mentre preparavo la mia antologia formalista. Man mano che continuava la pubblicazione (tardiva) dei suoi libri, il suo pensiero appariva ai miei occhi sempre più fondamentale: così nel 1981 gli ho dedicato un lavoro[2] e ho presentato ai lettori francesi l'ultimo libro pubblicato sotto il suo nome, *Esthétique de la création verbale*. Da un certo punto di vista, Jakobson e Bachtin, dunque, sono i miei primi due maestri.

Fin qui per la somiglianza che giustifica il confronto. Ma c'è anche una vicinanza. I due, come vedremo, hanno avuto molti amici in comune, ma non si sono mai incontrati – né prima del 1920, anno in cui Jakobson ha lasciato la Russia, né dopo il 1956, quando ha ripreso a tornarvi. Questo mancato incontro, come si è recentemente appreso, non era dovuto unicamente al caso. Nel 1992 veniva pubblicata una lunga intervista di una persona vicina a Bachtin, Vadim Kožinov, che ha avuto il grande merito di favorire la sua risurrezione pubblica in Russia e anche di riuscire a interpretare delle minute quasi illeggibili, scarabocchiate a matita nel corso dei decenni precedenti. Durante l'intervista Kožinov racconta un episodio molto significativo per il mio discorso e che, per tale motivo, vorrei riportare qui dettagliatamente.

La scena, non datata da Kožinov, deve situarsi intorno al 1965. In quegli anni Bachtin vive a Saransk, a circa 600 chilometri a sud-est di Mosca, ma ogni tanto si reca nella capitale, dove viene ospitato dagli Zaleski, suoi amici. È là che Kožinov, già ammiratore e amico di Bachtin, gli rende visita. Riporto qui il suo racconto: «Improvvisamente suona il telefono. Ora, bisogna sapere che Michail Michailovič rifiutava categoricamente di avvicinarsi al telefono. Era una delle sue bizzarrie: aveva perduto l'abitudine del telefono, era da tempo che non ne possedeva, dall'epoca di San Pietroburgo. Perciò prendo io il telefono e il caso vuole che fosse M.V. Yudina, una magnifica pianista, amica di M.M. da diversi decenni. "Sì, sono io", dice... "Capite, accanto a me c'è Roman Ossipovič Jakobson, è arrivato nel nostro paese, ha portato con sé i propri lavori, sogna d'incontrare M.M. e via dicendo. Lo so che M.M. non prende in mano il telefono, allora potete chiedergli gentilmente se sarebbe disposto a ricevere Roman Ossipovič?" Ora, Bachtin aveva una stima molto scarsa di tutti i formalisti, li trattava con una certa ironia. Per questo motivo ha immediatamente scosso la mano contrariato: "In nessun caso! Dite che sono malato" (anche se, a dire il vero, non era sua abitudine proferire delle non verità). Rispondo a Maria Veniaminovna: "Sfortunatamente M.M. si sente davvero poco bene, chiede di essere scusato, ma gli è assolutamente impossibile ricevere Roman Ossipovič ecc.".

Alcuni giorni più tardi, mentre Bachtin si preparava già a ritornare a Saransk, l'avremmo accompagnato noi, sono di nuovo arrivato a casa degli Zaleski. Suona il telefono e ancora una volta M.V. Yudina chiede speranzosa se M.M. riceverà Jakobson ("Forse è guarito, Roman Ossipovič sogna così tanto d'incontrarlo..."). Rispondo: "È un vero peccato, Maria Veniaminovna, ma ormai stiamo andando in stazione...". Sento che scambia alcune parole con Jakobson e mi risponde: "Va bene, non è un problema, Roman Ossipovič ci andrà, andrà a trovare M.M. a Saransk". Ho messo giù la cornetta e mi sono permesso di far notare a M.M.: "Pare che abbiate rovinato tutto, perché Roman Ossipovič è un uomo molto deciso e verrà certamente a trovarvi a Saransk. Qui, avreste chiacchierato con lui qualche ora e tutto sarebbe finito. Laggiù, invece, vi torturerà..." [...] In risposta alle mie parole, Bachtin ha improvvisamente sorriso con cattiveria (*ekhidno-ekhidno*) (era un fatto veramente raro! Non era certo tipico di lui) e ha proclamato allegramente: "E no, là no! A Saransk gli stranieri non sono autorizzati a entrare!". In effetti, vicino alla città si trovavano, da un lato, i campi di concentramento politici e dall'altro ogni sorta di obiettivi militari...»[3]

Si chiude così questo incredibile episodio. Non solo Jakobson e Bachtin non si sono mai incontrati ma, come se ciò non bastasse, il mancato incontro sarebbe il risultato di un atto deliberato da parte del secondo. Cosa si cela dietro il rifiuto opposto dal grande teorico del dialogo? Bisogna accontentarsi delle spiegazioni suggerite da Kožinov? Quali elementi avvicinavano e opponevano i due rappresentanti della cultura russa? Per tentare di rispondere a queste domande, occorre tornare indietro nel tempo e seguire alcuni fili di una lunga storia.

Primi scritti

Per uno strano gioco del caso, entrambi pubblicano il primo testo esattamente nello stesso anno: Jakobson, l'articolo *Futurismo*, apparso il 2 agosto 1919 sulla rivista «Iskusstvo» (L'arte) di Mosca; Bachtin, l'articolo *Arte e responsabilità*, che esce il 13 settembre 1919 sul giornale di Nevel «Den' iskusstva» (Il giorno dell'arte). In realtà, Jakobson ha già pubblicato, negli anni della guerra, due poemi e una recensione; ma si tratta della prima occasione in cui espone le proprie idee in maniera sistematica, anche se si tratta soltanto di un articolo di giornale. Questo giovane di ventitré anni utilizza un tono perentorio, senza preoccuparsi particolarmente della coerenza delle proprie tesi. Facendo riferimento al movimento artistico ormai consolidato del cubismo, espone una difesa vibrante in favore degli amici futuristi, pittori e poeti. Una dopo l'altra, formula diverse tesi, altrettanto significative dell'epoca in cui vive e del suo percorso futuro.

La prima cosa che colpisce in questo breve testo è il ruolo ricoperto dall'ideologia dell'avanguardia artistica contemporanea, cubismo e astrazione in pittura, futurismo in poesia; Jakobson vi aderisce senza riserve, il suo testo appare come una giustificazione razionale e documentata delle formule sbandierate senza mezzi termini dai pittori e dai poeti. In questo caso, il programma artistico consiste nella rinuncia alla rappresentazione del mondo, che viene sostituita da una presentazione dell'attività poetica o pittorica stessa. I pittori moderni, dice Jakobson, ormai non usano un colore in quanto specifico dell'oggetto rappresentato, ma come risultato di una «reciproca determinazione tra forma e colore». Piuttosto che abbandonarsi alla raffigurazione dell'oggetto, «l'attenzione del pittore si concentra sul tratto e sulla superficie»; l'«obiettivo della natura» è sostituito dall'«obiettivo dell'espressione pittorica», l'oggetto della percezione dalla percezione stessa, una «percezione a valore autonomo» (*samocennoe*).[4]

La seconda caratteristica di questo testo, che non necessariamente si accorda con la prima, consiste nell'affermazione di una vicinanza tra l'arte e la scienza. Tra pittura e poesia, da un lato, e psicologia o fisica, dall'altro, i confronti e le analisi abbondano. L'unità dei due campi sembra derivare dal fatto che sono entrambi forme di conoscenza – e, ciò che più importa, di conoscenza di strutture o di essenze invisibili piuttosto che delle apparenze di cui si accontenta la pratica quotidiana (e l'arte convenzionale). I cubisti sono più vicini agli scienziati di quanto non lo siano i pittori realisti, perché ci mostrano gli oggetti a tre dimensioni e questo corrisponde alla loro vera identità. Lo stesso vale per i romanzieri, che giustappongono numerosi punti di vista, invece di limitarsi alla prospettiva di un solo eroe. L'interdipendenza tra forma e colore è allo stesso modo un punto fermo che accomuna la scienza e l'arte moderna. Il futurismo, come la fisica contemporanea, coglie gli oggetti in movimento.

Infine, terzo tema di questo breve testo: Jakobson afferma l'unità, non soltanto dell'arte e della scienza, ma di tutte le manifestazioni della modernità, anche in filosofia e in politica. Essa si realizza nell'idea di relatività e nello spirito utopista generale. Qui è doveroso citare le parole appassionate del giovane: «L'eliminazione della staticità, il rifiuto dell'assoluto: ecco la principale tendenza dei tempi nuovi, la questione di attualità scottante. La filosofia negativa e i tank, le esperienze scientifiche e i deputati dei soviet, il principio di relatività e il grido "Abbasso!" dei futuristi demoliscono le barriere della vecchia cultura. L'unità dei fronti è straordinaria».[5] Il collettivismo contemporaneo è in accordo con questo spirito: sostituisce ai valori astratti quelli che derivano dalla scelta di un gruppo, alle tradizioni la decisione attuale.

Il testo di Bachtin, ancora più breve di quello di Jakobson, celebra altrettanto l'unità, in particolare quella tra arte e vita; ma la prospettiva è completamente diversa. In primo luogo, Bachtin non esprime una constatazione di ciò che è, ma un ideale di ciò che dovrebbe essere; poi, confronta non tanto i motivi che animano l'artista (l'aspirazione al regno del relativo, secondo Jakobson), quanto l'atteggiamento del soggetto, persona vivente, creatore nel campo artistico. Bachtin osserva: solitamente, la vita dell'artista e la sua opera non hanno alcunché in comune o, se vogliamo, una unità puramente meccanica di giustapposizione. Questo stato delle cose ai suoi occhi appare profondamente insoddisfacente, perché nuoce sia alla vita sia alla poesia. In che cosa potrebbero trovare la propria unità i due ambiti? Nell'idea di responsabilità – che può anche voler dire di colpevolezza. Egli deve accettare tutto ciò che produce in quanto artista, come gli altri atti che compie durante la propria esistenza. Più ancora, deve rendere la propria vita bella come esige l'arte e l'arte a sua volta seria come la propria vita. Egli risponde dell'una attraverso l'altra. «L'arte e la vita non sono una sola e medesima cosa, ma devono unirsi in me, nell'unità della mia responsabilità.»[6]

Scendendo nei particolari, le differenze tra i due testi sono numerose, ma l'opposizione più importante, alla luce dell'opera prodotta dai due autori nel mezzo secolo successivo, è forse questa: Jakobson descrive il mondo della creazione e del pensiero come un oggetto impersonale; Bachtin sceglie una prospettiva nella quale la dimensione personale è irriducibile. Per Jakobson, l'unità si compie nella conoscenza del mondo fisico o nello spirito del tempo che pervade tutte le sue manifestazioni; per Bachtin essa potrebbe essere compiuta (o meno) da un atto di volontà del soggetto, che decide di accettare, simultaneamente e in maniera solidale, la propria arte e la propria vita quotidiana. Volendo impiegare la terminologia di Bachtin, ricavata a sua volta dal filosofo tedesco Hermann Cohen, si potrebbe dire che la differenza è tra *dannoe* e *zadannoe*, tra *das Gegebene* e *das Aufgegebene* (che potremmo tradurre, tentando di preservare la radice comune dei termini: tra *ciò che è dato* e *ciò che è affidato*). Jakobson, forse inconsciamente, si era già messo sulla via della scienza, mentre Bachtin si orienta verso quella della morale, di cui le categorie fondamentali sono la volontà, la libertà, la responsabilità.

Jakobson e il monologo

Esaminiamo ora gli aspetti principali della dottrina di Jakobson, secondo lo sviluppo che avrà in seguito a questo articolo del periodo giovanile. Analizzando retrospettivamente il proprio percorso, in una serie di interviste concesse a diversi interlocutori negli ultimi anni della vita, l'autore identifica sempre due influenze decisive, la cui coesistenza può a prima vista sorprendere: quella dell'arte d'avanguardia e quella della fenomenologia.

L'arte d'avanguardia lo affascina già nel 1912 e ai suoi occhi s'incarna in due figure esemplari, il poeta Chlebnikov e il pittore Malevič, incontrati l'anno seguente e per i quali nutre una vera e propria venerazione. Di Chlebnikov sino alla fine della vita dirà che lo considera il più grande poeta del XX secolo; di Malevič che ne era subito diventato un «fanatico adepto».[7] Ciò che accoglie di questi due creatori è sostanzialmente il medesimo concetto, definibile come la rinuncia alla dimensione referenziale, vale a dire all'evocazione del mondo – attraverso le parole nell'uno, le immagini nell'altro – senza che per questo venga meno ogni significato e si abbia a che fare, nel caso di Chlebnikov, soltanto con la musica e, nel caso di Malevič, con una pura decorazione. No, quel che a lui interessa è il tentativo di arrivare a un significato che sarebbe intrinseco agli «atomi» del linguaggio o dell'immagine piuttosto che alle loro «molecole», ossia ai suoni linguistici, ai colori e alle forme pittoriche e non tanto alle parole o alle figure. Da questo punto di vista, i quadri astratti di Malevič e i poemi transmentali (*zaumnye*) di Chlebnikov si ricongiungono: il mondo, che sia visto come oggetto di conoscenza o come contesto di produzione e di ricezione, si trova escluso, il poema o il quadro sono percepiti in quanto tali, come oggetti dotati di un valore autonomo e non come l'elemento di una relazione con ciò che essi non sono; tuttavia, conservano dentro di sé il ricordo o la promessa del significato.

Jakobson ha sempre insistito nel dire che l'influenza degli artisti d'avanguardia è stata più forte di quella dei suoi professori universitari. Non manca comunque mai di segnalare l'impatto sul suo pensiero di Husserl, «un filosofo che ha avuto forse la più grande influenza sui miei lavori teorici», in particolare attraverso il secondo tomo delle sue *Ricerche logiche.* Per tutta la vita Jakobson tiene con sé quest'opera, che si era procurato intorno al 1915, in piena guerra con la Germania (il suo esemplare transita allora per i Paesi Bassi). Inoltre, egli frequenta il grande fenomenologo russo Gustave Špet, un allievo diretto di Husserl. Che cosa accoglie della filosofia husserliana? In primo luogo, la possibilità (negativa) di liberarsi della prospettiva psicologica: la fenomenologia permette di occuparsi della cosa in sé, piuttosto che del processo della sua produzione o della sua percezione. Špet ci chiedeva, ricorda Jakobson, «di non lasciarci coinvolgere in uno psicologismo ingenuo e volgare e di non prefiggerci di spiegare attraverso la psicologia i fatti della lingua [...]. Il suo scopo era quello di fare della fenomenologia del linguaggio e non della psicologia del linguaggio». Sempre secondo i ricordi di Jakobson,

Špet aggiungeva: «Gli psicologi conoscono la lingua molto meno dei linguisti stessi. Studiate la lingua come una cosa (*veshch'*). Non chiedete agli psicologi, studiatela come una cosa tra le cose, tra le altre strutture sociali [...]. In primo luogo, la lingua in sé e per sé». Anche Jakobson individua nell'opera di Husserl «la possibilità di un'analisi strutturale del linguaggio sulla base dei dati linguistici stessi».[8]

A ciò si aggiungono due esigenze positive: da un lato, l'attenzione rivolta alle strutture logiche d'insieme, alle relazioni tra le parti e il tutto, in vista di giungere alla grammatica universale; dall'altro, ciò che Jakobson chiama l'approccio teleologico del linguaggio, ossia quello che pone la questione della funzione di ogni elemento o forma linguistica. Sono, in qualche modo, le intenzioni di ogni ingrediente del linguaggio, inserite in lui stesso, a costituire insieme un modello teleologico. Possiamo concludere che a catturare l'attenzione di Jakobson è la funzione, più che il significato.

Questa doppia filiazione, avanguardista e fenomenologica, è orientata verso una medesima caratteristica del pensiero di Jakobson: il suo interesse riguarda il linguaggio come cosa, come oggetto, anche se è un oggetto intenzionale e costituito a sua volta da elementi provvisti di intenzioni (di funzioni). Nessuno stupore, dunque, nel vedere che il linguaggio, senza alcuna difficoltà a priori, diventa oggetto di una conoscenza scientifica, né che la linguistica comunica con le altre scienze – non soltanto umane, ma anche naturali. Negli ultimi anni, Jakobson si appassionerà alle analogie tra codice genetico e codice linguistico; ma lungo tutta la propria carriera avrà una predilezione per gli esempi tratti dalle scienze naturali e rifiuterà di cercare in che cosa potrebbe consistere la specificità delle scienze umane («l'opposizione tra la linguistica, disciplina meno precisa, e le scienze cosiddette esatte, in particolare la fisica, è ingiusta», scrive nel 1970).[9] Per lui, l'essenziale risiede nel progresso

dovere e un titolo di gloria del genere umano; le differenze tra gli oggetti studiati sono secondarie.

Il modello del linguaggio che sarà elaborato da Jakobson risentirà di questa vicinanza da lui auspicata con le scienze esatte. Una volta arrivato al Massachusetts Institute of Technology, la prestigiosa università di Cambridge, negli Stati Uniti, entrerà in contatto con i teorici dell'informazione, come Norbert Wiener o D.M. McKay, e attingerà più volte alla loro terminologia. Anche il suo celebre modello delle funzioni linguistiche, presentato nel 1960 durante la conferenza dal titolo *Linguistica e poetica*, ripresa e complicazione del modello concepito alcuni anni prima dallo psicologo tedesco Karl Bühler, s'inserisce nel quadro di una teoria generale dei codici e dell'informazione; l'oggetto d'indagine è l'enunciato linguistico (il «messaggio»), anche se quest'ultimo reca in sé le tracce o le possibilità di relazioni con gli altri elementi del contesto: mittente, destinatario, codice o referente.

All'origine della passione per il linguaggio, come Jakobson ha ricordato in diverse occasioni, si poneva il suo amore per la poesia – inizialmente simbolista, poi futurista. Ed è noto che, quando ha voluto analizzare testi di letteratura, si è rivolto, non esclusivamente ma di preferenza, verso i testi poetici. Questo genere occupa ai suoi occhi il vertice della gerarchia letteraria. «La poesia», afferma durante un incontro, «è il solo genere dell'arte verbale a essere universale. Per quale motivo? Perché la prosa artistica è la poesia attenuata, la poesia che tende al linguaggio di tutti i giorni.»[10] In che senso la prosa – il romanzo, per esempio – è poesia attenuata, un compromesso tra poesia e linguaggio quotidiano? In primo luogo nel fatto che il poema obbedisce a vincoli formali più rigidi (il ritmo, l'organizzazione fonica e semantica), ha una forma facilmente identificabile, costituita da ripetizioni, simmetrie, climax e opposizioni; è un oggetto cesellato, di cui ogni parola è sovradeterminata e inamovibile. La conversazione quotidiana, al confronto, è caratterizzata dall'arbitrarietà. Il romanzo si pone a metà strada (la marchesa, si lamentava Valéry, potrebbe uscire alle cinque – o alle sei: quale disinvoltura!).

Inoltre, il linguaggio quotidiano è prima di tutto un'interazione tra i parlanti, in cui l'enunciato linguistico è soltanto un mezzo (e, proprio per questo, modificabile), mentre il testo poetico è spogliato del suo ruolo interattivo: si rivolge a tutti, dunque a nessuno e non attende alcuna risposta; la reazione che provoca non è una replica verbale, ma l'ammirazione e la meditazione. Ecco perché occorre che il poema sia più curato. Il romanzo è anche opera d'arte, dunque sostrato al dialogo quotidiano, ma al contempo mette in scena questo dialogo: tra i personaggi, tra l'eroe e l'autore. Se non esistesse tale pluralità, non vi sarebbe più finzione, ma, appunto, poesia.

In altri termini, se la poesia è monologo, l'uso quotidiano del linguaggio è dialogo; il romanzo, invece, è un monologo che mette in scena dei dialoghi. In pratica, i generi possono mescolarsi, non sempre s'incontrano allo stato puro. Ma è proprio questo stato estremo che attira Jakobson verso i poemi della follia di Hölderlin. Sul piano linguistico, la follia del poeta tedesco consiste nel fatto che dal testo va eliminata ogni minima traccia del dialogo: poesia pura, monologo puro. Coloro che vanno a trovare Hölderlin, negli anni in cui è ricoverato in clinica, sono dello stesso parere: il poeta non è più capace di parlare alle persone, mentre la sua forza poetica rimane intatta. «Ogni presenza umana lo impaurisce e l'opprime», scrive Bettina von Arnim. «La musa sola sa ancora parlargli e in poche ore egli scrive versi, brevi poemi in cui si riflettono la profondità e la grazia che un tempo aveva il suo spirito».[11] Tutti gli elementi che appartengono al contesto dell'enunciazione – le domande e le risposte, i deittici (parole come *io, tu, qui, adesso*), la presenza della persona che parla – sono eliminati dal suo discorso, o se non altro profondamente alterati.

In una conferenza su Hölderlin e sull'essenza della poesia, Heidegger afferma che il dialogo non costituisce una semplice modalità del linguaggio, ma il suo fondamento stesso. Nulla potrebbe essere più opposto alla concezione hölderliniana del linguaggio, replica Jakobson. «Se il linguaggio e il suo imponente sistema di parole e di regole sintattiche vincolanti sono per lui essenziali, non lo sono come dialogo, ma unicamente come poema [...]. Ciò che viene trasmesso esclude dal messaggio propriamente poetico ogni riferimento all'atto della parola.»[12] La poesia allo stato puro, polo d'attrazione di Jakobson per tutta la vita, è monologo.

Escludere l'enunciato dal suo contesto di enunciazione equivale a separarlo dal suo «qui» e «ora», in altre parole dal tempo presente. Questa esigenza resta viva nello spirito del giovane Jakobson che, influenzato dai futuristi, al presente preferisce il futuro. Egli ama ricordare la formula di Chlebnikov, secondo la quale la patria della creazione è il futuro, o di Majakovskij, per il quale il realismo del poeta consiste nell'anticipare il futuro; fino all'ultimo, Jakobson pensa che «grazie alla propria forza creatrice, il segno si crea dei percorsi verso il futuro indefinito» e qui vede l'essenza nascosta del linguaggio poetico. All'epoca della rivoluzione, come abbiamo osservato, questa parola d'ordine futurista è in accordo con lo spirito rivoluzionario e volontaristico, che vuole costruire un mondo perfetto e nuovo, uno spirito che rende accettabile, in nome dell'avvenire radioso, un presente mediocre, addirittura violento. Più tardi, però, in occasione della morte di Majakovskij, in uno degli scritti più personali Jakobson osserva: «Abbiamo troppo vissuto attraverso il futuro, troppo pensato a lui, creduto in lui, non abbiamo più la sensazione di un'attualità sufficiente a sé stessa, abbiamo perduto il senso del presente».[13]

Il dialogo di Bachtin

Quando si ricorda dei propri contatti con il mondo dell'arte all'epoca della rivoluzione, Michail Bachtin evoca sorprendentemente gli stessi nomi di Chlebnikov e di Malevič. Ma, piuttosto che assumere l'ideale di questi artisti e trovargli una giustificazione concettuale come Jakobson, nei loro confronti Bachtin manifesta un'ammirazione alquanto sconcertata e studia queste due figure dell'avanguardia senza lasciarsi coinvolgere. Ai suoi occhi Chlebnikov è un poeta notevole, un uomo profondamente carnevalesco (detto da Bachtin un vero complimento), al quale ogni finzione è estranea; inoltre, egli non rifiuta il mondo reale che lo circonda, ma stabilisce con esso un rapporto inedito. «Sapeva astrarsi da tutto ciò che è particolare e cogliere una sorta di totalità infinita e illimitata del globo terrestre.» Ecco perché le parole di cui si serve Chlebnikov non assomigliano a quelle degli altri uomini: continuando ad applicarle alle realtà particolari e quotidiane, si è condannati ai malintesi, ma qualora si riesca a «entrare nella corrente del suo pensiero cosmico, universale, tutto allora diventa comprensibile e interessante in massima misura».[14]

Quanto a Malevič, in primo luogo impressiona Bachtin per la sua assoluta integrità morale («non cercava né il successo, né la carriera, né il denaro... Era un asceta innamorato delle proprie idee»), inoltre per il suo bisogno di superare il mondo concreto circostante. «Egli diceva che la nostra arte opera in un angolino, nello spazio tridimensionale... Il grande universo non entra là dentro, non può trovarvi il proprio posto.»[15] Lui, Malevič, è proprio in questo universo al di là del nostro mondo familiare che tenta di penetrare, un universo il cui numero di dimensioni è infinito. L'atteggiamento di Bachtin, pertanto, è al tempo stesso caratterizzato da un'ammirazione incondizionata per l'autenticità dei due creatori nell'attività artistica – dunque per la loro figura morale; e da una comprensione – dall'esterno – del loro progetto intellettuale, che consiste nell'abbandonare il mondo vicino e convenzionalmente umano per andare alla ricerca di una prospettiva universale.

Bachtin, ancor più di Jakobson, è immerso fin dalla gioventù nella filosofia tedesca: la sua prima lingua straniera, appresa da bambino e praticata come una seconda lingua madre, non è il francese, come per Jakobson, ma il tedesco; legge la *Critica della ragion pura* nell'edizione originale all'età di circa tredici anni... Più tardi, acquisirà familiarità con la fenomenologia husserliana, trovando in essa soltanto uno strumento di analisi, non una filosofia capace di rispondere alle sue preoccupazioni sempre di carattere morale; ciò comporta che, tra i discepoli di Husserl, egli sarà sempre interessato da Max Scheler e dal suo personalismo. Più ancora, però, lo conquistano i filosofi la cui prospettiva è espressamente etica, in primo luogo il neokantiano Hermann Cohen, «un filosofo assolutamente eccezionale, che ha avuto su di me un'enorme influenza», come la corrente che si sviluppa da quest'ultimo, in seno alla quale emerge Martin Buber. Quest'ultimo, secondo Bachtin, è «il più grande filosofo del ventesimo secolo e forse anche l'unico... Gli devo molto. In particolare, l'idea del dialogo».[16] Ciò che richiama Bachtin verso la filosofia tedesca contemporanea non è, come in Jakobson, la possibilità di escludere l'intervento umano concreto, quanto piuttosto l'affermazione del carattere irriducibile di tale intervento. Al posto del modello teleologico, caro a Jakobson, egli cerca d'instaurare un modello intersoggettivo; altrimenti, lascia intendere Bachtin, si corre il rischio d'ignorare la specificità umana.

Dal 1986 disponiamo del primo lavoro di Bachtin: è l'inizio di un'opera filosofica composta verso il 1920 e indicata dai suoi editori sotto il titolo *Filosofia dell'atto*. Questo testo, che trova numerosi echi negli scritti che risalgono agli ultimi anni della sua vita (1960-1975), permette di cogliere finalmente la totalità del percorso di Bachtin e di ristabilire la gerarchia interna delle sue tesi. Egli si rifà volentieri a opposizioni binarie. Sia all'inizio sia alla fine di questo percorso si trova una dualità i cui termini più generali potrebbero essere: l'umano e il non umano, il soggettivo e l'oggettivo, il tempo e lo spazio. Il mondo degli oggetti esiste, obbedisce a leggi fisiche atemporali che dipendono da una conoscenza «teoretica». Ma l'essere umano è irriducibile a quel mondo, perché con esso s'introduce una dimensione temporale d'irreversibilità: ogni essere umano, mentre obbedisce alle leggi generali della propria specie, è un individuo assolutamente unico, racchiuso tra il momento in cui entra nella vita e quello in cui l'abbandona, inserito in un movimento a senso unico. Tra questi due mondi esiste soluzione di continuità. La pratica non è una semplice concretizzazione della teoria, è un mondo a parte, che obbedisce alle proprie regole.

Ogni riduzione di questa dualità a una qualunque forma di unità è nefasta. Bachtin, perciò, è contrario al monismo soggettivista, quello che negherebbe la possibilità di una conoscenza oggettiva del mondo. Ma la sua battaglia è ancora più appassionata contro l'altro monismo, quello che ignora la singolarità e l'irreversibilità dell'esistenza umana: quello teoretico o positivista della scienza contemporanea. La scienza è legittima, ma occorre difendersi dal suo imperialismo; fuori dal suo raggio d'azione resta, in particolar modo, l'intero ambito della morale. L'atto morale esiste soltanto se accettato da un individuo; perfino il ragionamento più vero non è in grado di produrlo. La ragione e la conoscenza possono condurre indifferentemente al bene o al male. Ma ciò significa, altrettanto, che nella conoscenza stessa dell'uomo occorre tenere conto di ciò che è specificamente umano e non solo di ciò che permette di assimilare l'uomo al resto dell'universo. È impossibile ridurre le persone alle cose e, di conseguenza, nemmeno le scienze umane a quelle della natura. Il riconoscimento di questa specificità non equivale a una banale scelta oscurantista, né a una difesa dell'irrazionale: il linguaggio può essere conosciuto, ma sarebbe auspicabile che il prezzo da pagare per tale conoscenza non fosse l'obliterazione della sua identità.

La concezione del linguaggio sottesa alle ricerche contemporanee dei formalisti soffre, agli occhi di Bachtin, di un oblio di questa dualità. Il linguaggio e le opere del linguaggio possiedono un carattere oggettivo, materiale, che è possibile e doveroso conoscere. Ma il linguaggio non è soltanto un prodotto compiuto, è anche atto; non solo cosa, ma evento. Non ci si può permettere d'ignorare questo aspetto interattivo della parola, il suo evento unico, responsabile dell'esistenza stessa degli interlocutori; altrettanto, non si può ridurre tale aspetto alla sola presenza, all'interno dell'enunciato, di alcune «funzioni» riferibili agli elementi del contesto. Nulla potrebbe sottolineare più chiaramente l'opposizione tra i due pensatori come la presenza, in Jakobson, di un elemento «contatto» e della funzione corrispondente, chiamata «fàtica» e illustrata con l'aiuto di esempi tratti dagli utilizzatori del telefono: «Pronto, mi sente? Allora, mi sente?».[17] Il «contatto», potrebbe ribattere Bachtin, non è una delle tante funzioni, ma ciò che trasforma il linguaggio in qualcosa di diverso da un semplice codice.

Troviamo una presentazione di queste idee nel libro di Pavel Medvedev, allievo e amico di Bachtin, *Il metodo formale nella scienza della letteratura*, uscito nel 1928. L'opera senza dubbio non è scritta da Bachtin, come qualcuno ha ipotizzato, ma le idee ivi formulate sono probabilmente ispirate a quest'ultimo. Nel libro si legge una critica del modello jakobsoniano del linguaggio, nella forma in cui sarà presentato nel 1960 (anche se questo testo si rifà allo Jakobson del 1919). «Nella loro interpretazione, i formalisti presuppongono tacitamente una comunicazione del tutto predeterminata e immutabile, così come un'altrettanto immutabile trasmissione.» Postulano, suggerisce Medvedev, due individui già identificati, A e B, e un messaggio X che viene inviato come un oggetto dall'uno all'altro. In realtà, «non esiste un messaggio X già pronto. Esso prende forma nel processo di comunicazione tra A e B». Nel 1970 Bachtin riformula personalmente questa critica: «La semiotica si occupa preferibilmente della trasmissione di un messaggio già pronto con l'aiuto di un codice altrettanto già predisposto. Nella parola viva i messaggi, a fil di logica, sono creati per la prima volta nel processo di trasmissione e, in fondo, non esiste codice».[18] Ciò che i formalisti ignorano è il linguaggio inteso come la comparsa di ciò che non è mai esistito prima e che determina un nuovo rapporto tra gli interlocutori.

L'atteggiamento di Bachtin nei confronti dei formalisti, dunque, non è del tutto negativo. Per tutto quanto concerne lo studio delle forme linguistiche, i loro lavori (quelli di Ejchenbaum, di Tynjanov, di Jakubinskij) gli servono come punto di partenza. Ma li accusa d'ignorare un altro aspetto del linguaggio, non meno importante: l'interazione degli esseri umani. Il dialogo, dirà Bachtin con Heidegger ma soprattutto con Buber, è la condizione stessa del linguaggio. Ecco perché, quando Bachtin si volgerà all'analisi stilistica e alla storia letteraria, studierà preferibilmente romanzi e non poemi. In poesia, il carattere dialogico del linguaggio è annullato: il poeta parla del mondo (che lo include a sua volta), senza rappresentare l'interazione che avviene nel linguaggio. Il romanziere, invece, rappresenta il dialogo: quello che si sviluppa tra i suoi personaggi, tra lui stesso e il suo eroe. «Annullato» non significa sradicato, comunque; e, in un'analisi testuale che troviamo nella *Filosofia dell'atto*, Bachtin mostra come, in poema di Puškin, sia possibile distinguere le voci dell'eroe, dell'eroina e del poeta.

L'impiego di questi due termini, monologo e dialogo, richiede alcune precisazioni. Naturalmente, nel senso ampio della parola, il linguaggio è sempre dialogo, ossia superamento dell'individuo. Ogni produzione linguistica è rivolta a qualcuno, che sia molteplice, anonimo, assente o ancora il prodotto di uno sdoppiamento di colui che parla. A ciascuno di noi la lingua stessa viene trasmessa da altri uomini che ci hanno preceduto; inoltre, ogni enunciato reca in sé i segni di enunciati anteriori e l'attesa di enunciati a venire (è ciò che talvolta oggi viene indicato con il termine «intertestualità»). Nondimeno è possibile opporre monologo e dialogo, intesi in senso più stretto, come, da un lato, una parola che non attende e non suscita una replica e, dall'altro, una parola che chiama e, normalmente, provoca una risposta

sta. Una teoria monologica del linguaggio, di conseguenza, sarà quella che considera come oggetto l'enunciato linguistico in quanto tale; non ignora la funzione comunicativa del linguaggio, ma nemmeno la problematizza. Una teoria dialogica del linguaggio sceglie come oggetto l'interazione degli individui, dunque anche la loro trasformazione nel corso di questo processo; il linguaggio non è più una cosa da analizzare a fondo, ma l'ingrediente di un evento unico. In questo senso è rivelatrice l'attenzione riservata alla poesia da Jakobson, al romanzo da Bachtin.

Anche lui vede nella dottrina cristiana l'origine della propria concezione dialogica dell'umano. Infatti, la dimensione intersoggettiva, con la necessaria asimmetria tra *io* e *tu*, è inserita nella tradizione occidentale dal pensiero cristiano più ancora che dalla filosofia greca: il singolo individuo non s'identifica in Cristo, ma ha bisogno di lui. Come dice Bachtin, questo pensiero illustra «l'abisso tra sé e l'altro»: «la croce per me e la felicità per gli altri».[19] Secondo Bachtin occorre che al di là dell'individuo esista qualcosa, ma può trattarsi anche di un altro uomo, non di un essere soprannaturale (forse è questa la ragione per cui al termine «trascendenza», eccessivamente connotato dalle sue associazioni con il divino, preferisce quello di «transgredienza»). Per Bachtin Dio è soltanto una delle possibili realizzazioni di colui che egli definisce il «sovradestinatario» (Adam Smith, duecento anni prima, chiamava questa medesima entità «lo spettatore imparziale e bene informato»), un'istanza immaginaria di comprensione totale, che può incarnarsi tanto nella voce del popolo quanto nel giudizio della storia, o nella scienza. Nell'universo di Bachtin gli uomini non conoscono la certezza dei credenti, ma incontrano mille difficoltà nella ricerca di reciproca fiducia, di autonomia partecipe, di fragili accordi; al posto della beatitudine, conoscono solo la felicità passeggera tipica dell'uomo. Non è un caso se Bachtin si è lungamente occupato del *Bildungsroman* (romanzo di formazione): l'uomo può formarsi da sé, non è soltanto ciò che è dato, ma anche ciò che è voluto e scelto.

Il linguaggio ancorato al presente, dove il codice astratto e la materialità dei suoni si trasformano in evento unico e irreversibile, ha un'importanza tale agli occhi di Bachtin che non potrebbe mai cambiare la propria passione per il presente con un culto del futuro. È vero che, restando in Russia, Bachtin comprenderà che cosa significhi la promessa del futuro, costantemente ricordata dal regime: un espediente perché sia accettata la schiavitù. Le illusioni utopistiche non sono più attuali. Nel mondo reale in cui vive Bachtin, il futuro è stato asservito all'oppressione del presente. Nel 1943 scrive: «Il giorno di oggi si presenta sempre (quando esercita la violenza) come uno schiavo del futuro. Ma questo futuro continua e perpetua l'oppressione, invece di liberare e trasformare».[20] La paura e la speranza abitano il futuro, permettono di manipolare a piacere il presente, ecco perché sono i mezzi privilegiati dalla propaganda che circonda Bachtin e i suoi contemporanei. La vera arte, in compenso, ci libera da questi sentimenti, permettendoci di vivere nel presente.

Non è sempre facile riconciliare l'idea di dialogo, che svolge un ruolo così centrale per Bachtin, con l'esaltazione del carnevale, anch'essa presente nell'opera. Certo, tutte e due condividono alcuni tratti, in particolare (e questo permette di comprendere l'ostilità che suscitano in coloro che detengono il potere) la loro opposizione al discorso ufficiale dogmatico. La cultura carnevalesca, autenticamente popolare, è il contrario di quella ufficiale. Ma la vicinanza finisce qui. Per il resto, i due concetti sono opposti in tutto. Il dialogo favorisce la formazione della persona, del *tu* e dell'*io*; il carnevale la dissolve nell'azione collettiva della folla. Il dialogo è scelta e libertà, il carnevale esige la sottomissione al gruppo. Il dialogo è ordine e senso, il carnevale caos e orgia; il dialogo è Apollo, il carnevale Dioniso. Il dialogo è verbo, il carnevale è corpo, ebbrezza, escrementi. Il dialogo si svolge in un confronto a due, il carnevale sulla pubblica piazza; l'uno privilegia le parole sommesse, l'altro quelle gridate. Nei vangeli, Cristo apre il dialogo; la folla che lo crocifigge partecipa del carnevale. Il dialogo è serio, il carnevale scherzoso – ma, al contrario di ciò che dice Bachtin, la violenza ammette anche il riso. Tuttavia, la sua inclinazione per queste due entità così contrastate lo porta a includere un lungo capitolo sul carnevale nella seconda edizione del libro sul dialogo, intitolata *Dostoevskij*.

Ci si può chiedere se Bachtin non suggerisca che l'*io* abbia bisogno di stabilire diversi tipi di relazioni intersoggettive: con i *tu* che lo circondano, ma anche con il *noi* della comunità a cui appartiene. È chiaro che la comunione con quest'ultimo si pone agli antipodi dell'arruolamento collettivista, al quale è sottomesso il cittadino sovietico. L'essere umano ha bisogno di appartenere al *noi*, certo, ma la forma gioiosa di questa integrazione è ben diversa da quella che i cittadini sovietici possono avere sotto gli occhi; può esistere solo nella società premoderna (medievale, rinascimentale). Quale sarebbe, allora, il *noi* adatto agli uomini moderni? A tale riguardo Bachtin non proferisce parola e ciò è anche comprensibile: l'argomento è tabù in Unione Sovietica, dove la società ideale non appartiene alla discussione. Ciò che manca in Bachtin (ma non può essergli rimproverato), e in generale nella tradizione intellettuale russa, è una riflessione politica moderna, quella che evocherebbe non la comunità patriarcale, con il suo carnevale e le sue feste, né la relazione passionale tra *io* e *tu*, ma la democrazia con le sue leggi – che organizzano la vita pubblica, sono note da tutti e uguali per tutti. Una vita di questo genere si fonda su esigenze ben diverse dal dialogo personale; ma, a differenza sia della vita collettiva imposta dall'ordine sovietico sia di quella carnevalesca della società arcaica (piuttosto immaginaria, del resto), rende possibile il dialogo.

Jakobson e Bachtin riflettono sul linguaggio e sulla letteratura piuttosto che sugli avvenimenti politici; non è comunque possibile ignorare il contesto storico in cui vivono questi due pensatori russi del XX secolo, il regime comunista. Come reagiscono alle realtà storiche nelle quali s'inserisce la loro vita? Jakobson si trova a Mosca quando scoppia la rivoluzione d'ottobre, ma l'intensità degli avvenimenti pubblici sembra avere su di lui un solo effetto: spingerlo a lavorare ancora di più nell'ambito che gli sta a cuore. Nel 1972, egli descrive così le reazioni avute in quel periodo: «Allora ci dicevamo: viviamo in un'epoca di grandi cambiamenti, di capovolgimenti, di tumulti; dobbiamo affrettarci a terminare i nostri studi, la nostra ricerca, finché è ancora possibile, per essere intellettualmente armati».[21] Della rivoluzione d'ottobre Jakobson non dirà altro negli ultimi anni della sua vita. Se ci si sposta però al momento degli eventi, appare chiaro che intorno al 1918 egli comincia a partecipare al fervore che si respira; la sua posizione è vicina a quella degli artisti d'avanguardia, che credono all'unità della rivoluzione in tutti i campi (come conferma proprio il testo sul «futurismo»).

Nel 1920 Jakobson lascia la Russia per la Cecoslovacchia: trova lavoro come interprete per la missione della Croce Rossa sovietica a Praga, che si occupa del rimpatrio dei prigionieri di guerra russi; più tardi, sino alla fine degli anni Venti, porta a termine diverse altre missioni per conto dell'ambasciata sovietica. Sovente i cechi lo considerano un promotore dello spirito comunista; la polizia lo sospetta di essere un agente della CEKA, incaricato di sorvegliare i numerosi emigrati russi del paese e di trasmettere messaggi ufficiosi tra il governo sovietico e quello ceco.[22] Probabilmente è indeciso tra la fedeltà alle idee rivoluzionarie e la simpatia per il nuovo paese; ma negli scritti pubblicati negli anni successivi non dirà mai né come né perché avesse deciso di restare in Cecoslovacchia, rompendo così con la patria che ha assunto il nome Unione Sovietica. Mantiene lo stesso singolare riserbo per quanto concerne la successiva crisi politica che gli capita di vivere, alla fine degli anni Trenta. Nelle diverse interviste concesse durante l'ultimo decennio della vita, Jakobson riferisce che ha dovuto abbandonare l'incarico a Brno, bruciare i propri archivi che occupavano sedici grossi scatoloni, restare nascosto a Praga per un mese, partire per Copenaghen nell'aprile del 1939, stabilirsi a Oslo da settembre del 1939 a maggio del 1940, restare in Svezia nel 1940-1941, prima di salire su una nave che l'avrebbe condotto negli Stati Uniti nel maggio del 1941. Un periodo, come si può vedere, molto movimentato, ma di cui Jakobson a posteriori si limita a dire: «Il susseguirsi degli ambienti scientifici, degli interessi e delle parole d'ordine locali mi hanno permesso di formulare diversamente le mie domande e di ampliarne il campo d'azione».[23] Quel che conta, tutto sommato, è soltanto l'impatto di questa tempesta politica sull'evoluzione delle sue concezioni scientifiche.

In nessun momento, per quanto mi è dato di sapere, Jakobson confessa la vera ragione di queste persecuzioni, ossia il fatto che è ebreo. Egli proviene da una famiglia ebrea laicizzata e cosmopolita e non sembra che la specificità ebrea abbia avuto particolare peso per lui (uno dei suoi amici «eurasiani», del resto, sarà suo padrino quando nel 1936 Jakobson si farà battezzare secondo il rito ortodosso): le sue origini, come suggerisce sempre, sono quelle di un russo, non di un ebreo. Negli anni Trenta, comunque, l'ascesa del nazismo ha fatto sì che, anche a volerlo, un ebreo non poteva ignorare le proprie origini. È questo che spiega un'altra frase altrimenti enigmatica dei *Dialoghi* di Jakobson: «Allora cominciarono gli anni in cui fui costretto a vagabondare, senza dimora, da un paese all'altro».[24] Che Jakobson non alluda mai alla propria identità di ebreo, nel racconto di questi anni tumultuosi, non è spiegabile solo con il suo ambiente familiare; qui si assiste a un deliberato tentativo di escludere le contingenze della vita. Egli dirige sempre risolutamente lo sguardo verso la scienza, senza permettere la minima interferenza con «il susseguirsi degli avvenimenti» intorno a lui.

Anche il suo atteggiamento nei confronti dell'ideologia e del regime comunista in Russia stupisce per l'estrema discrezione. A più riprese, Jakobson finisce per discutere della poesia dell'amico Majakovskij, futurista ma anche cantore del potere sovietico, ma non prende una netta posizione nel dibattito ideologico: l'ideale comunista non viene glorificato, ma nemmeno denigrato. Negli anni Trenta, il crescente aumento della repressione in URSS raffredda il suo fervore rivoluzionario, ma egli non criticherà mai pubblicamente i vertici sovietici. Le purghe e le deportazioni che in questi anni affliggono la sua patria di un tempo producono in lui, nel 1972, questa stupefacente litote: «Laggiù [all'università di Mosca] c'era tutta una serie di persone molto dotate, molti di essi sono poi scomparsi, era un'epoca tormentata (*burnoe*)». Vale la pena soffermarsi su una di queste «persone dotate». Si tratta del filosofo Gustave Špet, l'allievo russo di Husserl, di cui Jakobson ci ha detto quanto lo stimasse e di cui, nello stesso colloquio, afferma: «Mi era molto vicino». Ma quando un altro interlocutore gli chiede se Špet più tardi non sia scomparso nelle purghe, Jakobson risponde: «Esatto, ma non era in campo di concentramento. Restano delle opere non ancora pubblicate».[25] Una volta di più, il destino della storia è messo da parte non appena riconosciuto; solo le opere suscitano un interesse duraturo. Questa reazione è ancora più sorprendente perché Špet ha conosciuto un destino particolarmente tragico: arrestato una prima volta nel marzo del 1935, viene condannato a cinque anni di deportazione. Nell'ottobre del 1937 è nuovamente arrestato, questa volta nel luogo della sua deportazione; il 16 novembre 1937 sarà fucilato dagli organi della NKVD.

Gli amici formalisti rimasti in Unione Sovietica saranno perseguitati anche loro, ma nessuno andrà incontro a un destino tragico come quello di Špet. Saranno costretti a non occuparsi più di letteratura e a convertirsi al lavoro di edizione dei classici (Ejchenbaum, Tomaševskij) o al romanzo storico (Šklovskij, Tynjanov). La fine del movimento formalista è causata da una repressione semplicemente amministrativa. Bene, quando parla di quest'epoca, Jakobson presenta i formalisti come responsabili del proprio destino, perché avrebbero dichiarato guerra, da pari a pari, ai letterati marxisti. «Non mi piaceva l'idea di una discussione tra ciò che veniva chiamato formalismo e ciò che veniva chiamato marxismo. Non vedevo antitesi tra i due ed ero convinto che farne una polemica fosse del tutto inutile, addirittura dannoso.»[26] Ancora una volta, Jakobson vuole ignorare il contesto particolare in cui si svolge questo conflitto e fingere che si tratti solo di una battaglia di idee, di un confronto di posizioni astratte, piuttosto che di una repressione vera e propria dell'uno a opera dell'altro.

Un legame profondo unisce il giovane Jakobson alle due figlie dei Kagan, una famiglia di ebrei vicina alla sua e che egli considera amica; le due sorelle diventeranno poi celebri con il nome di Elsa Triolet e Lily Brik. Lily è l'amante del suo compagno Majakovskij, moglie di Ossip Brik, critico letterario formalista, ma anche noto cekista. Elsa è amica di Jakobson; in seguito sarà lei a introdurlo presso il marito Aragon, a cui egli resterà altrettanto vicino per tutta la vita. È bene ricordare che Elsa Triolet e Louis Aragon hanno incarnato, senza dubbio con talento, la linea staliniana dura in mezzo all'intellighenzia francese durante gli anni del dopoguerra. Un esempio tra i tanti: non esitano a continuare la campagna sovietica contro Pasternak, avviata all'indomani della pubblicazione del *Dottor Zivago* e dell'attribuzione del premio Nobel all'autore. In nessun momento Jakobson esprimerà delle riserve su queste posizioni politiche, così come non le approverà; si limita a menzionare regolarmente l'amicizia che lo lega alla celebre coppia. Nel 1958 non cercherà di difendere Pasternak, con il quale ha comunque riallacciato delle relazioni personali. Non menziono questi fatti per muovergli un rimprovero: sarebbe un gesto anacronistico e poi ignoro molti elementi del contesto di ogni atto. Tuttavia, a partire da tali atteggiamenti esistenziali, si può isolare un modello di comportamento, una «figura nel tappeto» che contiene il proprio messaggio. Secondo Jakobson, esiste una nobiltà della scienza che le contingenze della vita non devono turbare. La conoscenza e le idee si collocano in un mondo a parte, senza legami con le motivazioni personali o politiche. Ancora una volta, l'atto è cosa piuttosto che avvenimento.

Nel 1917 Bachtin frequenta l'università – quella di San Pietroburgo e non, come Jakobson, quella di Mosca. La sua prima reazione agli avvenimenti rivoluzionari non è molto diversa da quella del più giovane compagno: pensa agli studi più che alla tempesta politica che imperversa intorno a lui. In un'intervista concessa cinquant'anni più tardi, all'interlocutore che gli chiede: «Non frequentavate le riunioni?», egli risponde: «No, non le frequentavo, no, no. Stavo in casa, leggevo quando era riscaldata, rimanevo in biblioteca».[27] La politica non lo interessava, non aveva voglia di riflettere su questi problemi. Inoltre, privo della passione di Jakobson per il futuro, non si aspettava nulla di buono dalla rivoluzione in atto. Ricorda che disapprovava la rivoluzione di febbraio: era dell'idea che la monarchia fosse morta, ma non riponeva alcuna fiducia negli intellettuali radunati intorno a Kerenskij e pensava che la vittoria sarebbe andata ineluttabilmente agli elementi più estremisti, rappresentati dai bolscevichi.

Finita la rivoluzione, Bachtin, a differenza di Jakobson, non si mette al servizio del nuovo regime, ma fugge la carestia di San Pietroburgo a Nevel, poi a Vitebsk, cittadine di provincia, dove si guadagna da vivere alla meno peggio, dando lezioni e tenendo conferenze; in uno dei rari interventi pubblici di cui si ha notizia, lo si vede, nel 1918, preoccuparsi dell'oblio del passato e della religione. Ma, soprattutto, evita d'immischiarsi troppo nel mondo dei conflitti quotidiani; il suo passatempo favorito sono le camminate nei dintorni di Nevel, in mezzo ai laghi e alle foreste, in compagnia degli amici Yudina e Pumpianskij, con i quali dibatte di arte e teologia, ai quali espone la filosofia di Kant, di Cohen, di Rickert, di Cassirer – o la propria; finiscono per battezzare il loro lago preferito «Il lago della realtà morale».[28] In seguito, Bachtin ritorna all'antica capitale, chiamata ora Leningrado, dove continua a condurre un'esistenza emarginata, senza lavoro né fissa dimora, ospite di amici, vivendo miserevolmente solo grazie alla pensione d'invalidità e alle lezioni private; la moglie costruisce e vende bambole impagliate.

In tempi di furore collettivista e di agitazione sociale, Bachtin tenta di condurre una vita ritirata, del tutto privata, «disimpegnata», siamo tentati di dire. Lo si potrebbe anche definire con le stesse parole di cui egli si serve per descrivere uno degli amici dell'epoca, lo scrittore Konstantin Vaginov: «Era un uomo solitario, un uomo profondamente neutrale, ma la vita di allora non era così. A propriamente parlare, non restava più il benché minimo angolo neutrale».[29] Chi non è con noi è contro di noi: dei vangeli il potere sovietico ha conservato solo questa formula militante. Bachtin frequenta un gruppo di persone credenti che, al di fuori di ogni ufficialità, dibattono di questioni teologiche; questa frequentazione diventerà il pretesto per il suo arresto, il 24 dicembre 1928.

Durante la prima deposizione davanti alla polizia, Bachtin, in una tipica mescolanza di umiltà e sincerità orgogliosa, descrive così le proprie idee politiche: «Senza partito. Marxista-revisionista, leale verso il potere sovietico. Credente». Non rinnega i fatti che gli vengono imputati. «Questa attività, la mia e quella dei miei amici», dichiara durante il successivo interrogatorio, «era l'espressione di alcune ricerche e di un'inquietudine intellettuali, nate dalla necessità di elaborare una visione del mondo per noi nuova e che fosse adeguata alla realtà sociale.»[30] Nel luglio del 1929 sarà condannato a cinque anni di campo di concentramento. Tuttavia, approfittando della sua malattia (dall'infanzia è malato di osteomielite) e dunque del fatto che i cinque anni al campo di Solovki, nel profondo Nord, sarebbero equivalsi a una condanna a morte, gli amici Yudina e Kagan ottengono, nel febbraio del 1939, una commutazione di pena: Bachtin potrà scontarla in esilio e non in un campo. Poco dopo con la moglie andrà in Kazakistan.

Contrariamente a Špet, comunque, e a numerosi altri condannati, Bachtin non sarà mai più infastidito. La spiegazione di questo destino relativamente clemente è duplice (senza parlare della malattia, che l'ha già favorito: una punizione naturale che dispensa da quella degli uomini). Da un lato, Bachtin non ha alcunché del ribelle, fa tutto ciò che gli si chiede, tutto ciò che conviene fare – nella vita di tutti giorni, ma anche nei testi che scrive. In prigione, di preferenza a Kant legge Hegel, precursore del marxismo nell'ottica ufficiale, e instaura dei buoni rapporti con il giudice istruttorio. Dopo aver scontato la pena in Kazakistan, dove lavora come contabile, ottiene un posto da insegnante presso l'Istituto pedagogico di una piccola città, Saransk. Laggiù, non si fa scrupolo di tenere delle conferenze su argomenti ben poco controversi, per esempio «Lenin e Stalin sullo spirito di partito in letteratura e nell'arte», come non si astiene dall'aggiungere alla dissertazione su Rabelais, alla fine degli anni Trenta, poi di nuovo verso il 1950, i riferimenti di rigore. Sarà lui stesso a dirlo successivamente in una lettera: «Ho introdotto nel manoscritto molte volgarità insopportabili, secondo lo spirito del tempo... Ahimè! C'erano anche tracce dirette del culto della personalità...».[31] Il suo libro sul romanzo di formazione, in parte andato perduto, si chiudeva con l'elogio del realismo socialista.

D'altro canto, Bachtin rinuncia sistematicamente a ogni riconoscimento pubblico; non solo, lo evita: questa strategia, volta a sopire le gelosie personali, si rivela salutare per la sua sopravvivenza in Unione Sovietica. Saransk, oscura capitale della Repubblica autonoma dei Mordvini, non gli sembra ancora un luogo abbastanza sperduto, perciò nel 1937 lascia l'incarico e si ritira nella casa di campagna di un amico, a Savelovo, dove vive grazie all'aiuto degli amici più stretti. Durante la guerra, insegna tedesco al liceo locale. Tornata la pace, ritorna a Saransk, dove riprende l'insegnamento, senza mai chiedere una promozione o addirittura rifiutando di averne una. Non diventa membro di alcuna unione o accademia. Come spiegherà più tardi a uno degli ammiratori, è una scelta voluta: «Capite, il filosofo non deve essere nessuno, perché se diventa qualcuno, comincia ad adattare la propria filosofia al posto che ricopre»;[32] ma si tratta anche di una saggia precauzione. Bachtin non nutre rancore per i compatrioti che hanno dovuto fingere di essere degli staliniani convinti; in compenso, rompe le relazioni con il fratello che, emigrato in Inghilterra, si converte tardivamente al bolscevismo.

Negli scritti, anche quelli destinati a restare inediti, Bachtin non attacca mai direttamente il regime. È probabile, tuttavia, che il suo elogio della cultura popolare (e carnevalesca), in contrasto con la cultura ufficiale monolitica, sia stato concepito come una protesta nei confronti del dogmatismo diffuso; in ogni caso è il modo in cui il suo libro su Rabelais sarà interpretato in Unione Sovietica. Ciò che oggi stupisce il lettore di Bachtin è il fatto che quest'uomo, che ha vissuto tutta la propria vita adulta sotto il regime sovietico, non sia animato da uno spirito antisovietico, più o meno ben dissimulato, ma sia connotato dalla semplice assenza di tale problematica, del *pro* come del *contro*. Bachtin scrive come se la rivoluzione d'ottobre non ci fosse stata. Come cittadino Bachtin è sempre «leale»; come pensatore è un uomo libero. È questa la «figura nel tappeto» dell'esistenza bachtiniana, incarnazione estrema di una delle vie offerte all'individuo nello stato comunista.

La concezione dialogica dell'uomo e della cultura si oppone alla sottomissione a un potere politico che avrebbe la pretesa di ergersi a detentore della verità; si oppone dunque a ogni dogmatismo. Tuttavia, non bisognerebbe immaginarsi, semplificando, che ciò significhi l'affermazione del soggettivismo e del relativismo radicale, di un mondo senza verità possibile, perché i soli a esistere sarebbero i discorsi dei diversi interlocutori – un mondo in cui tutte le opinioni risulterebbero equivalenti. In realtà, Bachtin non privilegia né il dogmatismo né il relativismo; lo scopo di una comunità umana non deve essere né la sottomissione silenziosa né la cacofonia caotica, ma la ricerca di quella condizione infinitamente più difficile, la concordia, in russo *soglasie*, etimologicamente «sin-fonia». L'intersoggettivo non si riduce al soggettivo più che allo pseudo-oggettivo.

Vita e opera

Indipendentemente dal peso delle circostanze storiche, ciascuno sceglie il proprio destino individuale. Significa forse che, come sembrava suggerire il primo testo pubblicato da Bachtin e come vogliono anche pensare molti ammiratori di Jakobson, il percorso personale e l'opera trasmettono lo stesso messaggio? L'opera è sempre uno specchio della vita, la vita è necessariamente una realizzazione del programma contenuto nell'opera? O piuttosto l'opera non gioca, preferibilmente, un ruolo complementare rispetto all'altra: di compensazione, di rimedio indispensabile? La questione assume il suo pieno significato nei casi di Bachtin e Jakobson, perché erano entrambi teorici del linguaggio, ossia di un'attività praticata da tutti; nel primo la teoria è culminata nell'analisi del dialogo e nel secondo in quella dei monologhi.

In un racconto intitolato *La vita privata* (1892), Henry James mette a confronto due figure di letterati. L'uno, Clare Vawdrey, è uno scrittore di grande valore, le cui opere rivelano mondi sconosciuti; in società, invece, è un compagno superficiale e mediocre – al punto che viene da chiedersi se sia la stessa persona a scrivere e a vivere! L'altro, Lord Mellifont, è un interlocutore profondo e coinvolgente, ma la sua eloquenza non porta mai alla creazione di un'opera; del resto, è impossibile osservarlo quando è solo, come se esistesse soltanto insieme agli altri. Clare Vawdrey è doppio, Lord Mellifont non è nemmeno uno; ma in nessuno dei due la vita è l'illustrazione delle opere e tanto meno queste riflettono la vita. E dei nostri personaggi cosa possiamo dire?

Agli inizi della loro vita pubblica, sia Bachtin sia Jakobson vivono intensamente l'esperienza dei «circoli». Il primo di cui entra a far parte Bachtin è animato dal fratello e si riunisce a San Pietroburgo nel 1911-1912; si chiama Omphalos, ossia ombelico, e raduna un gruppetto di giovani che si propone di enunciare un'assurdità con la massima serietà, avvalorandola con argomentazioni scientifiche o filosofiche. In seguito, come abbiamo visto, si costituisce intorno a Bachtin un nuovo circolo prima a Nevel, poi a Vitebsk; la stessa atmosfera si ritrova a Leningrado, dove, pur conducendo un'intensa vita intellettuale con i compagni Medvedev, Volosinov, Pumpianskij, Vaginov e altri, Bachtin fa parte di numerosi «salotti». Tuttavia, negli anni successivi, ci appare piuttosto come un gran solitario.

Il dialogo, idealmente, implica che gli interlocutori siano in una condizione simile e reciproca: io parlo e tu ascolti, ma poi sono io ad ascoltare mentre tu parli a me. Ora, sembra che non si raggiungano mai le condizioni perché Bachtin possa praticare questa forma di dialogo – in ogni caso, non dopo la rottura con il fratello e la separazione dall'amico Kagan (nel 1920): piuttosto è Bachtin che parla mentre gli altri ascoltano. La sua superiorità filosofica è troppo schiacciante perché possa nascere veramente un dialogo: è lui a condurre la conversazione con gli amici, non avviene mai l'inverso. Propone loro dei libri, degli articoli o semplicemente delle riflessioni, ma solo in minima parte è ispirato da loro. Anche quando si rivolge a un gruppo ristretto di ascoltatori, Bachtin parla come se fosse in un anfiteatro; non pensa veramente a chi siano i suoi allievi. A maggior ragione accade quando insegna davanti a migliaia di studenti a Saransk o quando si rivolge, in occasione di conferenze divulgative, agli operai nelle fabbriche: non è mai impegnato in un vero e proprio dialogo.

I libri ispirati a Bachtin e pubblicati dai suoi amici Volosinov e Medvedev non illustrano l'idea di dialogo, quanto piuttosto quella della dialettica (a cui Bachtin attribuiva scarsa importanza), con i suoi momenti di tesi, antitesi e sintesi. Questi libri, nel numero di tre, si basano tutti sul medesimo modello retorico: vengono opposte (piuttosto che essere fatte dialogare) due scuole di pensiero molto diverse e sono messe in luce le carenze dell'una e dell'altra. *Freud e il freudismo* (1927) pone a confronto il materialismo «alla Pavlov» e l'«idealismo» dei freudiani; *Il metodo formale nella scienza della letteratura* (1928) mette sullo stesso piano sociologismo e formalismo; *Marxismo e filosofia del linguaggio* (1929) dirime il conflitto tra soggettivisti (Vossler) e oggettivisti (Saussure). Ogni volta il discorso dell'autore si pone su un livello più elevato rispetto al dibattito (che, tutto considerato, è piuttosto uno scontro): i suoi due protagonisti sono nell'errore, l'autore, invece, detiene la verità e nessun altro può raggiungerlo sul medesimo piano. Nemmeno gli scritti pubblicati da Bachtin con il suo nome si caratterizzano per un'atmosfera dialogica, nel senso forte del termine: dopo aver interpretato i lavori dei predecessori come altrettanti gradi che conducono alla sua posizione, Bachtin espone con grande sicurezza la propria interpretazione dell'opera di Dostoevskij o di Rabelais.

La fermezza delle idee sostenute da Bachtin tra il 1925 e il 1975 è un altro segnale del fatto che le opinioni degli altri non influenzano molto il suo pensiero. Perfino nel proprio lavoro, egli mostra uno scarso interesse per gli effetti che possono avere le idee che professa e dunque tantomeno pensa a una loro pubblicazione; la vera partita si gioca tra lui e la pagina bianca che ha di fronte. È per lo stesso motivo che la maggior parte delle sue minute resta incompiuta:

perché sviluppare le idee se non devono essere comunicate? È sufficiente annotarle. Quando viene a sapere che la dissertazione su Rabelais non sarà pubblicata, si limita ad alzare le spalle: non sarà certo lui che andrà a lamentarsi con i redattori di Mosca, veri pilastri dell'ortodossia. Kožinov ottiene la pubblicazione dell'opera quasi contro la volontà dell'autore; sarà ancora lui che riuscirà a decifrare e a far pubblicare numerosi altri manoscritti di Bachtin, abbandonati dall'autore con indifferenza non appena terminata la loro stesura.

Bachtin cerca il dialogo nella vita di tutti giorni proprio come fa nei libri. Lui e la moglie Elena formano una coppia molto unita (si sposano nel 1921 e lei muore nel 1971; in questi lunghi anni si separano solo quando lui viene rinchiuso in prigione; se uno dei due è ospedalizzato, l'altro trova il modo di stargli accanto); di conseguenza, Bachtin può fare a meno di tutti gli altri. Non risponde al telefono, non ama scrivere lettere; nelle relazioni personali rimane sempre, a leggere le testimonianze, formale e distante. Dopo il 1961, accetta d'incontrare gli ammiratori della nuova generazione, condotti da Kožinov; ma quando si presentano a lui per la prima volta, rimane profondamente scosso: si è abituato alla vita calma e anonima; è proprio necessario cambiare un'altra volta e accettare d'interpretare un ruolo pubblico? Non beve liquori (però consuma abbondantemente tè forte e sigarette) e non ama l'ambiente di falsa intimità e di chiacchiere sopra le righe tipiche di quando si esagera nel bere; non vuole entrare nell'Unione degli scrittori perché ha il timore che gli altri scrittori finirebbero regolarmente a casa sua per ubriacarsi. Il cantore del dialogo è un uomo riluttante ai contatti umani.

Lo stesso contrasto (o complementarità) tra vita e opera si può osservare a proposito dell'altro grande tema bachtiniano, quello del carnevale. Se nei suoi libri si trova un elogio del «basso» corporeo, del mangiare, del bere e della sessualità, è difficile non ricordare come lo stesso Bachtin sia un invalido che probabilmente non ha mai avuto una vita sessuale, che si alimenta il minimo indispensabile e non beve liquori; non scoppia mai in una grande risata. Difficilmente definibile «uomo di dialogo», tanto meno un «uomo carnevalesco».

La scelta di una vita come la sua non deriva da una presa di posizione dottrinale; a quanto pare, è condizionata da due fattori esterni: la malattia fisica (l'osteomielite) e quella sociale (lo stalinismo). La prima forse gli salva la vita, ma lo condanna all'immobilità e alla dipendenza; la seconda elimina un tessuto sociale che non si ricostituirà mai. Fino al momento dell'arresto, Bachtin ha delle amicizie forti; i trent'anni successivi, durante i quali, secondo un proverbio russo, deve farsi «più silenzioso dell'acqua, più basso dell'erba», non sono favorevoli alla fiducia né allo scambio creativo. In seguito è troppo tardi: Bachtin accetta soltanto a malincuore di abbandonare la propria condizione di eremita.

Anche Jakobson muove i primi passi della vita pubblica nei circoli e specialmente in quello di cui sarà l'iniziatore, nel 1915, il Circolo linguistico di Mosca. Questa forma di rapporto e di lavoro in comune gli si addice, tanto che egli contribuisce a creare un nuovo circolo a Praga, quando vi si reca nel 1920. Anche quando i circoli non esistono più, Jakobson continua a favorire la collaborazione; numerosi testi sono firmati insieme da lui e da un altro autore, come Tynjanov, Bogatyrëv, Halle, Lévi-Strauss e molti altri meno conosciuti. La sua collaborazione con Trubeckoj getta le basi della fonologia moderna.

Quali sono le circostanze favorevoli a queste collaborazioni? Torniamo alle reminiscenze di Jakobson. Il suo primo idolo, come ricorderemo, era Chlebnikov. Lo ha incontrato, ma i rapporti sono rimasti formali. È allora che i due decidono di passare insieme la notte di san Silvestro nella famosa trattoria letteraria *Le chien errant*, a San Pietroburgo. «In quell'occasione ho conosciuto veramente Chlebnikov:

bevendo un bicchiere dopo l'altro, cominciava a essere molto più aperto». Questo metodo non è comunque riservato ai soli poeti ammirati: Jakobson non nutre grande stima per Marinetti, il capofila dei futuristi italiani, «ma si andava comunque a bere insieme». Assiste anche alla nascita dell'Opoyaz, il cuore sanpietroburghese del formalismo: «Eravamo da Brik, una cena con blini e vodka e si è discusso di che cosa potevamo fare per vederci e approfondire la ricerca».[33]

Il Circolo linguistico di Praga, se diamo credito ai ricordi di Jakobson, deve il proprio effettivo sviluppo soltanto al fatto che le discussioni erano uscite dalle aule d'università per proseguire nei locali pubblici. «Così abbiamo deciso, su mia insistenza, di trasferirci al bar, in una delle sale sul retro. Là ci sedevamo, gli uni prendevano un bicchiere di acquavite o di caffè, gli altri della birra o una caraffa di vino... Era molto importante!» Arrivato a New York, Jakobson insegna presso l'École libre des Hautes Études, dove incontra Lévi-Strauss. «Dopo le conferenze, le sue (alle quali assistevo io) o le mie (alle quali veniva Claude), entravamo in un bistrot e continuavamo a discutere. Avevamo più tempo di adesso e anche più energia... Potrei perfino elencare i locali di New York in cui abbiamo discusso quei problemi.»[34] Tutti quelli che hanno conosciuto Jakobson potrebbero continuare l'elenco. Tuttavia, non era certo un alcolizzato; semplicemente, un bicchiere serviva alla convivialità che egli amava.

Si trattava di dialogo? Alla fine di una delle interviste è lo stesso Jakobson a dire: «Preferisco il dialogo al monologo, anche in campo scientifico», poi aggiunge: «Sono sempre per la cooperazione, considero il lavoro di gruppo la migliore forma di lavoro». D'altro canto, il libro che ha pubblicato sotto il titolo *Dialoghi*, in collaborazione con la moglie Krystyna Pomorska, è simile a quei dialoghi platonici tardi, in cui il discepolo ammirato si limita a commentare di tanto in tanto: «Come dici bene, Socrate!». La forma di scambio che caratterizzava Jakobson era, direi, quella del contagio. Aveva un dono particolare, di trasmettere il proprio entusiasmo; finché era presente, l'argomento di suo interesse – anche quando si fosse trattato delle strutture metriche della poesia ceca del XIV secolo – non poteva mancare di apparire come il più appassionante al mondo. Piuttosto che a una critica reciproca, invitava irresistibilmente alla collaborazione. Il suo richiamo esercitava un'azione adulatoria su di noi, più giovani e meno famosi di lui; ci considerava sempre al suo stesso livello, capaci dello stesso ardore di conoscere – così ci innalzava accanto a sé. È proprio questa la sensazione che ho provato nel 1964, quando, studente bulgaro appena arrivato a Parigi, mi sono avvicinato a lui per la prima volta. Isaiah Berlin, che peraltro non era una nullità nemmeno lui, di Jakobson diceva: «In sua compagnia ci si sentiva su una curva crescente, più intelligenti, più sensibili, più interessanti di quanto non si fosse o non si potesse essere in realtà». La parola che sembra imporsi a tutti, tentando di descrivere i contatti avuti con Jakobson in campo intellettuale, è la generosità. L'ha notato anche Victor Weisskopf, uno dei suoi colleghi al MIT: «Il suo animo irradiava amicizia e amore con una forza tale che tutti noi vivevamo insieme a lui in maniera più intensa».[35]

Jakobson non si accontentava di suscitare l'entusiasmo degli altri per ciò che lo appassionava; lui stesso, fino all'ultimo giorno, era stato capace di scoprirsi dei nuovi interessi. Sovente evocava il fascino che avevano esercitato su di lui due personalità fuori dal comune, Nicolaj Trubeckoj e Claude Lévi-Strauss; ma la sua ammirazione e la sua generosità non si limitavano a quelli che considerava dei geni, né a quelli che l'avevano gratificato della propria amicizia. Il caso di Bachtin, appunto, è eloquente. I due, come abbiamo visto, non si sono mai incontrati, ma il libro di Medvedev, ispirato a Bachtin, rivolge dure critiche a Jakobson. Eppure è essenzialmente a lui che si deve la risurrezione spirituale di

Bachtin in Russia. Infatti, già nel 1956, in occasione del suo primo ritorno a Mosca, ai giovani studiosi russi venuti ad ascoltarlo Jakobson parla dei migliori lavori degli anni passati, allora dimenticati; uno di questi è il libro di Bachtin su Dostoevskij. Tra il pubblico è presente proprio Kožinov, che diventerà poi l'artefice di questa risurrezione russa. In seguito (ma sempre prima della nuova fase di celebrità di Bachtin), Jakobson non mancherà di riferirsi alla sua opera elogiandola, mentre l'immagine che ne dà assomiglia più a lui stesso che all'autore di cui parla: «Secondo Bachtin», scrive nel 1976, «nella struttura del linguaggio tutte le nozioni sostanziali formano un sistema incrollabile, costituito di coppie indissolubili e solidali».[36]

Parlando oggi di Jakobson, si è costretti a fermarsi al contenuto delle sue pubblicazioni, alle tesi da lui sostenute ora qui ora là. Mi domando però se, così facendo, non perdiamo una parte essenziale del suo messaggio. Quando gli si chiedeva di definire il lavoro dei suoi amici di gioventù, i formalisti, egli non si limitava mai a identificare l'una o l'altra tesi, ma diceva: non esisteva né dottrina né metodo, ma una grande libertà di spirito, una capacità di aprirsi al nuovo; l'idea centrale era «la proibizione del dogma».[37] Allo stesso modo, ciò che caratterizza il contributo di Jakobson, a mio parere, non è tanto un'affermazione in particolare, ma il suo netto rifiuto della pedanteria (ecco perché i rappresentanti ufficiali della scienza accademica avevano difficoltà a riconoscersi in questa sorta di artista entusiasta) e il suo disprezzo per le frontiere convenzionali delle discipline (gli era indifferente sapere se stesse lavorando nell'ambito della linguistica o della poetica, dell'antropologia o della psicologia). Jakobson era un vero «elemento di connessione»: tra gli esseri, tra i concetti, tra i campi d'indagine.

Nello stesso tempo non va dimenticato che Jakobson non s'interessava soltanto delle persone (altrimenti si sarebbe limitato a essere un animatore e non un erudito), si appassionava anche al segmento del mondo oggettivo, il linguaggio, nella sua massima estensione, dai tratti distintivi dei fonemi (*sorda/sonora*) fino alle epopee che occupano migliaia di versi; il linguaggio, come nucleo attraverso cui si accede a tutto ciò che è specificamente umano. Jakobson non si limitava a studiare: ci metteva passione. Questa passione, che sapeva trasmettere a quelli che lo circondavano, poteva segnarli per sempre.

«I fervidi innamorati e gli austeri dotti...» Queste due espressioni formano, nei *Gatti* di Baudelaire, un'antitesi: due gruppi umani, il più lontano possibile l'uno dall'altro, uniti dalla sola passione in comune per i gatti. Che fosse questo il primo verso del poema che doveva servire come esempio per la più celebre analisi «grammaticale» di Jakobson, la prima a essere pubblicata in Occidente, mi è sempre parso sorprendente, a causa della singolare applicazione che si può fare allo stesso Jakobson delle due espressioni: agli occhi di coloro che conoscevano soltanto la sua opera egli doveva apparire come un «austero dotto»; tutti noi che l'abbiamo avvicinato sapevamo invece che era, altrettanto se non di più, un «fervido innamorato». Siamo di fronte a un paradosso, in qualche caso addirittura un conflitto sotterraneo. Chi ha passione, perché dovrebbe piegarsi ai vincoli della scienza? E se invece è un uomo erudito, a che pro le angosce dell'amore? Era indispensabile mascherare l'ammirazione con tanta erudizione, convertire lo slancio verso il mondo in tante minuziose analisi di dettaglio? Era il solo mezzo per vincere l'antitesi baudelairiana? Sta di fatto che Jakobson ha scelto questo.

Tutto si svolgeva come se nella sua esistenza vi fosse una tale presenza umana che egli non sentisse il bisogno d'introdurne nella propria teoria; ma il lettore di oggi e di domani potrebbe ignorare la parte non codificata del suo messaggio. Bisognerebbe trasmettere ai lettori futuri questa parte essenziale dell'eredità di Jakobson, che appare solo a margine dei suoi testi, ma era al centro della sua vita.

La vita di Jakobson – dialogica, interattiva, tutta protesa verso gli altri – completa felicemente la sua concezione monologica e cosificante del linguaggio e della letteratura. La teoria dialogica di Bachtin compensa e illumina la sua vita isolata, priva, da un certo momento in poi, di comunicazione feconda con l'altro. Adesso possiamo ritornare all'aneddoto che ci è servito come punto di partenza, quello del mancato incontro tra Bachtin e Jakobson. Se il primo avesse realmente agito per i motivi che gli attribuisce Kožinov – la sua mancanza di stima per i formalisti – avrebbe trasgredito gravemente i propri precetti: l'individuo vive nel tempo; ciascuno degli atti che compie è unico e irreversibile; non può essere ridotto a una qualunque ideologia professata in un preciso momento del passato. Sarebbe stato come affermare il completamento dell'uomo da vivo, la sua riduzione a ciò che è presente in lui di ripetibile. Bisogna sottolineare, tuttavia, che non è Bachtin ad avanzare questo pretesto, ma Kožinov – il quale non ama ricordare ciò che deve a Jakobson ed esprime alcune opinioni che autorizzano a ipotizzare che la sua ostilità abbia attinto a più di una fonte. Quanto a Bachtin, non evita solo questo incontro con Jakobson, ma anche quelli con gli estranei, gli sconosciuti in generale: traumatizzato e deformato dalla vita vissuta sotto la dittatura comunista, è spaventato da ogni incontro, da ogni intrusione nella sua esistenza da eremita. Ecco perché trasgredisce i propri principi – non mentire, non dar prova di cattiveria – e alla fine è incapace di soddisfare la propria esigenza, quella di una unità responsabile tra opera e vita.

Michail Bachtin era un malato che aveva difficoltà a muoversi. Roman Jakobson, affetto da strabismo, aveva problemi di vista. Tuttavia, si può anche immaginare che il cieco e il paralitico uniscano le forze: chi è valido porta chi vede, chi pratica il dialogo completa chi ne è stato il teorico. Ma per questo bisogna ammettere che il destino vissuto abbia anch'esso un senso.

STORIE

IL SALVATAGGIO DEGLI EBREI BULGARI

Il XX secolo resterà nella storia come quello in cui la violenza di massa ha raggiunto dei vertici mai raggiunti. La persecuzione e lo sterminio degli ebrei in Europa, sicuramente, è uno degli episodi più tragici. Tuttavia, è anche l'occasione, certo molto meno frequente, di assistere alla vittoria del bene: per esempio, quando i perseguitati ottengono aiuto e i minacciati di morte vengono salvati. Simili atti isolati si verificano sporadicamente un po' dovunque; in particolare, però, due paesi possono guardare con fierezza alla propria storia, perché hanno garantito la protezione collettiva degli ebrei, proprio mentre questi ultimi si trovavano in mano ai tedeschi: sono la Danimarca e la Bulgaria. Nel momento in cui l'Armata rossa si avvicinava alle frontiere della Bulgaria, in *Eichmann a Gerusalemme* Hannah Arendt scriveva: «Non un solo ebreo era stato deportato o era morto di morte non naturale». E aggiungeva: «Io non so se qualcuno abbia mai cercato di spiegare la condotta del popolo bulgaro, una condotta che è veramente unica nei paesi di tutta quest'area».[1]

Come spiegarsi, effettivamente, questo miracoloso coronamento del bene? Forse grazie alle eccezionali qualità morali e politiche di questo popolo? Eppure i bulgari, ne sono testimone, non hanno poi un'alta considerazione di sé. Amano la propria terra e i propri ricordi, certo, ma quando si tratta di formulare giudizi di valore, sono soliti dire che gli altri popoli, vicini o lontani, sono superiori a loro. A parte rari momenti di esaltazione patriottica, non hanno l'abitudine di considerarsi degli eroi. È dunque con una certa meraviglia che loro stessi scoprono questa pagina eroica del proprio passato.

Esattamente, che cos'è avvenuto in Bulgaria in questi anni di guerra? È vero che tutti i gli ebrei bulgari sono stati salvati? Quali sono stati i principali artefici del salvataggio? Che cosa li ha spinti? Come hanno agito? Per cominciare, ricordiamo alcune pagine di storia.

La successione degli avvenimenti

La storia della persecuzione e della protezione degli ebrei di Bulgaria è conosciuta abbastanza bene dopo la pubblicazione, nel 1972, di *The Bulgarian Jews and the Final Solution 1940-1944* di Frederick Chary; ulteriori precisazioni sono state fornite da numerosi studi pubblicati successivamente.[2] Mi limiterò a richiamare qui i principali avvenimenti.

Tre elementi del contesto storico e demografico devono innanzitutto essere presi in considerazione. Il primo è che la Bulgaria, in seguito alla seconda guerra balcanica (1913) e, più ancora, alla prima guerra mondiale (1914-1918), perde molte province in parte abitate da bulgari: la Dobrugia, la Tracia e la Macedonia, rispettivamente a vantaggio di Romania, Grecia e Serbia, la futura Iugoslavia. La speranza di un ritorno di queste province sotto il controllo bulgaro è ancora viva nell'opinione pubblica.

Il secondo riguarda la situazione politica interna. Il colpo di stato paramilitare del 19 maggio 1934 ha indebolito, per non dire annientato, sia il ruolo dei partiti politici tradizionali sia quello del parlamento; un potere esecutivo forte è concentrato nelle mani del governo, nominato e controllato da re Boris III (1894-1943). Ciò non toglie che, anche se i numeri sono esigui, esiste un'opposizione parlamentare. Dopo le elezioni avvenute nel dicembre del 1939, essa è costituita da 19 deputati (su 160), di cui 2 di estrema destra, 9 comunisti o alleati e 8 rappresentanti degli ex partiti democratici. Tale regime può essere definito come autoritario, ma non fascista.

Infine, terzo elemento, gli ebrei bulgari, secondo un censimento del 1934, sono in numero di 48.400, a rappresentare lo 0,8 per cento della popolazione. Il 97 per cento di essi abita in città, più della metà a Sofia; per la maggior parte si tratta di operai o artigiani. In Bulgaria esistono tradizioni antisemite, ma non sono forti.

Fin dall'inizio della seconda guerra mondiale, la Bulgaria sceglie il proprio orientamento strategico globale: non entrerà nel conflitto e resterà neutrale (nessun soldato bulgaro andrà al fronte), ponendosi al fianco del tradizionale alleato, la Germania. Nel 1940 questo atteggiamento si rivela vincente: grazie al patto tra Hitler e Stalin, mentre l'URSS occupa le provincie settentrionali della Romania, la Bulgaria riceve, il 7 settembre 1940, la Dobrugia del Sud (la conserverà all'indomani della guerra).

A tale periodo si possono far risalire i primi passi della politica antiebraica con l'introduzione di una Legge per la difesa della nazione. Essa mira a reprimere ogni azione contro lo stato, ma un insieme di articoli è specificamente dedicato agli ebrei. In Europa è il momento delle leggi razziali: dopo quelle di Norimberga del 1935, ma anche, come un giorno dice re Boris al proprio consigliere, dopo quelle della Romania, dell'Ungheria «e perfino della Francia»,[3] è tempo d'introdurre alcune restrizioni e alcune regole. Avendo preliminarmente specificato chi sia da considerare ebreo, la legge impone delle limitazioni al diritto di questa popolazione di scegliersi un luogo dove abitare, di possedere beni immobili o di esercitare determinate professioni. Il testo è redatto da Aleksandr Belev, giurista al ministero dell'Interno e membro dei Combattenti (*Ratnik*),* un'organizzazione filofascista e antisemita.

* Organizzazione giovanile di estrema destra che voleva allineare la Bulgaria al Terzo Reich. [*n.d.t.*]

L'annuncio della legge fatto dal ministro dell'Interno, Petăr Gabrovski, nell'ottobre del 1940, provoca vivaci reazioni. Al parlamento sono rivolte numerose proteste sia da parte di organizzazioni di categoria sia da personalità politiche, autorità religiose cristiane (ortodosse) ed ebraiche. Altre organizzazioni, invece, esprimono la propria soddisfazione, soprattutto quelle degli ambienti d'affari o dei gruppuscoli fascistoidi.[4] La legge sarà discussa in parlamento nel novembre-dicembre del 1940 ed entrerà in vigore nel gennaio dell'anno successivo.

Nel marzo del 1941 la Bulgaria entra nell'Asse, l'alleanza militare che univa Germania, Italia e Giappone; tale adesione permette a Hitler di occupare più facilmente Iugoslavia e Grecia. Nel dicembre di quello stesso anno, dopo Pearl Harbor, la Germania dichiara guerra agli Stati Uniti, la Bulgaria fa altrettanto con gli Stati Uniti e la Gran Bretagna. Sulle prime la decisione è puramente simbolica. Nelle regioni di Tracia e di Macedonia nell'aprile del 1941 la Bulgaria assume un controllo inizialmente di tipo militare, poi amministrativo; per la propaganda ufficiale si tratta soltanto di una restituzione delle terre bulgare ancestrali. Per essere più precisi, questi territori non sono annessi alla Bulgaria, ma solamente posti sotto sua tutela; la decisione sulla loro sorte definitiva è rimandata a guerra conclusa. Rimane il fatto che la presenza dell'esercito bulgaro in questi territori occupati aiuta indirettamente l'esercito tedesco. Gli ebrei presenti saranno ancora trattati a parte. Un decreto del governo, datato 5 giugno 1942, regolamenta la cittadinanza nelle «terre liberate nel 1941»: tutti gli ex sudditi iugoslavi o greci diventano bulgari, a meno che non chiedano espressamente il contrario. Ma l'articolo 4 specifica: «Questa disposizione non si applica agli individui di origine ebrea; le donne di origine ebrea mantengono la cittadinanza del marito».[5] Tale esclusione sarà fatale agli ebrei di Tracia e di Macedonia.

Gli anni 1941 e 1942 vedono un progresso costante, ma lento, delle misure antiebraiche e, parallelamente, un degrado delle condizioni di vita degli ebrei. La comunità tenta di organizzare qualche partenza per la Palestina, ma le conseguenze sono catastrofiche: una prima imbarcazione, chiamata *Salvador*, cola a picco con 180 persone a bordo nel Mar di Marmara il 12 dicembre 1940; una seconda, *Strouma*, partita dalla Romania, va incontro alla stessa fine con i suoi 400 occupanti: si tratta di navi vecchie e in cattivo stato. Le diverse trattative in vista di autorizzare la partenza di un certo numero di ebrei per la Palestina falliscono. Non si può certo dire che le autorità britanniche, che esercitano la propria tutela sulla Palestina, abbiano fretta di accogliere numerosi rifugiati. Alcuni mesi più tardi, in riferimento alla richiesta degli ebrei bulgari, Anthony Eden, segretario degli Affari Esteri, replica che «occorre agire con cautela». Infatti, come spiega a Roosevelt, «se compiamo una simile mossa, gli ebrei del mondo intero ci chiederanno di ripeterla in Polonia e in Germania. Hitler potrebbe davvero prenderci in parola».[6] Nel frattempo, il governo bulgaro impone agli ebrei il coprifuoco, riduce le loro libertà, in alcuni casi li espelle dal luogo in cui vivono o li inserisce con la forza nei gruppi di lavoro; introduce anche l'obbligo che esibiscano sugli abiti la stella gialla. Peraltro, l'amministrazione si prende molte libertà nell'applicare questi ordini, sia il re sia i ministri mantengono rapporti affabili con alcune personalità ebraiche, i consolati bulgari all'estero continuano a concedere visti agli ebrei che ne fanno richiesta. La sezione incaricata delle questioni ebraiche, presso il ministero degli Affari Esteri a Berlino, comincia a spazientirsi.

Nell'autunno del 1942 gli avvenimenti precipitano. Alla fine di agosto, un nuovo decreto annuncia una serie di misure supplementari per regolamentare la vita pubblica degli ebrei e istituisce un Commissariato per le questioni ebraiche, che risponde al ministro dell'Interno, a capo del quale è nominato lo stesso Belev. L'ambasciatore tedesco a Sofia, Adolf Beckerle, e il suo segretario per le politiche di sicurezza, Karl Hoffmann, ricevono ogni assicurazione, da parte del primo ministro Bogdan Filov o del ministro dell'Interno Gabrovski, che la deportazione degli ebrei potrà avvenire a tempo debito. Per il momento, tuttavia, affermano i dirigenti bulgari, gli ebrei sono utilizzati in diverse attività nella Bulgaria stessa, in particolare nella manutenzione delle strade.

È con l'arrivo a Sofia, il 21 gennaio 1943, di Theodor Dannecker, caporeparto SS e inviato di Eichmann, che la deportazione degli ebrei bulgari deve entrare nella fase decisiva. Inizialmente Dannecker stabilisce un numero di persone da deportare – 20.000 – e presenta la richiesta al proprio interlocutore, Belev. Insieme decidono come ripartirli: calcolano di poterne deportare 14.000 dai territori occupati (8000 dalla Macedonia, 6000 dalla Tracia); i restanti 6000 dovranno essere presi nella «vecchia Bulgaria» (quella anteriore al 1940). Dannecker suggerisce che siano scelti tra gli «ebrei indesiderabili». Già nei primi giorni di febbraio, Belev dà istruzioni ai delegati del proprio Commissariato nei territori, per prepararli all'azione imminente. Bisogna evitare di sollevare sospetti o di comunicare la vera destinazione dei convogli: prima saranno arrestati i soli uomini, poi verrà chiesto alle famiglie di raggiungerli. «Alle donne si spiegherà che saranno condotte dove sono i mariti, per sistemarsi con loro all'interno delle vecchie frontiere.»[7] Il 12 febbraio il consiglio dei ministri, a quanto pare dopo lunghi dibattiti, approva le proposte di Belev e il numero stabilito. Quattro giorni dopo Dannecker riferisce con soddisfazione al Servizio di sicurezza del Reich che la deportazione è stata programmata e comincerà agli inizi di marzo.

Il 22 febbraio Dannecker e Belev sottoscrivono un accordo concernente la futura deportazione. Il numero viene confermato, 20.000, senza distinzione di età o sesso, così come la ripartizione del numero tra stazioni e treni. L'accordo stabilisce anche la divisione dei costi (i treni bulgari pagano fino alla frontiera, ma non oltre) e precisa che il governo bulgaro rinuncia a ogni responsabilità verso gli ex sudditi: «Nel caso in cui alcuni ebrei deportati non siano ancora stati privati della propria cittadinanza, devono esserlo quando lasciano il territorio bulgaro». Quello stesso giorno il Commissariato invia una circolare ai delegati regionali in cui chiede loro di stilare, nelle successive ventiquattrore, elenchi di ebrei «ricchi, conosciuti e socialmente in vista»,[8] oltre che di capipopolo e oppositori. Una nuova decisione del consiglio dei ministri, del 2 marzo 1943, rende esecutive le istruzioni precedenti e la macchina può mettersi in moto.

Il destino degli ebrei che abitano i territori occupati seguirà il piano così stabilito. A partire dal 4 marzo gli ebrei di Tracia sono arrestati e trasferiti nella «vecchia Bulgaria»; l'11 marzo è a sua volta completata la cattura degli ebrei di Macedonia e di Pirot, una città alla frontiera serba. Il 3 marzo l'ambasciatore Beckerle può annotare nel proprio *Diario*: «Dannecker mi ha informato che da ieri si è iniziato a radunare gli ebrei di Tracia in centri di raccolta e che in Macedonia hanno già ottenuto la nuova sistemazione nel ghetto; soltanto le ragazzine di meno di quattordici anni possono uscire per le commissioni».[9] Il 18 e il 19 marzo i treni conducono gli ebrei di Tracia a Lom, un porto sul Danubio, dove sono caricati su chiatte che li portano a Vienna, da dove sono trasferiti via ferrovia a Katowice e Auschwitz. Gli ebrei di Macedonia saranno inviati direttamente via treno il 22 e il 25 ad Auschwitz e il 29 a Treblinka. In tutto sono deportate 11.363 persone, solo 12 ritorneranno.

Gli internamenti e la deportazione degli ebrei non passano inosservati nella «vecchia Bulgaria», dove sono trattenuti per diversi giorni; le reazioni dei testimoni sono caratterizzate dalla compassione e dall'indignazione. Ne possediamo numerosi esempi: nel racconto del deputato Dimitar Ikonomov al collega Pešev e che sarà il punto di partenza dell'azione di quest'ultimo; nelle dichiarazioni del metropolita (equivalente ortodosso dell'arcivescovo) di Sofia, Stefan; nella richiesta del deputato dell'opposizione, Petko Stajnov, rivolta al primo ministro.[10] Stefan, in particolare, non esita ad avvisare re Boris inviandogli un telegramma, in cui lo supplica di risparmiare gli ebrei di Tracia che ha incontrato in Bulgaria, ma, come dice in quello stesso momento, tali iniziative si scontreranno con un muro.

Non accadrà lo stesso per gli ebrei abitanti la «vecchia Bulgaria». Anch'essi saranno arrestati a partire dal 3 marzo, in diverse città di provincia, secondo gli elenchi stilati dal Commissariato. Potranno però contare sulla solidarietà e sulle relazioni degli amici bulgari. L'esempio più evidente proviene dalla cittadina di Kjustendil, non lontano da Sofia. Gli arresti, che colpiscono una popolazione ebrea locale di circa 1000 persone, sono iniziati il 7 marzo. Il giorno successivo, una delegazione di quarantaquattro persone, in maggioranza ebrei, decide di recarsi a Sofia per difendere la causa dei concittadini. Alla fine sono in quattro a partire, un avvocato, un professore in pensione, un commerciante (Asen Suičmezov) e il deputato locale, Petăr Mihalev; nessuno di loro è ebreo. Arrivati la sera a Sofia, la mattina seguente incontrano i tre fratelli Baruch, Jako, Fidel e José, avvocati e uomini pubblici, che stanno cercando di facilitare la partenza degli ebrei in Palestina; l'incontro rafforza ulteriormente la determinazione dei delegati. Si recano, allora, presso un altro deputato di Kjustendil, Dimitar Pešev, che è anche vicepresidente dell'Assemblea nazionale. Come risulta dai suoi ricordi, Pešev era già informato degli avvenimenti; invita i suoi ospiti a presentarsi quello stesso pomeriggio in parlamento. Chiede un incontro al primo ministro Filov; non è concesso, ma Pešev sarà ricevuto, a capo di una delegazione che comprende altri sette deputati, dal ministro dell'Interno Gabrovski. In prima battuta, questi nega gli arresti; di fronte all'insistenza degli ospiti, alza il telefono e ordina la loro sospensione e la liberazione degli ebrei in stato di fermo.[11]

Lo stesso scenario si ripete in altre città di provincia (senza che i rispettivi cittadini siano altrettanto efficaci come gli abitanti di Kjustendil). Ne abbiamo un resoconto nella testimonianza di Cirillo, metropolita di Plovdiv e futuro patriarca di Bulgaria:[12] egli invia a sua volta un telegramma al re, interviene presso le autorità amministrative e invita gli ebrei a rifugiarsi in casa sua; si racconta, inoltre, che dichiara di essere pronto a distendersi sui binari, davanti al primo treno che invia gli ebrei del suo distretto alla deportazione. A Sofia, numerose personalità intervengono presso i rispettivi parenti o amici appartenenti agli ambienti del governo.

Pešev, che ha già svolto un ruolo decisivo in questo cambio di rotta, decide di sfruttare ulteriormente il proprio vantaggio. Redige velocemente una dichiarazione che fa sottoscrivere ad altri 42 deputati della maggioranza e la trasmette al presidente dell'Assemblea.[13] Con parole misurate il documento condanna la politica antiebraica del governo e chiede la sua modifica. Filov ne viene informato e sarà molto irritato dal fatto che si metta in discussione la sua autorità. Per infliggere a Pešev un'umiliazione personale, nel corso di una riunione del suo gruppo parlamentare chiede a ciascuno dei firmatari di ritrattare. Con suo disappunto, 30 deputati confermano la propria firma. Filov fa anche votare una sanzione a Pešev e impone la sua destituzione dalla carica di vicepresidente. In nessuna occasione Pešev ha l'opportunità di difendersi in pubblico. Tuttavia, il progetto di deportare gli ebrei di Bulgaria viene accantonato.

Si chiude così l'episodio culminante della deportazione: pieno successo del progetto in Tracia e in Macedonia, fallimento totale nella stessa Bulgaria. I funzionari dell'ambasciata di Germania non sembrano comunque troppo delusi; il 5 aprile 1943 scrivono: «Tenendo conto di tutte le circostanze, il risultato attuale della deportazione, 11.343 ebrei, è da considerare soddisfacente. Rispetto al numero previsto di 20.000 si è raggiunto il 56 per cento».[14]

Dannecker e Belev non rinunciano comunque all'idea di deportare la totalità degli ebrei bulgari; i «servizi» di Eichmann non cessano di rammentare loro questo imperativo. I due complici intervengono presso Filov e Gabrovski, che li rassicurano sulle proprie buone intenzioni. Dall'altro lato, le organizzazioni ebraiche, le autorità religiose e diverse personalità politiche cercano di convincere gli organi di potere, e prima di tutto il re, ad abbandonare definitivamente l'idea della deportazione. Approfittando di alcune azioni di resistenza alle quali partecipano dei militanti ebrei, all'inizio del mese di maggio del 1943 Belev prepara un nuovo piano che prevede un'alternativa: «a) deportazione di tutti gli ebrei di Bulgaria verso le regioni tedesche orientali per motivi di sicurezza interna al paese; b) evacuazione dei 25.000 ebrei di Sofia in provincia, nel caso in cui non fosse possibile mettere in atto il piano precedente». Gabrovski accetta il piano a) e il 20 maggio lo sottopone al re durante un'udienza. «Il re, comunque, decise che occorreva dare subito inizio all'evacuazione degli ebrei in provincia, motivo per cui il piano a) fu abbandonato», scriverà Hoffmann nel rapporto del 7 giugno.[15] Il 21 maggio, il consiglio dei ministri prende una decisione in tal senso. Dopo Stalingrado e le vittorie degli alleati nel Nordafrica, la situazione internazionale e l'umore all'interno del paese stanno cambiando e il re, ormai, si oppone categoricamente alla deportazione vera e propria.

La popolazione ebrea di Sofia, piena d'inquietudine, viene a conoscenza delle misure di evacuazione e d'internamento da cui è minacciata. Le proteste si moltiplicano, specialmente da parte della Chiesa ortodossa e di alcune personalità in vista. Il metropolita Stefan, molto attivo in questo periodo, invia al re un telegramma così redatto: «Non perseguitare per non essere perseguitato. Sarai giudicato con il giudizio con il quale giudichi; sarai misurato con la misura con cui misuri. Sappi, Boris, che Dio vigila sulle tue azioni dal cielo».[16] Stefan accoglie anche il grande rabbino in casa. La tradizionale parata del 24 maggio (giorno di Cirillo e Metodio in Bulgaria, festa nazionale della cultura e dell'istruzione) si trasforma in una manifestazione contro la politica antiebraica del governo; circa 400 persone vengono arrestate. Nondimeno, per tutto il mese di giugno continua l'evacuazione degli ebrei di Sofia in provincia; circa 20.000 lasciano la capitale. Ma non avviene mai alcuna deportazione verso i campi in Polonia.

È soltanto tutto rimandato? Dannecker e Belev lo sperano, ma sembrano essere i soli. Nel rapporto del 7 giugno, l'ambasciatore Beckerle assume già un atteggiamento differente. Intanto, raccomanda di diffidare di Belev, che descrive come un oppositore della politica di governo. Inoltre, fa propria la posizione dei vertici bulgari, che in poche parole equivale a dire: certo, in linea di principio, saremmo d'accordo a risolvere la «questione ebraica»; in pratica e per il momento abbiamo bisogno dei nostri ebrei (costruiscono le strade!) e poi la loro deportazione avrebbe un prezzo politico troppo alto, sia all'interno sia sul piano internazionale. Gli alleati sono sbarcati in Sicilia, la Bulgaria vorrebbe più che mai restare neutrale (nel paese è vietata la propaganda antibolscevica, soprattutto per quanto concerne la figura di Stalin). In un successivo rapporto, datato 18 agosto, Beckerle conclude lucidamente: «Dai colloqui che ho avuto con i ministri in questione e dall'incontro di ieri con il primo ministro, so che pretendere la deportazione adesso sarebbe del tutto privo di senso». Non rinuncia a ogni speranza, che rimane legata, tuttavia, a un'importante condizione: «Appena i successi [militari] tedeschi saranno vicini e diminuirà l'offensiva politica ostile che oggi ci invade, verrà il momento propizio per un intervento da parte nostra».[17] Solo il trionfo militare tedesco avrebbe consentito la ripresa delle deportazioni.

Il 28 agosto, alcuni giorni dopo un'ultima visita a Hitler, improvvisamente re Boris muore. L'erede al trono, Simeone non ha ancora raggiunto la maggiore età: vengono nominati tre reggenti, uno dei quali è Filov; si forma un nuovo governo. All'inizio di ottobre, Belev è sostituito da un altro commissario, che non si distingue più per il proprio antisemitismo. In quello stesso mese gli ebrei di Sofia sono autorizzati a ritornare in città. Le diverse misure antiebraiche saranno progressivamente abolite nel corso dell'anno seguente; la Legge per la difesa della nazione sarà abrogata alla vigilia dell'occupazione della Bulgaria da parte dell'armata sovietica. Il 9 settembre 1944 il vecchio regime crolla.

La rivalità delle memorie

Il salvataggio degli ebrei bulgari, per quanto parziale (gli ebrei di Tracia e di Macedonia, infatti, sono stati comunque deportati), è indubbiamente un atto meritorio. Ma a chi va ascritto tale merito?

Il potere comunista che s'insedia progressivamente in Bulgaria, all'indomani del 9 settembre, fornisce a questa domanda una duplice risposta, un po' come nella famosa storia del paiolo bucato: inizialmente, non è accaduto nulla d'importante, poi tutto il merito dell'azione è attribuito al Partito comunista.

Non è accaduto nulla d'importante: è la conclusione che si poteva ricavare allora dal tribunale popolare, giurisdizione d'eccezione incaricata nel 1944 dell'epurazione. In effetti, avendo deciso di giudicare tutti i deputati della maggioranza per avere appoggiato la politica del governo, il tribunale scelse di non attribuire molto peso alla loro azione in occasione della deportazione degli ebrei. Dei 43 deputati che firmarono la petizione di Pešev, 20 saranno condannati a morte, 6 all'ergastolo, 8 (tra i quali lo stesso Pešev) a quindici anni di reclusione, 4 a cinque anni, 1 a un anno; 3 saranno prosciolti, 1 morirà prima della sentenza.[18] In particolare saranno condannati a morte Ikonomov, uno dei primi a dare il segnale d'allarme; Petrov, che aveva combattuto in parlamento la Legge per la difesa della nazione. Mihalev, che aveva accompagnato Pešev in tutte le sue iniziative, è condannato all'ergastolo. Bisogna peraltro ricordare che le pene detentive saranno successivamente ridotte. Nel 1948 il metropolita Stefan sarà destituito.

La giustizia, in mano ai comunisti, non è la sola a considerare trascurabile l'azione di Pešev e dei colleghi. Diverse personalità dell'opposizione liberale, come il deputato Petko Stajnov o il giornalista Dimo Kazasov, che si sono opposti con altrettanto coraggio alla deportazione, ora salgono al potere: il primo diventa ministro degli Affari Esteri, il secondo dell'Informazione. La loro prima preoccupazione non sarà quella di riconoscere i meriti degli avversari politici. Stajnov testimonia al processo di Pešev, ma non lo difende.

Nemmeno i membri della comunità ebraica hanno intenzione di manifestare la propria riconoscenza a questi personaggi ora screditati. Quando si tratta di individuare un avvocato per Pešev, la famiglia si rivolge a una figura di spicco, l'avvocato comunista ed ebreo Nissim Mevorah, ma questi rifiuta di difenderlo «per motivi politici». L'avvocato d'ufficio nominato dalla corte, David Ligi, esibisce un certificato medico per giustificare la propria assenza il giorno della prima udienza. Le vittime della persecuzione di un tempo, una volta fuori pericolo, non lottano necessariamente contro la nuova persecuzione. Ma non tutti compiono la stessa scelta. Un altro avvocato di origine ebrea, Josif Jašarov, accetta di difendere Pešev e gli salva la vita, trovandogli delle circostanze attenuanti (in quanto vicepresidente dell'Assemblea è particolarmente bersagliato dall'accusa): non perché abbia preso parte al salvataggio degli ebrei, ma perché, molti anni prima, in qualità di ministro della Giustizia in un governo precedente, si è battuto contro l'esecuzione di un condannato, Damian Velčev, un oppositore divenuto ministro della Difesa all'indomani del 9 settembre. A questo gesto compiuto in passato Pešev doveva anche la mancata riconferma dell'incarico in occasione del rimpasto ministeriale che seguì. Jašarov dunque lo salva, ma a sua volta paga a caro prezzo l'incarico: nel 1948 sarà definitivamente radiato dall'ordine degli avvocati di Sofia perché «conosciuto come un elemento [...] reazionario».[19]

Negli anni successivi al tribunale popolare, il ruolo specifico del genocidio degli ebrei non sarà sempre riconosciuto. Un manuale scolastico del 1954 dedica alla questione una sola frase: «Imitando gli hitleriani, il governo fece approvare all'Assemblea nazionale una Legge per la difesa della nazione, che mirava a colpire gli ebrei di Bulgaria»; né la deportazione né la mancata deportazione vengono menzionate. Secondo l'Enciclopedia ufficiale, nei campi di concentramento si trovano soltanto dei prigionieri politici; ad Auschwitz, vengono uccisi «prigionieri di ogni nazionalità».[20]

È questa la prima rappresentazione comunista della persecuzione degli ebrei durante la guerra. Ne esiste però un'altra, del tutto differente, secondo cui la persecuzione sarebbe uno dei gravi crimini del regime precedente, ma la ragione principale del suo fallimento sarebbe da ascrivere all'azione del Partito comunista stesso. Questa nuova versione sarà in particolare formulata e diffusa da un certo numero di ebrei comunisti, che saranno i primi a raccogliere e pubblicare una documentazione riguardante tali avvenimenti. Dopo il grande esodo degli ebrei bulgari in Israele, tra il 1948 e il 1949, tutte le pubblicazioni legate alla comunità ebraica si troveranno nelle mani di zelanti comunisti. Gli *Annali* (*Godishnik*) dell'Organizzazione sociale culturale ed educativa degli ebrei in Bulgaria, che escono a partire dal 1966 e che proseguono la pubblicazione dei documenti dell'epoca, difendono senza ambiguità questa linea.

Il Partito comunista, allora, pone maggiormente l'accento non sugli avvenimenti del marzo del 1943, nel corso dei quali il suo ruolo è ininfluente, ma su quelli del maggio di quello stesso anno, soprattutto la manifestazione del 24 maggio, durante la quale viene espresso il rifiuto delle misure di evacuazione e d'internamento. Questa dimostrazione sarebbe stata organizzata e guidata da rappresentanti del Partito operaio (ossia comunista). Dopo il 1954, mentre il potere in Bulgaria finisce nelle mani di Todor Živkov (sarà costretto a lasciarlo nel 1989), ci si rende conto che sarebbe stato proprio lui a trovarsi a capo di questa gloriosa azione. Gli elogi che lo riguardano diventano sempre più enfatici. Alla fine degli anni Settanta si esercitano pressioni sull'Organizzazione perché proponga Živkov per il premio Nobel della Pace, a motivo del ruolo avuto nel salvataggio degli ebrei bulgari; alla fine la proposta cadde nel nulla.[21]

In quale misura tali rivendicazioni sono legittime?

In primo luogo occorre dire che, durante la guerra, i comunisti effettivamente si oppongono alla persecuzione degli ebrei in tutte le sue forme. È vero che cercano di strumentalizzare questa causa e asservirla ai propri obiettivi di politica globale, ossia rovesciare il potere in carica e apparire come i combattenti più attivi contro il «fascismo»; ma lo fanno senza ipocrisia. Lo dimostrano i discorsi dei loro deputati all'Assemblea, che risalgono al periodo in cui potevano ancora esprimersi (dopo l'invasione dell'Unione Sovietica questi deputati saranno sospesi e internati), come anche i volantini e i giornali clandestini diffusi dal partito, o i programmi radio trasmessi dal territorio sovietico.[22] Rimane da capire, però, se questi interventi abbiano giocato un ruolo così importante come volevano gli storici comunisti.

A dire il vero, non vi è nulla che lo confermi. La protesta dei deputati comunisti, in occasione della Legge per la difesa della nazione, è considerata un elemento di propaganda, come effettivamente è in quel momento; in ogni modo, le proteste degli uni e degli altri rimangono senza alcun effetto su questa legge, che nel gennaio del 1941 sarà votata da una maggioranza sottomessa. Al momento della deportazione, nel marzo del 1943, i comunisti non dispongono di alcun mezzo per ostacolare il corso degli eventi. L'influenza del partito, che allora è vietato e represso, è scarsa; se gli ebrei fossero stati considerati vicini ai comunisti, sarebbero stati perseguitati con maggior accanimento. Infine, la parata del 24 maggio 1943 è organizzata prima di tutto dai dirigenti della comunità ebraica, in particolare dal rabbino Daniel

Tzion. Quanto a Živkov, non sembra nemmeno che vi abbia preso parte; come dice sobriamente la raccolta *Oceljavaneto*, pubblicata a Sofia nel 1995 ma sempre apologetica nei confronti dei comunisti, «la versione di T. Živkov, secondo la quale il Comitato centrale l'avrebbe incaricato dell'organizzazione e della guida della dimostrazione, non è confermata dagli studi scientifici».[23]

Se non sono stati i comunisti ad aver salvato gli ebrei, chi è stato allora? Dall'inizio degli anni Cinquanta appare una seconda ipotesi, vigorosamente opposta alla precedente, secondo cui il vero salvatore degli ebrei sarebbe stato re Boris III. È formulata, naturalmente, nelle pubblicazioni bulgare dell'emigrazione, in particolare, nel 1952, da Benjamin Arditi, un ebreo bulgaro emigrato in Israele. Da allora è stata ripresa più volte in pubblicazioni al di fuori del paese, ma anche, dopo il 1990, nella stessa Bulgaria. Essa offre l'evidente vantaggio di privare i comunisti di ogni merito e di attribuire il ruolo nobile al loro nemico di sempre, il re. Inoltre, vi è qualcosa di rassicurante nel pensare che, come nelle fiabe, alla fine della storia il re si mostra nelle vesti di uomo buono e saggio.

Se si guarda ai documenti storici, innanzitutto risulta evidente che è impossibile considerare attendibili le parole del re (non lascia infatti documenti scritti). Per il re il primo compito della parola non è quello di rivelare il suo pensiero profondo o descrivere il mondo con esattezza, ma di agire sui suoi interlocutori nella direzione auspicata. A ciascuno di essi il re rivolge una parola diversa, utile allo scopo che egli intende raggiungere. Agli ebrei che chiedono la sua protezione il re garantisce che non correranno alcun rischio; ai tedeschi che reclamano la loro deportazione risponde che non chiede di meglio. Ai diversi confidenti, ministri o consiglieri, non dà mai due volte la stessa risposta. Il solo modo per giudicare l'atteggiamento del sovrano nei confronti degli ebrei consiste nell'interrogare le sue azioni, non le sue parole.

Boris III attribuisce a sé la mancata deportazione degli ebrei bulgari dal 10 marzo fino alla propria morte avvenuta il 28 agosto 1943. L'azione di Pešev e dei deputati che lo appoggiano non sarebbe stata sufficiente a impedire la deportazione, se il sovrano, detentore del potere assoluto, avesse voluto portarla avanti. I documenti del tempo lo confermano. Il rapporto di Hoffmann, del 5 aprile 1943, dice: «Occorre riconoscere, inoltre, che il ministro dell'Interno ha ricevuto dalle più alte cariche [*von höchster Stelle*] l'ordine d'interrompere il trasferimento programmato degli ebrei dalla vecchia Bulgaria».[24] L'espressione non lascia dubbi: i funzionari tedeschi presentano quest'affermazione come una deduzione, non un fatto, ed evitano di nominare il re. Peraltro «la più alta carica», nella Bulgaria del 1943, può designare una sola persona. Il 9 marzo, Gabrovski ha accettato di sospendere gli ordini impartiti, credendo di poter ricominciare il giorno successivo; deve essere stato un intervento in un secondo momento del re – di cui non restano tracce – a impedirlo. Nel corso del nuovo tentativo di deportazione, nel maggio del 1943, il re interviene un'altra volta: come abbiamo visto, ricevendo il ministro dell'Interno il 20, lascia cadere, contro il suo parere, l'idea della deportazione e opta per l'evacuazione. Di fronte alle pressioni tedesche, tergiversa e assume dei provvedimenti dilatori: sì, vorrebbe che i tedeschi risolvessero anche la sua «questione ebraica», ma per il momento ha un gran bisogno dei «propri» ebrei, per la manutenzione delle strade... Non è un caso se Goebbels nel suo *Diario* lo descrive «astuto come un volpe».

Nello stesso tempo, il re è responsabile della deportazione verso la morte di 11.363 persone catturate nei territori occupati di Tracia e di Macedonia. Certo, non sono cittadini bulgari; ma è il suo governo che, con il decreto del 5 giugno 1942, li ha privati della cittadinanza. Il re non prende l'iniziativa della deportazione (sono Dannecker e Belev), ma non fa alcunché per contrastarla, anche se ne ha i mezzi. Senza dubbio, non ignora ciò che sta accadendo, né il destino a cui vanno incontro gli ebrei deportati. Del resto, se non fosse stato così, gli sarebbe bastato ascoltare i testimoni. L'11 marzo del 1943 l'incaricato d'affari svizzero, Charles Rédard, interviene presso Filov per impedire la deportazione, affermando che in Polonia gli ebrei rischiano la morte immediata;[25] è poco probabile che Filov abbia tenuto per sé questa informazione, senza metterne al corrente il re. La testimonianza di Stefan, metropolita di Sofia, che ha un canale diretto con il re, è in questo caso particolarmente rivelatrice. Avendo visto con i proprio occhi la sofferenza degli ebrei arrestati, invia a Boris un telegramma in cui gli chiede di sospendere le deportazioni; «al nostro telegramma fu risposto che sarebbe stato fatto tutto il possibile e il lecito».[26] In altre parole, l'espulsione deve continuare, perché corrisponde alla lettera della legge.

Di ritorno a Sofia, Stefan si rivolge nuovamente al palazzo; «il mio intervento si è scontrato con un muro e poco dopo i deportati sono stati avviati verso i porti del Danubio», scrive già il 2 aprile 1943. Instancabile, invia al re un rapporto; il funzionario di palazzo incaricato di riceverlo gli fa sapere che «[il re] aveva reagito favorevolmente al nostro primo appello, ordinando che gli ebrei della Tracia egea esiliati fossero trattati bene, durante l'attraversamento della Bulgaria, anche se erano prigionieri dell'alto comando militare hitleriano». Le guardie bulgare al seguito di questi convogli avranno ricevuto istruzione di non infierire? Comunque sia, ciò non cambia in alcun modo la sorte dei deportati, ma permette soltanto di mettersi la coscienza a posto con poca fatica. Il rifiuto del re di ascoltare le autorità religiose è sufficientemente raro perché Stefan scriva nelle *Memorie*: «Fu la sola circostanza, durante le nostre frequenti relazioni ufficiali con il re, in cui ci scontrammo con il silenzio e lo sdegno».[27]

Stefan non è il solo, come abbiamo visto; alcuni deputati della maggioranza (Ikonomov) e dell'opposizione (Stajnov) esprimono pubblicamente la propria protesta. Altri metropoliti testimoniano, come Sofroni: «A Skopje [in Macedonia], dove mi trovavo a quell'epoca, sono stati arrestati tutti gli ebrei, uomini, donne, bambini, infermi. Erano radunati in un grande deposito di tabacco. Vi sono rimasti rinchiusi per un po' di tempo sotto stretta sorveglianza, per essere poi trasferiti in Polonia».[28] Né il governo né il re possono ignorare questi appelli. Eppure, rimangono lettera morta.

Il 31 marzo 1943 il re si reca presso la residenza di Hitler, a Berchtesgaden, e il giorno seguente discute a lungo con il proprio ospite e Ribbentrop. Le recenti deportazioni non sono assenti dai suoi pensieri. Ecco come formula davanti a Filov le proprie impressioni dell'incontro: «[Il re] avrebbe discusso a lungo con Ribbentrop sulla questione ebraica, tentando di spiegargli che da noi gli ebrei sono degli spagnoli [dei sefarditi] e che non avevano affatto il ruolo che svolgevano negli altri paesi. Sembra comunque che Ribbentrop non abbia accolto queste obiezioni, replicando che gli ebrei restavano sempre degli ebrei».[29] Ribbentrop fa un proprio resoconto della conversazione, in termini un po' differenti, in un telegramma indirizzato a Beckerle: «Per quanto concerne la questione ebraica in Bulgaria, il re dice che per il momento ha dato il proprio assenso solo al trasferimento degli ebrei di Macedonia e di Tracia in Europa dell'Est [in Polonia]. Riguardo agli ebrei di Bulgaria intende liberarsi solo di un numero insignificante di elementi bolscevico-comunisti, ma vuole trattenere i restanti 25.000 ebrei in campi di concentramento, per utilizzarli nella costruzione delle strade. Non mi sono fermato a lungo sul messaggio del re e mi sono limitato unicamente a sottolineare che, a nostro modo di vedere, nella questione ebraica la soluzione radicale è la sola giusta».[30]

Il confronto delle due versioni è significativo. Davanti a Filov, che peraltro sostiene la politica di deportazione (ma non si sa mai!), il re si presenta come un vero difensore degli ebrei bulgari. Davanti a Ribbentrop sulle prime ammette di avere autorizzato la deportazione degli ebrei di Tracia e di Macedonia; inoltre, garantisce che invierà anche degli ebrei di Bulgaria, ammesso che siano filocomunisti. Quanti? Se si sottrae 25.000 al totale di 48.000, restano 23.000 candidati al viaggio. Ma il re ha mai avuto l'intenzione di mantenere la parola data, o ha cercato di conquistare il proprio interlocutore con delle vaghe promesse? Alla fine, progetta di mettere i restanti ebrei nei campi di concentramento. Un'altra manovra? Forse. Comunque non si può evitare di notare la differenza tra queste misure e la «soluzione radicale».

Alla luce di documenti e testimonianze simili, il ruolo del re appare meno eroico di quanto dicano i suoi ammiratori. La sua condotta è mossa dall'interesse: non il proprio, certo, ma quello del paese, la Bulgaria, nel quale egli s'identifica. A motivarlo è l'interesse nazionale, come lo intende lui, non i principi umanitari. Un paese piccolo deve scendere a patti con i grandi. Hitler ha la forza, occorre dunque accettare alcune delle sue richieste. Il re riuscirà a evitare che i soldati bulgari siano impegnati nei combattimenti (anche se l'esercito occupa i territori promessi di Tracia e di Macedonia). Quanto agli ebrei, altra richiesta pressante di Hitler, Himmler e Ribbentrop, occorre cedere in parte per vincere altrove: far deportare gli ebrei dei territori occupati, ma non quelli della «vecchia Bulgaria»; evacuare e internare gli ebrei fuori Sofia, ma all'interno dello stato. Durante il proprio processo, nel 1968, Beckerle fornisce la medesima interpretazione degli avvenimenti: il re, dice, gli aveva dato il proprio assenso alla deportazione degli ebrei di Tracia e di Macedonia, ma in segreto gli aveva chiesto la sua cooperazione perché gli ebrei della vecchia Bulgaria non fossero deportati.[31] La politica del re è una manovra, intende scendere a patti con i forti di questo mondo. Il risultato ottenuto è la preservazione della vita dei quattro quinti della popolazione ebrea e il sacrificio della parte restante.

È per un atto di umanità che il re sceglie di difendere fermamente gli ebrei bulgari? Tutto sta a indicare, piuttosto, che ancora una volta si tratti di una scelta politica. Nella primavera del 1943 la vittoria di Hitler non è più così evidente come in precedenza. Il re non vuole che la Bulgaria comprometta le proprie relazioni con gli Alleati, in particolare Stati Uniti e Gran Bretagna, i quali da parte loro lo informano di essere contrari alla politica dei nazisti nei confronti degli ebrei. Sul piano della politica interna, inoltre, non può ignorare l'evoluzione delle idee. Le proteste pubbliche non sono mancate, né in occasione del voto della Legge per la difesa della nazione, né successivamente, nel maggio del 1943, durante l'evacuazione; il re sembrava non averne tenuto conto. Come mai nel marzo del 1943 e in seguito a tale data ha agito diversamente riguardo agli ebrei bulgari? Perché è intervenuta una prima azione di Pešev: una vera fronda all'interno della stessa maggioranza, che mostra un terzo dei suoi deputati pronto a sfiduciare il governo su tale questione. Considerando il nuovo equilibrio delle forze presenti, da questo momento il re decide di opporsi alla deportazione degli ebrei bulgari.

Senza questa decisione del sovrano, gli ebrei probabilmente sarebbero stati deportati; ma senza l'azione di Pešev e di quelli che la pensavano come lui, forse non avrebbe preso tale risoluzione. Bisogna dunque arrivare a una terza risposta alla domanda formulata inizialmente sul merito del salvataggio. Consiste nel dare importanza all'azione di Pešev; è stata formulata, sulla base di alcuni testimoni del dramma, dal giornalista e storico italiano Gabriele Nissim, in un libro che si presenta come una biografia di Pešev. Nissim insiste sull'eccezionalità del gesto del bulgaro nel contesto europeo del 1943: egli non è il solo ad aiutare gli ebrei minacciati, ma nessun altro ha condotto un'azione parlamentare e legale; si batte, non per uno o due individui, ma per l'intero gruppo.

A dire il vero, Pešev non è affatto solo in Bulgaria. Le lettere di protesta, le telefonate, le iniziative personali al momento del dibattito parlamentare o delle retate non bastano, ciascuna presa isolatamente, a fermare la macchina repressiva. Ma la quantità diventa qualità, il loro numero trasforma l'atmosfera complessiva, la persecuzione non può più mostrare un volto trionfante. Gli interventi presso il re, anche quando non hanno seguito, lasciano il segno. Gli appelli al buon senso dei deputati dell'opposizione, in un primo tempo ignorati, agiscono segretamente sulle idee.

Il ruolo della Chiesa ortodossa è particolarmente importante. La sua posizione è sempre più ferma. Al momento della Legge per la difesa della nazione, i metropoliti insistono sulla differenza tra gli ebrei convertiti, di cui chiedono la protezione, e gli altri, che devono essere giudicati per ciò che fanno e non per ciò che sono.[32] Durante un'altra riunione, il 2 aprile 1943, perfino coloro che avevano difeso la legge si oppongono alle forme che assume la sua applicazione. Josif, per esempio, dice: «Nei confronti degli ebrei non cristiani il nostro rapporto deve essere il rapporto morale generale, da uomo a uomo».[33] Un altro, Kliment, aggiunge: comportandosi così, gli organi dello stato agiscono come i comunisti, all'opposto dei sentimenti cristiani. Cirillo di Plovdiv e soprattutto Stefan sono particolarmente attivi. Il metropolita di Sofia invia un rapporto dopo l'altro; il re rimane indifferente e il primo ministro minaccia di trascinarlo in tribunale per attività contro lo stato.[34] Stefan, allora, annuncia che aprirà agli ebrei le porte di tutte le chiese bulgare e di tutti i monasteri.

Tra questi diversi attori bisogna collocare Pešev, che si distingue soprattutto per l'efficacia della propria azione. Questo avvocato, nato nel 1894, è diventato nel 1935-1936 ministro della Giustizia, nel 1939 deputato della maggioranza conservatrice e vicepresidente dell'Assemblea. Non si oppone alla Legge per la difesa della nazione in occasione del dibattito parlamentare e si può notare che, anche quando stenderà le proprie memorie, ossia circa trent'anni più tardi, rimane sensibile agli argomenti che avevano portato alla sua approvazione. Come risultato dell'azione compiuta nel marzo del 1943 è costretto a lasciare l'incarico di vicepresidente, ma rimane deputato; arrestato alla fine del 1944 dal nuovo regime comunista, sarà condannato, ma uscirà di prigione già alla fine dell'anno successivo. Trascorrerà il resto della vita, fino alla morte sopraggiunta nel 1973, in una sorta di esilio interiore, lasciando solo raramente la propria stanza. Nel 1969-1970 scrive delle memorie preziose, in cui riporta minuziosamente le opinioni e i ricordi personali su tutti i problemi della vita pubblica con i quali si era confrontato, inclusa la persecuzione degli ebrei.[35] Il testo, tra l'altro, contiene una vibrante difesa delle forme democratiche della vita politica, del parlamentarismo e delle libertà individuali, aspetto non privo d'interesse nel contesto della Bulgaria comunista, se pensiamo al momento in cui viene redatto. Pešev figura tra i tredici «giusti» bulgari, riconosciuti dalle cariche ufficiali in Israele.

Le memorie sono in lotta tra loro perché il ruolo glorioso nel passato, quello dell'eroe o, in altri contesti, della vittima, costituisce un prezioso capitale simbolico nel presente e a quelli che se ne impadroniscono attribuisce prestigio, legittimità e anche un incremento di potere. Ma la memoria non è soltanto un luogo in cui si confrontano delle volontà che aspirano, ciascuna, a prevalere sulle altre. È anche aperta a stabilire la verità. È vero o falso che i comunisti sono responsabili del salvataggio degli ebrei? È vero o falso che il re ha fatto il possibile per preservarli tutti dalla deportazione? Nella misura in cui la memoria si fa storia, il conflitto delle volontà di potenza dovrebbe passare in secondo piano e lasciare spazio alla ricerca della verità, sempre incompiuta ma non per questo meno esigente.

Perché e in che modo

Il passato non chiede soltanto di essere conosciuto con precisione, contiene anche una lezione per il presente – perché il male non è mai unicamente dietro di noi. Il salvataggio degli ebrei bulgari è una delle poche pagine limpide della storia degli ebrei in un periodo cupo; è anche un atto politico indiscutibilmente positivo. È un fatto tanto eccezionale da meritare tutta la nostra attenzione: comprendere meglio le sue condizioni e le motivazioni dei suoi protagonisti potrebbe aiutarci ad agire meglio domani.

In Bulgaria, nel marzo del 1943, il primo ministro Filov sembra essere il solo a pensare che la deportazione degli ebrei in Polonia non peggiori sensibilmente la loro condizione. Tutti eccetto lui sono convinti del contrario, vuoi per rallegrarsene, vuoi per deplorarlo. Le informazioni non sono precise, i particolari dello sterminio sono ignoti, circolano notizie che oggi possiamo definire dicerie (come le esecuzioni per elettroshock); nondimeno, basta pensare al modo in cui vengono arrestate, trattate e trasportate le famiglie ebree, bambini e anziani inclusi, è sufficiente ascoltare che cosa dicono i portavoce degli Alleati o i rappresentanti di paesi neutrali come la Svizzera per rendersi conto che i richiami al bisogno di manodopera sono misere finzioni alle quali nessuno crede. «Vanno incontro alla morte», dichiara l'incaricato d'affari svizzero Charles Rédard; hanno tutti dei tristi presentimenti sul proprio destino, dice a Pešev il deputato Ikonomov; nella protesta collettiva che Pešev presenta al parlamento si discute di «misure crudeli che possono portare all'accusa di strage di massa».[36] Ecco che cosa poteva sapere un uomo di buona volontà, in un paese d'Europa, nel marzo del 1943. Ma si reagisce sapendo che la sventura colpisce il vicino? Perché? In che modo?

Come abbiamo visto, il re, detentore del potere supremo, risponde in funzione dell'interesse nazionale. Da quando ritiene che la deportazione degli ebrei sarebbe dannosa alla reputazione e dunque al destino del paese, vi si oppone risolutamente ed efficacemente. Senza dubbio è confortato nella propria decisione dagli appelli alla compassione, lanciati da diverse cariche morali e religiose. Questa unione dell'interesse e della virtù è particolarmente solida. Sfortunatamente, non si verifica in tutte le occasioni. In un primo tempo, infatti, il re apparentemente non ritiene che il salvataggio di tutti gli ebrei sia nell'interesse vitale del paese; perciò, autorizza la deportazione dei primi 11.000. Preso isolatamente come fondamento ultimo, l'interesse nazionale non è un terreno sicuro; pone l'idea di un «bene per noi» al posto del bene in quanto tale.

Gli individui che non dispongono di potere decisionale, ma partecipano comunque alla vita pubblica, agiscono, quando lo fanno, in nome di una legge. Può trattarsi di una norma scritta; per esempio, sia l'Unione degli avvocati sia i deputati dell'opposizione citano un articolo della Costituzione secondo cui tutti gli individui sono uguali davanti alla legge. Nella loro testimonianza i metropoliti ricordano «il comandamento del nostro Salvatore, per il quale siamo tutti figli di un medesimo padre che è nei cieli». Altri non sanno indicare la legge, ma evocano la sofferenza di quelli che sono stati colpiti: agiscono per compassione. Non si può restare indifferenti e passivi davanti a una sofferenza causata dagli uomini. Rileggiamo il racconto di Stefan, trascritto al momento dei fatti: «Mi hanno raccontato scene terrificanti e strazianti sulle condizioni nelle quali [gli ebrei] versavano [...]. Erano trattati con una crudeltà disumana». Vale la pena ricordare che la scena si svolge in pieno territorio bulgaro e che a «trattare» così gli ebrei sono guardie e impiegati bulgari, che in seguito li scorteranno sui treni. Nel suo intervento presso Peščv, Ikonomov descrive le medesime reazioni: «Tutti [i testimoni erano] irritati, indignati, incapaci di restare indifferenti al tragico destino di un gran numero di persone, inviate chissà dove, che fossero donne, bambini o anziani».[37]

Sono i ricordi di Pešev a permetterci di approfondire l'analisi delle motivazioni di colui che, a un dato momento, ha il coraggio di dire «no». In primo luogo occorre ricordare che, nell'autunno del 1940, Pešev non vede inconvenienti all'adozione della Legge per la difesa nazionale: voterà a favore. Allora ragiona in termini d'interesse del paese: è necessario fare qualche concessione ai tedeschi, la Bulgaria dipende da loro e mettere al bando gli ebrei sembra cosa assai gradita ai nazisti al potere; questa legge resterà sicuramente lettera morta e in concreto non creerà difficoltà ad alcuno. Se egli comincia a mutare opinione nei primi mesi del 1943, ciò è dovuto al fatto che i concetti astratti – la legge, il regolamento, gli ebrei – vengono sostituiti da volti di individui che esprimono il loro dolore. Inizialmente c'è il racconto che ascolta da Ikonomov, il quale – come sottolinea opportunamente Pešev – per certi aspetti è un avversario politico. Ciò che li avvicina non è dunque una qualche strategia, ma il fatto che entrambi sono «uomini onesti», pronti ad agire in nome delle proprie convinzioni piuttosto che dell'interesse contingente. Che Ikonomov abbia deciso di rivolgersi a lui, l'avversario di un tempo, per Pešev è un segno dell'autenticità della sua reazione. Il racconto di Ikonomov non evoca concetti astratti, non reitera dei principi, ma descrive degli individui, «gli ebrei di Tracia, anziani, donne, bambini, uomini carichi di bagagli, deboli, disperati, che implorano aiuto e sono impotenti, attraversano la città a piedi e si trascinano tutti verso una meta sconosciuta».[38] Il sacrificio imposto agli ebrei di Tracia servirà dunque a salvare i loro fratelli, perché è la sua percezione a risvegliare la coscienza dei deputati e dei metropoliti bulgari.

Alcuni giorni dopo, Pešev viene a sapere che una retata simile si prepara nella città di cui è deputato, Kjustendil. È in quel momento che prenderà la propria decisione. C'è una grande dignità nelle parole che l'annunciano: «La mia coscienza di uomo e la mia interpretazione [...] non mi consentivano di restare inerte». Pešev descrive questo momento come se una forza superiore si fosse impadronita della sua volontà. Non ha scelta, non gli è più consentito esitare. La deportazione è stata decisa dal governo, ma viola sia la legge scritta sia quella non scritta. «Questo accordo [...], in contrasto con la Costituzione, le leggi ordinarie, la morale ordinaria e ogni sentimento di umanità, non poteva entrare in vigore e sul piano del diritto era privo di effetto.» Da quel momento l'azione diventa necessaria, il silenzio assordante, la disobbedienza civica s'impone come un dovere. «Il silenzio sarebbe stato contrario alla mia coscienza, al mio senso delle responsabilità in quanto deputato e in quanto uomo [...]. La mancanza di azione della maggioranza su questo problema non soltanto l'avrebbe resa complice di un crimine di stato [...], ma ben peggio: di un crimine ordinario, l'assassinio di massa di migliaia di persone.»[39] Quanti sono gli uomini di stato a potersi vantare di aver parlato e agito in tal modo nel 1943?

Accanto ai detentori del potere e agli uomini pubblici c'è anche l'intera popolazione, che non partecipa direttamente alla vita politica del paese e le cui reazioni, tuttavia, hanno un peso importante. Sarebbe un'esagerazione, certo, immaginare che la popolazione bulgara fosse scevra da ogni antisemitismo. Organizzazioni militanti come i Combattenti (*Ratnik*), i Difensori (*Brannik*) o i Legionari ci ricordano il contrario, allo stesso modo degli attivisti di alto livello, come Belev, o alla base, come quelli di cui Suičmezov, protettore degli ebrei, che subiscono i loro affronti: «Il servo, Popov, era assai ostile agli ebrei. Vedendomi, ha afferrato una sedia con l'intenzione di rompermela addosso».[40] Gli stessi difensori degli ebrei ci rivelano, nei loro discorsi, che questi avevano comunque patito una certa discriminazione: dalla creazione dello stato bulgaro moderno, non esistono né deputati, né ministri, né direttori di giornale, né alti funzionari che siano ebrei...[41] Malgrado ciò, non si può dire che la maggioranza della popolazione bulgara sia animata da sentimenti antisemiti e questa mancanza di animosità contribuisce indubbiamente al salvataggio degli ebrei durante la guerra.

Come spiegarsi quest'assenza di ostilità? Una delle ragioni è che le famiglie ebree vivono sparse in mezzo al resto della popolazione, invece di essere tenute in isolamento, vuoi sul piano territoriale, vuoi su quello linguistico. Gli ebrei bulgari non abitano nei ghetti; alcuni conoscono il ladino, ma tutti parlano il bulgaro. Ai bulgari è difficile percepire gli ebrei come l'incarnazione di un male potente; il loro volto familiare è ben diverso: «piccoli commercianti di granaglie, ambulanti, compratori e venditori al dettaglio, operai e domestici, tutti lavoratori salariati prosciugati dalla fame».[42] Il mito hitleriano degli ebrei motori dello sfruttamento mondiale fatica davvero a imporsi in Bulgaria.

Esiste poi una seconda ragione per questa mancanza di ostilità, che deriva dalle caratteristiche dei bulgari, non degli ebrei. L'ambasciatore tedesco Beckerle la sottolinea a più riprese, per spiegare ai superiori l'assenza di fiamma antisemita in quel paese. In un rapporto del 7 giugno 1943 scrive: «Sono fermamente convinto che il primo ministro e il governo auspicano e desiderano la soluzione definitiva e irreversibile della questione ebraica. Tuttavia, sono ostacolati dalla mentalità del popolo bulgaro, a cui manca la chiarezza ideologica che possediamo noi. Essendo cresciuto insieme ad armeni, greci e zigani, il bulgaro non trova negli ebrei alcun difetto tale da poter giustificare misure speciali contro di loro».[43] La petizione rivolta al parlamento dall'Unione degli scrittori, in occasione del voto della Legge per la difesa della nazione, è espressione del medesimo tratto caratteristico del popolo bulgaro visto da una prospettiva differente: i nostri padri conservavano il ricordo vivo del giogo, dice, come possiamo ammettere che una legge assoggetti, riduca addirittura in schiavitù quelli che vivono tra noi?[44]

«Giogo» e «schiavitù» sono due termini che in Bulgaria designano automaticamente i cinque secoli di dominio turco (1396-1878), un avvenimento che non ha potuto non lasciare tracce nella memoria comune e non segnare il carattere nazionale. In quel periodo i bulgari hanno condiviso il destino di altre minoranze interne all'impero ottomano: greci, armeni, valacchi, serbi, arnauti, ebrei, zigani, solo per citarne alcune. Tutti, per sopravvivere, hanno dovuto imparare a piegarsi, a non ostentare costantemente il proprio orgoglio e ad accettare di vivere con i compagni di sventura. Poi è giunta la liberazione – del resto ottenuta grazie a un intervento terzo, quello dei russi, con una guerra, e non ottenuta dai bulgari stessi; nel nuovo stato hanno ritrovato i confratelli di sventura di ieri, ai quali si è aggiunta una forte minoranza turca – tutti quelli che non potevano o non volevano espatriare in Turchia. Un forte orgoglio nazionale non è il tratto distintivo dei bulgari, l'ho detto all'inizio, e talvolta lo si può rimpiangere; ma in questo caso sembra proprio che tale debolezza sia stata responsabile della loro relativa tolleranza verso le minoranze interne – in mezzo alle quali si sono rifiutati di individuare dei capri espiatori –, dell'assenza di un sentimento di superiorità sugli altri, primo passo sulla via della loro sottomissione o della loro esclusione. Non basta certo essere stati vittima ieri per non passare dalla parte degli oppressori oggi, talvolta si ha perfino l'impressione che i popoli cerchino soprattutto nel presente una compensazione a ciò che hanno subito in passato. Ma l'assenza di orgoglio nazionale, nel senso di una convinzione di essere superiori agli altri, il mantenimento dell'autocritica sembrano agire come un vaccino immunitario contro la tentazione di considerare gli altri come capri espiatori.

La storia più recente sembra confermare questo tratto nazionale. Negli anni Ottanta il potere comunista aveva avviato la persecuzione della minoranza turca; invece di essere seguite con partecipazione dalla popolazione, queste misure hanno provocato il sorgere dei primi movimenti dissidenti. Nessun'altra causa era stata capace di suscitarli: né la cancellazione delle libertà pubbliche, né la miseria economica; è stato necessario il maltrattamento di una minoranza perché un gruppo di concittadini bulgari, che non era a sua volta perseguitato, avesse il coraggio di dire «no».

Infine, occorre menzionare l'intervento della stessa comunità ebraica, volto a impedire ogni forma di discriminazione e di persecuzione. Se ne vedono diverse manifestazioni, per esempio l'intervento di alcuni dignitari presso il re, l'organizzazione di delegazioni destinate a incontrare i membri del parlamento, l'insistenza con cui i tre fratelli Baruch perorano la propria causa o la coraggiosa organizzazione da parte del rabbino Tzion di una parata sulla via pubblica. Certo, difendersi da soli è una reazione prevedibile, ma in quegli anni non si verifica ovunque. In Bulgaria, questi personaggi, nessuno escluso, non si rassegnano al destino che minaccia gli ebrei e fanno tutto ciò che è in loro potere per evitarlo.

Sarebbe questo il terreno su cui il bene politico, specie rara e preziosa, è potuto crescere. Osserviamo ora più da vicino le modalità di queste azioni: che cosa ha potuto garantirne il successo?

Tutto dipende dal livello al quale ci si pone. Per prendere inizialmente uno degli estremi, dal momento in cui ha deciso di opporsi fermamente alla deportazione degli ebrei, il re ricorre ai mezzi più appropriati. Invece di lanciarsi in uno scontro aperto con le autorità tedesche, che avrebbe potuto provocare la sua destituzione, li rassicura con promesse vaghe, moltiplicando al tempo stesso gli ostacoli. L'ambasciatore tedesco a Sofia finisce per diventare un avvocato della politica del re presso il proprio governo, invece dell'inverso. Nei confronti dei consiglieri o subalterni, ministri o deputati, il re mantiene un atteggiamento di prudenza; nessuno può vantarsi di conoscere esattamente i suoi obiettivi nascosti. Con i rappresentanti delle organizzazioni ebraiche è affabile, ma tiene le distanze; li rassicura, pur limitandosi a formule generiche. Controlla ogni aspetto, ma non si mette in prima fila; lascia queste facili soddisfazioni ai propri ministri. Alla luce dei riflettori preferisce l'ombra: secondo le proprie abitudini, dopo aver mutato l'ordine di deportazione in ordine di evacuazione, il 20 maggio 1943 va a caccia; nei giorni seguenti, mentre le cancellerie sono nel panico, il re rimane irraggiungibile. E bisogna riconoscerlo: le cose avvengono esattamente come ha voluto lui.

Gli uomini pubblici ordinari non dispongono delle stesse possibilità; devono accontentarsi di esercitare delle pressioni, tentando di avere la meglio. Il risultato spesso è deludente. Il progetto di Legge per la difesa della nazione risveglia numerose coscienze. Le organizzazioni di categoria – quelle di avvocati, medici, scrittori, pittori, artigiani dei diversi settori – utilizzano durante le proteste termini pacati e non dimenticano di sottolineare il proprio patriottismo; nondimeno, queste voci non suscitano alcuna eco. I giuristi, i deputati, gli uomini politici ricordano giustamente che la nuova legge contraddice non solo i diktat della coscienza, ma anche la lettera della Costituzione; niente da fare. I metropoliti, in qualità di personaggi pubblici, si sforzano di mostrare il conflitto tra lo spirito di questa legge e quello della religione cristiana; come risposta viene loro educatamente suggerito di occuparsi dei loro affari. Kazasov, nella lettera aperta al primo ministro Filov, dà grande prova di coraggio e di spirito; non per questo la legge non è votata e applicata. Gli animi generosi si rivelano impotenti, il che non significa che le loro azioni siano rimaste inefficaci; ma in quel momento il loro effetto rimane sotterraneo.

Lo stesso avviene per la crisi seguente, in occasione della deportazione. Le proteste delle personalità pubbliche, dei dignitari ortodossi, dei deputati dell'opposizione non ottengono alcun risultato. C'è solo un'eccezione, ma importante; di conseguenza, merita che ci soffermiamo a parlarne: è l'azione di Pešev. L'eccezionalità non deriva dal fatto che il suo protagonista obbedisca alla propria coscienza piuttosto che agli ordini del governo, o che sia pronto ad assumersi i rischi che implica la sua disobbedienza; a renderla unica è il fatto che è coronata da successo.

L'azione di Pešev comporta diverse fasi. La prima è l'intervento del 9 marzo 1943 presso il ministro dell'Interno Gabrovski. Qui a pagare sono la sua ostinazione e la sua fermezza. Infatti, in un primo tempo, Gabrovski sostiene che non è stato impartito alcun ordine di retata (usa la stessa tecnica del re: rispondere a ogni interlocutore ciò che vuole sentire). La deportazione si ferma solo perché Pešev, Mihalev, Ikonomov e gli altri deputati non lasciano l'ufficio di Gabrovski finché, in loro presenza, egli non ordina di rilasciare tutti gli ebrei in stato di arresto. La scena forse suscita un'impressione d'ingenuità (Gabrovski non poteva dare un contrordine, una volta che i suoi ospiti fossero usciti dall'ufficio?), eppure questa interazione diretta, fisica, tra persone è essenziale; l'insistenza di Pešev e degli amici è vincente.

Comunque, nulla è ancora definitivamente deciso. Gabrovski sul momento ha ceduto, ma può cambiare idea; e dietro di lui c'è Filov, un uomo ossessionato dal potere, che detesta cedere. Pešev è consapevole, come si capisce dai suoi ricordi, dell'importanza cruciale di questo momento, successivo al primo intervento. «Avevo deciso di agire, ma come?»[45] È allora che inizia una sorta di partita a scacchi politica tra due temibili avversari, Pešev e Filov.

Il primo analizza lucidamente la situazione. Bisogna muoversi in fretta: ha contribuito a interrompere un'azione, ma la ragione di questa, la decisione del governo, è rimasta immutata. Le proteste pubbliche sono inefficaci, sarà sempre possibile evitarle in nome della ragion di stato. È dunque necessario modificare la posizione del governo. E chi potrebbe farlo? A parte il re, con il quale Pešev non ha contatti, rimane solo un organo: l'Assemblea nazionale, tanto più indicata perché Pešev è il vicepresidente e ha degli amici all'interno. Il suo legalismo, l'attaccamento alle forme stesse della democrazia, come il parlamento, lo spingono su questa via. D'altra parte, bisogna che la sua azione non possa essere screditata: Pešev opera qui una seconda scelta strategica decisiva, declinando l'offerta di collaborazione che riceve da alcuni deputati dell'opposizione. L'azione contro la scelta del governo deve essere condotta dai soli membri della maggioranza, che hanno formato il governo stesso. Bisogna far vedere che è proprio in nome degli stessi scopi, della stessa politica globale che agiscono i deputati che si oppongono alla deportazione, i quali non cercano di cambiare la linea politica, ma di dimostrare che le decisioni del governo stanno deviando da quanto stabilito. Soltanto così, pensa Pešev, la loro azione ha qualche possibilità di successo.

Perciò, scrive subito una petizione indirizzata al primo ministro e, fin dalla successiva riunione del parlamento, il 15 marzo, comincia a farla sottoscrivere da altri deputati della maggioranza. Due giorni dopo ha già raccolto 42 firme oltre alla propria e decide che è giunto il momento di apparire agli occhi di tutti, una settimana dopo l'intervento davanti a Gabrovski. Pešev si confida ora con il presidente dell'Assemblea, che ascolta in silenzio e decide di consultare il primo ministro.

Soltanto allora entra in gioco Filov; Pešev ha preso una lunghezza di vantaggio che saprà sfruttare. Venendo a sapere il 18 marzo dell'esistenza della petizione firmata da 43 deputati, inizialmente Filov propone una misura dilatoria, che gli lascerà il tempo di organizzarsi: Pešev non deve rendere pubblico il proprio documento, si accontenti di sottoporlo alla prossima riunione della maggioranza. Pešev riceve il messaggio, ma il suo contenuto lo mette in guardia: perché questo ulteriore rinvio? Filov deve temere che sia reso noto, perciò occorre sfruttare la sua debolezza. La mattina del giorno seguente, il 19 marzo, fa seguire alla petizione il percorso previsto dalla legge e la rende così pubblica, anche se questa accelerazione lo priva di alcune ulteriori firme di deputati.

Ora tocca a Filov contrattaccare. Si rivolge al consigliere del re ed elabora la propria strategia. Invece di consentire un dibattito sulla questione ebraica, in cui i conflitti della maggioranza rischiano di apparire agli occhi di tutti, chiederà un voto di fiducia sul complesso della politica del governo, là dove è sicuro di vincere. «Avevo precisato che la fiducia votata al governo doveva essere piena e totale, ossia che era inconcepibile votare la fiducia su alcuni punti e negarla su altri.»[46] Nel frattempo, per isolare Pešev, esige da ciascuno dei firmatari della petizione che ritiri la propria sottoscrizione. Infine, suggerisce a un deputato più arrendevole d'introdurre una proposta di condanna per Pešev e di chiederne le dimissioni dall'incarico di vicepresidente. Il re, che tuttavia ha accolto anche lui la posizione di Pešev sulla questione ebraica, non lo dà a vedere, come al solito: «Il re è d'accordo che la maggioranza infligga una condanna a Pešev, che gli sia tolta ogni possibilità di nuocere una volta per tutte», annota Filov nel *Diario*.[47]

Questi, dunque, ha ripreso l'iniziativa e tutto sembra andare come previsto. Tuttavia, primo ostacolo, non tutti i 42 firmatari rinunciano alla propria adesione, 30 mantengono la decisione presa. Alla riunione della maggioranza, il 24 marzo, tutti votano la fiducia al governo, compreso Pešev (non era nelle sue intenzioni provocare la caduta del governo, ma solo modificare la sua politica e in questo è riuscito). Comunque, quando si tratta di votare la condanna, i deputati si dividono nuovamente: 66 votano a favore, 33 contro, 11 si astengono («i suoi amici, che avevano firmato la lettera, non potevano abbandonarlo»,[48] spiega Filov).

A quel punto Pešev gioca una nuova carta: rifiuta di dimettersi. Tuttavia, Filov gli ha inviato, quella sera stessa, un amico comune, che è anche ministro della Giustizia, per convincerlo a compiere il gesto e risparmiarsi ulteriori umiliazioni. Ma Pešev rifiuta categoricamente. Dimettersi di propria volontà sarebbe come riconoscere di aver commesso un errore. La sua convinzione è esattamente opposta: pensa di non essere mai stato tanto nel giusto. «Ero fermamente convinto di aver compiuto il mio dovere.» Il giorno successivo, il 25 marzo, gli uomini di Filov s'impongono all'Assemblea con la forza: la condanna è votata, Pešev viene destituito, senza diritto di parola. Filov vince la piccola battaglia d'amor proprio, sconfigge l'avversario, che in ogni modo non cercava una vittoria totale e non ne aveva i mezzi. Ma, in fondo, è certamente Pešev a uscirne vittorioso: le deportazioni degli ebrei sono sospese e non ricominceranno più. Subisce alcune umiliazioni personali, ma sa che erano il prezzo da pagare e trova il modo di consolarsi. «Ero dunque pienamente soddisfatto. Messe a confronto, le mie delusioni e i miei problemi personali in questa storia erano insignificanti.»[49]

Pešev ha motivo di essere fiero, di una fierezza ben diversa dall'orgoglio di cui il popolo bulgaro era piuttosto carente. L'orgoglio, infatti, equivale a concedersi dei diritti più ampi di quelli concessi agli altri; la fierezza, invece, a imporsi doveri più pesanti di quelli imposti agli altri. Lui e i suoi, combattenti della giustizia, mostrano che non esiste una situazione senza via d'uscita, in cui sia necessario rassegnarsi alla propria sorte. Nell'Europa del 1943, sottomessa al potere nazista, probabilmente è il solo uomo di stato che abbia saputo tener testa all'infamia, che sia riuscito a fermare la persecuzione degli ebrei. Che più nessuno ormai dica: non sapevo, non dovevo, non potevo...

A distinguere Pešev da altri uomini coraggiosi e generosi non è dunque la coscienza, ma la strategia. Egli fa ciò che è necessario, in queste precise circostanze, per raggiungere lo scopo. La protesta aperta, la fronda in seno alla stessa maggioranza che riesce a organizzare, quello che serviva alla Bulgaria del 1943. Lo stesso mezzo, in altre circostanze, sarebbe stato inutile, perfino suicida. All'indomani del 9 settembre 1944, esprimere disaccordo diventa un atto sempre più pericoloso. Eccone la dimostrazione: durante la guerra, Nikola Petkov è uno dei capifila dell'opposizione extraparlamentare, membro del Fronte patriottico, un'organizzazione illegale antifascista, ma non è comunista (appartiene al partito che difende gli interessi degli agricoltori). A questo titolo firma una lettera di protesta indirizzata al re, concernente l'evacuazione degli ebrei di Sofia in provincia;[50] non sarà mai infastidito per tale gesto. Dopo il 9 settembre, si ritrova ancora una volta all'opposizione, questa volta insieme ai democratici contro il potere comunista. Ma quest'ultimo non avrà la clemenza del precedente regime «fascista»: Petkov sarà arrestato, giudicato e condannato a morte, il suo gruppo politico sciolto e vietato. Eppure non aveva fatto più di Pešev, si era limitato a criticare alcuni atti del governo; ma la Bulgaria nel frattempo si è piegata verso il regime totalitario, ciò che il regno precedente, quello del re e di Filov, certo non era. Sotto un regime totalitario l'azione parlamentare non è più opportuna; la dissidenza dovrà trovare altre vie d'intervento.

Se pensiamo a quest'azione indubbiamente meritoria, il salvataggio degli ebrei bulgari, risulta evidente che nessun agente, nessun fattore sarebbe bastato da solo alla vittoria del bene; soltanto un'azione congiunta l'ha resa possibile. Avremmo voluto poter indicare un individuo e dichiararlo eroe supremo, valoroso combattente del male; in realtà, la responsabilità è condivisa. Il re, senza l'incitamento dell'opinione pubblica o l'intervento di numerosi individui nella propria cerchia, non avrebbe interrotto le deportazioni. Gli uomini di coscienza e di coraggio, Stajnov e Kazasov, Stefan e Cirillo, Ikonomov e Pešev, si sarebbero prodigati invano se il sovrano non avesse deciso di mettersi dalla loro parte; e non avrebbero agito in quel modo se non avessero compreso che la popolazione del paese, salvo poche eccezioni, li appoggiava nella loro scelta. Il popolo rifiutava le misure antisemite; ma un popolo senza capi, senza gli individui che ricoprono cariche al suo interno, metropoliti, deputati, uomini pubblici pronti ad assumersi i rischi delle proprie azioni, rimane impotente. I responsabili della comunità ebraica che non hanno ceduto alla rassegnazione non avrebbero visto il successo dei propri sforzi senza la complicità e l'intervento di costoro. Tutto ciò è necessario perché il bene possa realizzarsi, in un luogo e in un momento particolari; il minimo cedimento nella catena avrebbe potuto portare al fallimento di tutti gli sforzi. Una volta introdotto nella vita pubblica, sembra che il male si perpetui con grande facilità; il bene, invece, rimane difficile, raro, fragile.

Eppure possibile.[51]

Georgi Dimitrov (1882-1949) era il dirigente più in vista del Partito comunista bulgaro durante la prima metà del XX secolo. Dopo che è stata soffocata l'insurrezione fomentata dai comunisti, nel settembre del 1923, lascia il paese e diventa funzionario del Comintern, l'organismo comunista internazionale. Si sposta, in maniera più o meno legale, tra Mosca, Vienna e Berlino. È in quest'ultima città che sarà arrestato nel marzo del 1933, alcune settimane dopo l'ascesa al potere di Hitler. Insieme ad altri comunisti è accusato di aver appiccato l'incendio del Reichstag – in tal modo Hitler può screditare e reprimere il movimento comunista. Contro ogni aspettativa, tuttavia, Dimitrov si difende brillantemente; le reti internazionali di simpatizzanti, animate da Willi Münzenberg, assicurano risonanza mondiale al processo che si svolge a Lipsia e suscitano l'appoggio universale al principale accusato. Malgrado la presenza di Göring e Goebbels sul banco dei testimoni, Dimitrov sarà prosciolto e liberato.

Privato della nazionalità bulgara, si reca in URSS dove viene accolto come un eroe. Illuminato dalla nuova gloria, sale immediatamente i gradini del potere e diventa segretario generale del Comintern, oltre che deputato al Soviet supremo, l'equivalente del parlamento in URSS; nella minuziosa gerarchia dei dirigenti del paese a quei tempi occupa il sesto posto. Lo conserva fino allo scoppio della guerra nel 1941, quando il movimento comunista internazionale sarà obbligato a trasformarsi. Dopo la vittoria sulla Germania, nel 1945, ritorna in Bulgaria; l'anno seguente ne diventa primo ministro. È lui a organizzare nel 1947 la feroce repressione dell'opposizione democratica e in particolare l'assassinio legale del suo dirigente Nikola Petkov. Cagionevole di salute, Dimitrov viene curato in URSS, dove morirà nel luglio del 1949.

Dimitrov sarebbe solo una delle figure, patetiche o sinistre, del comunismo internazionale di allora, se non si distinguesse per un'attività supplementare: tiene un diario. Per meglio dire, ne comincia uno quando si trova in prigione a Berlino, il 9 marzo del 1933, e lo prosegue, con rare interruzioni, fino al 6 febbraio del 1949. In questi sedici anni decisivi per la storia dell'Europa, tutti i giorni annota i principali avvenimenti della propria vita, ampiamente dedicata all'attività pubblica. L'esistenza del diario non è ignorata né dai cekisti russi né dai comunisti bulgari. All'indomani della morte di Dimitrov, il diario è messo sotto custodia negli archivi del Partito comunista bulgaro; a parte alcuni estratti riguardanti il processo di Lipsia, il suo contenuto sarà tenuto rigorosamente segreto. Tuttavia, dopo la crisi del regime nel 1989, aggravatasi nel 1991, la questione della sua pubblicazione diventa d'attualità. Non è un compito facile: Dimitrov scrive indifferentemente in bulgaro, russo e tedesco, ricorrendo a numerose abbreviazioni e servendosi, sovente, degli pseudonimi dell'epoca. Il lavoro, comunque, sarà condotto a termine e il diario verrà pubblicato in edizione integrale, in bulgaro, nel 1997.[1] Nel 2003 è uscita la prima traduzione – in inglese, presso la Yale University Press.[2]

Il diario di Dimitrov è un documento inestimabile per la storia del movimento comunista, dell'Europa dell'Est, perfino della politica mondiale della prima metà del XX secolo. Nello stesso tempo offre abbondante materia alla riflessione di politologi, sociologi e psicologi. Nessun altro dirigente comunista di questo livello ha prodotto un documento paragonabile; le memorie o le interviste concesse da alcuni di loro sono state redatte retrospettivamente, non giorno dopo giorno. Nel diario si trovano innumerevoli particolari, specialmente sull'attività del Comintern prima della guerra e sull'instaurazione delle «democrazie popolari» in Europa dell'Est, dopo la guerra. Nello stesso tempo consente di vedere da vicino la vita degli ambienti direttivi dell'Unione Sovietica.

Uno dei contributi più illuminanti del diario è costituito dai discorsi di Stalin riportati da Dimitrov. In questo periodo appartiene alla cerchia più stretta del capo sovietico; lo incontra, non tutti i giorni, ma molto sovente. Ciò che Stalin dice è ritenuto così prezioso da Dimitrov che lo trascrive subito nel diario. Troviamo sia discorsi (più o meno ufficiali) sia confidenze rivolte ai suoi. Il ritratto di Stalin che risulta da queste pagine è sorprendente. Significa che abbiamo a che fare con il «vero» Stalin? Certamente no. In primo luogo alcuni elementi della sua azione sono troppo banali perché Dimitrov li annoti; inoltre, soltanto gli affari internazionali ricevono un'attenzione costante; infine, anche davanti a Dimitrov, Stalin non dice tutto. Del resto, gli interventi pubblici del leader russo non sono meno importanti di questo lato intimo rivelato dal diario. Ciò non impedisce però che il contributo di Dimitrov sia essenziale e meriti di essere conosciuto da tutti coloro che hanno interesse per l'attività del dirigente sovietico o la natura delle pratiche comuniste.

Il terrore danzante

Quali sono le prime impressioni di Dimitrov? Arrivato a Mosca il 27 febbraio del 1934, il 3 marzo viene ricevuto da Stalin, in compagnia di altri membri dell'Ufficio politico. La prima battuta di Stalin che figura nel diario riguarda il politico bulgaro Aleksander Tsankov, responsabile della repressione dei comunisti nel 1923; è laconica: «Tsankov – che sia massacrato!».

In quegli anni l'astio di Stalin è rivolto in particolar modo a coloro che definisce «trockisti», etichetta di comodo per designare tutti i comunisti che non fossero d'accordo con lui. I processi contro gli ex compagni, che non suscitano in lui alcuna pietà, si succederanno rapidamente. «Non bisogna credere alle parole di chi un tempo era all'opposizione», dice rispondendo alle giustificazioni di Bucharin e Rykov; e il suicidio di Tomskij è un «ultimo disperato tentativo di lottare contro il partito» (4 dicembre 1936). A un incontro per festeggiare il ventesimo anniversario della rivoluzione d'ottobre, propone un brindisi: «Annienteremo tutti questi nemici, anche se sono dei vecchi bolscevichi, annienteremo tutti i loro genitori, tutta la loro famiglia. Annienteremo tutti quelli che, con le proprie azioni e pensieri (sì, pensieri) minano l'unità dello stato socialista. Perché siano annientati fino all'ultimo tutti i nemici, loro stessi e il loro clan!» (7 novembre 1937). I «trockisti» devono essere liquidati non soltanto in URSS, ma ovunque si trovino: «Bisogna inseguire, fucilare e annientare i trockisti. Sono dei provocatori mondiali, i peggiori agenti del fascismo! [...] Münzenberg[3] è uno di essi. Se viene qui, bisogna assolutamente arrestarlo. Fate il possibile per attirarlo qui» (11 novembre 1937).

Nei confronti dei collaboratori Stalin è brutale e passa facilmente alle minacce. Li trova troppo indolenti e di conseguenza non abbastanza efficaci. Il generale Merkulov, futuro capo dell'NKVD (ministero degli Affari Interni), è uno di essi. «Dovete avere un piano e applicarlo rigorosamente, senza tenere conto del fatto che qualcuno ne sarà parte offesa» (21 gennaio 1941). Durante la guerra il tono si alza. Davanti all'Ufficio politico, nascosto nel rifugio antiaereo, minaccia Chruščëv, considerato responsabile delle sconfitte subite in Ucraina: «Agite come occorre. Altrimenti – ve lo dico chiaramente – farò i conti con voi» (16 agosto 1941). Il maresciallo Kulik si è dovuto ritirare da una città; è immediatamente retrocesso, privato delle medaglie ottenute e considerato responsabile di «azioni criminali», formula molto pericolosa. Vorošilov, incapace di vincere, sarà inviato nelle retrovie (19 febbraio 1942). Una volta conclusa la guerra, Stalin non sarà meno mortificante nei confronti di coloro che non lo accontentano: lo stesso Dimitrov si farà rimproverare e umiliare come un ragazzino, nel febbraio del 1948, per non essere riuscito a comprendere esattamente le istruzioni del capo.

Spietato con i singoli individui, Stalin non certo è più tenero con i gruppi che considera condannati dalla storia. La collettivizzazione delle terre è già alle sue spalle, ma egli ricorda come un exploit i momenti in cui «bisognava tagliare la carne viva del kulak» (11 novembre 1937). Nel 1940 attacca la Finlandia, che gli oppone una resistenza sorprendente. Impartisce delle direttive: l'esercito nemico sarebbe di 150.000 uomini, «[ne] abbiamo uccisi 60.000, bisogna uccidere anche gli altri e la faccenda sarà chiusa. Bisogna risparmiare soltanto bambini e vecchi» (21 gennaio 1940). Lo spostamento delle popolazioni, indotto dalla guerra, non lo impressiona maggiormente: «Se vinciamo, la Prussia orientale sarà restituita agli slavi, ai quali appartiene. Sarà popolata di slavi» (8 settembre 1941). Si noterà che a questa data – la scena si svolge ancora in un rifugio antiaereo – l'uso del condizionale è d'obbligo.

Questo è il primo registro di Stalin, annotato da Dimitrov: la pratica del terrore e di minacce di terrore. Il secondo è più difficile da descrivere, ma altrettanto presente. Stalin lascia sempre aleggiare una certa indeterminatezza sulle proprie intenzioni, parla con fermezza, ma lasciando la porta aperta a diverse interpretazioni; oppure cambia rapidamente opinione. I suoi interlocutori, che davanti a lui tremano, fanno del proprio meglio per indovinare il vero significato delle sue parole, ma non sono sempre sicuri di esservi riusciti. In questo modo, nessuno può nascondersi dietro una legittimità che poggia sulla teoria ed è in continua riformulazione; la sola legittimità è rappresentata da Stalin in persona. Il 7 novembre del 1940, per esempio, si rivolge ai più alti dignitari del partito, riuniti intorno a lui, e inizia rimproverandoli perché gli aerei sovietici sono meno efficaci di quelli dei nemici («per noi tutti gli stati capitalisti sono dei nemici»). «Nessuno di voi ci pensa. Sono solo [...]. Voi non volete studiare, vivete nell'autocompiacimento [...]. Mi ascoltate, ma tutto resta come prima. Ma ve la farò vedere io se perdo la pazienza. (Sapete che cosa sono capace di fare.) Colpirò quei grassoni, così tutto finirà male.» È evidente che in materia di aviazione, e non solo, nessuna decisione può essere presa senza Stalin; perché li accusa delle proprie mancanze? Poco importa, i suoi interlocutori rimangono tutti in silenzio e tremano, sanno a che cosa può condurre questo discorso. Dimitrov osserva: «A Vorošilov sono spuntate le lacrime agli occhi. Mentre parlava, Iosif Visarionovič [Stalin] guardava in particolare verso Kaganovič e Berija» (7 novembre 1940).

I subordinati tentano di eseguire gli ordini del capo – ma questi annulla le proprie direttive, le riformula continuamente, tanto che essi non sanno mai esattamente come comportarsi. Di conseguenza, si sentono doppiamente colpevoli, perché mancano sia d'intelligenza sia di efficacia. Il fatto è che oggi Stalin dice: «Non mettetevi fretta in questo lavoro» (13 maggio 1943); la settimana dopo: «Bisogna affrettarsi con la pubblicazione [che lo riguarda]» (20 maggio 1943). Allora, come accontentarlo? L'opposizione va tollerata (dopo la guerra, nei paesi d'Europa dell'Est) oppure schiacciata? Gli esecutori credono di aver compreso e si affrettano ad agire – per scoprire ancora una volta di essersi ingannati. Questa instabilità di strategia li priva di ogni certezza e accresce la loro dipendenza nei suoi confronti.

Infine, il terzo registro di Stalin è quello dello scherzo. A dire il vero, Dimitrov non riferisce alcuna espressione che oggi possa farci ridere; ma afferma che questo tratto è caratteristico di Stalin. Per esempio, le sue parole sullo spostamento di popolazioni in Prussia orientale sono introdotte così: «Per tutto il tempo [trascorso nel rifugio antiaereo], il Capo scherzava argutamente» (8 settembre 1941). Che cosa c'è da ridere nella futura partenza dei tedeschi? In un'altra occasione, al Cremlino, Dimitrov chiede a Stalin un incontro per informarlo degli affari del Comintern. Stalin risponde: «Non ho tempo. Quando ho un momento libero, o dormo o mi occupo di cose divertenti, non di problemi seri». Dimitrov aggiunge: «Stalin amava scherzare. Stuzzicava Švernik e Kholmine, obbligava Manuil'ski a raccontare nuovi aneddoti e così via» (21 gennaio 1943). È chiaro che i membri della direzione del paese devono dare prova di capacità particolari: ridere alle provocazioni del padrone, oppure essere capaci a loro volta di farlo ridere.

Un'altra scena sorprendente si svolge il 6 dicembre 1948, quando Stalin designa Kostov, dirigente comunista bulgaro presente sul posto, come la successiva vittima delle purghe: questi si è reso colpevole di velleità d'indipendenza dal partito sovietico, difetto particolarmente malvisto in quei giorni in cui scoppia il conflitto con la Iugoslavia di Tito. Comunque, dopo aver riferito quella che equivale a una condanna a morte inappellabile, Dimitrov annota: «Siamo rimasti fino al mattino. Stalin era molto vivace e allegro. Offriva da mangiare agli invitati. Messo il fonografo con dei dischi. Lui stesso scherzava molto e ballava». Il re si diverte – Stalin balla, mentre i compagni battono i denti.

Stalin è del tutto consapevole della posizione eccezionale che occupa in mezzo a milioni di persone che formano la popolazione del paese: «Le masse innumerevoli hanno la psicologia del branco. Agiscono solo attraverso i propri eletti, i propri capi» (7 aprile 1934). Dimitrov impara presto la lezione.

Il nazional-comunismo

Sono questi i tratti caratteristici del personaggio accanto al quale resterà Dimitrov per sedici anni. Ma a quale scopo agisce così? Che cos'è diventata nelle sue mani la dottrina comunista?

In generale, Stalin non parla di dottrina ai collaboratori più stretti. In occasione di alcuni eventi più importanti, però, affida loro la propria visione della vita politica del pianeta. Nell'agosto del 1939 ha appena firmato un trattato di non aggressione con Hitler, che ne approfitta per invadere la Polonia; la Gran Bretagna e la Francia entrano nel conflitto: è l'inizio della seconda guerra mondiale. L'indomani, Stalin espone la propria analisi a Molotov, Ždanov e Dimitrov, da lui invitati al Cremlino. «La guerra è condotta tra due gruppi di paesi capitalisti (ricchi e poveri in colonie, materie prime e così via). In vista di una redistribuzione del mondo, di dominio sul mondo! Non siamo contrari al fatto che combattano e si sfiniscano reciprocamente. Non è una brutta cosa se grazie alla Germania s'indebolisce la posizione dei paesi capitalisti più ricchi (in particolare dell'Inghilterra). Hitler, senza capirlo e senza volerlo, fa vacillare, mina il sistema capitalista [...]. Possiamo manovrare, sostenendo un paese contro l'altro, perché si sbranino. Il trattato di non aggressione in qualche misura aiuta la Germania. Il passo successivo sarà quello d'incoraggiare l'altro schieramento [...]. In tempo di guerra, la divisione dei paesi capitalisti in fascisti e democratici perde il significato assunto in precedenza» (7 settembre 1939).

Appare evidente che Stalin non ha compreso alcunché della novità rappresentata da Hitler. Egli applica alla seconda guerra mondiale l'interpretazione marxista che andava bene per la prima: a suo parere le ragioni del conflitto sono economiche, non politiche. Nello stesso tempo si coglie il totale cinismo delle sue alleanze: appoggerà ora l'uno ora l'altro dei belligeranti, finché saranno entrambi sfiniti e la posta in gioco sarà sua. Hitler non gli lascerà il tempo di mettere in atto questi progetti machiavellici.

L'accecamento di Stalin continuerà abbastanza a lungo: il 25 novembre del 1940 chiede a Dimitrov di trasmettere alla Bulgaria la proposta di firmare un accordo di reciproca non aggressione. Fino ad allora neutrale, la Bulgaria è oggetto di sollecitazioni su tutti i fronti. «Per ciò che riguarda la firma di un patto di reciproco aiuto, non solo non siamo contrari che la Bulgaria si unisca al Patto tripartito, ma noi stessi ci uniremo a questo patto.» È agghiacciante l'idea che Hitler avrebbe potuto accettare la proposta e il patto tripartito – Germania, Italia, Giappone – sarebbe potuto diventare un affare a quattro! L'Europa di oggi avrebbe una carta geografica ben diversa. Fortunatamente per noi, Hitler declina l'offerta.

Una volta rovesciate le alleanze, Stalin non si sente vicino agli Stati Uniti e alla Gran Bretagna più di quanto non lo sia rispetto alla Germania nazista. «Tra noi e la parte democratica dei capitalisti è nata un'alleanza, perché essa aveva interesse a non consentire il dominio di Hitler, infatti tale dominio brutale avrebbe condotto la classe operaia a degli eccessi e al sovvertimento del capitalismo stesso. Ora siamo insieme a una delle parti contro l'altra, ma in avvenire saremo anche contro quella dei capitalisti» (28 gennaio 1945). Stalin rimane fedele alla griglia d'interpretazione ortodossa, inserita nella dottrina marxista tradizionale, ignora la natura aggressiva del nazismo, che gli appare sotto i tratti sorprendenti di un affossatore involontario del capitalismo. Si comprende, in tali condizioni, perché Stalin abbia scelto di appoggiarlo per primo.

Nello stesso tempo, a sentire i ragionamenti concreti di Stalin a proposito dell'uno o dell'altro paese, si ha l'impressione di trovarsi di fronte al rappresentante di una grande potenza piuttosto che a un teorico comunista. Egli intende le relazioni tra i paesi in termini di equilibrio geopolitico, non di vittorie dottrinali. Poco dopo lo scoppio della guerra, comincia a preoccuparsi di un indebolimento eccessivo della Germania, nell'Europa del dopoguerra, che non gli permetterebbe più di controbilanciare l'influenza inglese: «È necessario segnalare ai tedeschi il pericolo della divisione e dell'annientamento della Germania» (12 giugno 1943). Alla vigilia della vittoria, ha sempre la medesima preoccupazione: «Gli inglesi vogliono dividere la Germania (la Baviera e l'Austria, la regione renana e così via). Con ogni mezzo aspirano ad annientare l'avversario. Bombardano perfidamente le fabbriche e le officine dei tedeschi. Noi non ammettiamo la loro aviazione nella nostra zona della Germania. Ma tentano con ogni mezzo di bombardare anche là [...]. Occorre individuare dei tedeschi che agiscano per salvare quel poco che rimane nella vita del popolo tedesco» (17 marzo 1945).

Le relazioni con un altro vicino, la Turchia, sembrano altrettanto concepite in termini etnici piuttosto che ideologici. «Cacceremo i turchi in Asia. Che cos'è mai la Turchia? Vi sono due milioni di georgiani, un milione e mezzo di armeni, un milione di curdi e via dicendo. I turchi sono solo 6-7 milioni» (25 novembre 1940). Finita la guerra, Stalin non rinuncia al progetto, anche se lo rimanda nel tempo: i bulgari dovrebbero ottenere la Tracia, la parte europea della Turchia. «La richiesta della Tracia da parte della Bulgaria le concederà delle posizioni per l'avvenire. Serve ancora una guerra perché questioni simili siano definitivamente risolte» (2 settembre 1946). Non sembra di ascoltare, invece di quella di un capo comunista, la voce dello zar che decide della sorte di un vicino recalcitrante?

E infatti, negli anni che precedono la guerra, Stalin si è dedicato a una curiosa rivalutazione dell'eredità degli zar russi: a sentir lui, la loro politica all'interno del paese era criticabile, ma l'atteggiamento mostrato nei confronti dei paesi vicini era da elogiare. «Gli zar russi hanno compiuto molte cose sbagliate. Hanno saccheggiato il popolo, l'hanno ridotto in schiavitù [...]. Ma hanno fatto una cosa buona: hanno creato uno stato immenso – fino alla Kamčatka. Abbiamo ricevuto in eredità questo stato. E siamo noi, bolscevichi, ad avere per la prima volta consolidato e rafforzato questo stato come entità unica e indivisibile [...]. Per tale motivo tutti quelli che tentano di spezzare l'unità dello stato socialista, tutti quelli che aspirano a separarne delle parti e delle nazionalità sono dei nemici, dei nemici giurati dello stato e dei popoli dell'URSS» (7 novembre 1937). Georgiano d'origine, Stalin ha fatto proprio senza restrizioni il progetto della grande Russia di estendere e consolidare l'impero.

Alla fine della guerra, con lo stesso spirito, Stalin saluta il progetto di una federazione degli slavi del Sud, tra la Bulgaria e la Iugoslavia, primo passo verso l'unione di tutti gli slavi. «Così vengono poste le basi dell'unione di tutti i popoli slavi. Questi popoli sono tenuti ad aiutarsi e difendersi reciprocamente» (27 gennaio 1945). Ancora una volta, l'unità etnica sembra più importante dell'ortodossia ideologica, anche se quest'ultima non viene abbandonata. Stalin concepisce il mondo in termini di «scontro delle civiltà» – e gli slavi sono una di quelle.

Di conseguenza, nei discorsi di Stalin si verifica una sovrapposizione, poi una confusione tra l'etnico e l'ideologico, che dà origine al nazional-comunismo russo. La vittoria di uno degli elementi favorisce l'altro. Per esempio, in seguito al patto tra Germania e URSS, la Polonia è stata divisa e occupata dai due alleati. Aumento del territorio nazionale e contemporanea vittoria del comunismo: «Nelle condizioni attuali l'annientamento di questo stato significherebbe un paese fascista borghese in meno! Che male ci sarebbe se come effetto della disfatta polacca estendessimo il sistema socialista a nuovi territori e popolazioni?» (7 settembre 1939). Sono due aspetti di una medesima azione, che diventa sempre più difficile distinguere; come dice Stalin a proposito della guerra contro la Finlandia, «le azioni dell'Armata rossa sono anche un risultato della rivoluzione mondiale» (21 gennaio 1940).

Ma la valorizzazione del progetto nazionale russo non si scontra con il tradizionale internazionalismo celebrato dalla dottrina marxista? Stalin evita la difficoltà con un gioco di parole: il nuovo nazionalismo si oppone, non all'internazionalismo proletario, ma al cosmopolitismo borghese. «Tra il nazionalismo inteso in maniera corretta e l'internazionalismo proletario non esiste e non può esistere alcuna contraddizione. Il cosmopolitismo sradicato, che nega i sentimenti nazionali, l'idea della patria, non ha alcunché in comune con l'internazionalismo proletario» (12 maggio 1941). Quest'ultimo si definisce apparentemente, per difetto, come fedeltà all'Unione Sovietica – che viene infatti considerata l'incarnazione di un progetto universale.

L'equilibrio delle forze

Stalin non trascorre molto tempo a elaborare dei punti dottrinali in presenza di Dimitrov. In compenso si sofferma volentieri sui mezzi che bisogna dispiegare per raggiungere lo scopo – che non è definito in rapporto ai dogmi, ma consiste nella conquista, nel consolidamento e nell'estensione del potere. La regola generale è la seguente: bisogna intraprendere un'azione soltanto se vi sono buone opportunità di vincere; ogni altra considerazione è da scartare. Stalin sviluppa in particolare queste idee a proposito della situazione greca nell'immediato dopoguerra.

La Grecia, secondo gli accordi tra gli Alleati, è stata lasciata al di fuori della sfera d'influenza sovietica. Frustrati, i comunisti greci tentano d'impadronirsi del potere con la forza e fomentano un'insurrezione. Stalin valuta il rapporto delle forze e disapprova: «Hanno dato il via a un'attività per la quale le loro forze non sono sufficienti. A quanto pare, facevano affidamento sul fatto che l'Armata rossa scendesse fino al Mar Egeo. Non possiamo farlo. Non possiamo inviare le nostre armate in Grecia. I greci hanno commesso una sciocchezza» (10 gennaio 1945). Hanno sbagliato anche a boicottare le elezioni legislative. «Si possono boicottare le elezioni quando tale decisione porta al loro annullamento. Altrimenti il boicottaggio non è una scelta ragionevole» (2 settembre 1946).

I dirigenti comunisti bulgari e iugoslavi, i cui paesi sono utili ai partigiani greci come retrovia, credono di dover fare il possibile per sostenere la loro battaglia, combattono per una giusta causa. Stalin non è d'accordo – rischiano infatti di perdere. L'azione politica deve essere orientata dal suo probabile risultato, non dalla motivazione dei suoi attori. «Quando si va in guerra, bisogna costruire il fronte nel modo più conveniente, qui invece si piega semplicemente la schiena perché gli americani la bastonino [...]. Muovo dall'analisi delle forze in campo, dei partigiani e dei loro avversari. Infine, inizio a dubitare della vittoria dei partigiani. Se non siete convinti che questi vinceranno, bisogna avviare il loro ripiegamento [...]. Se l'aspettativa nel movimento dei partigiani, in un paese, è in calo, conviene rimandare la battaglia a giorni migliori. Ciò che manca nel rapporto tra le forze non può essere compensato con esclamazioni e gemiti» (10 febbraio 1948).

È a quel punto che Stalin alza il dibattito al livello dei principi. Rivolgendosi sempre ai dirigenti bulgari e iugoslavi, dice: «Avete paura di porre la questione con schiettezza. Siete impressionati dal "dovere morale". Se non potete sollevare il peso di cui vi siete caricati, occorre ammetterlo. Non dovete temere un "imperativo categorico" concernente la questione del dovere morale. Per noi non esistono "imperativi categorici". Tutta la questione sta nell'equilibrio delle forze. Se sei forte, colpisci. Altrimenti, non accettare lo scontro. Accettiamo lo scontro non quando è volontà dell'avversario, ma quando è nel nostro interesse» (10 febbraio 1948). Tutta l'attenzione di Stalin è concentrata sull'esito del combattimento. Come allievo parossistico di Machiavelli, elimina ogni relazione tra virtù morali e qualità politiche. È un buon politico chi ha successo, non chi difende una giusta causa. La causa in sé finisce per confondersi con la vittoria: per vincere bisogna uscire vittoriosi, il potere è fine a sé stesso.

Questo atteggiamento detta le reazioni di Stalin in ogni circostanza. Per esempio, all'inizio della guerra contro la Germania, si vede Kalinin, membro dell'Ufficio politico, vantare nel rifugio antiaereo davanti a Stalin il coraggio dei soldati sovietici – credendo così di riuscire gradito al capo. Ma questi lo interrompe brutalmente: «Qualunque imbecille può essere coraggioso. Bisogna sapersi battere» (8 settembre 1941). Kalinin ha avuto il torto di confondere virtù e *virtus*. Alcuni anni dopo, toccherà a Dimitrov subire i fulmini del maestro. Il dirigente bulgaro cerca di giustificarsi: aveva creduto di far bene, nessun pensiero ostile all'URSS gli ha mai attraversato la mente. Stalin, che sembra aver riletto le pagine di Weber sulla differenza tra etica della convinzione ed etica della responsabilità, replica: «Siete un uomo politico e dovete pensare non solo alle vostre intenzioni, ma anche al risultato dei vostri interventi» (10 febbraio 1948).

Stalin non ama vedere che i suoi collaboratori si rifanno a una legittimità che non siano gli ordini ricevuti, per questo preferisce che l'ideologia sia lasciata da parte, oppure ridotta ad astrazioni tali che una nuova interpretazione diventi continuamente necessaria. I riferimenti al passato lo lasciano alquanto indifferente, non forniscono giustificazione alle azioni presenti. «Parlate di storia. Ma talvolta bisogna correggere la storia» (7 aprile 1934). «Non vincolatevi a ciò che è accaduto ieri. Tenete rigorosamente conto delle nuove condizioni» (20 aprile 1941). L'improvvisazione deve prevalere sulla tradizione: ancora una volta, Stalin s'inserisce a pieno titolo nella grande corrente della modernità. Non aderire al dogma, prendere immediatamente in considerazione ogni nuovo dato – è questa la regola che egli s'impone fin dall'inizio della guerra: «Primi passi della vera saggezza: 1. Riconoscere i propri errori e difetti. 2. Correggere questi errori e questi difetti» (28 luglio 1941).

Anche per tale motivo, Stalin preferisce cambiare regolarmente gli uomini più vicini a sé e, in particolare, scegliere dei giovani al posto dei vecchi. «Le persone avanti negli anni appartengono a ciò che è vecchio. I giovani procedono risoluti. Sostituire le persone in età avanzata con altre giovani è molto importante» (6 febbraio 1941). Questo principio spiega non soltanto le purghe degli anni Trenta, ma anche, cinquant'anni dopo, la strategia di Pol Pot: il dirigente cambogiano si circonderà appositamente di bambini-soldato.

Al momento del patto tra Germania e URSS, Stalin non manifesta più alcuna ostilità nei confronti di Hitler. Nondimeno, individua una vera falla nel suo sistema: l'ideologia razzista. Ciò non significa affatto che Stalin ne sia indignato sul piano morale; ma è convinto che aderire a una tale ideologia non egualitaria e per di più gridarlo ai quattro venti rappresenti un handicap nell'azione propriamente politica. «La Germania adesso prosegue la guerra sotto la bandiera dell'assoggettamento e della sottomissione degli altri popoli, sotto la bandiera dell'egemonia. È un grosso svantaggio per l'esercito tedesco. Non soltanto ha perduto la simpatia di una serie di paesi e di popoli, ma al contrario si è reso ostili molti dei paesi che occupa» (5 maggio 1941).

A tale proposito, l'ideologia comunista, secondo Stalin, è un'arma molto più efficace. «Lenin ha creato la nuova ideologia dell'umanità, quella dell'amicizia e dell'amore tra i popoli, di uguaglianza tra le razze. Un'ideologia che colloca una razza al di sopra delle altre ed esige che le altre le siano sottomesse è un'ideologia morta, non può durare a lungo» (22 aprile 1941). In questa frase si potrebbe sostituire il termine «ideologia» con «propaganda» senza alcuna difficoltà. L'ideologia è ridotta a un ruolo puramente strumentale, facilita la conquista del potere. È serva, non padrona. L'Unione Sovietica è una pseudo-ideocrazia, uno stato che pretende di sottomettersi all'ideologia, ma che in realtà la pone al servizio del progresso in vista del potere assoluto. I servizi di propaganda sono altrettanto necessari – e sottomessi – quanto l'Armata rossa o il KGB.

Una comoda maschera

Anche se in subordine, la dissimulazione ideologica è comunque indispensabile. Si ha perfino l'impressione che, proprio perché tende a venir meno il suo ruolo in qualità di motore dell'azione, le apparenze debbano essere salvate a ogni costo. Ma quali sono quelle più adatte? All'indomani della guerra, Stalin ritiene che sia meglio procedere nell'ombra: non proclamare il proprio desiderio d'instaurare ovunque il comunismo o esigere la sottomissione all'Unione Sovietica, ma, al contrario, presentare le proprie azioni come una lotta di liberazione nazionale, di fronte popolare, di coalizione di tutte le forze progressiste. È imperativo, martella Stalin, dissimulare il progetto sovietico dietro una facciata che non intimidisca alcuno. Senza mai cedere sull'essenziale, certamente, ossia il controllo del potere. Come dice a Togliatti (che lo ripete immediatamente a Dimitrov): «Per i marxisti la forma non ha mai un significato decisivo. A decidere è la sostanza delle cose» (5 marzo 1944). L'essenziale, qui, non è di sapere se l'Italia sarà una monarchia o una repubblica, ma che i comunisti si assicurino una fetta del potere.

Lo stesso per l'Europa dell'Est: bisogna sapersi adattare, come spiega pazientemente Stalin a Dimitrov. «In Bulgaria dovete creare un Labour Party, un partito laburista [...]. Non è vantaggioso avere un partito operaio e in più chiamarlo comunista [come accade in Bulgaria]. Vi consiglio fortemente di farlo [...]. Sarà un partito popolare. Vi garantisco che non perderete alcunché, anzi, non farete che guadagnare. E dal punto di vista della situazione internazionale del paese, ciò vi faciliterà considerevolmente il compito. Nella sostanza, il partito sarà comunista, ma avrà una base più ampia e una comoda maschera per il periodo attuale. Questo vi aiuterà a raggiungere il socialismo attraverso un percorso particolare – senza la dittatura del proletariato [...]. Non abbiate paura di essere accusati di opportunismo. Non è affatto di questo che si tratta, piuttosto è un'applicazione del marxismo alla situazione attuale» (2 settembre 1946).

L'errore dei suoi collaboratori dell'Europa dell'Est non è quello di avere l'uno o l'altro obiettivo, ma di manifestarli pubblicamente senza preoccuparsi degli effetti causati. Dimitrov ha proclamato la necessità di un'unione doganale tra paesi socialisti, Stalin è irritato: gli occidentali rischiano di fare altrettanto. «Se volete unirvi, perché tanto rumore?» (10 febbraio 1948). Gli iugoslavi inviano l'esercito in Albania: perché gridarlo ai quattro venti? «Gli iugoslavi hanno visibilmente paura di perdere l'Albania. Voi dovete conquistare l'Albania, ma con intelligenza» (10 febbraio 1948). Dimitrov ha parlato di «annientamento di tutti i focolai di violenza» come attuale obiettivo della componente socialista. La direzione sovietica è scandalizzata. Molotov esclama: cosa sono queste urla? «Condurrete una guerra preventiva?» Stalin aggiunge: «Sono deviazioni di estrema sinistra» (10 febbraio 1948). La parola non è mai giudicata sulla base del vero e del falso, solamente su quella dell'utile e del dannoso; il torto di Dimitrov è quello di aver detto la verità.

Lo stesso Stalin non dice mai ciò che bisogna dire. Dopo aver elogiato la nuova slavofilia, aggiunge: «L'antica slavofilia esprimeva l'aspirazione della Russia zarista di sottomettere gli altri popoli slavi. La nostra è tutt'altra cosa – riunificazione dei popoli slavi su un piano paritario, in vista della difesa comune della loro esistenza e del loro avvenire. Non vogliamo imporre alcunché agli altri popoli slavi. Non ci immischiamo nei loro affari interni. Facciano quel che è in loro potere» (28 gennaio 1945). Nello stesso tempo invia in questi paesi i consiglieri del KGB o controlla minuziosamente le nomine al governo. Così illustra il proprio ricorso sistematico a un uso del linguaggio nel quale è stato un maestro: le parole non esistono per designare le cose, ma per nasconderle. Dicendo il contrario di ciò che si fa, si vince sui due fronti: si agisce in piena libertà, proteggendosi dagli effetti negativi delle proprie azioni.

Non è mai stato nelle intenzioni di Stalin lasciare la minima libertà agli alleati, ma, proprio per questo motivo, deve sempre dire il contrario. Se interviene nella gestione dei loro affari, ciò è dovuto al fatto che, più di quanto facciano essi stessi, vigila sui loro interessi! «Non è più accettabile tale situazione, perché danneggia gli interessi della Bulgaria» (15 marzo 1946; questa frase è attribuita a Molotov). Bisogna dunque sapere che quando Stalin dice «coordinazione» intende «subordinazione». Rivolgendosi a Kostov, colpevole di deriva autonomista, spiega: «Tra comunisti è necessaria un'amicizia, una collaborazione "senza menzogna, senza arroganza"» (6 dicembre 1948). O ancora: vogliamo soltanto pace e amore tra i popoli (pertanto bisogna rafforzare l'armamento, perché le nuove conquiste avvengano senza incidenti). Infine, particolarmente gustosa, occorre evitare d'insistere sul ruolo principale di Stalin stesso: non ama essere adulato! Uomo avvisato mezzo salvato.

Stalin, tuttavia, non dimentica mai che queste concessioni verbali devono toccare, per usare il suo vocabolario, la forma e non la sostanza. Per esempio al momento dell'annessione dei Paesi baltici: «Pensiamo che nei patti di mutuo soccorso (con l'Estonia, la Lituania, la Lettonia) abbiamo trovato la forma che ci permetterà di porre una serie di paesi nella sfera d'influenza dell'Unione Sovietica. Ma per riuscire in tale intento, dobbiamo rispettare strettamente il loro regime interno e la loro autonomia. Non sarà nostra intenzione sovietizzarli. Verrà il tempo in cui saranno loro stessi a farlo» (25 ottobre 1939). Stalin non ha fretta: inutile complicarsi la vita intervenendo subito. Alla fine della guerra, dà istruzioni ai rumeni: «Per il momento non attaccare le terre del Palazzo e dei monasteri [...]. Non sollevare adesso la questione della nazionalizzazione» (4 gennaio 1945).

Dimitrov sarà costretto a subire le conseguenze immediate di questa scelta della maschera più comoda, perché riguardano le attività del Comintern proprio quando ne assume la direzione, a metà degli anni Trenta. Stalin pensa che sia finito il tempo in cui era utile rifarsi al comunismo e affermare l'unità internazionale; ora conviene porre l'accento sull'antifascismo e sulla democrazia e insistere sull'autonomia nazionale. Ciò vale per paesi in guerra civile, come la

Cina o la Spagna, ma anche per la Francia e l'Italia, la Gran Bretagna e la Germania, la Iugoslavia e la Bulgaria. In altre parole, l'Internazionale comunista è destinata a scomparire – e Dimitrov, che peraltro è ben fiero di esserne a capo, deve diventare il suo affossatore.

Durante il patto Germania-URSS, la nuova strategia è definitivamente decretata. «Bisognerebbe che i partiti comunisti diventassero del tutto autonomi, invece di essere delle sezioni del Comintern. Devono trasformarsi in partiti comunisti nazionali sotto appellativi diversi – Partito operaio, Partito marxista e così via. Il nome importa poco. Ciò che conta è che si diffondano tra il popolo e si concentrino sui propri specifici compiti. Bisogna che abbiano un programma comunista, che si basino su un'analisi marxista e non che guardino a Mosca [...]. Ora vengono al primo posto i compiti nazionali di ogni paese» (20 aprile 1941). Il programma comunista rimane immutato; il nome del partito, invece, deve cambiare.

Dal primo giorno di guerra, Stalin – che, a giudicare dal diario di Dimitrov, non ha perduto il proprio sangue freddo – annuncia che il Comintern deve sparire. «Per il momento, il Comintern non deve agire allo scoperto [...]. Non porre più la questione della rivoluzione socialista. Il popolo sovietico conduce una guerra patriottica contro la Germania fascista» (22 giugno 1941). A uso interno, conviene parlare di patriottismo e non di comunismo; nei rapporti con il mondo esterno, la difesa nazionale deve prendere il sopravvento sul progetto internazionale. Dimitrov crede ancora al proprio giocattolo, tenta di coordinare le azioni all'estero; ma le sue richieste di incontri con Stalin rimangono disattese. L'11 maggio 1943, la decisione è presa: «L'esperienza insegna che non deve esistere un centro direttivo internazionale per tutti i paesi». A Dimitrov, afflitto, Stalin spiega: «I partiti comunisti vengono falsamente accusati di essere gli agenti di uno stato straniero e ciò danneggia il lavoro che svolgono presso le grandi masse. Con lo scioglimento del

Comintern si toglie questo vantaggio alle mani dei nemici» (21 maggio 1943).

È giunto così il momento dei movimenti antifascisti. Ma nessuno s'illuda: non è avvenuto alcun cambiamento vero e proprio. Il Comintern era un organo della politica sovietica; dopo la sua scomparsa, la stessa politica continua con rinnovato vigore. E, del resto, spunta subito un nuovo organo per sostituirlo: il 12 giugno 1943 Stalin istituisce un ufficio che riprende le funzioni del Comintern. «Creare una Sezione d'informazione internazionale, presso il Comitato centrale, che sarà incaricata della direzione dei comitati antifascisti, della radiodiffusione nazionale illegale, dei legami con l'estero». Questa volta, l'ufficio è presieduto da un compagno sovietico, Dimitrov è soltanto il vicepresidente.

All'indomani della guerra, alcuni paesi d'Europa dell'Est entrano nell'orbita dell'Unione Sovietica. Come presentare questo cambiamento? I comunisti locali (sempre tentati dalle «derive di estrema sinistra») parlano di soviet, dittatura, comunismo. Stalin è contrario: perché cercare di spaventare le persone e scandalizzare gli alleati? Sviluppa, così, l'idea delle due vie verso il socialismo. Ai dirigenti bulgari e iugoslavi, da lui invitati ad incontrarlo, ne parla in questi termini: «Nella storia del pensiero marxista si sono delineate due possibilità o due forme di dittatura del proletariato [...]. Una di esse è la repubblica democratica con prevalenza del proletariato [...], non come quella presente in America o Svizzera, ma una repubblica in cui la classe operaia ha un forte peso. In seguito Lenin scoprì che la forma sovietica della dittatura del proletariato fosse più appropriata e più adatta alle nostre condizioni [...]. Abbiamo eliminato il diritto di voto dei kulak e della borghesia. Da noi, soltanto i lavoratori avevano diritto di voto. È stato necessario deportare due milioni di kulak nel Nord e, dopo aver liquidato i kulak come classe, abbiamo concesso a tutti il diritto di voto [...]. Ma voi potete vincere i nemici in modo legale [...]. La forma sovietica è valida perché risolve tutto rapidamente – con il sangue, ma rapidamente –, tuttavia, voi potete farne a meno, perché i vostri capitalisti si sono subito arresi» (6 dicembre 1948).

Risulta chiaro che Stalin non nasconde affatto l'ampiezza dei massacri di cui è responsabile, giustificati in nome dell'efficacia («con il sangue, ma rapidamente»); inoltre, si preoccupa di distinguere tra due forme di democrazia, borghese e popolare. Opera una distinzione parallela tra due forme di opposizione. Al segretario di stato americano, che deplora l'assenza di pluralismo in Bulgaria e dunque la persecuzione dell'opposizione, Stalin replica: «Per ciò che concerne l'opposizione, può essere, come è noto, leale o meno» (23 dicembre 1945). La prima è accettabile: è quella che intende collaborare con i comunisti al potere. Quanto alla seconda, egli dà precise istruzioni a Dimitrov: «Assumere una serie di misure ben pensate e abilmente organizzate per soffocare l'opposizione» (28 marzo 1946).

A leggere il diario di Dimitrov, la figura di Stalin, temibile uomo di stato, ci appare in tutta la sua forza. Si potrebbe dire che egli non cerca il potere per vantaggio personale: comunismo e stato sovietico per lui sono ormai indistinguibili, si è identificato lui stesso con la propria funzione, quella di dirigente supremo dell'URSS. Ciò che è utile alla potenza del paese lo è altrettanto al comunismo e nello stesso tempo a lui; l'Unione Sovietica deve ottenere il potere nel mondo come Stalin ha conquistato il potere assoluto in patria. L'cfficacia dei metodi staliniani – «con il sangue, ma rapidamente» è indubbia, altrettanto la loro profonda amoralità – «per noi non esistono imperativi categorici».

I suoi risultati sulla scena internazionale sono più mitigati, anche se non certo trascurabili. Riguardo a Hitler si può dire che Stalin commette un grave errore: prigioniero dei propri schemi marxisti, non riconosce la novità del suo progetto. Per altro verso, invece, Stalin ha ragione: Hitler, a sua volta, è prigioniero della propria ideologia, non obbedisce abbastanza al principio: «Se sei forte, colpisci; altrimenti, non accettare la sfida». Hitler si è creduto più forte di quanto non fosse, dichiarando guerra simultaneamente alla Gran Bretagna, all'Unione Sovietica e agli Stati Uniti; ha agito dando ascolto alle proprie convinzioni, senza calcolare le conseguenze delle azioni compiute. Stalin, invece, non fa mai così. Se Hitler avesse agito con la sua stessa perspicacia, entrambi avrebbero vinto. Stalin, insomma, ha creduto troppo alla sua somiglianza con il Führer e non ha immaginato la follia di Hitler. Stalin aveva ragione, ma solamente a lungo termine: saranno necessari quattro anni di guerra logorante e venticinque milioni di vittime sovietiche perché ne esca vincitore.

L'altro fallimento di Stalin riguarda Tito, la cui vicenda è riportata nelle ultime pagine del diario di Dimitrov. Tito riesce a tenere in scacco il grande comandante perché – a differenza di Hitler! – ha imparato bene la lezione. Prende Stalin in parola: dato che costui intende rispettare le autonomie nazionali, Tito si emanciperà dalla tutela sovietica. Sceglie il momento opportuno: Stalin teme la reazione americana e così rinuncia a un intervento armato. Tito ha compreso tutti i vantaggi della dottrina nazional-comunista e l'ha utilizzata a proprio vantaggio. Sotto questo punto di vista, Milošević è un lontano discepolo di Stalin – ha soltanto dimenticato che per portare a termine un progetto occorre disporre di forze necessarie; altrimenti, si rischia solo di «piegare la schiena perché gli americani la bastonino...»

Stalin è morto nel 1953; le lezioni di ciò che ha compiuto restano vive in noi.

ARTISTI E DITTATORI

> Quanto è qualità nello scrittore è a volte vizio nell'uomo di stato e le stesse cose che spesso hanno fatto comporre bei libri possono condurre a grandi rivoluzioni.
>
> Alexis de Tocqueville[1]

L'opera d'arte totale

A partire dall'epoca romantica si attribuisce all'arte un ruolo assai più importante che in passato: essa permette una forma di conoscenza superiore a quella della scienza, inoltre, sostituendosi alla religione, incarna l'attività più nobile a cui possano dedicarsi gli esseri umani. Alcuni decenni or sono questa nuova promozione dei creatori è stata designata da Paul Bénichou come la «consacrazione dello scrittore», o, più in generale, dell'artista.* «Il Bello nella sua essenza assoluta è Dio», dichiara uno dei portavoce del romanticismo; gli artisti, esperti del Bello, ne saranno i migliori servitori e il poeta il profeta. Riservare tale ruolo all'arte e alla poesia, che sono manifestazioni esemplari del Bello, non significa affatto voltare le spalle alle altre attività umane. In Schiller, autore delle *Lettere sull'educazione estetica dell'uomo*, negli ultimi anni del XVIII secolo, ma anche nei successivi, l'educazione estetica si trasforma in progetto po-

* *La consacrazione dello scrittore. L'avvento dello spirito laico nella Francia moderna (1750-1830)*, il Mulino, Bologna 1993 (l'edizione originale risale al 1973). [*n.d.t.*]

litico: la fusione delle due attività renderà possibile il miglioramento della condizione umana.

Negli scritti di Richard Wagner troviamo una delle formulazioni più autorevoli di questa aspirazione. Influenzato dalle idee rivoluzionarie di Bakunin, nel 1848-1849 Wagner partecipa agli scontri politici a Dresda. Costretto all'esilio a seguito della repressione, si rifugia in Svizzera, dove inizia a scrivere alcuni testi nei quali espone le proprie idee sull'arte e sulla relazione che essa instaura con la società: si tratta di *L'arte e la rivoluzione* e *L'opera d'arte del futuro*, entrambi risalenti al 1849. Wagner aspira all'assoluto, ma non lo cerca nelle religioni del suo tempo, ritiene che sia piuttosto l'arte la sua migliore incarnazione, «la rappresentazione della religione vivente».[2] Da qui, come egli suggerisce, s'instaura una duplice relazione tra attività artistica e vita sociale. Da un lato, affinché l'arte possa svilupparsi, la società deve offrirle le condizioni più favorevoli. Ora, il mondo in cui vive Wagner, ossia gli stati germanici del XIX secolo, è ben lontano dal vedere la presenza di tali condizioni; occorre trasformarlo, dunque sostenere la rivoluzione. Wagner s'interessa di politica soltanto nella misura in cui essa contribuisce allo sviluppo dell'arte. La rivoluzione sociale per lui non è fine a sé stessa, ma è il mezzo per favorire la rivoluzione artistica, il fondamento che consentirà di costruire il nuovo edificio.

Perché attribuire tale onore agli artisti? È qui che interviene la seconda relazione tra arte e società: infatti, «lo scopo ultimo dell'uomo è lo scopo artistico» e «l'arte è l'attività più nobile dell'uomo», quella che corona la sua esistenza terrena. «La vera arte è la libertà più alta.» Wagner condivide il sogno dei sansimoniani secondo il quale, in un prossimo futuro, le macchine si occuperanno dei lavori faticosi e gli uomini, una volta liberati da incarichi sfiancanti, volgeranno la propria attenzione alla creazione artistica, nella libertà e nella gioia più totale. L'arte non si oppone alla vita, come vuole un'altra versione della dottrina romantica, piuttosto ne rappresenta il coronamento. «L'umanità artistica» è sinonimo della «libera dignità umana». Il mestiere diventa arte, il proletario si fa artista, lo schiavo dell'industria si trasforma in creatore di bellezza. La società futura non sarà più al servizio dell'arte, come Wagner chiedeva per l'immediato, perché ogni vita sarà diventata artistica: l'arte ormai è il modello ideale della società. Non sarà più necessario celebrare gli artisti, perché tutti lo saranno. Più esattamente, sarà l'intera comunità, decidendo liberamente della propria esistenza, ad assumere l'atteggiamento del creatore. «Ma chi sarà l'artista del futuro? Il poeta? L'attore? Il musicista? Lo scultore? – Diciamolo con una parola: il *popolo*».[3] Infatti, se Wagner opta per l'opposto dell'egoismo, il *comunismo* – di cui Marx ed Engels, un anno prima, hanno pubblicato il *Manifesto* –, lo fa soltanto in ragione del fatto che uno sforzo *comune* è suscettibile di realizzare il progetto.

Comunque, il fallimento delle rivoluzioni del 1848 in Europa annuncia la fine di questi sogni. Comincia, allora, un secondo importante periodo nella storia dell'assoluto terreno, che si estende da quell'anno fino all'inizio del XX secolo e nel corso del quale le due vie, collettiva e individuale, politica ed estetica, si trovano separate. Per Baudelaire, peraltro commentatore entusiasta di Wagner, la speranza di vedere l'arte influenzare il mondo appartiene all'illusione; Marx, dal canto suo, non si preoccupa dell'educazione estetica degli individui. I due s'ignorano altezzosamente; non per questo pensano a rinunciare alla propria superiorità. Le cose cambieranno ancora nel XX secolo ed è questo periodo della storia che vorrei analizzare più da vicino. Il movimento che ha inizio allora è duplice, ma lo si può descrivere ogni volta come un'attualizzazione del progetto wagneriano di creare un'opera d'arte totale, che coincide nella propria durata con tutta la vita e con il mondo intero.

Da un lato esso nasce da alcuni movimenti artistici particolarmente radicali, che si considerano a loro volta l'incarnazione di un'avanguardia, metafora militare che si è già diffusa a quell'epoca nel vocabolario politico. Numerosi elementi distinguono le avanguardie dai movimenti artistici precedenti, come il naturalismo, l'impressionismo o il simbolismo, che peraltro hanno già reso obbligatoria l'innovazione. Inizialmente, le avanguardie non si accontentano di rivendicare la propria novità, esaltano anche il rifiuto radicale del passato: relegando alla storia tutti i predecessori, affermano che l'arte da loro proposta non si limita a essere nuova, ma rende obsolete tutte le altre. Inoltre, essendosi poste un obiettivo così sublime, considerano che tutti i mezzi per raggiungerlo siano validi, in particolare quelli più radicali: si tratta di un appello alla rivoluzione. Infine, aspirano a estendere il campo dell'intervento artistico perché includa l'insieme della vita sociale e politica.

Da un altro lato, qualche anno dopo e in maniera apparentemente indipendente, alcuni movimenti politici estremisti elaborano un progetto di trasformazione della società e degli esseri umani sulla falsariga dell'attività creativa dell'artista; sarà così per il comunismo, il fascismo e il nazismo. Anche qui è presente l'idea di avanguardia, ma essa s'incarna, non tanto nell'opera di qualche genio, bensì in un partito – comunista, fascista, nazional-socialista –, che ha il compito di guidare le masse inerti.

In entrambi i casi, dunque, la violenza – la rivoluzione – è considerata lo strumento adatto a favorire la realizzazione del progetto. I suoi animatori sanno di promuovere un cambiamento che rischia d'incontrare delle resistenze; bisogna eliminarle, se occorre con la forza. La relazione tra questi due movimenti non consiste solo nell'avvicinamento, tutto sommato ormai usuale, tra arte e potere, in cui l'uno si serve dell'altra come di un mezzo, sfruttando le opere per rafforzare la propaganda, abbellendo le manifestazioni politiche per colpire l'immaginazione, da un lato; o, dall'altro, rivestendo le opere di temi politici per renderle più interessanti al pubblico. Qui, le due vie non sono più in contatto, ma scoprono di avere profonde analogie e tendono a imitarsi mutualmente. Questo duplice movimento di avvicinamento tra le due grandi forme di assoluto terreno, quella politica e quella artistica, proseguirà negli stessi paesi: Russia, Italia, Germania. La sua storia racchiude più di una lezione.

Il futurismo italiano

All'inizio del XX secolo si assiste in Europa a un cambiamento nei modi di vivere che oggi fatichiamo a comprendere, considerando tutte le trasformazioni avvenute da allora. Immaginiamo comunque per un momento di essere nei panni di un abitante di una grande metropoli dell'epoca: egli assiste a un profondo cambiamento delle proprie abitudini. L'elettricità è stata domata ed entra nella vita quotidiana di milioni di persone; nuove fonti di energia, più duttili delle precedenti – il gas, la benzina – diventano di uso quotidiano. Con i primi aerei, il sogno che tutti hanno di sollevarsi da terra e volare diventa realtà. Le automobili si lanciano sulle strade di tutti i paesi. La rivoluzione industriale cambia radicalmente la vita della popolazione e, soprattutto, sembra aprire a una serie di invenzioni senza fine. Per la prima volta nella sua storia, la parte di umanità che popola il mondo occidentale (Europa dell'Ovest e Nordamerica) ha l'impressione che l'innovazione prevalga sulla tradizione, che le opere dell'uomo abbiano un peso maggiore dei fenomeni naturali: il programma cartesiano, vedere l'uomo diventare padrone e possessore della natura, sembra prossimo a realizzarsi.

In tutte le società in cui sono presenti, gli artisti-creatori, in particolare poeti e pittori, non si limitano a produrre opere capaci di soddisfare le esigenze di bellezza; sembra che vengano reclutate proprio tra loro le menti più aperte alle idee dell'epoca, quelle che colgono delle tendenze di cui il resto della popolazione è ancora inconsapevole, anche se le illustra già nel proprio comportamento. Saranno, dunque, ancora una volta gli artisti a captare per primi i mutamenti sociali e psichici indotti dagli straordinari progressi della tecnica. Il primo movimento d'avanguardia a mettersi su questa strada e a creare un modello per quelli che lo seguiranno sarà il futurismo italiano.

Il suo fondatore e animatore è Filippo Tommaso Marinetti (1876-1944), che rappresenta una figura d'artista sconosciuta alla tradizione. Autore di romanzi, opere teatrali e poesie, Marinetti non dà prova di grande talento nello scrivere le proprie opere e tantomeno è un pensatore originale; in compenso, si rivela un attivista notevolmente abile. Le circostanze stesse del lancio del suo primo manifesto sono significative. Marinetti ha infarcito il testo di formule provocatorie mirate a «scandalizzare i borghesi» e l'ha inviato alla stampa italiana. Per sua sfortuna, nello stesso momento, nel dicembre del 1908, si verifica il terremoto di Messina, che causerà molte vittime; il manifesto firmato da un autore ignoto è relegato nelle pagine interne dei giornali e passa inosservato. Il fatto è che l'opera di Marinetti non può restare senza eco presso il pubblico; così egli decide di rivolgersi non più alla stampa italiana, ma a quella francese: l'internazionalizzazione crescente della vita culturale è uno degli effetti della rapida trasformazione tecnologica del pianeta. Il primo *Manifesto del futurismo* sarà pubblicato su «Le Figaro» il 20 febbraio del 1909 e avrà vasta risonanza.

In esso è contenuto un elogio della vita moderna, della grande città, delle macchine, della velocità – temi che non mancano certamente in altri autori, ma Marinetti sintetizza e mette in risalto, riducendoli a slogan. Tuttavia li colloca, mostrando da questo punto di vista una notevole originalità, in un quadro più ampio, quello di un appello a cancellare ogni riferimento al passato e a celebrare il culto del nuovo. I luoghi che preservano la memoria del passato non meritano di esistere. «Appiccate il fuoco, allora, agli scaffali delle biblioteche! Deviate il corso dei canali per inondare gli scantinati dei musei! [...] Minate le fondamenta delle città venerabili!»[4] Soltanto dopo aver distrutto completamente tutto ciò che esiste, sarà possibile lanciarsi in una nuova costruzione. Marinetti rivela anche un'altra scelta destinata a giocare in lui un ruolo centrale, quella del superuomo nietzschiano, che lo porta a tessere l'elogio della forza, dell'aggressività, del combattimento, della guerra («sola igiene del mondo»), della virilità (che comporta «il disprezzo per la donna»), dell'ingiustizia: tutte formule paradossali, che egli scrive allo scopo di attrarre l'attenzione su di sé.

Il primo manifesto non parla direttamente di un'azione «futurista» al di fuori dell'ambito artistico. Ma, come si vede, le scelte di Marinetti hanno un significato che tocca l'intera vita della società. Lui stesso non tarda a mettersi su questa via – senza, tuttavia, essere seguito da tutti gli artisti e poeti che hanno aderito al suo movimento. In quello stesso anno, in occasione delle elezioni generali, lancia il *Primo manifesto politico futurista per le elezioni generali 1909*, nel quale formula delle direttive: bisogna combattere il passatismo e il clericalismo, promuovere il patriottismo e coinvolgere l'Italia in guerre di conquista. Altri volantini e proclami del medesimo periodo, ispirati al sindacalismo rivoluzionario teorizzato da Georges Sorel, invitano alla lotta comune i proletari e gli artisti, «le ali estremiste della politica e della letteratura». Lo stesso Marinetti prende parte alla guerra combattuta dall'Italia in Libia nel 1912 e firma numerosi articoli come corrispondente. Il suo patriottismo gioca un ruolo sempre più importante: «La parola *Italia* deve risplendere ben più alta della parola *libertà*».[5] Del resto, il futurismo si estende ad altri ambiti: pittura, musica, teatro, music-hall, ma anche architettura, oggetti della vita quotidiana, decorazione, vestiti.

Nel 1911 Marinetti pubblica (sempre in francese) una raccolta dei propri interventi orali e scritti sotto il titolo *Le futurisme*, che sarà presto tradotta in altre lingue. Vi si ritrova il suo attaccamento a ciò che egli definisce il «principio assoluto del futurismo», ossia «il divenire continuo e il progresso indefinito, fisiologico e intellettuale, dell'uomo»: si tratta proprio di un progetto di trasformazione dell'essere umano, e non solo delle arti, e riguarda sia il corpo sia la mente. La guerra è sempre «la sola igiene del mondo» e la lotta contro il nemico rimane necessaria, «l'eterno nemico che bisognerebbe inventarsi se non esistesse». Il disprezzo della donna, tema di un altro capitolo, è ulteriormente argomentato: Marinetti attacca essenzialmente i valori che il femminile incarna, amore, tenerezza, voluttà, e vede le donne come troppo vicine alla natura, capaci di assicurare con il parto la semplice riproduzione della specie, mentre lui aspira al suo miglioramento. Infatti, il suo sogno è quello «di creare un giorno un nostro figlio meccanico, frutto di pura volontà, sintesi di tutte le leggi di cui la scienza sta per precipitare la scoperta». L'uomo nuovo è designato come «l'uomo moltiplicato» e Marinetti ne descrive la trasformazione psichica in questi termini: «Aspiriamo alla creazione di un tipo disumano, nel quale saranno aboliti il dolore morale, la bontà, la tenerezza e l'amore»[6], un vero uomo d'acciaio, che si alimenta di elettricità. Marinetti prospetta anche, in maniera alquanto profetica, l'invasione del mondo da parte di nuove tecnologie, un'energia di origine chimica, un libro metallico che contiene centomila pagine, una guerra tra macchine.

Durante la prima guerra mondiale, Marinetti assume posizioni nazionaliste e militariste. Nel 1918, s'impegna ulteriormente nell'azione politica, lanciando il *Manifesto del Partito politico futurista* che riprende i suoi temi abituali: antiparlamentarismo, anticlericalismo, ostilità ai valori della donna, uguaglianza di tutti davanti alla legge, protezione sociale degli emarginati, rinnovamento di tutti i vertici del paese. L'anno successivo si unisce a Mussolini che ha creato i Fasci di combattimento. I due sono buoni amici dal 1915, anno in cui hanno partecipato ad azioni comuni; Mussolini proviene dai ranghi socialisti e il suo movimento non ha ancora tagliato tutti i ponti con i rivoluzionari di sinistra. Il cambiamento avverrà nel 1920 e in tale occasione Marinetti si allontanerà temporaneamente dal fascismo. Nei propri scritti spiegherà le divergenze con i movimenti politici. Per quanto riguarda il comunismo, al quale dedica un opuscolo, *Al di là del comunismo*, gli rimprovera il progetto di una società pacificata, senza classi, in contraddizione con l'attaccamento futurista alla guerra permanente. Quanto al fascismo, il disaccordo verte sul rapporto con il passato: da buon politico, Mussolini si è alleato con le forze conservatrici e clericali, allontanandosi al tempo stesso dal progetto dei futuristi. Nondimeno, dopo poco tempo, Marinetti si unisce nuovamente al Partito fascista e nell'opuscolo *Futurismo e fascismo* (1924) ribadisce la vicinanza ideologica dei due movimenti: «L'avvento al potere del fascismo costituisce la realizzazione del programma minimo futurista»[7] ed esalta «il temperamento futurista del presidente del Consiglio», ossia di Mussolini. Malgrado alcuni disaccordi puntuali, il poeta e il politico resteranno vicini fino all'ultimo.

Le avanguardie in Germania

I diversi movimenti di avanguardia comunicano tra loro. Marinetti investe molte energie per far conoscere le proprie idee in altri paesi europei. In Germania, i movimenti modernisti anteriori alla prima guerra mondiale, come Die Brücke (Il Ponte) o Der Blaue Reiter (Il Cavaliere azzurro), e più in generale il movimento espressionista, pur sostenendo una rottura radicale con le tradizioni anteriori nel campo dell'arte, non hanno però l'ambizione di trasformare il mondo. Il futurismo, comunque, viene accolto favorevolmente e il suo impatto si confonde sovente con quello degli altri gruppi nuovi, circostanza che più tardi gli acquisterà le simpatie di Goebbels. Sarà la prima guerra mondiale a provocare una trasformazione radicale nell'atteggiamento che avverrà non soltanto in Germania, ma anche in Russia e in Italia. A questo riguardo, il conflitto svolge per l'orientamento delle avanguardie un ruolo altrettanto decisivo come quello avuto nei decenni precedenti dai folgoranti progressi della tecnologia. La guerra totale che combattono i popoli europei si rivela altra cosa rispetto all'«igiene del mondo» esaltata da Marinetti. Per il grado di devastazione inflitto al nemico, per il mancato rispetto sistematico di tutte le norme che fino a quel momento avevano regolato i conflitti tra paesi «civilizzati», per la destabilizzazione stessa dell'idea che si poteva formulare sull'identità umana, questa guerra rende plausibile ciò che in precedenza era stato inconcepibile: l'abolizione integrale della società di un tempo e la sua sostituzione con un nuovo ordine. Operazione analoga a quella incoraggiata dalle nuove tecnologie, ma molto più brutale, perché, invece d'introdursi progressivamente, è concentrata in pochissimi anni e concerne l'organizzazione della vita sociale nel suo complesso e non soltanto i suoi aspetti materiali.

L'effetto della guerra sarà particolarmente traumatizzante nei paesi in cui si presenta come una disfatta e una frustrazione. In primo luogo in Germania, la grande sconfitta, e in Austria, piccolo paese nato dal vasto impero di un tempo. Ma anche in Russia, nonostante appartenga all'alleanza che uscirà vittoriosa dalla guerra, perché ha dovuto in precedenza firmare una pace separata, che sarebbe stata per lei disastrosa. E, malgrado le apparenze, perfino in Italia, che ha subito delle disfatte sui campi di battaglia e alla quale gli alleati non hanno concesso i territori promessi al momento del suo ingresso nel conflitto. Saranno proprio questi tre paesi a vedere, da un lato, lo sviluppo delle avanguardie artistiche e, dall'altro, la progressiva ascesa dei movimenti rivoluzionari che sfoceranno nei regimi totalitari; Francia e Gran Bretagna, i paesi vittoriosi, riusciranno a evitarli. Senza il disastro della Grande Guerra, Lenin sarebbe rimasto un esiliato privo di mezzi, Mussolini un tribuno tra i tanti, Hitler un sobillatore senza seguito.

In Germania, all'indomani dell'armistizio, un movimento rivoluzionario rovescia la monarchia. Alla fine del 1918 viene fondato il gruppo artistico Novembre, che riunisce alcuni degli artisti tedeschi più noti, in particolare tra gli espressionisti: i pittori Max Pechstein ed Emil Nolde, gli architetti Mies van der Rohe e Walter Gropius, gli scrittori Bertolt Brecht ed Ernst Toller, i musicisti Alban Berg e Paul Hindemith. Essi salutano con gioia la rivoluzione russa e sperano di assistere al suo equivalente in Germania.

Ma qui la storia seguirà un altro corso: la rivoluzione sarà soffocata nel sangue. La sommossa guidata dagli spartachisti (comunisti) nei primi giorni del 1919 fallisce, i suoi capi Karl Liebknecht e Rosa Luxemburg sono uccisi e s'insedia la Repubblica liberale di Weimar. Contemporaneamente alla rivoluzione politica si prepara un cambiamento nelle arti: viene fondato un Consiglio [altro significato della parola *soviet*] del lavoro per l'arte, codiretto da Gropius. Il Consiglio dichiara che «l'arte e il popolo devono formare un tutt'uno» e che «l'arte non sarà più il piacere di pochi, ma la felicità e la vita delle masse».[8] Sotto molti aspetti questo progetto ricorda quello di Wagner, proposto settant'anni prima: come lui, Gropius sembra compensare il fallimento della rivoluzione politica con un progetto artistico (in Russia, invece, la riuscita dell'una aveva facilitato per un certo periodo la progressione dell'altro); come il predecessore, Gropius sogna l'unificazione delle arti: non più nel teatro, ma nell'architettura, destinata a includere pittura e scultura.

Un mese dopo l'instaurazione della Repubblica di Weimar, nel 1919, sarà fondato il Bauhaus, un raggruppamento di architetti e artisti diretto da Gropius, che si baserà sui medesimi principi. L'arte non si confonde con la vita, mira alla creazione di un'opera totale, recita il manifesto, un edificio che «un giorno s'innalzerà verso il cielo, simbolo di cristallo di una nuova fede che si annuncia». Più che a ogni altra forma, dichiara il programma, l'edificio assomiglierà a una cattedrale: come la religione antica, la nuova fede avrà bisogno di un tempio; entrambe incarneranno l'assoluto. Ma questo progetto a consonanza religiosa non durerà molto. I teorici del Bauhaus non possono ignorare che l'assoluto religioso è ormai disceso sulla terra; il tempio dell'uomo moderno non è più una cattedrale. «L'uomo è divenuto Dio – la sua casa è la sua chiesa.»[9]

L'opera progettata dagli autori del Bauhaus, dunque, si avvicina progressivamente alla vita quotidiana: bisogna costruire delle case per gli uomini, ma occuparsi anche di tutto il resto, mobili, utensili, città, paesaggi. A tale scopo bisogna conoscere bene il «popolo» per il quale si lavora: Gropius introduce al Bauhaus l'insegnamento della sociologia e perfino della biologia. Il quadro che gli artisti vogliono creare trasforma e perfeziona a sua volta gli uomini: producendo oggetti della vita quotidiana, gli artisti influenzano il modo di vivere, individuale o collettivo. Nello stesso tempo, Gropius mantiene nella propria organizzazione una certa neutralità politica. Dopo il suo abbandono della direzione nel 1926, le tendenze filocomuniste si rafforzeranno, al pari del movimento che mira a inglobare l'intera vita sociale nell'area di competenza del gruppo.

Durante gli anni Venti, i contatti tra russi e tedeschi rimangono costanti. Kandinskij insegna al Bauhaus dal 1922. I russi sono assidui visitatori di Berlino, tengono conferenze, organizzano mostre, pubblicano libri e riviste, come «Veshch'» (L'oggetto) – la rivista pubblicata da El Lissitskij e Il'ja Ehrenburg – che diventa la grande vetrina dei costruttivisti. A Berlino Malevič organizza una mostra e i suoi testi sono pubblicati dal Bauhaus. Nel 1923 l'arrivo di László Moholy-Nagy, artista ungherese, esercita un'influenza ancora più incisiva e occorre notare che le sue idee sono impregnate di costruttivismo. Lo scopo, come dichiara nel 1925, non deve essere l'opera d'arte totale wagneriana, ma «la sintesi di tutti i momenti della vita, a sua volta opera totale che abbraccia tutte le cose, annullando ogni separazione».[10] Non si tratta più di produrre l'arte, ma di dare forma alla vita. Costruire case o città significa organizzare processi vitali; così facendo, gli artisti-architetti diventeranno i formatori dell'umanità. Ancora una volta, comunque, l'ambizione costruttivista si scontra con il potere politico: come i futuristi italiani dovevano accontentarsi di essere semplici ispiratori del fascismo, senza poter giocare il ruolo di arte ufficiale, i creatori del Bauhaus, ai quali non sarebbe dispiaciuto servire i progetti architettonici dei nazisti ascesi al potere nel 1933, devono rassegnarsi: questi ultimi decidono di realizzare autonomamente «l'opera d'arte totale». La rivoluzione politica non ha bisogno di arte rivoluzionaria al proprio fianco.

Il Bauhaus non è il solo movimento che unisce innovazione artistica e trasformazione sociale. I dadaisti berlinesi s'ispirano volentieri alla rivoluzione russa: «Il dadaismo è il bolscevismo tedesco», dichiara uno dei loro portavoce.[11] Il gruppo di Nuova Oggettività, nato dall'incontro di dadaisti ed espressionisti, coltiva l'estremismo nei due campi, politico e artistico; a stretto contatto lavorano i pittori Georg Grosz, Otto Dix, Max Beckmann. Comunque, man mano che si rafforza l'influenza dell'ideologia nazista, gli avanguardisti devono cedere terreno, malgrado il favore manifestato nei loro confronti da alcuni importanti rappresentanti nazisti, come Goebbels, che ama proclamare il proprio gusto per l'espressionismo, stile specificamente tedesco. Dopo il 1933, saranno del tutto emarginati, addirittura esclusi da ogni attività pubblica, anche quando si dichiarano fedeli all'ideologia nazista.

Futuristi e costruttivisti russi

Il primo manifesto di Marinetti è subito tradotto in russo e nel gennaio-febbraio del 1914 l'autore si reca a Mosca e a San Pietroburgo, dove è appena uscito il suo libro intitolato appunto *Il futurismo*. I futuristi russi gli riservano una tiepida accoglienza: si sono ispirati a lui, ma il loro culto del nuovo rende difficile riconoscere un legame con il passato, per quanto recente possa essere. Inoltre, i russi rifiutano di esaltare la guerra e, in quel periodo, non aspirano ad ampliare il proprio movimento nella sfera sociale, si accontentano della rivoluzione artistica («bisogna gettare Puškin, Dostoevskij e Tolstoj giù dal battello a vapore della modernità», proclama nel 1912 il loro manifesto *Schiaffo al gusto del pubblico*). Nondimeno, la serie di conferenze di Marinetti è un successo, si stabiliscono dei contatti durevoli. Malevič lo pone sullo stesso piano di Picasso per il ruolo che ha avuto nell'evoluzione dell'arte moderna e farà riferimento favorevolmente alle sue idee fino alla fine degli anni Venti. Majakovskij, che partecipa a un incontro a Mosca con Marinetti, non ne serba nemmeno lui un brutto ricordo: i due si ritroveranno a Parigi a colazione il 20 giugno 1925. La loro interprete Elsa Triolet è preoccupata: che cosa potranno mai dirsi «un bolscevico e un fascista»? L'incontro, tuttavia, sembra che si sia svolto in forma del tutto amichevole. Uno degli amici di Majakovskij l'aveva immaginato e nel 1923 scriveva sul giornale da lui diretto: «In Italia Majakovskij sarebbe stato Marinetti e in Russia Marinetti sarebbe stato Majakovskij».[12]

I movimenti d'avanguardia appaiono in Russia per la prima volta intorno al 1910: sono i primi passi dell'astrazione in pittura, delle invenzioni futuriste in poesia. Eppure, nella fase iniziale, non si tratta affatto di un avvicinamento tra arte e società, tutt'altro. Si chiede piuttosto alla pittura di dimenticare il mondo materiale e obbedire soltanto alle proprie leggi e così avviene. Il pittore Michail Larionov, creatore del «raggismo», in un manifesto del 1913 scrive: «Gli oggetti che vediamo nella vita non hanno alcun ruolo nel quadro raggista. L'attenzione è invece attratta da ciò che rappresenta l'essenza stessa della pittura: le combinazioni di colori, la loro concentrazione [...]. Qui assistiamo all'inizio della vera liberazione della pittura, della sua vita basata unicamente sulle sue leggi, della pittura fine a sé stessa, con forme, colori e timbri a lei propri». Kasimir Malevič, fondatore del «suprematismo», per parte sua nel 1916 dichiara che bisogna considerare «la pittura come un'azione che ha il proprio scopo». I quadri astratti di Kandinskij, è vero, conservano un rapporto con il mondo reale, perché nel quadro le forme designano le categorie dello spirito; allo stesso modo, i quadrati, i cerchi e le croci di Malevič, una volta escluse le apparenze ingannevoli che si offrono alla vista, mirano a rivelare l'ordine cosmico sotteso. Rimane il fatto che il mondo fenomenico, quello sotto gli occhi di tutti, non è più preso in considerazione. Nello stesso momento, i ready-made di Duchamp rendono vana ogni ricerca di significato e di verità. Allo stesso modo, i futuristi auspicano l'emancipazione del linguaggio dal suo rapporto con la realtà e dunque con il significato, creano un linguaggio «transmentale». Velimir Chlebnikov difende il «verbo autonomo», «la parola in quanto tale», perfino «la lettera in quanto tale». Nel suo articolo *La liberazione della parola* (1913) Benedikt Livšic scrive: «La nostra poesia [...] non si pone affatto in rapporto con il mondo».[13]

Comunque, anche questa separazione tra l'arte e il mondo visibile degli oggetti o il mondo intelligibile del senso e, conseguentemente, tra la ricerca dell'assoluto nell'opera e nella società sarà messa in discussione, talvolta da parte di quegli stessi che l'avevano appoggiata. In un primo tempo tale contestazione non comporterà alcun segno d'interesse per l'ordine sociale o il mondo politico, ma riguarderà i mezzi a cui ricorrono gli artisti. La nuova corrente si chiamerà «costruttivismo», perché i suoi rappresentanti oppongono alla creazione artistica la costruzione di oggetti e di artefatti destinati a far parte del mondo circostante. La loro prima manifestazione collettiva è una mostra nel 1921, ma le premesse del movimento si annunciano già nel 1915 con Vladimir Tatlin, che espone i *Controrilievi*, proprio mentre Malevič svela *Il quadrato nero* suprematista. I *Controrilievi* sono degli assemblaggi di diversi materiali il cui scopo non è affatto rivelare l'essere del mondo, quanto piuttosto mettere in risalto la qualità intrinseca dei materiali – e null'altro.

L'opposizione tra il costruttivismo e i movimenti modernisti precedenti non è di natura politica: i sostenitori dell'uno e degli altri saluteranno con entusiasmo la rivoluzione in atto. Essa riguarda invece il rapporto che viene a instaurarsi tra l'opera d'arte e il contesto sociale in cui è inserita. Secondo uno dei teorici un po' più tardi del costruttivismo, Boris Arvatov, il movimento precedente, anche quando della vita accoglie soltanto il contenuto spirituale o gli elementi essenziali, come fanno Kandinskij e Malevič, «pone l'arte su un livello più alto della vita e vuole rendere la vita sotto forma d'arte». Il costruttivismo, invece, «pone la vita su un livello superiore all'arte» e privilegia la funzione a discapito della forma. «Non la creazione di forme di gran valore "estetico", ma la costruzione utilitaria dei materiali. Non l'autonomia della cosa in sé, ma la ricchezza del contenuto», egli aggiunge.[14]

Il grande impulso trasformatore deriverà, anche in questo caso, dalla guerra e dal senso di destabilizzazione generale che essa provoca. All'indomani della rivoluzione d'ottobre, gli artisti appartenenti alle diverse avanguardie saranno immediatamente chiamati in causa dal nuovo potere instaurato in Russia. Dal novembre del 1917 i bolscevichi convocano a Pietrogrado numerosi dei loro rappresentanti – i futuristi Majakovskij e Alt'man, lo sceneggiatore Mejerchol'd – per discutere del ruolo degli artisti nel nuovo regime. Gli avanguardisti si riconoscono nella rivoluzione in atto; anche quelli che, come i futuristi o i suprematisti, non inserivano alcun contenuto politico nei propri proclami, adesso sono convinti dell'unità dei due movimenti. «Il cubismo e il futurismo sono stati dei movimenti artistici rivoluzionari; hanno previsto la rivoluzione del 1917 nella vita economica e politica», scrive Malevič nel 1919.[15] Tutti i futuristi, e non soltanto Majakovskij, salutano con gioia la rivoluzione e uno di loro nel 1923 scrive: «I futuristi hanno dilagato sulla rivoluzione d'ottobre altrettanto inevitabilmente come il Volga si getta nel Mar Caspio».[16] Proprio tra i simpatizzanti dei futuristi e dei costruttivisti verranno reclutati i primi alti funzionari della cultura e saranno loro a occupare gli incarichi direttivi nei nuovi istituti di formazione. I progetti abbozzati sulle piccole riviste d'avanguardia possono immediatamente essere realizzati su grande scala nel paese intero.

Il costruttivismo si propone adesso di trasformare l'utilizzo di tutte le forme espressive. Invece di produrre opere letterarie, il poeta deve magnificare il materiale linguistico quando serve scopi utilitari: Majakovskij inventerà slogan politici o pubblicità commerciali. Nell'autobiografia egli definisce in questi termini il programma del gruppo che fa capo a lui: «contro la finzione e l'estetismo, per la propaganda, per un giornalismo qualificato e per la cronaca». Infatti, il materiale in questione non è solamente il linguaggio, ma sono anche gli avvenimenti reali evocati da questo: alla letteratura d'immaginazione i costruttivisti preferiscono la «letteratura del fatto», ricavata dal mondo in cui vive l'autore. Così concepita, l'arte non costituisce più una sfera separata: tutti possono concorrere alla sua creazione. «Nella Comune tutti creano», scrive Osip Brik, altro teorico del costruttivismo,[17] facendo proprie, forse senza saperlo, le conclusioni di Novalis, pensatore del romanticismo e precursore di Wagner: «Ogni uomo dovrebbe essere artista. Tutto può diventare arte bella».[18]

Lo stesso vale per le arti visive, il cui scopo non è più produrre quadri o sculture, ma trasformare il mondo circostante con gesti d'artista. Aleksandr Rodčenko, capofila dei costruttivisti plastici, è contrario alla pittura da cavalletto allo stesso modo in cui Majakovskij rifiutava la finzione. «La pittura non figurativa ha abbandonato i musei», dichiara Rodčenko durante la propria esposizione nel 1920, «la pittura non figurativa è la *via* stessa, *le piazze, la città* e *il mondo intero.*»[19] Egli vuole creare dei manifesti, dei disegni per carta da parati o per tessuti. Ancora una volta, la realtà esistente è preferibile all'immaginazione: Rodčenko si dedica dunque progressivamente alla fotografia. Tatlin, dal canto suo, passa dai *Controrilievi* alle costruzioni architettoniche, come la torre (rimasta allo stadio progettuale) destinata a diventare un *Monumento alla III Internazionale.* L'architettura costituisce il logico sbocco delle ricerche costruttiviste plastiche: ispirato a principi artistici, l'architetto modella il mondo costruendo case vere, città a grandezza naturale, elementi del paesaggio.

Le arti dello spettacolo seguono lo stesso percorso. Arvatov considera un'evidenza la «fusione tra il teatro e la vita nella società socialista»; ma quale forma assumerà questa fusione? Secondo lui, non si tratta di produrre degli spettacoli di teatro classici, per poi mostrarli alla gente. Bisogna dare forma alla vita stessa, «costruire razionalmente il modo di vivere».[20] In tal modo il teatro assolverà al meglio le proprie funzioni di propaganda. In campo cinematografico anche le teorie di montaggio di Dziga Vertov entrano a far parte del progetto costruttivista; Vertov crea opere belle senza inventare alcunché, filmando ciò che esiste e dedicandosi poi a un montaggio audace: riorganizza il mondo visibile. Ammesso di saperlo valorizzare, il materiale agisce sullo spettatore; e, a ben pensare, tutto nel mondo è un materiale in potenza.

Il progetto teorico costruttivista viene portato all'estremo da uno dei suoi teorici, Nikolaj Čužak, che gli dà molto semplicemente come obiettivo «la costruzione della vita». In alcuni articoli pubblicati sulla rivista «Lef»,* diretta da Majakovskij, nel 1923 e poi nel 1929, egli trae le conseguenze della scelta iniziale, ossia di far beneficiare dell'esperienza artistica la vita intera. Secondo lui, si oppongono due concezioni dell'arte. L'una, borghese, consiste nel vedere «l'arte come metodo di *conoscenza* della vita»; l'altra, proletaria, percepisce «l'arte come metodo di *costruzione* della vita».[21] La prima si chiude con la rappresentazione e stimola a contemplare il mondo; la seconda vuole dominare il materiale e trasformarlo.

* Abbreviazione di Levyj Front Iskusstv, Fronte di sinistra delle arti. [*n.d.t.*]

Qui si può ritrovare un'eco della celebre formula di Marx, concernente lo statuto della conoscenza: «I filosofi hanno solo interpretato il mondo in maniere diverse; si tratta però di mutarlo». Adesso viene superata la frontiera tra artista e attivista politico. L'arte alla vecchia maniera, a rigore, può avere un'utilità preparatoria, quella di un «timido apprendimento accanto allo straordinario sviluppo della vita in via di creazione». In sostanza, però, Čužak ritiene che sia giunto il momento di «dichiarare guerra alla letteratura artistica», o *belles lettres*, quella che muove dall'opposizione stessa tra letteratura e vita, quando invece l'una dovrebbe fondersi nell'altra. Ora, suggerisce, bisogna mandare a «marcire il mondo umanistico a discolpa delle arti che hanno fatto il loro tempo».[22] L'arte nuova diventa, semplicemente, uno dei metodi per costruire la vita. Qui i costruttivisti rendono esplicita una delle caratteristiche di tutte le avanguardie: l'ambizione totalizzante, il desiderio di fornire una risposta valida per tutti gli ambiti dell'esistenza ed escludere, così facendo, ogni altro approccio al mondo.

La pratica estetizzante di un tempo cercava d'introdurre nella vita una bellezza giunta dall'esterno; il costruttivista-produttore, invece, si propone di cambiare la realtà, partendo dai materiali che essa ci offre. «Le *belles lettres* sono l'oppio del popolo. L'antidoto è la letteratura del fatto.» Questa rappresenta la ripresa e la redistribuzione delle parole che capita di ascoltare nella vita quotidiana: per cominciare, occorre tendere l'orecchio e captarle. «La danza della vita reale, della vita autentica, è incomparabilmente più ricca di sorprendenti meraviglie rispetto agli artifici più diabolici dell'arte!» Lo scrittore va alla ricerca del mondo, in un primo tempo si farà osservatore e giornalista per presentare poi, grazie a un abile montaggio, un mondo ricostruito che servirà meglio la causa del proletariato. La ricchezza dei materiali è infinita: «Forse gli stenogrammi delle nostre riunioni di partito, muniti di firma della decisione della maggioranza, non si leggono d'un fiato come mai è stato letto un solo romanzo? Forse la loro efficacia pratica non ha il valore di un'opera d'arte?».[23]

L'atteggiamento del ricostruttore non va riservato a una casta particolare di artisti. «Il dominio sul materiale non è soltanto appannaggio dell'artista. La massa è guidata gioiosamente e liberamente nel processo creativo [...]. L'arte è cosa di tutti; l'arte è nelle "cavità" stesse della vita; l'arte penetra la vita come un ritmo musicale che si diffonde.» Trovandosi moltiplicato all'infinito, l'artista vede aumentare la propria importanza perché, invece di essere un semplice fornitore di distrazioni e di abbellimenti, diventa un maestro di vita, uno «sceneggiatore della vita nuova».[24] È un ritorno al sogno di Wagner.

A prima vista, l'arte esce sconfitta dal confronto che l'aveva opposta alla vita. Invece di attingere dalla propria immaginazione, l'artista trova nel mondo materiali già pronti; invece di destinare le proprie opere alla contemplazione disinteressata, le mette al servizio della società, dell'«ordine sociale». Invece di creare artefatti originali, si limita a mettere in luce il valore intrinseco dei materiali esistenti e li sistema secondo regole prestabilite. Ma questa sottomissione è, allo stesso tempo, una vittoria e l'umiltà deriva da un'ambizione più grande: ora l'artista si confonde con l'attore politico che modella la società, il popolo, gli individui, secondo un disegno prestabilito. Nel progetto costruttivista, l'arte è contemporaneamente condannata a morte e portata all'apogeo, perché l'artista non manipola più soltanto parole o colori, ma esseri umani: è divenuto artista-ingegnere-demiurgo. «L'artista-operaio deve restare vicino allo scienziato come uno psico-ingegnere, uno psico-costruttore», scrive Tret'jakov sulla rivista dei costruttivisti nel 1923.[25] In tale prospettiva, non è più in questione l'individuo, ciò che conta è il destino della collettività.

L'euforia ha breve durata. Nel 1923 viene allestita l'ultima mostra dell'avanguardia, com'era stata concepita prima e durante la guerra. Da questo momento in poi, Majakovskij e

Malevič, Rodčenko e Tatlin saranno bersaglio degli attacchi dei nuovi burocrati della cultura, i quali non nutriranno l'ambizione d'indicare le vie future della società, ma si limiteranno a seguire docilmente le istruzioni del partito. In questo crescendo di fedeltà allo spirito della rivoluzione gli avanguardisti usciranno sconfitti. È comunque significativo che nessuno di essi abbia scelto di andare all'estero; in compenso, molti, non lasciandosi trasformare in semplici propagandisti obbedienti, saranno oggetto di repressioni, vittime della rivoluzione che avevano tanto desiderato.

Mussolini, artista e opera

Il rifiuto di affidare il ruolo di demiurgo agli artisti, in effetti, ha una ragione profonda: è un ruolo che deve essere riservato ai capi politici. L'assimilazione tra artista e uomo politico, ciascuno all'opera su un materiale differente ma con lo stesso atteggiamento, ha una lunga tradizione, che non era ancora mai stata trasformata in programma d'azione. Platone paragona l'uomo di stato al pittore, il cui gesto imita a sua volta quello del dio creatore. «Uno stato non sarà mai felice, se non sarà disegnato da questi artisti che lavorano sul modello divino [...]. Prenderanno lo stato e i caratteri degli uomini come fosse una tela». In un altro passo mette a confronto il legislatore con il poeta: «Anche noi siamo poeti della più bella e ad un tempo della migliore tragedia che sia possibile comporre: lo stato nostro, tutto, altro non è che imitazione della migliore vita, della vita più bella [...]. Siamo compositori del dramma più bello, quel dramma che soltanto la vera legge può condurre al suo fine ultimo».[26] I romantici tedeschi, ispirati alle concezioni platoniche della bellezza, ritroveranno questo confronto tra capo di stato e artista – un artista la cui materia prima è l'intero paese.

Tuttavia, in Platone, come nel discorso rivoluzionario in Francia o nei romantici, l'idea della creazione artistica applicata alla vita sociale rimane un'immagine e non si realizza in un progetto concreto. Le cose cambiano veramente soltanto con l'avvento degli stati totalitari moderni, dove il capo supremo dispone dei mezzi necessari per ricondurre le metafore al loro significato letterale. Ora, questi stati nascono nel contesto nuovo, da un lato, di una trasformazione accelerata della società sotto la spinta della tecnica, che permette di realizzare il sogno millenario di dominare e trasformare la natura, dall'altro, della rivelazione portata dalla Grande Guerra, ossia che tutte le norme sono revocabili e che non esiste più una violenza che possa dirsi inammissibile. Le religioni politiche si sostituiscono alle credenze tradizionali. È in questo momento che l'ideologia sviluppata dalle avanguardie artistiche negli ultimi decenni comincia a esercitare un'azione più o meno diretta, fornendo un contenuto ai progetti in corso. Ormai, la trasformazione dell'individuo e quella dello stato possono essere condotte in maniera parallela; l'uomo nuovo e la società nuova sono tutti e due opere, a cui deve dare forma chi è alla guida del paese.

Il confronto tra azione politica e attività creativa appare molto presto in Mussolini: non per nulla egli frequenta Marinetti da molti anni. Nel novembre del 1917 sul «Popolo d'Italia» Mussolini afferma: «Il popolo italiano in questo momento è una massa di minerale prezioso. Un'opera d'arte è ancora possibile. Occorre un governo. Un uomo. Un uomo che avrà il tocco delicato dell'artista e il pugno di ferro del guerriero». Nel 1922 egli si descrive come «lo scultore della nazione italiana» e dichiara: «La politica lavora soprattutto il più difficile e il più duro dei materiali, l'uomo». Da un materiale resistente – in un caso il marmo, nell'altro gli esseri umani – l'artista e il politico devono produrre opere perfette. Il suo progetto, spiega a chi vuole ascoltarlo, consiste nella creazione dei nuovi italiani, nell'infondere in loro un nuovo animo, nel forgiare le masse, nel modellare il popolo intero. «Tutta la questione», dirà alcuni anni più tardi a Emil Ludwig, «consiste nel dominare la massa come un artista»,[27] nell'utilizzarla dunque come una materia prima da cui ricavare un capolavoro. I mezzi necessari sono sia fisici – Mussolini non è restio ai progetti eugenisti di quegli anni – sia intellettuali: la Grande Guerra è stato un formidabile strumento educativo, senza il quale la creazione del nuovo uomo fascista sarebbe stata inconcepibile. In tempo di pace, le organizzazioni di massa, in particolare quelle destinate alla gioventù, avranno un ruolo essenziale da svolgere e contribuiranno a trasformare il paese intero in un vasto campo di esperimenti sugli uomini.

Il progetto di Mussolini ha una propria specificità: il duce non si limita a essere l'artigiano di questo rinnovamento, si presenta nel contempo come il suo prodotto meglio riuscito. Egli è allo stesso tempo artista e opera d'arte. Per l'uomo nuovo che cerca di forgiare s'ispira all'immagine di sé. In un primo tempo, infatti, si è modellato lui stesso come una statua: il bambino proveniente da un ambiente modesto si è trasformato con uno sforzo cosciente della volontà, al fine di apparire ai compatrioti come un uomo perfetto, un esempio da seguire. Mussolini non perde occasione di far vedere che sa svolgere il lavoro del contadino e quello dell'operaio, ma anche padroneggiare diversi sport, la corsa, il nuoto o lo sci, e scrivere, inoltre, testi filosofici o letterari. Un editoriale di «Critica fascista» dichiara senza mezzi termini: «Il solo grande artista del regime è per ora il suo fondatore, Mussolini. Tutti i discorsi che ha pronunciato, tutti gli articoli e saggi politici che ha scritto bastano a fare di lui il nostro più grande prosatore contemporaneo».[28] Non si tratta di semplice adulazione; il confronto tra arte e politica, ancora una volta, non è fortuito. Alcuni anni più tardi, Ezra Pound conferma: «Un giudizio su Mussolini non può essere valido senza che muova dalla sua passione per la costruzione. Consideratelo un *artifex* e tutti gli elementi quadrano. Immaginatelo diverso da un artista e vi arenate nelle contraddizioni».[29]

Al di là della vicinanza ideologica dei due movimenti, futurismo e fascismo, quest'ultimo conta sull'azione artistica per riuscire a trasformare la società e farne uno spettacolo degno d'ammirazione. Gli osservatori stranieri notano le qualità estetiche della sua azione politica. Il fascismo, dirà Robert Brasillach, è «una poesia, addirittura la poesia del XX secolo (senza dubbio insieme al comunismo)».[30] Un'attenzione particolare sarà riservata a ciò che può diventare uno spettacolo di massa: feste, parate, o, d'altra parte, l'architettura, arte suprema, perché riunisce tutti gli individui e si offre all'ammirazione di tutti. Ma questa forma di «estetizzazione» dell'azione non diventa mai fine a sé stessa, resta subordinata all'obiettivo politico: nel fascismo non è il bello a essere sacro, ma lo stato.

Occorre dire che agli occhi del duce stesso il suo progetto si conclude con un fallimento: non sarà riuscito a trasformare gli italiani in uomini nuovi, in valorosi fascisti ed è per tale motivo, secondo lui, che l'Italia perderà la guerra. Questo fallimento viene da lui formulato ancora in termini artistici: il difetto è nel materiale che, in fin dei conti, non si è rivelato abbastanza duro. «È la materia che mi manca», confida a Ciano. «Anche Michelangelo aveva bisogno del marmo per fare le sue statue. Se avesse avuto soltanto dell'argilla, sarebbe stato soltanto un ceramista.»[31]

Lo spirito artistico di Hitler

In Hitler il nesso tra azione politica e attività artistica è altrettanto stretto, ma assume una forma per alcuni aspetti differente. È noto che il Führer accorda un ruolo del tutto particolare a Wagner, il cui nome, nei paesi di cultura tedesca, incarna la concezione dell'artista non come una delle tante figure nella società, ma come il suo stesso modello. Nel libro *Hitler mi ha detto,* Hermann Rauschning scrive: «Hitler rifiutava di ammettere che aveva avuto dei precursori. La sua unica eccezione era per Richard Wagner». Questo riconoscimento non è un atto isolato. Il 5 maggio del 1924, chiuso in carcere in seguito al fallito tentativo di assumere il potere, Hitler scrive al figlio di Wagner, Siegfried, per dirgli che in suo padre ha trovato «la spada spirituale con cui oggi combattiamo».[32] In seguito, stabilirà relazioni privilegiate con gli abitanti di Bayreuth.*

Come spiegarsi questo temibile privilegio? Hitler è affascinato dalla musica di Wagner fin dagli anni della giovinezza trascorsi in Austria. L'opera *Rienzi*, in particolare, lo immerge in uno stato di stupore e di estasi. Ma la sua adorazione non si limita a questo. Il suo miglior amico di allora, August Kubizek, racconta: «Talvolta capitava che Adolf mi recitasse a memoria [...] il testo di una lettera o di una annotazione di Richard Wagner o che mi leggesse ad alta voce uno dei suoi scritti, per esempio *L'opera d'arte del futuro* oppure *L'arte e la rivoluzione*».[33] Lo stesso Hitler affermava di avere assistito a trenta o quaranta rappresentazioni di *Tristano e Isotta*.

Il privilegio riservato a *Rienzi*, un'opera dell'età giovanile, può suggerire una spiegazione alla scelta di Wagner come unico precursore, tanto più che la passione di Hitler per quest'opera non verrà mai meno. Anni dopo, la sua ouverture sarà regolarmente rappresentata ai congressi del Partito nazista. Quando nel 1939 rende visita a Winifred Wagner, la nuora del compositore, Hitler le parla ancora dell'impatto che ha avuto su di lui quest'opera, come riferisce lo stesso Kubizek, testimone della scena: «È allora che tutto ha avuto inizio», dichiara riferendosi alla sua prima audizione. Hitler non ha parole diverse per l'altro amico (e architetto favorito), Albert Speer: «Da giovane, ascoltando questa musica straordinaria al teatro di Linz, ebbi la visione di un Reich tedesco di cui avrei realizzato la grandezza e l'unità».[34]

* Città della Baviera, dove si trova il teatro lirico voluto e progettato da Wagner, in cui si svolge annualmente il Festival dedicato alla rappresentazione delle opere del compositore tedesco. [*n.d.t.*]

Saremmo tentati di pensare che la predilezione di Hitler sia in primo luogo condizionata dalle questioni che solleva l'opera: in qual modo un tribuno possa guidare il popolo e contro quali pericoli debba premunirsi. Ma tale spiegazione non è sufficiente, come dimostra la familiarità di Hitler sia con le altre opere di Wagner sia con i testi. Il Führer – che in gioventù si vedeva come un futuro artista – non può restare insensibile alle concezioni generali di Wagner sul rapporto tra arte e società. Ad affascinarlo è proprio la continuità che esiste tra loro, la possibilità di vedere che l'una porta avanti il discorso avviato dall'altra. Wagner ha rinunciato alla rivoluzione nelle strade per dedicarsi alla creazione di un'opera d'arte totale, la propria; ma il suo scopo non è mutato: agire sul popolo per conferirgli grandezza e felicità. Hitler a sua volta, sotto l'effetto della guerra e non più della rivoluzione, rinuncia a praticare l'arte del pittore e più in generale a considerarsi un artista-creatore. «Se la Germania non avesse perduto la guerra», dichiara, «sarei diventato non un politico, ma un architetto – un architetto altrettanto geniale come Michelangelo.»[35] Le circostanze, dunque, l'hanno portato a produrre un'opera ancora più «totale»: il nuovo popolo tedesco. Tuttavia, a differenza di Mussolini, non si propone come un esempio di «opera» riuscita: la frattura tra la guida e le masse qui è più netta; Hitler è un artista, non un'opera d'arte.

La somiglianza tra i due atteggiamenti, quello di artista e quello di uomo di stato, si ritrova negli altri teorici del nazismo. Nel romanzo *Michael* (1929) Goebbels – che si considera anche lui uno scrittore, dunque un artista – riprende la metafora di Mussolini e spiega come il popolo abbia il ruolo che per lo scultore è quello della pietra: un materiale da lavorare. Due anni dopo, riprende il medesimo pensiero: «Per noi la massa non è che un materiale informe. È soltanto attraverso la mano dell'artista che dalla massa nasce un popolo e dal popolo una nazione». Salito al potere, nell'aprile del 1933 nella lettera aperta al maestro d'orchestra Wilhelm

Furtwängler scrive: «Noi, che diamo forma alla politica tedesca moderna, ci sentiamo come degli artisti ai quali è stata affidata la grossa responsabilità di formare, a partire dalla massa bruta, l'immagine solida e piena del popolo». È l'arte più totale e al contempo più ambiziosa che possa esistere. E la migliore preparazione per esercitare il ruolo di uomo di stato è proprio quella di aver praticato un'arte. Nell'aprile del 1936, l'organo del Partito nazista, il «Völkischer Beobachter» (Osservatore popolare), pubblica in prima pagina un articolo intitolato *L'arte come fondamento della potenza creativa politica*, nel quale si può leggere: «Esiste un legame interno e indissolubile tra i lavori artistici del Führer e la sua grande opera politica [...]. La sua attività artistica [...] è la condizione prima della sua idea creatrice della totalità».[36] Hitler sa guidare il popolo proprio perché è stato un artista. Del resto, si può notare che, nel suo primo governo, una buona metà dei membri ha svolto in precedenza una qualche forma di attività artistica. Nel 1937 Goebbels conclude: «Tutto il lavoro di Hitler è la prova di uno spirito artistico: lo stato che ha creato è un edificio di fattura veramente classica. La creazione artistica della sua opera politica lo pone a capo di tutti gli artisti tedeschi, come è giusto che sia per il carattere e la natura che lo contraddistinguono».[37] Questa volta il sogno di Wagner è davvero prossimo a realizzarsi.

In che cosa consiste l'attrattiva del modello artistico per gli uomini politici? Ho ricordato che, dopo la crisi romantica, gli artisti, e più in particolare i poeti, hanno voluto occupare il posto dei sacerdoti: sognano di essere capi ed educatori del popolo. Agli occhi dei dirigenti nazisti, inoltre, godono di un privilegio rispetto ai ministri delle antiche religioni, perché non obbediscono a un Libro, a una legge che non dipende da loro, ma definiscono liberamente il proprio scopo e la via da seguire per raggiungerlo. È questo il privilegio del genio, modello di ogni artista: si affranca dalle regole per creare in piena libertà. Liberarsi dal peso delle tradizioni è divenuta la parola d'ordine dei movimenti artistici d'avanguardia a partire dalla fine del XIX secolo. Cubisti, futuristi, dadaisti, pittori astratti affermano a chiare lettere il diritto di modellare il mondo secondo la propria volontà.

Il modello artistico seduce non solo per la libertà di cui dispongono i creatori, ma anche per l'azione esercitata dall'arte sul proprio pubblico: oltre alla fredda ragione e agli argomenti rigorosi, ottiene il favore agendo sui sensi, sui sentimenti, sull'inconscio (tema ben diffuso tra i romantici, i quali proprio per questo motivo preferiscono l'arte alla scienza). Il grosso vantaggio dell'arte è che non si limita a trasmettere un messaggio, ma trasforma, a loro insaputa, quelli che lo ricevono. Emanazione inconscia dello spirito del popolo, l'arte sa trovare la via del ritorno e agire su questo spirito. In questo contesto si capisce perché Hitler parli dell'arte con una tale enfasi. «L'arte è una missione sublime che obbliga al fanatismo» è una delle sue celebri formule, oppure «l'arte è il solo risultato immortale del lavoro umano». Raggiunge tutti gli individui e permette così al Führer di forgiarli secondo la forma da lui auspicata. Effettivamente, non è affidato a ognuno il tentativo di rendere bella la propria vita, secondo un ideale che sarebbe suo specifico: l'interesse del singolo si annulla davanti a quello generale, l'individuo si sottomette alla collettività – obbedisce a colui che lo guida. Trasposto alla vita politica, il modello artistico è necessariamente non ugualitario, perché pochi eletti giocano il ruolo dell'artista che non è limitato da alcun obbligo, mentre le masse devono accontentarsi di assolvere quello di materiale inerte. Non desterà meraviglia vedere il ruolo centrale riservato ancora una volta all'architettura, l'arte totale che trasforma direttamente la vita di tutti. Il solo vero artista in questa società è il Führer in persona – che non ha alcuna intenzione di dare libero corso all'iniziativa degli artisti, nel senso stretto della parola.

A Hitler, dunque, non basta più estetizzare la propria politica, organizzare parate e processioni trionfali o funebri, unire a musiche strepitose illuminazioni strabilianti; deve fondere politico ed estetico subordinando sempre le istituzioni e le azioni all'obiettivo finale: la produzione di un *Volk*, un popolo nuovo, in termini sia fisici sia spirituali. L'artista è così diventato demiurgo. «Chi vede soltanto una religione nel nazionalsocialismo non lo conosce affatto», dice Hitler a Rauschning. «È più di una religione: è la volontà di creare un uomo nuovo.»[38] Si tratta di un'azione deliberata, di una bottega d'artista o di un laboratorio che ha le dimensioni dell'intero paese.

I due strumenti principali per realizzare questa grande creazione sono la propaganda e l'eugenetica. La prima può sfruttare l'esperienza degli artisti; il secondo è il risultato di progressi scientifici: arte e scienza concorrono alla realizzazione del progetto nazista. La logica dell'eugenetica esige la selezione dei migliori esemplari e il controllo dei loro incroci; ne consegue che i nazisti considerano legittima l'eliminazione degli individui che hanno dei difetti e, come estrema conseguenza, lo sterminio delle razze inferiori. La scienza non si limita più, qui, a conoscere il mondo, ma, in accordo con il precetto di Marx, intende trasformarlo al fine di avvicinarsi all'ideale ricercato – che sarebbe rigorosamente ricavato dall'osservazione empirica. In questo si avvicina all'arte; lo scultore non deve forse sgrossare la massa informe della pietra o del legno, modellare l'argilla o il gesso, se vuole produrre una forma perfetta? Questa duplice trasformazione dell'uomo, fisica e mentale, rimane a sua volta conforme al progetto formulato in precedenza da Marinetti.

Ciò che interessa, dunque, non è tanto l'arte in sé, anche se Hitler darà sempre importanza al suo ruolo esemplare, ma l'arte al servizio della vita. Come recita il titolo di un discorso redatto nel 1936 da uno dei simpatizzanti del nazismo, Hermann von Keyserling, *La vita è un'arte.* I miti e le leggende germaniche, gli stessi sfruttati da Wagner, sono preziosi, ma è soprattutto l'esistenza quotidiana del popolo tedesco che deve arricchirsi di una dimensione mitica e leggendaria. Ciascuno, al proprio livello, agirà come un artista. Il lavoro deve diventare creativo, le attività utilitarie devono rispondere alle esigenze della bellezza. Le arti si trovano incaricate di un ruolo supplementare, oltre a essere utilizzate nella propaganda: devono rafforzare la legittimità dell'immagine che viene proposta dell'uomo e del popolo nuovi.

L'arte moderna, la cui idea aveva influenzato la concezione nazista della politica (libertà illimitata per l'artista rispetto al materiale a sua disposizione, la massa umana), non è più adatta a questo nuovo obiettivo; ormai è diventata un'arte inutile («degenerata») e, dopo qualche esitazione, i nazisti si decidono contro le invenzioni d'avanguardia. Invece di riflettere le mutevoli forme di vita o cercare di distinguersi dagli immediati predecessori, gli artisti devono dimostrare la persistenza del medesimo ideale e la sua conformità alla tradizione del passato. Sul piano pratico equivale a incoraggiare, in scultura, pittura o architettura, non l'astrazione o il Bauhaus, ma uno stile neoclassico e allegorico: è ciò che, nello spirito di Hitler e degli altri dirigenti nazisti, si avvicina maggiormente a un canone eterno. La presenza di queste forme nel passato – il corpo umano ideale, come viene raffigurato nella scultura greca e romana – giustifica gli sforzi fatti, del resto, per trasformare fisicamente i tedeschi contemporanei, attraverso la selezione e gli incroci controllati. La vita imiterà l'arte.

Proprio come Mussolini, nei suoi ultimi anni Hitler penserà di aver fallito nel tentativo di forgiare un popolo nuovo, all'altezza delle proprie esigenze: i tedeschi hanno perso la guerra, ma per il Führer soltanto la vittoria dimostra il valore di un popolo. Perciò avrebbe voluto trascinarlo nel proprio suicidio e farlo scomparire dalla faccia della terra; tuttavia, i suoi sostenitori scelgono di disobbedire agli ultimi ordini ricevuti. Il progetto «artistico» dei due dittatori non giunge a compimento. La sola opera che essi hanno realizzato è di tutt'altra natura: ciò che riescono a creare è una versione moderna dell'inferno. La superficie del continente europeo è interamente in preda a conflitti incessanti, le città crollano sotto i bombardamenti, la rete dei campi imprigiona milioni di persone condannate allo sfinimento a causa del lavoro, delle malattie, del freddo, della fame; altri milioni sono immediatamente fucilati o uccisi nelle camere a gas. Il programma di una vita nuova si è dimostrato portatore di morte.

Stalin, ingegnere delle anime umane

Hitler ha assunto il potere in Germania grazie alle elezioni del 1932. Quasi nello stesso momento Stalin, avendo sconfitto i rivali interni al partito, consolida il proprio potere assoluto e dedica qualche attenzione allo stato delle arti in URSS. Fino a quel momento diverse consorterie si disputavano il diritto di figurare come miglior rappresentante della rivoluzione comunista; Stalin pone fine a queste liti, sostituendo alle molteplici organizzazioni una sola unione per professione, comune e centralizzata: Unione degli scrittori, Unione dei pittori e così via.

Sempre in questo momento sarà adottata l'espressione «realismo socialista», che avrebbe dovuto definire la via imposta all'arte sovietica. È facile immaginare che le due parole da cui è costituita rischiano di non trovarsi sempre in accordo, perché «realismo» sembra riferirsi alla relazione tra rappresentazioni e realtà, dunque appartiene alla categoria del vero; «socialista» invece, designa un ideale, di conseguenza qualifica la capacità dell'opera di promuovere il bene. E se il vero e il bene, l'essere e il dover essere non procedessero di concerto e in piena armonia? Se rimanere realisti non portasse a difendere il socialismo? Lo stesso Stalin, che ama discutere di questi problemi con gli scrittori, non può concepire una tale separazione. «Se uno scrittore riflette onestamente la verità della vita, giunge immancabilmente al marxismo», dichiara.[39]

La spiegazione di questa solidarietà indefettibile è fornita dall'ideologo del partito, Andrej Ždanov, nel discorso tenuto al I Congresso degli scrittori sovietici, nel 1934. Il socialismo rappresenta l'avvenire sovietico, a sua volta contenuto in germe nel presente. Gli scrittori che riferiscono con realismo ciò che vedono intorno a sé devono dunque includervi l'avvenire socialista. «La letteratura sovietica deve saper mostrare i nostri eroi, sapersi proiettare nel nostro avvenire. Non sarà utopia, perché questo avvenire è fin da oggi preparato da un lavoro cosciente e pianificato.»[40] Ma questo avvenire è definito al punto che lo si possa descrivere come presente? Sì, perché lo svolgersi del tempo non conosce la casualità: obbedisce alle leggi della storia, ma anche alla volontà del partito (ai piani); di conseguenza è perfettamente prevedibile.

Ždanov, inoltre, ricorda al Congresso che, in occasione di un incontro tenutosi nel 1932, Stalin ha gratificato gli scrittori di una nuova definizione: sono destinati a essere gli «ingegneri dell'anima umana». Nella tradizione russa, il grande scrittore si vede facilmente attribuire il ruolo di *maître à penser*. Tocca all'ingegnere, che ormai ha preso il suo posto, guidare le menti, ma il suo modo di procedere non ha più nulla di artigianale: muove dalla conoscenza scientifica sia della realtà sia delle masse che è chiamato a formare. A differenza dei costruttivisti, tuttavia, che utilizzavano la stessa immagine (l'abbiamo vista apparire in Tret'jakov), Stalin non lascia alcuna iniziativa a questi specialisti. Il responsabile della costruzione è il partito; lo scrittore-ingegnere è un mero esecutore, un tecnico della manipolazione psichica. La necessità di osservare e descrivere fedelmente la realtà non è nemmeno presa in considerazione; come il filosofo marxista, il suo ruolo non è più tanto d'interpretare il mondo, quanto di trasformarlo. Le opere che, negli anni Trenta, risulteranno più conformi a questo programma sono dei racconti di formazione, individuale o collettiva: descrivendo la realtà che lascia ben sperare, lo scrittore contribuisce all'avvento del futuro; come volevano gli scrittori romantici, la vita imita l'arte. Pensiamo a *Come fu temprato l'acciaio*, di Nikolaj Ostrovskij, la storia di un uomo la cui fede bolscevica trionfa sulla paralisi e sulla cecità; o al *Poema pedagogico* di Anton Makarenko, dove si racconta la metamorfosi di un gruppo di bambini-vagabondi. In tal modo la letteratura non è più alla ricerca di un assoluto che sarebbe suo specifico, ma interamente sottomessa alla propaganda del partito, il solo detentore di un assoluto terreno. Si osserverà, tra l'altro, il persistere della metafora inorganica, valorizzata a suo tempo da Marinetti: l'uomo è messo in risalto dal metallo e dalla macchina, è assimilato all'acciaio – che aveva già fornito lo pseudonimo a Stalin (*stal'*, acciaio).

Le altre arti non subiscono un'evoluzione analoga: vengono private di ogni obiettivo autonomo e quanto ai mezzi, come nella Germania nazista, saranno ricavati dall'arte pomposa del XIX secolo, piuttosto che da quella rivoluzionaria del XX, considerata meno efficace di quella del secolo precedente. Anche i propagandisti più zelanti, Majakovskij, Mejerchol'd, Ejzenštejn, saranno criticati per insufficiente sottomissione alle direttive del partito. Il risultato è che il primo si suicida, il secondo viene fucilato, il terzo si sottomette.

Qualificando gli scrittori sovietici come «ingegneri dell'anima umana», Stalin li adula. Il vero creatore, forgiatore di nuove anime e di un nuovo popolo, naturalmente è Stalin in persona, favorito dal proprio entourage; il solo vero artista è il dittatore – un artista che si avvicina a Dio, perché la sua opera è il paese intero, la sua materia milioni di uomini. Ecco perché i regimi totalitari, dopo aver trovato una certa ispirazione nelle idee delle avanguardie artistiche, si sbarazzano dei loro rappresentanti o li riducono alla sottomissione: hanno bisogno di docili esecutori, non di inventori. In un discorso rivolto ad artisti, scienziati e scrittori nel 1925, il teorico del comunismo Nikolaj Bucharin li aveva messi in guardia: «Fabbricheremo gli intellettuali come prodotti creati nelle officine alla catena di montaggio».[41]

Occorre dire che il modello dell'artista non è assente dal pensiero di Stalin. Nel seminario in cui è entrato durante gli anni della formazione egli legge con passione i classici della letteratura russa e occidentale; tra i favoriti figurano Čechov e Victor Hugo (dovrebbe bastare questo ad attenuare ogni speranza che la lettura dei grandi classici addolcisca automaticamente i costumi...). A diciassette anni è un poeta apprezzato dagli ambienti letterari in Georgia; in seguito rinuncerà alle proprie attività artistiche, perché l'azione rivoluzionaria gli assorbirà tempo ed energie: l'una si sostituisce alle altre. Si costruisce allora da sé, diventa la propria opera: si cambia data di nascita (ringiovanendosi di un anno), si dà un nome (Stalin, invece di Džugašvili, è solo l'ultimo di una lunga serie), si costruisce dei ruoli da assumere nell'agone politico. Asceso al vertice del potere, s'interessa dei grandi poeti e artisti del proprio tempo e si occupa personalmente del loro destino, instaurando con loro un gioco perverso in cui si alternano seduzione e brutalità. Non dimentica nemmeno la relazione tra poeti e sacerdoti: l'ex seminarista non si accontenta di aggiungere all'ideologia bolscevica un culto rinnovato dei santi e delle icone, ama porsi come esecutore ispirato a una volontà superiore, fornito di un canale diretto che conduce alla verità assoluta.[42]

Non è certo un caso se poeti e artisti rimangono a loro volta affascinati da Stalin: riconoscono in lui uno spirito simile al loro, ma che agisce sulla scena infinitamente più vasta del mondo. Ne troviamo dimostrazione in un poema di Boris Pasternak, uno dei migliori poeti del tempo. Nel poema, significativamente intitolato *L'artista* (*Chudožnik*) e pubblicato su un giornale di Mosca il 1° gennaio del 1936, Pasternak mette a confronto il poeta solitario, un individualista che rimane ripiegato su di sé a scrutare la propria anima, e l'inquilino del Cremlino, Stalin, che realizza il sogno dei più audaci ed esegue quotidianamente «una fuga a due voci», grazie ai «due principi estremi che sanno tutto l'uno dell'altro», la poesia e il potere. Non agisce come un uomo qualunque, perché è il «genio dell'atto», «un atto su scala mondiale».[43] Ciò che il poeta tradizionale opera nella propria immaginazione, Stalin lo realizza a livello della storia mondiale: piega il destino dell'umanità. In una lettera indirizzata l'anno precedente al dittatore, il poeta scriveva: «Mi sottometto a qualcosa di misterioso, che, al di là di tutto ciò che il mondo comprende e condivide, mi unisce a voi». Pasternak non è certo il solo a subire tale fascino. Lo scrittore Kornej Čukovskij descrive così l'effetto che produce un intervento di Stalin davanti agli scrittori: «Sui volti dei presenti era dipinto l'amore, la tenerezza [...]. Vedere Lui – e null'altro – per noi tutti era la felicità».[44]

Lavorando su una scala così vasta, il dittatore non si può permettere d'indugiare sui bisogni e sui desideri di ogni individuo. La necessità non ha legge: è questa la logica totalitaria. Già nel 1917 Bucharin dichiarava: «La coercizione, quella proletaria in tutte le sue forme a cominciare dalle esecuzioni [...], ecco il metodo che permetterà di forgiare l'uomo comunista nel materiale umano dell'epoca capitalista». Quindici anni dopo, Hitler confidava a Rauschning: «La mia pedagogia è dura. Ciò che è debole e verminoso deve essere rimosso a colpi di martello».[45]

In quest'ottica, l'arte in senso stretto è soltanto uno degli strumenti a disposizione del dittatore-artista. Senza dubbio è un mezzo particolarmente efficace, come osservano i teorici comunisti, concordi in questo con i propagandisti nazisti. Un altro mezzo d'azione è l'educazione propriamente detta; un terzo, la pressione sociale esercitata sulle famiglie; un quarto, la manipolazione dell'informazione. Gli organi di sicurezza, di volta in volta chiamati CEKA, GPU, NKVD o KGB, che hanno a disposizione ogni mezzo immaginabile della coercizione, non rischiano forse di rivelarsi migliori «ingegneri dell'anima umana» di quanto non siano gli scrittori? Del resto, Maksim Gor'kij, capofila degli scrittori sovietici, descrive i loro agenti esattamente in questi termini: «Il GPU non è soltanto la spada affilata della dittatura del proletariato, ma anche una scuola di rieducazione per le decine di migliaia di persone che ci sono ostili». Dopo aver visitato un'opera imponente realizzata dagli *zek* dei campi, il canale Mar Bianco - Mar Baltico, vede in esso «un miracolo di rieducazione»,[46] una felice trasformazione degli uomini attraverso il lavoro, ma dimentica che il letto del canale è tappezzato dai cadaveri di detenuti. Sotto il totalitarismo, in Russia come in Germania, «il lavoro rende liberi»...

Il progetto di trasformazione fisica della specie umana, pur non giocando lo stesso ruolo nel comunismo e nel nazismo, non è assente. Ne troviamo traccia in *Letteratura e rivoluzione*, opera di Lev Trockij pubblicata a Mosca nel 1924 (anch'egli, come Stalin, si era dedicato alla scrittura poetica in gioventù). Nella conclusione, Trockij tenta d'immaginare a che cosa somiglierà la futura società socialista. La frontiera tra arte e industria sarà abolita – saranno tutti degli artisti –, ma lo stesso accadrà per quella tra arte e natura. Infatti, l'uomo del futuro non si limiterà a rimodellare la società, ma trasformerà anche la natura secondo i propri desideri. «La posizione attuale delle montagne, dei fiumi, dei campi e dei prati, delle steppe, delle foreste e delle coste non può essere considerata definitiva.» L'uomo demiurgo eguaglia veramente Dio: crea un mondo a proprio piacere. È in questo contesto che Trockij immagina la trasformazione della porzione di universo chiamata umanità. Il compito sarà affidato, ora lo sappiamo, agli educatori, sia degli individui sia della società considerata nel suo complesso. Sarà condiviso anche dagli organizzatori della vita comune. «La fastidiosa necessità di nutrire e allevare i bambini sarà tolta alla famiglia dall'iniziativa sociale.» In questo modo, invece di avanzare alla cieca, la vita nella società comunista sarà interamente pianificata e controllata.

Secondo Trockij, esisterebbe un mezzo ancora più radicale per ottenere l'umanità desiderata: l'eugenetica. Non bisogna avere timore d'intervenire sulla specie umana con la selezione e con l'azione sull'organismo stesso, quella che oggi definiamo manipolazione genetica. Alla selezione naturale si aggiungerà la selezione artificiale guidata dalla scienza: «Il genere umano, che ha cessato di strisciare davanti a Dio, allo Zar e al Capitale, sarebbe forse destinato a capitolare davanti alle leggi oscure dell'eredità e della cieca selezione sessuale? L'uomo divenuto libero cercherà di raggiungere un migliore equilibrio nel funzionamento dei propri organi e uno sviluppo più armonioso dei propri tessuti». Avendo compiuto la propria trasformazione fisica, l'essere umano «s'innalzerà a un livello più alto e creerà un tipo biologico e sociale superiore, un superuomo se volete».[47]

Trockij sarà allontanato dal potere per l'intervento di Stalin e non avrà modo di concretizzare le proprie idee, che in questo periodo sono messe in atto dai nazisti. Per raggiungere lo scopo che si è prefissato, ossia la creazione di un uomo nuovo e di un'altrettanto nuova società, lo stesso Stalin si limiterà a utilizzare le altre leve del potere a disposizione: stato, partito, polizia, educatori, scrittori, artisti. Anche se Stalin, comunque, non è stato ostacolato nel guidare la propria politica sino alla fine della vita, a vent'anni di distanza (nel 1953) il risultato non è più brillante di quello ottenuto da Hitler. Le vittime della sua repressione si contano in decine di milioni, il resto della popolazione vive nella povertà e nella paura, la natura stessa è profondamente degradata. L'uomo nuovo a cui il comunismo doveva dar vita rimane soltanto negli slogan del partito e nei romanzi del realismo socialista. Il destino dello stato sovietico è la dimostrazione che il progetto iniziale, quello di eliminare tutte le strutture sociali precedenti per sostituirle con un ordine nuovo, frutto della scienza e della volontà, fallisce sempre: non soltanto quando i suoi promotori perdono la guerra, ma anche quando ne escono vincitori. Il comunismo è morto non per una disfatta militare, ma di morte «naturale»; tuttavia, dietro di sé ha lasciato solamente desolazione materiale e morale.

Quale interpretazione dobbiamo dare del parallelo tra le idee e le forze che, in questi anni tra le due guerre, animano artisti d'avanguardia e dittatori totalitari? Sulla scia di Walter Benjamin, spesso è stato osservato che i movimenti politici estremisti avevano la tendenza ad avvicinare considerazioni estetiche e politiche, secondo due modalità differenti: «Il fascismo tende naturalmente a un'estetizzazione della vita politica [...]. La risposta del comunismo è di politicizzare l'arte».[48] Questa celebre formulazione è insufficiente sotto molti aspetti. In primo luogo, essa stabilisce un'opposizione tra i due totalitarismi che esiste solo agli occhi dei rispettivi sostenitori: in realtà, il comunismo conosce la tentazione estetizzante, il fascismo incoraggia l'arte politicizzata sottomessa alla propaganda. Inoltre, ciò che osserviamo qui è una vicinanza che non si riduce alla strumentalizzazione di un progetto da parte dell'altro, ma permette di comprenderli come due prodotti nati da una medesima matrice.

L'elemento che accomuna dittatori e artisti d'avanguardia è la loro radicalità o, se vogliamo, il loro integralismo: gli uni e gli altri ambiscono a lavorare *ex nihilo,* a non tenere dunque in alcuna considerazione ciò che esiste già, per costruire un'opera secondo i propri criteri; gli uni e gli altri potrebbero far proprio il verso di Eugène Pottier che *L'Internazionale* aveva reso celebre, «del passato facciamo tabula rasa» e anche il metodo accolto è il medesimo, ossia la rivoluzione. Ciò che hanno in comune è la loro ambizione totalizzante, che non si ferma davanti ad alcun limite e non ammette opinioni divergenti: l'artista auspica di abolire tutti gli altri canoni estetici, il dittatore è pronto a sconvolgere tutte le norme della vita sociale precedente. Infine, comune è la mancanza di considerazione per l'opinione del singolo, la preferenza per le produzioni collettive e standardizzate. Fedeli al progetto prometeico che attraversa tutta la modernità, si propongono di fabbricare un'arte del tutto nuova, degli uomini nuovi, dei popoli nuovi; in maniera assolutamente coerente, rifiutano i valori femminili – amore, tenerezza, compassione – e tutto ciò che potrebbero assorbire dall'esterno, dalla natura o dalla storia. Nulla è ricevuto passivamente – tutto è voluto. La loro ambizione è smisurata, eppure delinea uno spazio chiuso, perché non riconosce alcunché all'esterno. Inebriati del proprio orgoglio, artisti e dittatori condividono la stessa convinzione di dominare interamente il processo di costruzione – che sia quello delle opere o quello delle società.

A differenziarli è prima di tutto la scala sulla quale lavorano: il paese intero, popolazione inclusa, per i dittatori; il libro, la tela, la scena, la casa, la via, al massimo il quartiere, per gli artisti. Occorre ribadire, inoltre, che il dittatore è il solo a vivere questa identificazione della propria attività con la creazione artistica. Le masse sottomesse, indifferentemente nella Russia di Stalin, nella Germania di Hitler o nell'Italia di Mussolini, non percepiscono la fusione delle attività politica e artistica e ignorano che la loro esistenza è forgiata in conformità a un canone di bellezza. L'assoluto in nome del quale il loro stato le sottomette e che presumibilmente sono tenute a venerare ha un volto ben diverso e costituisce un ideale collettivo, non individuale. Nell'Italia fascista questo nuovo dio viene chiamato nazione o stato, nella Germania nazista popolo, nella Russia sovietica comunismo; ovunque, i ministri del culto sono organizzati in seno a un partito. Il cittadino comune di questi stati non ha alcuna possibilità di modellare la propria esistenza come un'opera d'arte, scegliendo la propria concezione di bellezza; è costretto a conformarsi all'ideale comune. Mentre il dittatore vive la fusione dei due modi moderni di avvicinare l'assoluto, quello politico e quello artistico, la popolazione si vede imporre l'assoluto politico – la rivoluzione, il partito, il dittatore – e la bellezza è ridotta a un ruolo secondario. Ciò a cui la massa assiste è tutt'altro: la morte di milioni di individui, la persecuzione, la detenzione, la sottomissione, la paura, la depravazione morale.

Gli artisti presi singolarmente non possono essere considerati responsabili delle future derive totalitarie e di cui sovente sarebbero stati le prime vittime (tale restrizione non si applica ad attivisti come Marinetti o Majakovskij); comunque, conviene sottolineare la loro grande ingenuità politica e prendere atto del rischio a cui ci si espone formulando delle teorie estremiste in campo artistico, dimenticando che un giorno potrebbero dar vita a una sinistra realtà. Un esempio eloquente di ciò che intellettuali e artisti dimenticano troppo spesso è che le parole e le immagini sono atti che comportano delle conseguenze nella vita delle società. Non soltanto dunque, come ricordava Tocqueville nella frase citata in esergo, ciò che è qualità nel processo di creazione artistica può causare dei disastri nella vita politica; ma anche le opere d'arte talvolta avviano delle trasformazioni nella società – perché agiscono tra la gente comune. La potenza espressiva a disposizione di questi creatori implica anche una maggiore responsabilità politica. Le avanguardie artistiche non sono l'unica fonte delle dottrine totalitarie, ma il ruolo che giocano nella loro formazione non può essere ignorato. A tale riguardo si possono ricordare gli avvertimenti formulati da Simone Weil all'inizio della seconda guerra mondiale: «Credo nella responsabilità degli scrittori dell'epoca appena conclusa nella sventura del nostro tempo. Il carattere essenziale della prima metà del Ventesimo secolo è l'indebolimento e quasi la scomparsa della nozione di valore. Il dadaismo, il surrealismo hanno espresso l'ebbrezza della licenza totale, ebbrezza in cui s'immerge lo spirito quando, rifiutando ogni considerazione di valore, si abbandona all'immediato».[49]

Il confronto tra progetti romantici e progetti rivoluzionari, inoltre, suggerisce una relazione più profonda tra i due, che risale al loro sviluppo nel XIX secolo. Più o meno consapevolmente, i pensatori romantici hanno fatto propria una rappresentazione dualista del mondo: ai loro occhi, artisti e poeti formano l'élite dell'umanità e l'arte gioca il ruolo riservato alla gnosi nelle antiche dottrine religiose.[50] Lo stesso vale, però, per gli utopisti che sognano la salvezza collettiva dell'umanità o del popolo. Si ritrova questa convergenza nell'uso della metafora d'avanguardia, applicata altrettanto bene agli artisti illuminati e al partito che dirige le sfide, opposti ogni volta alle masse passive destinate a sottomettersi. Dualismo politico e dualismo estetico possono opporsi ora qui ora là, condividono comunque una medesima visione del mondo. I promotori delle dottrine totalitarie possono anche giudicare con disprezzo i pensatori romantici, e questi ultimi a loro volta possono voltare le spalle a ogni forma di impegno politico, tuttavia partecipano di un medesimo movimento storico. Karl Popper, sensibile alla vicinanza tra estremismo politico ed estetico, concludeva con queste parole la propria analisi delle origini del totalitarismo: «Questo sogno affascinante di un mondo meraviglioso è soltanto una visione romantica».[51]

Sappiamo bene quali disastri abbia causato il tentativo di una rivoluzione totale, quando l'ideale a cui si mirava era di natura politica: gli utopismi che pretendevano di sostituire al presente mediocre un avvenire radioso si sono trasformati nei totalitarismi del XX secolo, un rimedio assai peggiore del male da cui pretendevano di guarirci. Oggi abbiamo abbandonato i venditori di sogni politici, gli utopisti che promettevano l'avvento imminente della felicità per tutti, perché abbiamo imparato che queste promesse nascondevano le sinistre macchinazioni di Lenin e Stalin, di Mussolini e Hitler. Talvolta, siamo portati a credere che le immagini romantiche di una perfezione artistica ne siano l'antitesi. In realtà, non è affatto così: queste due visioni non sono state soltanto o in collaborazione o in contrasto; procedono da una medesima concezione del mondo che ritiene di possedere la ricetta di una creazione suprema, che non deve tener conto dei precedenti modi di vivere e creare, che oppone radicalmente il basso e l'alto, il presente e l'avvenire, il male e il bene e che vuole definitivamente eliminare il primo termine. Ma se l'ideale cessa di costituire un orizzonte e si trasforma in regola di vita quotidiana, il risultato è disastroso: è il regno del terrore. La storia ci insegna che il sogno romantico, anche se infinitamente meno pericoloso dell'utopismo politico, è altrettanto causa di delusione.

Coloro che si occupano di giustizia considerano risolte le questioni che invece creano difficoltà ai profani. Carla del Ponte, ex procuratore capo del Tribunale penale internazionale per l'ex Iugoslavia (International Criminal Tribunal for the former Yugoslavia, ICTY), diceva in un'intervista: «Il lavoro del procuratore è un lavoro molto tecnico, che non ha nulla a che vedere con la politica né con i sentimenti».[1] Gli esperti continuano a porsi domande, certo, ma all'interno di un quadro ben definito. In particolare, vorrebbero che la giustizia internazionale già esercitata fosse più equa e più efficace. Per quanto mi riguarda, non essendo un esperto in materia e dunque non in grado d'intromettermi in un lavoro «molto tecnico», è il quadro stesso talvolta a creare dei problemi. Ciò che è ovvio per gli esperti non lo è per me né, credo, per l'opinione pubblica nel suo complesso. Intendo qui occuparmi proprio delle relazioni che ha la giustizia con la politica e con i sentimenti.

Prima di esprimere alcune riflessioni sull'azione della giustizia internazionale oggi, vorrei condividere un'impressione generale sulla sua attuale evoluzione nei rapporti con la società. Ai miei occhi tale evoluzione consiste nel fatto che la giustizia estende il proprio campo d'azione ben oltre la sfera tradizionale, la vocazione a indagare sulle trasgressioni dell'ordine sociale e, ove necessario, sanzionare gli individui che ne siano responsabili. Tali estensioni si manifestano, in particolare, sotto forma di due azioni giudiziarie: la giustizia internazionale e i processi per crimini contro l'umanità (la prima estensione riguarda lo spazio, la seconda il tempo). A me non sembrano né necessarie né auspicabili, le percepisco piuttosto come delle derive che meritano un esame critico.

Rapporti con la politica e la storia

La prima deriva a cui penso non è legata, peraltro, a questo contesto; è di natura *politica.* Lo sappiamo tutti e non è certo un'invenzione recente. Nella mia personale esperienza l'ho constatata molto tempo fa. Sono nato in Bulgaria e la storia moderna della mia nazione, negli anni della mia infanzia, è stata scandita da tre serie di processi politici, la cui peculiarità era che gli accusatori di un processo diventavano gli imputati di quello successivo. Nel 1945 i membri dei governi e del parlamento del tempo di guerra furono giudicati, condannati e messi a morte dal nuovo potere, il Fronte patriottico e antifascista. Nel 1947 fu la volta dei membri non comunisti di questo stesso Fronte: giudicati, condannati, uccisi dagli stessi ex compagni comunisti. Infine, nel 1949, toccò ai comunisti: quegli stessi che avevano condotto i processi del 1947 furono sottoposti a giudizio, condannati e messi a morte da altri comunisti, che avevano preso il loro posto alla guida dello stato.

A prendere tali decisioni erano dei tribunali; ma si può parlare di giustizia? In questi conflitti politici si contrapponevano due forze, una delle quali usciva vincente. Ma la vittoria non le era sufficiente: voleva avere dalla sua non soltanto la forza, anche il diritto. Alla disfatta politica dell'avversario doveva aggiungersi la colpevolezza legale. Il fatto è che chi era uscito sconfitto aveva avuto, nei giorni migliori, esattamente la stessa legittimità del suo attuale vincitore: in passato aveva sconfitto il proprio avversario. Circa tre secoli fa, Montesquieu aveva messo in risalto questo atteggiamento sotto forma di breve aneddoto. Un re, riferiva nelle *Lettere persiane,* «avendo vinto e fatto prigioniero un principe che gli disputava la corona, volle rimproverarlo della sua infedeltà e perfidia: "C'è solo un momento", dice lo sventurato principe, "in cui viene deciso chi di noi due è il traditore"».[2] Nei suoi giorni migliori, l'uomo politico deposto aveva condotto una politica alla quale nessuno aveva trovato nulla da ridire.

Siamo dunque di fronte a un'estensione illegittima della giustizia al di fuori della propria sfera abituale. Si potrebbe obiettare, tuttavia, che l'esempio riguarda il passato totalitario di un paese lontano. Le democrazie, come la Francia, non sono minacciate da una simile deriva. E certo non lo sono allo stesso livello. Ma sono davvero immuni da questo pericolo, in ogni circostanza? Prendiamo un altro esempio recente: nel febbraio del 2006, il settimanale «Charlie-Hebdo» ha pubblicato delle vignette sul profeta Maometto, che erano apparse precedentemente su un giornale danese suscitando un'ondata di proteste in numerosi paesi musulmani. Due organizzazioni musulmane francesi citano il settimanale in giudizio; la vicenda finisce davanti al giudice nel febbraio del 2007. In quel periodo la Francia è in campagna elettorale presidenziale; i rappresentanti dei diversi partiti vanno a testimoniare in tribunale, dichiarando che alla censura preferiscono la libertà. Nicolas Sarkozy, allora ministro dell'Interno, invia alla giustizia una lettera in cui esprime il proprio appoggio incondizionato: «Preferisco l'eccesso di caricatura alla sua assenza». Senza sorprese, un mese più tardi il giornale sarà assolto. È possibile affermare che il potere politico, in questo caso, non abbia esercitato alcuna pressione sulle decisioni della giustizia?[3]

La seconda deriva, molto diffusa nei paesi democratici, potrebbe essere definita non più politica, ma *storica*, nel senso che questa volta la giustizia invade l'ambito della storia. Ne trovo un esempio, tra i tanti possibili, in un colloquio con il procuratore precedente dell'ICTY, Louise Arbour.[4] Ella afferma, infatti, che la funzione della giustizia è di «portare alla luce il vero», di essere «una fucina di verità».

Senza entrare in un dibattito filosofico di fondo, può essere utile ricordare che la parola «verità» assume (almeno) due diversi significati. Da un lato, quello di verità fattuale, verità di adeguamento tra le parole e il loro oggetto, che implica la raccolta di informazioni e risponde alle domande: chi, quando, dove, quanto, come... Dall'altro, una verità d'interpretazione, che riguarda il significato stesso degli avvenimenti, il loro posto nella storia umana, la loro portata per i contemporanei e per le generazioni seguenti. Gli storici sono alla ricerca delle due forme di verità, alle quali non attribuiscono il medesimo valore. La presenza di verità fattuale distingue il lavoro storico dall'affabulazione, lo storico dall'autore di fiction, ma nello stesso tempo gli fornisce soltanto un punto di partenza che egli condivide con gli archivisti; la verità d'interpretazione, capace di svelare il senso degli avvenimenti, costituisce il cuore del suo lavoro specifico ed è la verità che permette di distinguere i grandi storici dalla massa indistinta dei colleghi.

Ora, la giustizia dispone di mezzi più adatti a contribuire all'accertamento della prima specie di verità che della seconda.

È in grado di raccogliere numerosissime informazioni, verificarle e classificarle. A tale scopo dispone di mezzi importanti: polizia, investigatori, testimoni, tutti tenuti a dire soltanto la verità, a rischio di sanzione; condanna l'affabulazione, dunque le sue scoperte sono credibili. Può facilitare enormemente il lavoro dello storico. Parlo a ragion veduta: quando ho dedicato un libro a un episodio dimenticato della liberazione, *Una tragedia vissuta*,[5] ho utilizzato dei documenti raccolti in vista di un processo, quello di un collaboratore francese della Gestapo.

In compenso, la giustizia non è fatta per cercare la seconda specie di verità, quella legata al significato degli avvenimenti. La giustizia non aspira a un'equità storica, raccoglie prove contro o a favore: la verità fattuale è posta al servizio di un obiettivo, perciò strumentalizzata. E la giustizia conosce soltanto due estremi: sì/no, colpevole/innocente, mentre la verità storica è meno netta. Piuttosto che nero e bianco, nella realtà al di fuori dei tribunali si trovano le molteplici sfumature del grigio. Per il mio libro di storia e per ciò che concerne questo tipo di verità il giudizio del tribunale non mi era più di alcuna utilità.

I giudici non sono formati per sostituirsi agli storici, né posti in un quadro adatto a condurre questo lavoro. Non lo sono più dei parlamentari, ai quali è richiesto, con lo stesso intento, di stabilire la verità storica attraverso una legge. Ora, i processi come quelli che ho evocato, contro crimini compiuti in passato o in altri luoghi, chiamano necessariamente in causa la nozione di verità storica, di verità d'interpretazione, e non soltanto di verità fattuale.

Un'altra situazione esprime bene la differenza tra verità giuridica e verità storica. Secondo il diritto internazionale i crimini commessi dagli khmer rossi negli anni Settanta non rientrano nel crimine di genocidio. È noto che tale crimine viene formulato nella pratica giudiziaria in occasione dei processi di Norimberga. Ciò che si ricorda meno è che, se dal suo perimetro sono escluse le violenze inflitte a gruppi identificati in base a criteri politici o sociali, ciò è dovuto all'intervento esplicito dei rappresentanti sovietici, appoggiati da quelli degli altri paesi comunisti dell'Europa dell'Est: essi temono che, procedendo diversamente, la loro stessa repressione dei «controrivoluzionari» o dei «kulak» sarebbe potuta apparire come un caso di genocidio. Raphael Lemkin, responsabile più di ogni altro del fatto che la nozione di genocidio sia entrata nel diritto internazionale, condivide questo punto di vista per ragioni del tutto diverse e riesce a imporlo: per lui, a parità di numero di vittime, il crimine è più grave se tutte condividono la stessa cultura. Se dieci milioni di congolesi sono morti tra il 1880 e il 1920 per colpa dei colonizzatori belgi, non si tratta di un genocidio perché non formavano una popolazione culturalmente omogenea, come Lemkin crede che sia nel caso degli ebrei.[6] Dunque, egli pensa che oltre agli esseri umani è possibile «uccidere» una cultura, come se fosse un essere vivente, sempre identica a sé stessa. È lecito non condividere questa concezione antropologica alquanto singolare e considerare perciò un caso di genocidio il massacro di quasi un quarto della popolazione cambogiana.

Ci si può anche chiedere se perseguire la giustizia, nel senso di una sanzione, e cercare la verità facendo appello a tutti gli attori della storia, inclusi quelli che rischierebbero di trovarsi sul banco degli imputati, siano attività del tutto compatibili. Pensiamo alla tortura praticata dall'esercito francese durante la guerra d'Algeria – un esempio che occupava spesso la prima pagina dei giornali fino agli eventi dell'11 settembre 2001... Dopo la pubblicazione di un libro scritto dal generale Aussaresses, in cui l'autore descrive dettagliatamente le esecuzioni sommarie e le sedute di tortura che organizzava, alcuni hanno proposto di avviare un procedimento criminale contro gli ex torturatori, perseguendoli per crimini contro l'umanità.

Senza parlare di altre possibili ragioni per opporsi a tale iniziativa, come non cogliere che avrebbe ottenuto il risultato di esortare quelli che furono gli attori del dramma a dissimulare la verità piuttosto che a rivelarla? Com'è possibile condurre serenamente un'indagine approfondita, pensando contemporaneamente che il suo esito rischia di rinchiuderti nella cella di una prigione? Per conoscere e comprendere che cosa sia stata questa guerra, non occorre perseguire in tribunale i suoi attori. Ora, questa comprensione, questa ricerca di verità storica sono probabilmente più utili alla società francese di oggi, a quarant'anni dai fatti, di quanto non sarebbe stata la condanna tardiva dell'uno o dell'altro individuo.

Una funzione educativa?

Deriva politica; deriva storica; aggiungerei, inoltre, che sia da temere una deriva *educativa*. Ne trovo le tracce ancora una volta nell'intervista di Louise Arbour citata in precedenza: la «funzione più specifica» della giustizia, dice, consiste nel praticare «un'educazione internazionale», nel puntare al «superamento della pena attraverso l'educazione». In altre parole, lo scopo della giustizia è di educare il pubblico, insegnargli ciò che è bene. Questo programma mi lascia perplesso per diversi motivi.

Ci si può chiedere, innanzitutto, se la lezione impartita dai diversi processi sia veramente di alto valore morale. Il primo dei processi francesi per crimini contro l'umanità giudicava Klaus Barbie, un ufficiale della Gestapo. Indipendentemente dall'intenzione dei poteri pubblici che avevano istruito il processo, la lezione trasmessa era: i carnefici sono tedeschi, le vittime francesi. Stando così le cose, era impossibile per il pubblico francese immedesimarsi nel colpevole e non soltanto nella mano che lo puniva. Ora, se l'individuo si sente la coscienza a posto perché incarna il bene, la sua educazione non ha compiuto alcun progresso. Solamente se può immedesimarsi – anche – nel colpevole, può trasformarsi da dentro, o almeno vigilare sulla parte di sé che sarebbe capace di commettere un crimine. È facile immaginare che se il medesimo processo si fosse svolto in Germania, avrebbe avuto un valore educativo maggiore.

I processi successivi riguardavano alcuni cittadini francesi (Paul Touvier e Maurice Papon), ma le lezioni che impartivano erano altrettanto ambigue. È stato necessario modificare più volte la definizione stessa di crimine contro l'umanità perché fosse possibile applicarla a ogni caso; il potere politico esprimeva apertamente il proprio punto di vista sulla colpevolezza dell'accusato; la stampa non evitava d'influenzare sia i giurati sia i giudici. L'impressione diffusa era quella di una sentenza già decisa in nome dell'interesse politico, che colpiva uomini di una generazione appartenente al passato, con la quale era impossibile identificarsi, uomini scelti per rappresentare una categoria di colpevoli, piuttosto che in ragione della loro specifica storia. Tutte queste critiche – e alcune altre ancora – erano formulate al momento dei fatti da diversi osservatori, in particolare storici come Pierre Nora o Henry Rousso.

Possiamo affermare che le lezioni della giustizia internazionale sono di un livello assai superiore? Ho qualche dubbio. Prendiamo il processo di Milošević all'Aia. Che cosa pensare delle condizioni nelle quali quest'ultimo è stato consegnato alla giustizia? Incarnavano forse gli alti ideali del diritto internazionale? Il quotidiano «Le Monde», che non manifestava un'eccessiva diffidenza nei confronti dell'ICTY, in occasione del trasferimento del leader serbo scriveva: «Washington aveva chiaramente indicato che per gli Stati Uniti si trattava di un *do ut des*», di conseguenza «quest'anno forniranno un aiuto finanziario di 181,6 milioni di dollari».[7] Un modo di agire come questo, in cui il fine giustifica i mezzi e il denaro compra la giustizia, illustra il regno dell'equità o la legge del più forte?

E chi dovrebbe essere il destinatario delle lezioni di morale derivanti da questo processo? La popolazione dei Paesi Bassi? della Francia? o degli Stati Uniti? Niente affatto: dal processo tutte queste ricavano la convinzione di essere sempre state dalla parte del bene. Sarebbe piuttosto la popolazione della Iugoslavia ad aver bisogno di queste lezioni, perché si è resa complice o è rimasta testimone passiva dei massacri compiuti sul proprio territorio. Il fatto è che il processo si è svolto lontano dal paese interessato e senza la partecipazione della popolazione – che, di conseguenza, non riceve alcuna lezione, ma si sente confermata nel proprio ruolo, simbolicamente gratificante, di giocattolo nelle mani delle grandi potenze; che vi vede non il regno del diritto, ma della forza. Come per Barbie, rimango persuaso che il valore educativo di un simile processo sarebbe stato assai più alto se si fosse svolto nel paese dell'imputato, facilitando così l'identificazione del pubblico con l'accusato e rendendo possibile un lavoro di esame di coscienza e di cambiamento interiore.

Formulando queste riserve sulle decisioni recenti, ho parlato come se aderissi al principio secondo cui lo scopo della giustizia sarebbe l'educazione. Ora, è il principio stesso che crea problema: lo scopo della giustizia deve restare la sola giustizia. Altrimenti saremmo pronti a commettere l'ingiustizia – basta che diventi l'occasione per una buona lezione. Ciò ricorda le esecuzioni «esemplari» di quelli che durante la guerra hanno rifiutato di sottomettersi o, più vicino a noi ma in un altro ambito, il famoso «non bisogna far disperare Billancourt» (in questa formula attribuita a Jean-Paul Sartre si trattava di rifiutare alla classe operaia ogni informazione sui campi dell'URSS). È contro questo tipo di proiezione della giustizia al di fuori del proprio ambito di competenza che Germaine Tillion ci metteva in guardia: «La giustizia non è fatta unicamente perché una vecchia generazione insegni pedagogicamente alla gioventù un frammento di storia. A mio avviso, la giustizia è (in primo luogo) fatta per proteggere la società contemporanea dai contemporanei pericolosi, immediatamente pericolosi, e per misurare il grado delle loro responsabilità».[8]

Contravvenendo al principio della legalità giudiziaria – «nessun crimine senza legge» –, estendendo la legge da «adesso» a «tempo fa», come nei crimini imprescrittibili, da «qui» a «in altri luoghi», come per la giustizia internazionale, si contribuisce ad amalgamare il diritto e la morale, il giusto e il bene. Ora, la loro distinzione è alla base stessa delle democrazie liberali moderne. A differenza sia delle teocrazie sia degli stati totalitari, la democrazia non pretende di essere uno stato virtuoso, non definisce il bene sovrano obbligando tutti i cittadini a desiderarlo. Al di là di un'adesione al patto sociale, a quelli che in Francia vengono chiamati «i valori repubblicani», ciascuno è libero di definire e di cercare il bene come meglio crede; la democrazia è il regime che rende possibile questa libera ricerca.

Che cosa ha condizionato queste estensioni problematiche della giustizia ai giorni nostri? Il principio di cui intravediamo qui l'azione potrebbe essere espresso così: *la società non sopporta il vuoto.* Le istanze che un tempo formulavano e difendevano i valori comuni rinunciano a farlo, ma la società continua ad averne bisogno. Ai giorni nostri, uomini e donne impegnati in politica si dedicano come i predecessori del passato ai conflitti di parte per il potere, ma sembrano avere rinunciato a dedicarsi a quest'altro compito. Gli storici non si richiamano più alla verità, ancor meno ai valori e si limitano a restituire la pluralità dei punti di vista, adottati dai diversi attori della storia. Il risultato è un vuoto – che oggi viene colmato dall'appello alla giustizia. Tutte le speranze si basano sul giudice, ormai unica fonte di certezze, sola istanza incaricata di affermare il vero e il bene; si è potuto parlare di «giuridicizzazione dello spazio pubblico». A dire il vero, il giudice non è affatto solo in questo nuovo ruolo: è aiutato dai media, i quali, però, rispondono a un altro principio, quello del coniglio in *Alice nel paese delle meraviglie.* Ricorderemo la sua regola: «Se lo dico tre volte, diventa vero!». La massima diffusione dell'informazione o del giudizio si sostituisce qui alla sua veridicità e alla sua giustezza: è questa la regola del coniglio.

Non sono sicuro che abbiamo da guadagnare in questa confusione dei ruoli. Per parte mia preferirei, anche se lo stato rimane neutrale rispetto alla morale, che i politici osassero esprimere ad alta voce ciò che ritengono più adatto alla comunità, che gli educatori e i moralisti difendessero apertamente la propria idea di bene, che gli storici s'ispirassero senza pudore eccessivo alla verità. E che i giudici si dedicassero alla propria vocazione, quella di favorire l'avvento della giustizia, che non si confonde con la verità, a sua volta distinta dalla pace pubblica e dal bene. Ognuno ha il proprio compito, già difficile da portare a termine.

Del resto, esiste un mezzo educativo collettivo relativamente simile alla giustizia, ma più adatto a questa funzione: sono le commissioni d'inchiesta, commissioni per la verità, come quelle costituitesi in America Latina o, più di recente, in Sudafrica. Ognuna di queste commissioni è anche stata criticata per le proprie carenze, tuttavia il loro principio mi sembra degno di essere difeso. Per quale motivo? In primo luogo perché i crimini di cui si occupano queste commissioni hanno degli attori troppo numerosi perché sia possibile giudicarli tutti e la responsabilità personale di ciascuno in questi casi risulta attenuata dalla presenza di ordini giunti dall'alto, addirittura da leggi alle quali è stato necessario piegarsi. Inoltre, le commissioni rinunciano alla punizione, partendo dal postulato che l'avvento della verità avrà un valore educativo superiore a poche sanzioni individuali. Infine, il lavoro prodotto da tali commissioni pone l'intera società davanti alle proprie responsabilità, invece di renderle possibile individuare qualche capro espiatorio. Così la società, la cui colpa, se non altro, è stata quella di aver lasciato correre, potrà riconoscersi nel colpevole e non soltanto nell'istanza di giustizia.

Tuttavia, va osservato che gli organi di giustizia internazionale, a più riprese, si sono dimostrati alquanto ostili a queste commissioni, come se vedessero in esse dei possibili rivali, in grado di avere la medesima influenza o la medesima reputazione.

La giustizia internazionale

Dopo questa lunga premessa, veniamo al tema annunciato, ossia le difficoltà incontrate dalla giustizia internazionale nella sua effettiva applicazione. Infatti, da un punto di vista generale siamo tutti d'accordo: chi di noi non ha sognato di vedere che quanto è considerato un crimine al di qua dei Pirenei lo sia anche al di là? Eppure, l'applicazione di tale idea si scontra con alcune difficoltà.

Per ricorrere ai termini in uso nel XVII e XVIII secolo, la difficoltà di fondo deriva dal fatto che non esiste, non può esistere, una «società generale». Che cosa vuol dire? All'interno di una società giusta, i conflitti tra interessi dei singoli sono regolati dalla contrattazione basata sul diritto; se necessario, lo stato ricorre alla forza pubblica per imporre la legge. Tra società, sono altrettanto possibili contrattazioni e accordi; ma, in caso di conflitto irriducibile, non è più possibile ricorrere alla forza pubblica: non esiste una legge comune vincolante, né un corpo di polizia universale. Bisogna dunque rivolgersi all'esercito ed essere pronti a dichiarare guerra. Il fatto è che ogni esercito serve in primo luogo gli interessi del paese di appartenenza. Ecco perché i pensatori del passato potevano dire che le relazioni interne a una società erano regolate dal diritto, quelle tra le diverse società, invece, dalla forza.

In queste condizioni, delle due l'una.

O si promuove la giustizia senza l'uso della forza. Allora si ammette che la giustizia per la quale ci si batte si ferma ai confini delle grandi potenze, rappresentate nel nostro mondo non soltanto dagli Stati Uniti, ma anche da Russia, Cina o India. Raymond Aron scriveva: «Chi è potente non accetta ordini e non si lascia costringere».[9] Il processo che ha portato all'istituzione della Corte penale internazionale (International Criminal Court, ICC) è stato sintomatico a tale riguardo. Sette paesi hanno votato contro la sua creazione: Stati Uniti, India, Cina, Vietnam, Israele, Bahrein, Qatar. È lecito pensare che, se la Russia ha votato a favore, ciò non significa che sia disposta ad accettare le ingiunzioni della Corte. Il presidente americano di allora, G.W. Bush, ha dichiarato, non appena eletto, che non avrebbe mai ratificato la convenzione che legalizzava la Corte. Ma anche qualora avesse sottoscritto l'accordo in questione, il risultato sarebbe stato problematico: gli Stati Uniti, paese peraltro democratico, non si sono mai piegati alle richieste ricevute da diverse commissioni internazionali, anche nel caso fossero istituite dall'ONU, quando queste riguardavano le loro attività in America Latina, o molto più semplicemente i loro interessi.

Oppure si uniscono la giustizia e la forza. In tal caso, si arruola un potente esercito al servizio della giustizia – quello della NATO, degli Stati Uniti –, ma con il rischio di vedere l'esercito servire i propri interessi e non quelli della giustizia. Nell'intervista già citata, Louise Arbour osserva ingenuamente: «I militari difficilmente possono rinunciare al filtro degli stati nazionali per vivere interiormente le proprie operazioni». Ciò non le ha impedito, comunque, di rivolgersi a questi militari, o di mettersi al loro servizio, fornendo una garanzia giuridica all'azione della NATO in Iugoslavia. A quel punto, com'è possibile garantire la propria imparzialità? È noto quale considerazione avesse l'accusa di crimini di guerra commessi dalla NATO: il tribunale si è limitato ad affidare l'inchiesta sulla propria eventuale parzialità ai funzionari interni – i quali, com'era prevedibile, hanno chiuso la questione, dichiarandosi al di là di ogni sospetto. Diversa è stata l'opinione di alcune organizzazioni non governative o del Comitato internazionale della Croce Rossa (International Committee of the Red Cross, CICR), poco sospettabile peraltro di simpatie per Milošević, che nel proprio rapporto sulla questione dichiarava: «Una tale diversità di approccio a seconda che i crimini di guerra in questione siano imputabili alla Iugoslavia o alla NATO è effettivamente incredibile».[10]

La giustizia selettiva, quella che colpisce soltanto i nostri nemici, può ancora considerarsi tale? Si potrebbe formulare questa domanda non solo mettendo a confronto il diverso trattamento della Iugoslavia e della NATO in occasione del conflitto, ma anche quello della Iugoslavia e di altri paesi la cui politica verso le minoranze interne è altrettanto discutibile, come Israele o Turchia. Questi paesi non accettano più della Iugoslavia l'intervento internazionale, per non parlare poi della giustizia; non sono mai stati puniti. Il motivo? Sono dei paesi «amici», paesi strategicamente «utili». Una realtà che non va ignorata – ma che non ha più nulla a che vedere con la giustizia.

La scelta, insomma, è tra una giustizia impotente e una potenza ingiusta.

Supponiamo per un momento che il problema della potenza sia risolto e consideriamo una situazione in cui non sia presente. Sorge allora una nuova difficoltà. Infatti, se la decisione giudiziaria è internazionale, la comunità che ne subisce le conseguenze, invece, è solamente su scala nazionale. Immaginiamo che un governo abbia dichiarato l'amnistia a proposito di una guerra civile combattuta in passato, mentre la giustizia internazionale decide che i crimini che vi sono stati commessi sono imprescrittibili e devono essere giudicati. Bisogna obbedire a quest'ultima, a rischio di far scoppiare una nuova guerra civile – di cui sola a soffrire sarà la popolazione di quel paese, non i giudici internazionali? La comunità internazionale ha il dovere d'imporre la giustizia a questa popolazione, se gli effetti di tale decisione fossero per lei nefasti? Se non è al suo bene che si pensa con un'azione simile, chi trarrebbe vantaggio da questo processo? L'ordine divino, l'idea platonica di giustizia? Ma i tribunali non devono essere al servizio degli uomini?

Queste riserve riguardo al Tribunale penale internazionale si applicano, anche se in maniera più limitata, alla nuova Corte penale internazionale. Essa, è vero, vuole completare le giustizie nazionali e non sottometterle, la sua ambizione dunque è più misurata. Ma la sua azione inevitabilmente va incontro al medesimo limite, perché deve escludere i paesi più potenti e dunque riconoscere la propria inefficacia.

Una soluzione per eludere alcune di queste riserve sarebbe quella di porre l'accento, non tanto sulla giustizia internazionale, ma sulla competenza universale di ciascuna giustizia nazionale, di permettere dunque, in ogni paese, il giudizio di quelli che non ne sono cittadini. La forza pubblica esiste già ed è a disposizione dei giudici; l'indipendenza della giustizia vi trova anche una migliore garanzia. Tuttavia, resto scettico all'idea che Henry Kissinger sarebbe disposto a farsi mettere in prigione la prossima volta che scendesse dall'aereo a Bruxelles: ancora una volta, il diritto rischia di scontrarsi con la forza. In quel caso, il tribunale rischia di ridursi a una semplice tribuna: un luogo in cui vengono denunciati i crimini senza disporre dei mezzi con cui perseguirli. Si può obiettare che nel mondo mediatico in cui viviamo non è poca cosa. Così aveva agito il «Tribunale» convocato a nome della Commissione internazionale contro il regime concentrazionario nel 1950 a Bruxelles da David Rousset, infaticabile nemico dei campi totalitari.

Arrivato a questo punto del mio esame, sento che mi si potrebbe rivolgere un'obiezione. Ammettiamo, qualcuno dirà, che le riserve formulate siano giustificate; quale sarebbe l'alternativa? Con il pretesto che la giustizia attuale è imperfetta, dovremmo incrociare le braccia e permettere che regni l'ingiustizia? Rinunciare a occuparci delle vittime che vivono l'esigenza di ottenere giustizia come un'imperiosa necessità?

Non è ciò che auspico. Credo, tuttavia, che la giustizia abbia maggiori possibilità di essere imparziale se procede in maniera misurata ed empirica, piuttosto che eseguendo un grande disegno. La giustizia internazionale esiste già, anche se non agisce con *esprit de géometrie.* La Corte di Lussemburgo può giudicare gli immigrati dei paesi dell'Unione europea; la Corte di Strasburgo estende la propria azione su tutti i paesi europei. La competenza universale di ogni giustizia nazionale, le inchieste e le azioni giudiziarie oltre frontiera meritano di essere incoraggiate. Nei casi dei crimini di massa, le commissioni per la verità possono rivelarsi particolarmente utili. La giustizia, dunque, piuttosto che mondiale sarà realmente internazionale, tra le nazioni e non al di sopra di esse. Si costituirà per aggiunta e agglutinazione, dal basso, piuttosto che per decisione calata dall'alto, in maniera improvvisata e non come risultato di un'elaborazione logica. Ciò significa, inoltre, che alcuni crimini resteranno im-

lazione di vedere i propri carnefici soffrire come hanno sofferto loro.

Sognare una giustizia assoluta mi sembra non soltanto vano, ma nefasto. L'esistenza umana è un «giardino imperfetto», diceva Montaigne, non dovremmo dimenticarlo; le derive moralizzatrici sono dannose. È anche vero che una vita senza giustizia non può essere definita umana. Diffidiamo di entrambi gli estremi: non abbiamo da vergognarci a scegliere la via di mezzo.

Primo Levi (1919-1987) è il testimone esemplare di uno degli avvenimenti più opprimenti della storia europea: la deportazione nei campi di concentramento e la riduzione in schiavitù di milioni di esseri umani compiuta dallo stato tedesco nazista. Giovane partigiano in Italia, nel 1944 sarà arrestato e inviato, in quanto ebreo, ad Auschwitz, da cui uscirà alla liberazione del campo, un anno più tardi. Di ritorno in Italia, nel 1946 scrive un libro di testimonianza e di analisi, dedicato all'esperienza vissuta: *Se questo è un uomo.* Un testo che in un primo tempo passa inosservato, ma con il trascorrere degli anni viene considerato un classico e induce Levi a ritornare costantemente sugli argomenti trattati – in occasione di incontri con i lettori, di nuove edizioni o di traduzioni. Queste meditazioni confluiscono nella stesura di un nuovo libro, *I sommersi e i salvati.* Uscito nel 1986, un anno prima della sua morte, conclude una carriera letteraria iniziata quarant'anni addietro e oggi lo possiamo considerare il testamento spirituale di Primo Levi.

Come afferma l'autore nel primo capitolo, l'opera si distingue per due motivi da *Se questo è un uomo*: le riflessioni prevalgono sui racconti, che peraltro non sono assenti; e Levi non riporta la propria esperienza personale, ma quella degli altri, di cui è venuto a conoscenza leggendo le loro storie o ascoltando i loro discorsi. Tuttavia, il messaggio dei due libri rimane simile. Qui e là, Levi afferma chiaramente la nostra comune umanità – di noi tutti, indipendentemente dalle nostre convinzioni e azioni. Nel primo egli poneva l'accento sull'umanità dei detenuti, peraltro considerati dai carcerieri come schiavi e subumani; nel secondo accorda altrettanto spazio, se non maggiore, all'umanità delle guardie, delle SS, dei tedeschi. La forza di Levi sta tutta qui: senza mai perdere di vista la separazione invalicabile tra bene e male, riesce a considerare tutte le sfumature in ciascuna di queste categorie. Riesce a mantenere questo equilibrio così difficile: non diventare nichilista né manicheo, assumere i giudizi di valore senza per questo ergersi a moralista perentorio. In lui, dunque, le vittime non saranno idealizzate, né i carnefici denigrati; al tempo stesso non confonderà mai le due categorie.

I sommersi e i salvati è una lunga difesa in favore della complessità. Levi rifiuta di fermarsi alle facili risposte, ha bisogno di esaminare scrupolosamente i pro e i contro. Ogni capitolo «complessifica» un tema differente. Il primo ci ricorda come la memoria sia ingannevole e meriti difficilmente una fiducia cieca, perfino quando non è manipolata in vista di provare l'innocenza di colui che ricorda. Il secondo prende in esame i diversi comportamenti che si manifestano nel campo e che vanno dall'innocenza più pura fino alla colpevolezza più forte – con infinite sfumature tra i due estremi. È lo stesso Levi a dirlo, durante un'intervista quando esce il libro: «Il capitolo centrale, il più importante del libro, è quello intitolato "La zona grigia"».[1] Dopo aver introdotto queste distinzioni nel livello di «collaborazione», il capitolo successivo s'interroga sulle ragioni della vergogna che provano i sopravvissuti, alcune eccessive, altre legittime. E via di seguito, fino all'ultimo capitolo che mostra quanto siano differenti tra loro le posizioni adottate dai lettori tedeschi che gli scrivevano riguardo al suo primo libro.

Per quale motivo bisogna ricordare questa pagina buia del passato? Perché le passioni e i comportamenti umani non cambiano bruscamente e dunque, anche se le istituzioni e la tecnologia si trasformano, la storia si ripete. Ora, l'idea che momenti così disperanti possano verificarsi ancora è insopportabile a Levi. «È avvenuto, quindi può accadere di nuovo: questo è il nocciolo di quanto abbiamo da dire», scrive nella conclusione.[2] Levi pensa non tanto (e ha evidentemente ragione) a una ripetizione identica, all'avvento di un regime nazista nel centro dell'Europa, quanto a una disseminazione dei tratti che hanno reso possibile l'orrore – in altri paesi, sotto altri nomi, con nuove giustificazioni, senza raggiungere il medesimo parossismo, ma producendo comunque massacri e sofferenze infinite. Contro questa diffusione del male è convinto che il ricordo del passato possa essere salutare: bisogna instancabilmente evocare l'orrore di un tempo. Ed è ciò che farà per tutta la vita dopo Auschwitz.

All'inizio del libro Levi racconta che, come molti altri sopravvissuti, anche lui era ossessionato da un pensiero: che la propria sofferenza rimanesse ignorata, che questa pagina della storia non fosse mai scritta. In un sogno che ricorreva spesso, vede sé stesso mentre parla e i suoi ascoltatori si voltano e se ne vanno in silenzio. Certamente questa era la speranza dei dirigenti nazisti, che pensavano di cancellare ogni traccia dei propri misfatti. A più di sessant'anni dalla fine della seconda guerra mondiale, possiamo constatare che sia questi timori sia queste speranze sono state illusorie. Nessun avvenimento della storia probabilmente ha suscitato tanti commenti come questa guerra; le pagine che le sono state dedicate si contano a milioni; e nessuno – nei paesi dell'Europa occidentale, quantomeno – può sfuggire ai film o ai programmi che ogni settimana la televisione dedica alle follie del nazismo. Il nome di Hitler, lungi dall'essere dimenticato, è diventato noto a tutti. Tuttavia, anche se un nazismo con le stesse caratteristiche non ha alcuna possibilità di ripresentarsi in mezzo a noi, non sono rari comportamenti come quelli che lo avevano reso possibile. Levi aveva ragione, la memoria è necessaria; ma oggi dobbiamo aggiungere: non è comunque sufficiente.

Per quale motivo? Perché abbiamo tutti la tendenza a sfruttarla a nostro favore. Ci identifichiamo nelle vittime innocenti e questo ci autorizza a esigere la riparazione dei torti subiti; o in eroi irreprensibili, così evitiamo di parlare dei nostri comportamenti. È sufficiente cambiare luogo, etichetta, circostanze e non vediamo più alcun motivo di trarre lezioni dal passato che siano applicabili anche a noi. I partigiani e i combattenti francesi della seconda guerra mondiale non ignoravano affatto gli orrori nazisti; ciò nonostante, dopo la liberazione, mentre occupavano posti di comando presso l'esercito e al governo, hanno represso nel sangue le richieste di una maggiore autonomia espresse dai popoli colonizzati: 15.000 morti a Sétif, in Algeria, nel 1945; 40.000 morti in Madagascar nel 1947 – in attesa di ricorrere sistematicamente alla tortura, sempre in Algeria, dopo il 1954. I vertici israeliani non ignorano affatto, possiamo esserne certi, le persecuzioni subite dagli ebrei durante la guerra; ciò non ha evitato che, in diversi momenti della storia recente, perseguitassero a loro volta i palestinesi, che avevano il torto di trovarsi ancora in un territorio che ormai non possedevano più. Non è un genocidio, per fortuna; ma, se prima d'indignarsi occorre aspettare che le sofferenze umane raggiungano i livelli di Auschwitz, per lungo tempo e con la coscienza a posto si potranno fare orecchi da mercante alle lamentele dei singoli e dei popoli.

Dunque non è necessario che siano presenti tutte le caratteristiche dello stato totalitario perché si riproducano alcune delle sue pratiche. Levi lo sa bene: la violenza illegittima (per non dire «inutile») non è una prerogativa dei regimi nazista e comunista, si ritrova anche negli stati autoritari del Terzo mondo e perfino nelle democrazie parlamentari. È sufficiente, infatti, che la voce dei dirigenti politici la presenti come necessaria, o addirittura come urgente; sarà subito ripresa da media onnipresenti e rafforzata poco dopo dalla coorte di autori e intellettuali che sanno trovare giustificazioni razionali alle scelte del potere, che sia a nome della «difesa della democrazia» o del «male minore». Per il lettore di oggi, testimone della guerra che gli Stati Uniti hanno scatenato in Iraq, gli avvertimenti di Levi acquistano nuova pertinenza, dalla condanna della «violenza preventiva» fino a quella del trattamento degli avversari prigionieri allo scopo «di piegare la loro capacità di resistenza» cominciando con una «denudazione totale»[3] e altre pratiche umilianti, come a Guantánamo e Abu Ghraib. Ciò non permette affatto di stabilire l'equivalenza US=SS, ma dimostra che il male, per quanto attenuato, si ritrova sull'intera superficie del globo – talvolta compiuto in nome di un passato glorioso di combattimento contro il fascismo o di resistenza contro il comunismo.

La semplice memoria del male, dunque, non basta a prevenire una sua ricomparsa; occorre, inoltre, che il suo ricordo sia accompagnato da un'interpretazione e dalle istruzioni per l'uso ed è precisamente quanto ci viene offerto da Levi nei *Sommersi e i salvati*. Egli non si limita a evocare gli orrori del passato, s'interroga – a lungo, pazientemente – sul significato che rivestono per noi oggi; ed è questo atteggiamento verso il passato che contiene la sua lezione più preziosa. Da questo punto di vista, si trova in compagnia di alcuni altri grandi rappresentanti del nuovo umanesimo europeo, quello dopo Auschwitz e la Kolyma, come Vasilij Grossman o Germaine Tillion: sono umanisti ai quali l'estremità del male con cui si sono scontrati non ha impedito di mantenere delle opinioni misurate; che la follia del mondo non ha portato a rinunciare alla ragione.

Che uomini come lui abbiano calcato questa terra, che siano sfuggiti alla penetrazione insidiosa del male che sapevano descrivere così bene, è motivo d'incoraggiamento per il lettore di questo libro, anche se rimane immerso negli abissi della miseria umana. Tuttavia, non si può mancare di cogliere, leggendo, la malinconia crescente del suo autore. *Se questo è un uomo*, che lascia comunque maggiore spazio agli orrori vissuti personalmente da Levi ad Auschwitz, dà un'impressione meno deprimente. Il motivo non è soltanto che Levi è passato dalla rivendicazione alla meditazione. Nel primo caso, era messo di fronte a un male particolare, per quanto estremo; nei *Sommersi e i salvati*, invece, ha a che fare con le origini (o le metastasi) di questo male: meno eccezionali, ma per questo onnipresenti. La facilità con la quale si è diffuso il male di cui è stato testimone non si spiega solamente con le intenzioni dei dirigenti nazisti, ma anche con l'indifferenza di cui ha dato prova la popolazione tedesca. Levi non può evitare di metterla sotto accusa, eppure è altrettanto consapevole che la compassione illimitata è solo dei santi – che sono estremamente rari. «Se dovessimo e potessimo soffrire le sofferenze di tutti, non potremmo vivere.»[4] Come Rumkowski, il grottesco «presidente» del ghetto di Łódź, siamo tutti pronti a lasciarci affascinare dal potere e a impegnarci in compromessi improbabili. La via consigliata da Levi sembra, perfino a lui, necessaria e al tempo stesso impossibile da praticare: basta questo a scoraggiare un attento analista.

Non vede altra soluzione, purtroppo. Levi ha sempre rifiutato la facilità che consiste nello stigmatizzare i «cattivi» come un sottoinsieme dell'umanità, completamente distinto da noi. No, le guardie, perfino le peggiori, non sono dei mostri – sono degli esseri umani tristemente comuni, come tutti gli altri, trasformati dalle circostanze. Ecco perché ogni soluzione chirurgica d'isolamento radicale è illusoria. La miseria in cui versano non è dovuta alla loro natura, ma al fatto che «erano stati educati male».[5] Qui bisogna intendere la parola «educazione» nel senso ampio, che include non soltanto la scuola, ma anche la famiglia, i media, i partiti e le istituzioni – dunque, poco per volta, tutto il sistema totalitario. Per quelli che ne vivono al di fuori ma auspicano di eliminare tutto ciò che lo ricorda, la via è dunque indicata: consiste nel praticare una migliore «educazione». A questo Levi avrà dedicato la vita, scrivendo, parlando e dando l'esempio di un uomo che non si è lasciato contaminare dal male nel quale è stato immerso; producendo racconti e riflessioni che permettono ai lettori di proiettarsi in situazioni che non avevano mai conosciuto. Il successo dei suoi libri, la notorietà del suo nome sono l'indizio che è riuscito: certo non a convertire l'umanità a una fede migliore, tantomeno a rendere più saggi tutti i capi di stato occidentali; ma a incitare i suoi milioni di lettori a prendere coscienza del male, sia fuori sia dentro di sé.

Certi giorni doveva sentirsi scoraggiato vedendo che i risultati della sua battaglia erano così lenti a venire, così sovente controbilanciati da passi indietro; che, non essendo le virtù acquisite né contagiose né ereditarie, il lavoro doveva ricominciare da capo con ogni nuovo individuo. In altri giorni, più realisticamente, ricordava che era «una guerra senza fine».[6] Proprio perché interminabile abbiamo ancora bisogno di Primo Levi.[7]

La preghiera cristiana più diffusa nel mondo, quella che comincia rivolgendosi a Dio con le parole «Padre nostro che sei nei cieli...» si conclude con un augurio carico di significato: «... ma liberaci dal male».[1] Nella natura dell'uomo c'è dunque un elemento cattivo, da cui Dio è in grado di liberarci e lo preghiamo perché lo faccia. Sappiamo che talvolta gli uomini sono stati tentati di giocare in prima persona il ruolo di purificatori e sono sotto gli occhi di tutti i risultati catastrofici ai quali hanno portato ambizioni simili nei regimi totalitari. In democrazia non ci sono progetti di eliminazione definitiva del male. Eppure, slanci di tal genere esistono qui e là; e uno di essi assume la forma di un invito alla memoria. Se non dimentichiamo il male compiuto nel passato, è presumibile, allora, che sia possibile evitarlo nel presente. Sui muri delle città talvolta si legge: «Né perdono né oblio!»; durante le riunioni si grida: «Mai più una cosa simile!»; alla televisione si sente parlare in modo sentenzioso della necessità di memoria, pentimento, riparazioni, tutti gesti con i quali si ha la speranza di riabilitare un passato deplorevole.

La memoria così intesa ha perfino avuto la fortuna d'introdursi sul terreno del diritto. In diversi paesi europei sono state adottate leggi della memoria, con le quali nel Codice penale viene definita l'interpretazione dell'uno o dell'altro episodio doloroso del passato, in modo tale che la memoria venga garantita da ogni attacco e conservi tutta la propria efficacia contro il male. In Francia, in particolare, queste leggi abbondano. Dal 1990 la Legge Gayssot punisce coloro che contestano l'esistenza di crimini contro l'umanità, come lo sterminio degli ebrei compiuto dai nazisti. Dal 2001 una legge stabilisce che devono essere definiti come genocidio i massacri subiti dagli armeni in Turchia, nel 1915; un'altra dichiara che la schiavitù e la tratta dei neri sono allo stesso modo un crimine contro l'umanità e che la loro memoria deve dunque restare inviolabile. Sull'onda di tutte queste decisioni, nel 2005 i deputati francesi hanno votato una legge della memoria che celebra un avvenimento lodevole, e non più doloroso, ossia la colonizzazione francese in Nordafrica...

È dunque evidente che non mancano gli appelli alla memoria intesa come un rimedio efficace per guarirci dal male. Il passato è preservato e commemorato. Tuttavia, se guardiamo al presente, è difficile pensare a una regressione generalizzata del male sulla faccia della terra. Aggiungo subito che questo termine, «il male», non va inteso come entità metafisica o teologica, ma come un termine funzionale, applicabile a violenze eterogenee: guerre, genocidi, massacri, torture, violenze, crimini, sofferenze inflitte e subite. Ciò che gli uomini e le donne di epoche differenti hanno designato abitualmente con tali parole sembra uscire indenne da queste battaglie e si perpetua, addirittura si rafforza ai giorni nostri. Appena vengono bloccati da una parte, gli orrori ricominciano da un'altra ed è molto difficile constatare un progresso morale collettivo nello sviluppo dell'umanità.

Il rimedio della memoria, dunque, sembra inefficace. Prima di lasciarlo, tuttavia, potremmo sottoporlo a un esame un po' più approfondito: e se avessimo agito nel modo sbagliato? E se il problema non fosse nel ricorso alla memoria e al passato, ma nel ruolo specifico che secondo noi devono svolgere, nelle conclusioni che ne ricaviamo?

Per vederci più chiaro, ricordo preliminarmente quali sono gli elementi costitutivi dei racconti che riguardano il bene e il male. Possiamo osservare da un lato due processi, la produzione del male e quella del bene, dall'altro due protagonisti, chi agisce, e dunque conduce il processo, e chi lo subisce. Questo ci consente d'identificare subito quattro ruoli principali: da un lato il *malfattore* e la sua *vittima*, dall'altra il *benefattore* e i suoi *beneficiari*. I due ruoli considerati con rispetto e meritevoli di considerazione sono quelli del benefattore e della vittima: il primo fa del bene, il secondo ha subito un danno che va risarcito. Sono scarsamente considerati gli altri due, quello del beneficiario che gode delle imprese compiute da qualcun altro e soprattutto quello del malfattore, vero e proprio *repoussoir*. Se a questo schema elementare adesso aggiungiamo la distinzione tra *noi* (la nostra comunità o semplicemente quelli come me o che mi sono vicini) e gli *altri*, stranieri e diversi (nemici), possiamo rendere conto della maggior parte degli usi della memoria: essi consistono nell'attribuire a noi i ruoli valorizzati e rispettati dell'eroe benefattore e della vittima e nel confinare gli altri al ruolo meno glorioso di malfattore, criminale, carnefice o destinatario passivo dei nostri atti eroici. Davanti a questo totale consenso nasce un sospetto: e se la sterilità degli appelli alla memoria fosse dovuta alla costante identificazione di «noi» negli eroi o nelle vittime e nell'allontanamento dei malfattori da «noi»?

Francia

Ora prendiamo in esame alcune recenti forme di memoria.

In Francia, i dibattiti legati alla memoria sono onnipresenti e i loro orientamenti sono assai eterogenei; è comunque possibile individuare un denominatore comune: contribuiscono ad accentuare la differenza tra vittime e carnefici, tra eroi e malfattori. Questa tendenza si manifesta sia sul piano delle azioni giuridiche e politiche concrete sia su quello degli interventi ai quali viene riservata una portata simbolica. Pensiamo agli accusati di crimini contro l'umanità, nel quadro di processi che appartengono sia alla memoria sia alla giustizia: per esempio contro Klaus Barbie nel 1987, Paul Touvier nel 1994, Maurice Papon nel 1998. Questi processi, che riguardavano atti compiuti durante la seconda guerra mondiale, destavano il ricordo di avvenimenti che risalivano a quarantacinque anni prima; dato che il crimine contro l'umanità è il solo a godere dell'imprescrittibilità, i suoi protagonisti erano necessariamente considerati del tutto diversi dagli altri criminali, a maggior ragione rispetto al resto dell'umanità. Allo stesso modo, quando in un film è presente la figura di Hitler, ci si chiede regolarmente se non si corra il rischio di commettere un errore considerandolo un essere umano appartenente alla nostra stessa specie.

Oltre a questo allontanamento dei criminali, i vertici politici francesi esprimono volentieri la propria simpatia sia per gli eroi sia per le vittime. Talvolta i due ruoli sono incarnati dalla stessa persona, pensiamo a coloro che presero parte alla resistenza e caddero lottando contro l'occupazione tedesca. L'attuale presidente della repubblica, Nicolas Sarkozy, ha pronunciato l'elogio di Georges Mandel, uomo politico francese che si è opposto duramente ai nazisti ed è stato assassinato dalle milizie francesi nel 1944. La sua campagna presidenziale è stata segnata da un omaggio ai partigiani del plateau des Glières, massacrati anche loro in quello stesso anno. Dopo essere stato eletto, Sarkozy ha chiesto la lettura in tutte le scuole di Francia della lettera di addio di Guy Môquet, un giovane comunista fucilato come ostaggio nel 1941.

Un provvedimento ancora più spettacolare è stato annunciato dal presidente alla cena annuale del CRIF (Consiglio rappresentativo delle istituzioni ebraiche di Francia), il 13 febbraio del 2008. In tale occasione egli ha dichiarato che «la memoria e la trasmissione della Shoà» costituiscono «la nostra arma migliore contro il razzismo e l'antisemitismo e la nostra sola garanzia contro il risveglio della bestia immonda e la reiterazione dei fatti». Per questo motivo ha deciso che, a partire dal rientro a scuola del 2008, tutti i bambini che avevano undici anni si sarebbero visti «affidare il ricordo di uno degli 11.000 bambini francesi vittime della Shoà».

L'iniziativa presidenziale ha suscitato numerose reazioni negative. Tanto per cominciare, è stato criticato sul piano formale: è compito del presidente della repubblica stabilire il programma scolastico dei bambini di undici anni? Una tale onnipresenza del capo dello stato, purtroppo, ricorda il precedente totalitario in cui il geniale Padre del popolo liquidava i problemi di economia e di linguistica, di letteratura e di musica. Ci si è anche domandati se l'iniziativa muovesse da un'adeguata conoscenza della psicologia infantile: è opportuno per la salute mentale del bambino identificarsi in un coetaneo deportato e morto ad Auschwitz? Nel progetto del presidente si poteva anche cogliere un certo disprezzo per la storia in quanto disciplina scolastica, dato che l'avvenimento passato veniva estrapolato da ogni contesto e ci si accontentava di farne il punto di partenza per un'adesione emotiva. Non è poi detto che mantenere il ricordo della Shoà sia la nostra «arma migliore» e addirittura la nostra «sola garanzia» contro la rinascita del razzismo, che ormai assume le forme più svariate; impedire l'una, purtroppo lo sappiamo, non esclude la presenza delle altre. Il presidente puntualizza che «insegnare la Shoà e la sua specificità equivale a combattere tutti i razzismi», ma una tale petizione di principio presenta delle difficoltà: insegnando la «specificità» si rinuncia all'applicazione universale della lezione.

Nel contesto attuale il nostro interesse specifico è rivolto al ruolo attribuito alle vittime del passato. Gli 11.400 bambini ebrei deportati dalla Francia (che peraltro non erano tutti cittadini francesi) sono indubbiamente delle vittime, loro e i rispettivi familiari avrebbero certamente meritato di essere ricordati, consolati, confortati; ma quale lezione ci trasmettono a sessantacinque anni di distanza? Hanno avuto un ruolo del tutto passivo, hanno subito violenza senza poter reagire in alcun modo. Per impedire il verificarsi di una «reiterazione dei fatti» si sarebbe dovuto riflettere sulle circostanze di questo atto barbaro, sulle motivazioni dei responsabili, sui mezzi che hanno utilizzato. La completa impotenza dei bambini caduti vittima, invece, può indurci alle lacrime; ma non ci insegna come agire – ecco perché non può servire come pietra angolare per una morale politica.

Il genocidio cambogiano

Lasciamo ora la Francia e l'Europa. Uno degli avvenimenti più traumatici del XX secolo è stato il genocidio perpetrato in Cambogia tra il 1975 e il 1979, durante il quale circa un quarto della popolazione è stato messo a morte dagli khmer rossi. Ora, nel 2008 si era aperto a Phnom Penh un processo per crimini contro l'umanità che intendeva colpire alcuni dei vertici ancora in vita di questo partito e (in un processo a parte) un certo Duch, il direttore dell'orribile campo di tortura e di esecuzioni S21, situato a Tuol Sleng. Questi avvenimenti hanno avuto un testimone davvero speciale. L'etnologo francese François Bizot è stato catturato dagli khmer rossi nell'ottobre del 1971, mentre si occupava in Cambogia delle tradizioni buddhiste specifiche dei popoli della penisola indocinese. La guerra del Vietnam è nel pieno delle operazioni, gli khmer rossi controllano soltanto una parte del territorio. Bizot è accusato di essere una spia americana; il capo del gruppo che lo tiene prigioniero è Duch. Costantemente minacciato di morte, l'etnologo francese subirà un'inchiesta, a conclusione della quale sarà prosciolto e liberato, a tre mesi dalla cattura; Bizot è il solo straniero ad aver conosciuto questa sorte fortunata. Vent'anni più tardi, viene a sapere dell'arresto di Duch e i ricordi tornano alla memoria; scrive così il resoconto dell'esperienza vissuta in quei momenti delicati.[2] A trent'anni dai fatti inizia il processo di Duch; l'etnologo, che nel frattempo ha rivisto più volte l'ex carceriere, sale sul banco dei testimoni.

L'esperienza più sconvolgente riportata da Bizot in merito alla sua cattura è la vicinanza che ha percepito tra sé e Duch. Questi non è ancora il torturatore responsabile della morte di 40.000 prigionieri, nella migliore delle ipotesi, nel centro S21; comunque è già uno spietato capo khmer. Tuttavia – Bizot è costretto a riconoscerlo e questo lo disturba profondamente – non ha nulla del mostro, del perverso o del folle; assomiglia agli altri uomini e dunque allo stesso Bizot.

Non va dimenticato, per mitigare la stranezza di questo giudizio, che all'inizio degli anni Settanta gli khmer rossi non suscitano affatto la repulsa, come avviene oggi, e in Europa godono piuttosto di un pregiudizio favorevole. Durante la guerra del Vietnam, l'opinione pubblica europea è prevalentemente ostile agli americani, dunque benevola nei confronti di coloro che li combattono. Il governo francese appoggia gli khmer rossi, l'Occidente plaude alla loro ascesa al potere nel 1975, sono considerati dei dirigenti moderni, che porteranno il paese fuori dalla sua arretratezza feudale. Del resto, in quello stesso periodo, i giovani spiriti illuminati in Europa si rifanno volentieri al maoismo e credono anche loro all'avvento di un futuro radioso.

Durante la prigionia Bizot deve riconoscere che il comportamento dei quadri rivoluzionari appare sotto una buona luce, se paragonato a quello dei funzionari corrotti del governo: sono persone integerrime, moralmente corrette. È anche a questo che egli deve la propria liberazione: in seguito capirà che il capo di Duch, che ne era stato l'artefice, aveva agito «in nome di una giustizia alla quale non rinunciava». Questa misura di clemenza non è certo l'unica prova delle loro qualità umane. «Il giovane [Duch] era serio, alla ricerca della verità, profondamente attento alla giustizia, pronto a sacrificarsi per gli obiettivi della rivoluzione», scrive Bizot nella prefazione a una recente riedizione del libro.[3] Peraltro, continuare a essere un soldato della rivoluzione non gli impedisce di agire da essere umano come gli altri, capace di ridere allegramente o di amare. In altre situazioni, gli stessi individui hanno un comportamento che generalmente viene apprezzato; negli ultimi anni che precedono l'arresto, Duch, convertitosi al cristianesimo, si occupa di interventi umanitari.

I grandi crimini degli khmer rossi non sono l'opera di sadici o malati mentali, ma il risultato di reazioni comuni a tutti. Una di esse deriva dalla percezione del pericolo mortale che minaccia noi e i nostri familiari e dalla paura che ne scaturisce; è la convinzione che in quel preciso momento bisogna uccidere per non essere uccisi. E poi che bisogna essere pronti a torturare per ottenere le informazioni indispensabili alla protezione e alla sicurezza dei propri cari. La seconda reazione proviene dal desiderio di migliorare lo stato attuale delle cose, il proprio o quello della comunità in cui si vive. Se lo scopo perseguito è davvero sublime, giustifica sacrifici e sofferenze inflitte. Gli khmer rossi sognano una società purificata, liberata dai nemici, «liberata dal male»: sembra che il gioco valga la candela. A queste ragioni si aggiunge, infine, il timore più che comprensibile di vedersi divorati dalla macchina di cui si è schiavi: se disobbedite agli ordini, non rischiate di diventare – voi stessi o i vostri familiari – la prossima vittima? Aver compreso le motivazioni di un uomo come Duch costringe Bizot a rivedere l'opinione che ha di lui – e nello stesso tempo di sé. Lo dirà al processo di Duch nel 2009: «Fino ad allora credevo di appartenere al lato buono dell'umanità e che esistessero mostri ai quali, grazie a Dio, non avrei mai potuto assomigliare». Ormai, al posto del mostro vede un essere umano.

Spesso i grandi criminali vengono trattati come delle «bestie». In realtà, l'uomo trova le ragioni dei massacri che compie proprio in ciò che lo distingue dagli animali. Sarebbe necessario, senza per questo ritenerlo un'offesa, smettere di considerare l'aggettivo «umano» come un complimento. Gli animali uccidono per mangiare o per difendersi; gli uomini per proteggersi da pericoli che sovente esistono soltanto nella loro immaginazione o per realizzare progetti concepiti nella loro testa. L'utopia rivoluzionaria non è nulla di diverso: una creazione della mente, che l'uomo tenta di trasformare in realtà con la forza. A distinguere gli uomini dagli animali è la capacità di astrazione, ossia l'immagine dissociata dalla realtà, le costruzioni mentali non fondate sull'esperienza; gli uomini, infatti, riescono a immaginare le rappresentazioni degli altri e a manipolarle. Non è certo questa la sola fonte dei comportamenti che riteniamo «disumani»; ci si può arrivare anche perdendo di vista la finalità ultima delle proprie azioni, il che implica, al contrario, una certa mancanza d'immaginazione. Ma un tale accecamento burocratico non è più «bestiale» di quanto non fosse il sogno di costruire una società purificata.

Scoprire che i grandi criminali della storia sono uomini come noi è uno dei movimenti che permette di avvicinarci a loro; l'altro consiste nel mostrare ciò che, in noi, ricorda quanto vediamo in loro. Bizot vive questa esperienza durante la prigionia. Ignorando se un giorno sarà liberato, ha progettato di evadere, costi quel che costi. A tale scopo bisogna che sia in grado di difendersi durante la fuga; si procura, perciò, un sasso affilato che custodisce con molta cura. Ed è pronto a servirsene. «Da quando avevo deciso di scappare, non potevo pensare d'incontrare qualcuno – foss'anche un bambino – senza ucciderlo e correre il rischio di lasciarlo scappare a dare l'allarme.» Ecco che per difendere la vita è pronto a compiere un omicidio, anche di un bambino se necessario: è così diverso dallo stato mentale degli khmer rossi? In un'altra occasione, Bizot si rende conto che prova un piacere malvagio nel manipolare il proprio guardiano: «Dal godimento che provavo maturai l'idea che anch'io avevo le qualità per essere un carnefice al posto suo».[4]

Non è diventato né torturatore né omicida, non perché sia fatto di un'altra stoffa, ma perché ha avuto la fortuna, durante la prigionia, di non essere stato costretto a uccidere e, nel resto del tempo, di vivere in uno stato di diritto, il solo detentore della violenza legittima. Ha anche avuto la grande fortuna di non credere che gli uomini debbano sostituirsi a Dio e creare un mondo nuovo, abitato da una specie nuova. In altre parole, la differenza tra vittime e carnefici non va individuata nella natura biologica degli individui, non esiste un DNA specifico degli assassini, ma proviene dalle circostanze nelle quali si svolge la vita degli uni e degli altri. Il passato di ognuno è importante: non reagiscono alla stessa maniera quelli che hanno avuto un'infanzia piena di affetto e quelli che sono stati educati con durezza. Crescere in un'atmosfera di disperazione politica e sociale è una condizione ben diversa da quella in cui tutte le porte sono sempre state aperte. Anche l'ambiente in cui si vive ha un peso non indifferente: non si reagisce allo stesso modo in una situazione pacifica o sotto minaccia di morte, reale o immaginaria. Le guerre non rivelano la natura profonda degli uomini, stimolano atteggiamenti assenti altrove. Gli uomini sono fatti della medesima stoffa, ma hanno vissuto storie differenti.

Tuttavia, troviamo molto difficile accettare l'identità di natura tra i grandi criminali o i malfattori e noi. Preferiamo considerare Hitler, Eichmann, Mao, o Pol Pot come dei mostri che non appartengono alla specie umana e fingiamo – più di quanto proviamo – di non capire. Il solo merito, probabilmente, delle umilianti fotografie uscite dalla prigione americana di Abu Ghraib in Iraq è stato quello di mostrarci che i torturatori non sono degli extraterrestri o dei mostri sanguinari, ma ragazzi e ragazze con un volto normale e sorridente, che sarebbero potuti essere i nostri figli o i nostri vicini. Ciò non significa che la specie umana è spaventosa e che dovrebbe suscitare una continua lamentela, ma che bene e male appartengono in uguale misura alle nostre potenzialità. La speranza di raggiungere una condizione definitivamente libera dal male è vana, non basteranno né la guerra, né le condanne a morte, né la prigione. Ma questa constatazione, quest'obbligo di convivere con il male dentro di noi sono difficili da accettare e preferiamo innalzare un alto muro tra i «mostri» e noi, condannarli all'obbrobrio e crederci diversi nel profondo, mostrando stupore: è inconcepibile anche solo pensare che siano esistite persone come loro!

In tali condizioni, quali vantaggi potrebbe fornire il processo per crimini contro l'umanità davanti al quale saranno chiamati a testimoniare gli ex khmer rossi? A trent'anni di distanza si ha a che fare con vecchi che probabilmente moriranno in prigione; non sarà mai possibile punirli in proporzione ai crimini commessi. Questo processo, unico nel suo genere, li presenterà come individui del tutto diversi dagli altri? Sarebbe un risultato spiacevole. Bizot ritiene che la condanna sia necessaria, ma sogna un altro tipo di processo, durante il quale tutti possiamo scoprire la vera natura del pericolo che ci minaccia e che è nascosto dentro di noi. «Considero il crimine contro l'umanità come una sorta di sguardo che d'un tratto si volge su di noi. Vorrei che avessimo il coraggio di rendere umani i carnefici – senza il desiderio di perdonare né di minimizzare i crimini – per vedere in loro ciò che l'uomo è capace di fare, ciò che siamo capaci di essere.»[5]

Stupisce vedere che questo processo è voluto, non tanto da quella parte di popolazione cambogiana che ha subito in prima persona i maltrattamenti degli khmer rossi e che oggi si trova accanto ai carnefici, ma piuttosto dai figli o dai nipoti delle vittime, che il più delle volte vivono all'estero, o ancora dall'opinione internazionale, che vorrebbe «fosse fatta giustizia». Un rapporto del Human Right Center dell'University of California di Berkeley presenta i risultati di uno studio sulla popolazione cambogiana condotto nel settembre del 2008 su un campione rappresentativo di mille persone. L'80 per cento degli intervistati si considera vittima degli khmer rossi, il 77 per cento dichiara di provare odio nei loro confronti e il 68 per cento attende dai processi un effetto benefico per le vittime; solo il 2 per cento ritiene prioritario che giustizia sia fatta: per lo più i cambogiani si preoccupano della vita quotidiana piuttosto che delle rettifiche da operare rispetto al passato.

I contadini cambogiani sopravvissuti alle purghe e rimasti in loco vivono ormai da decenni al fianco degli ex khmer rossi. È evidente che non approvano gli atti compiuti in passato dagli attuali vicini, ma sono giunti a una sorta di riconciliazione. Senza cercare di formulare le loro conclusioni, capiscono che quelli uccidevano e torturavano sotto minaccia, reale o immaginaria, di essere uccisi a loro volta – dai nemici o dagli stessi compagni; comprendono che al posto loro probabilmente avrebbero agito allo stesso modo. In questo caso è possibile notare che il trattamento al quale si sottopone un passato traumatico può perseguire due obiettivi che non coincidono tra loro: il regno della giustizia astratta, dove i crimini vengono puniti e le imprese ricompensate; o il benessere degli individui che compongono la popolazione in nome della quale si rende giustizia.

Sarebbe deplorevole se il processo del 2009 avesse distrutto questa fragile pace. Riconoscere pubblicamente la sofferenza delle vittime del passato può essere d'aiuto, ma nessun processo risusciterà i morti. Quanto agli ex torturatori, non si tratterebbe tanto di tenerli in prigione a vita (oggi, all'età che hanno, non sono di minaccia per nessuno), ma d'iscrivere la loro condanna nella memoria collettiva, stigmatizzando i crimini che hanno commesso. Se oltre a ciò, come auspica Bizot, si potesse richiamare l'attenzione sui meccanismi all'origine del male, il processo avrebbe effettivamente ottenuto il suo scopo.

La commissione sudafricana

In altre parti del mondo si è deliberatamente deciso di mettere al primo posto non la condanna dei malfattori sulla base di una sentenza di tribunale, ma la riconciliazione delle fazioni precedentemente in contrasto. A tale scopo in almeno una ventina di paesi recentemente affrancati dal regime territoriale, in America Latina, in Africa e in Asia, sono stati creati dei comitati di esperti, incaricati di far luce sul passato. Uno di essi è la Commissione per la verità e la riconciliazione (*Truth and Reconciliation Commission*, TRC), in Sudafrica, che ha ottenuto la massima notorietà. Dopo la fine dell'apartheid e le prime elezioni generali libere nel 1994, la Commissione fu istituita sotto la presidenza del vescovo anglicano Desmond Tutu e rimase insediata dal 1995 al 1998. Il suo modo di trattare la memoria collettiva – in questo caso una memoria particolarmente dolorosa – merita attenzione. Mi affiderò principalmente al racconto che ne ha fatto Tutu.[6]

Molto presto i nuovi vertici del paese prendono una duplice decisione: bisogna affrontare il passato dell'apartheid, ma non si può ricorrere a una delle soluzioni abitualmente adottate in casi come questi. Da un lato, l'opzione che si potrebbe emblematicamente designare come «processo di Norimberga» non è un esempio da seguire. Non soltanto a causa delle sue debolezze intrinseche (la presenza tra i giudici dei sovietici, non meno criminali dei nazisti, o il posto che vi occupano i «crimini contro la pace»), ma perché le due situazioni sono troppo diverse. A Norimberga gli Alleati vittoriosi giudicavano i tedeschi sconfitti, li punivano per il male che avevano subito. Sceglievano un gruppetto di responsabili e lo condannavano a morte; successivamente, lasciavano vivere i tedeschi tra loro. In Sudafrica, non c'è stata una vittoria militare e la fine stessa dell'apartheid è stata raggiunta solo a condizione che non s'innescasse un regolamento di conti. I dominanti e i dominati, quelli che approfittavano del regime precedente e coloro che ne soffrivano, avrebbero continuato a vivere insieme. Inoltre, questo regime è durato molto più a lungo del nazismo e la stragrande maggioranza dei bianchi si è trovata implicata in quelli che possono essere considerati a posteriori atti riprovevoli; punirli tutti è impossibile. I loro crimini erano compiuti nel rispetto delle leggi e secondo le direttive del governo; se fosse stato necessario giudicare i loro responsabili, lo stato avrebbe dovuto coprire le spese processuali di un numero assai elevato di persone.

D'altro canto, una soluzione del tipo «editto di Nantes» è parsa altrettanto inappropriata. Con questa formula si potrebbe designare ogni decisione che, al pari di quella di Enrico IV nel 1598, impone non soltanto l'amnistia generale per tutti i misfatti compiuti nel corso delle guerre di religione, ma anche un'amnesia collettiva: «Che la memoria di ogni cosa avvenuta su entrambi i fronti [...] rimanga cancellata e assopita, come di cosa non avvenuta». Opzione impossibile qui, perché, molto più dei conflitti religiosi, l'apartheid si è diffusa in tutti i recessi più profondi della coesistenza tra bianchi e neri; opzione poi indesiderabile, perché si fatica a immaginare come questa repressione collettiva volontaria possa veramente trasformare la memoria e portare la pace.

L'apartheid, in teoria, è durata circa cinquant'anni ma nella pratica per molto più tempo. Anche l'opposizione risale molto indietro nel tempo e le battaglie tra i due fronti appartengono alla sua storia. Di conseguenza, gli oppressi hanno talvolta agito come oppressori e le loro azioni devono essere a loro volta esaminate. Nel corso di una delle audizioni delle commissioni, il vescovo metodista Peter Storey ha dichiarato: «L'oppressione esercitata dall'apartheid forse è stata il cancro iniziale, ma numerosi oppositori sono stati contaminati, perdendo così la propria capacità di valutare il bene e il male. Infatti è possibile somigliare a ciò che si detesta maggiormente».[7] Un giudizio dei colpevoli sarebbe dunque ancora più difficile, considerato che anche le vittime hanno commesso atti simili.

Il partito in lotta contro l'apartheid, l'African National Congress (ANC), non per questo si sente tirato in ballo: anche ricorrendo ai medesimi mezzi del nemico, pensano i suoi dirigenti, non esiste alcuna somiglianza, perché la causa difesa non è la stessa. Dato che la guerra condotta dall'ANC era giusta, i suoi militanti non potevano aver trasgredito i diritti dell'uomo e dunque non hanno conti da regolare davanti alla Commissione. Ma i membri della TRC non la pensano così. In accordo con le convenzioni di Ginevra che regolano i comportamenti in tempo di guerra, esigono che i mezzi a cui si è fatto ricorso siano a loro volta legittimi. Il vicepresidente della Commissione, Alex Boraine, ricorda che durante una guerra giusta possono essere compiuti atti ingiusti e viceversa. Tutti sono considerati responsabili delle proprie azioni.

Se le vittime in alcuni casi sono colpevoli, i malfattori a loro volta possono portare a loro giustifica delle motivazioni facili da comprendere tenendo conto del contesto in cui si trovarono a operare. Il paese è in guerra, il governo li obbliga a combattere il nemico. «Non l'abbiamo fatto volentieri», dichiara uno di loro, «non ne avevamo alcuna voglia, ma bisognava impedire l'uccisione di donne e bambini innocenti.» Una volta che ci si mette su questa strada, bisogna accettare anche di mutilare i corpi (per dissimulare l'origine degli omicidi) o torturare i prigionieri (per ottenere informazioni e prevenire nuovi attacchi). I nemici dell'ANC sono presentati come disumani, assetati di sangue e, del resto, partecipi dell'assalto finale lanciato dai comunisti contro l'ultimo bastione del mondo libero in Africa (in Cambogia, si tortura e si uccide in nome del comunismo; in Sudafrica, dell'anticomunismo). Bisogna lottare per difendere la propria vita e quella degli altri membri della comunità, bisogna neutralizzare i «terroristi». La pressione sui soldati e sulle guardie è tale che essi sono costretti a colpire e uccidere; comunque, continuano a essere degli individui come gli altri, che reagiscono in modo del tutto comprensibile. Tutu conclude: «Ascoltando quelli che avevano violato i diritti dell'uomo, ho capito che ciascuno di noi, nessuno escluso, era capace del peggio». La conseguenza non è che il crimine merita la condanna, ma che non bisogna confondere crimine e criminale. «Dovevamo distinguere l'atto e colui che lo commette, il peccato e il peccatore, dovevamo odiare e condannare il peccato mostrando compassione per il peccatore.»[8]

Che cosa rimane da fare quando si è esclusa sia la condanna legale sia l'oblio forzato? La Commissione per la verità e la riconciliazione propone questa risposta. Le vittime si presenteranno davanti a lei, con le proprie testimonianze; se queste ultime vengono confermate, riceveranno dei risarcimenti da parte dello stato. Dal canto loro, i responsabili di violazioni dei diritti umani e di crimini politici saranno invitati a presentarsi e a confessare pubblicamente i propri misfatti. Se indizi concordi suggeriscono che essi hanno detto tutta la verità, otterranno un'amnistia e non potranno più essere perseguiti per tali atti. Testimonianze e confessioni giocano un ruolo catartico, le vittime ricevono il riconoscimento pubblico, i colpevoli sono umiliati di fronte alla nazione (le audizioni sono abbondantemente trasmesse alla radio, documentate sui giornali). In tal modo, si raggiunge il primo obiettivo di questa impresa, ossia stabilire la verità – una verità che non è confermata scientificamente o legalmente, con la raccolta di indizi materiali, ma deriva dall'accordo tra le due parti. A sua volta, questo consenso, questa immagine accettata dalla collettività, apre la via all'obiettivo finale, il perdono reciproco tra le parti e la «riconciliazione» della popolazione, ossia la situazione in cui una parte della popolazione, la minoranza «bianca», accetta pubblicamente la propria colpevolezza in passato, mentre l'altra, la maggioranza «nera» o «colorata», tenta di vincere il proprio risentimento. Bisogna subito aggiungere che, agli occhi dei membri stessi della Commissione, una parte di questo programma è stata realizzata in maniera molto scarsa dal governo del paese, ossia la concessione dei risarcimenti materiali.

La via intrapresa dalla Commissione, dunque, va in primo luogo contro l'oblio, infatti tutti vengono informati della sofferenza delle vittime e delle colpe dei responsabili; questi racconti non rimangono chiusi nelle stanze dei tribunali, ma gridati ai quattro venti. Nello stesso tempo, si oppone a quella del tribunale, perché rende possibile stabilire, non la colpevolezza (o l'innocenza) legale, ma la verità. Convocati davanti a un tribunale, gli accusati pensano soltanto a salvare la pelle, ma non per questo esitano a ricorrere alla menzogna e alla dissimulazione. Chiamati a testimoniare davanti alla Commissione, è loro interesse riconoscere i crimini commessi, perché solamente la confessione piena dà diritto all'amnistia. A più riprese se ne avrà la dimostrazione: gli stessi che negavano davanti al giudice, confessano la verità davanti a Tutu e ai suoi colleghi. Al contrario, quelli di cui è ipotizzabile che continuino a dissimulare i fatti non ottengono l'amnistia e sono rinviati davanti al tribunale.

Questa soluzione originale, rispetto alle tradizioni giuridiche di altri paesi del mondo, è prevista dalla Costituzione *ad interim* del Sudafrica e sarà motivata da Tutu, che a tale scopo si basa su una concezione tipicamente africana dell'essere umano. Quest'ultimo non esiste di per sé, ma soltanto all'interno di una rete costituita da altri esseri umani. Questi sono parte di lui e viceversa. «Siamo fatti per vivere all'interno di una fragile rete di interdipendenze [...]. Un uomo solo non può essere umano.» Condannare, punire ed escludere qualcuno da questa rete è certo doloroso per lui, ma più ancora è dannoso. «Ciò che vi disumanizza, fatalmente mi disumanizza.»[9] Chi rifiuta di accogliere l'altro nella propria cerchia sociale, perché un ex criminale, si mutila. Chi riconosce, al contrario, la necessità di mantenere in vita la rete possiede una qualità preziosa, designata (nelle lingue del gruppo nguni) dalla parola *ubuntu.* La si potrebbe tradurre con «civilizzato», ove s'intenda con ciò una capacità di accogliere gli altri, di offrire loro la nostra benevolenza anche quando tra noi non esiste un rapporto stretto.

Ai giorni nostri è abituale contrapporre vendetta a giustizia e preferire la seconda alla prima. Ora, nel caso sudafricano, l'opposizione è presente internamente alla stessa giustizia. Da una parte troviamo la giustizia *punitiva*, che opera attraverso l'incarcerazione o la condanna a morte e che ha come unico principio l'applicazione della legge; dall'altra una giustizia *riparatrice*, che si serve di mezzi diversi dalle punizioni abituali e si prefigge il benessere della comunità. «Per noi», afferma Tutu, «l'armonia sociale è il *summum bonum*, il bene più grande. Tutto ciò che è suscettibile di compromettere questa armonia va evitato come la peste.»[10]

La giustizia punitiva è al tempo stesso simile e diversa dalla vendetta. Le differenze sono di due tipi. In primo luogo, invece di punire la comunità (la famiglia, il clan, la tribù) la giustizia si limita alla responsabilità individuale del malfattore. D'altra parte, la punizione stessa è inflitta non da individui (per esempio, i genitori della persona uccisa), ma dai rappresentanti della comunità (dello stato): né il presidente del tribunale né il direttore del carcere sono personalmente interessati dal crimine commesso e agiscono in nome della legge astratta, uguale per tutti. Il loro scopo dichiarato non è quello di vendicare l'offeso, ma di restaurare l'ordine sociale. In tal modo la giustizia – a differenza della vendetta – riesce a interrompere il ciclo di rappresaglie. Per quanto riguarda, invece, la natura della punizione inflitta, l'una si confonde sovente con l'altra: la legge del taglione non è abbandonata. Chi è stato causa di morte deve morire, chi ha fatto soffrire deve soffrire: occhio per occhio, dente per dente, vita per vita. È sufficiente osservare la condizione delle prigioni in un paese come la Francia per constatare che la privazione di libertà è soltanto una delle funzioni che assolvono; un'altra è infliggere una pena, equivalente simbolico di quella che ha subito la vittima. In questa prospettiva, la vendetta è paragonabile a una giustizia privata, mentre la giustizia è una sorta di vendetta pubblica. E il fatto che a decidere sia la legge comune e non la volontà individuale non basta a contrapporle: la legge stessa, umana e non divina, è espressione della volontà collettiva.

La giustizia punitiva privilegia il rispetto della legge astratta e dell'istituzione che la esercita, in ultima istanza lo stato. La giustizia riparatrice si preoccupa prima di tutto dei singoli individui che compongono la società. Il suo obiettivo non è più proteggere un ordine impersonale, ma permettere ai colpevoli e alle vittime di un tempo di vivere nuovamente insieme. Invece d'ispirarsi alla legge che, indipendentemente dalla propria origine, è al di sopra degli individui, si rivolge agli esseri umani che vivono gli uni accanto agli altri. Invece di punire, cerca di restaurare le relazioni che mai avrebbero dovuto essere interrotte. Si trova una nuova esemplificazione del contrasto tra queste due forme di giustizia nel discorso del presidente degli Stati Uniti, Barack Obama, tenuto al parlamento turco nell'aprile del 2009. Affrontando il tema della memoria collettiva, egli ricorda innanzitutto che «gli Stati Uniti sono sempre preoccupati da alcuni periodi bui della [loro] storia». È a quel punto che tocca una questione controversa della storia turca: i massacri di armeni nel 1915 costituiscono un genocidio? Prima di essere eletto presidente degli Stati Uniti, Obama aveva risposto affermativamente. Il fatto è che il suo discorso al parlamento turco è stato un altro: senza rinnegare le opinioni espresse in precedenza e dunque la propria interpretazione dell'avvenimento su un piano puramente legale, ha preferito dire che tocca ai popoli turco e armeno prendere una decisione, pensando prima di tutto al proprio benessere del momento. In altre parole: la preoccupazione per l'intesa nel presente dovrebbe prevalere sul giudizio strettamente giuridico di un atto compiuto in passato.

Non si può dire che i lavori della Commissione sudafricana siano stati coronati da pieno successo. Com'era prevedibile, alcuni l'hanno accusata di una severità esagerata, altri di un'eccessiva clemenza. Le rivelazioni sul passato hanno tranquillizzato alcuni, ma ad altri hanno riaperto le ferite. Le tensioni razziali tra neri e bianchi non sono svanite in seguito alle attività della Commissione. Si è anche potuto mettere in dubbio il suo principio stesso: amnistiare così i crimini del passato sulla base di un pentimento pubblico di cui nulla garantisce la sincerità, non rischia di deresponsabilizzare i membri della società per gli atti, eventualmente criminali, che commettono? Se sottoponiamo ogni cosa al bisogno di *riparazione*, potremo ancora parlare di *giustizia*?

Peraltro, anche gli effetti positivi sono sotto gli occhi di tutti e non è chiaro quale altro strumento avrebbe permesso di ottenere risultati migliori. La giustizia riparatrice aspira ad assumere una posizione equilibrata tra i due estremi: da un lato, la vendetta, che duplica il crimine iniziale con un atto equivalente; dall'altro, l'impunità totale, fondata sul postulato che gli individui non sono responsabili delle proprie azioni, ma obbediscono a forze, economiche o psicologiche, sulle quali non hanno alcun controllo. Qui, i colpevoli sono riconosciuti come tali, resi noti pubblicamente e condannati, ma l'espiazione dei loro delitti avviene all'interno della vita sociale, piuttosto che in prigione. La via scelta dalla Commissione, inoltre, ha il vantaggio di non dissimulare il male, tutt'altro, e di non infondere nemmeno l'impressione che sia possibile liberarsene integralmente e definitivamente. Il male rimane presente nella memoria di tutti, nello stesso tempo è tenuto sotto controllo, dominato grazie al diffuso consenso sociale.

La Commissione sudafricana ha goduto di un'immagine molto favorevole nel resto del mondo e numerosi paesi stranieri hanno contribuito a sostenerla. I suoi grandi protagonisti, Mandela e Tutu, hanno ottenuto lo status di individui fuori dell'ordinario. Tuttavia, e il fatto desta meraviglia, nessuno sembra abbia fretta d'imitare il loro esempio mettendo in atto la giustizia riparatrice invece di quella punitiva. La giornalista sudafricana Antjie Krog, autrice di un'opera di riferimento sui lavori della Commissione,[11] a proposito degli ammiratori di questa esperienza, tra i quali si annoverano numerosi capi di stato, alcuni anni fa osservava: «Nonostante loro stessi compiano ogni possibile sforzo per portare i "malfattori" davanti ai tribunali, abbracciano Mandela per aver perdonato quelli che uccidevano il suo popolo».[12] Disporre di una foto accanto a Mandela sembra appagare l'ambizione di questi capi di stato .

Il loro comportamento, in effetti, è molto diverso, come dimostra il modo in cui affrontano sia i «crimini contro l'umanità» compiuti in passato sia i «crimini terroristici» del presente. L'esecuzione di Saddam Hussein e di numerosi dei suoi fedelissimi, dopo la caduta della dittatura baathista in Iraq, è un'ulteriore dimostrazione che l'esempio sudafricano non fa presa. Il bisogno di vendetta ha prevalso sullo spirito di riconciliazione. Tuttavia, è molto probabile che, facendo così, gli iracheni abbiano seminato i germi della discordia per i decenni a venire.

Non è facile trovare una spiegazione generale a questa diversa reazione davanti al male. Il rifiuto di seguire l'esempio sudafricano trascende le frontiere culturali o politiche, sembra non potersi spiegare con la religione a cui si richiama la popolazione, né con il regime politico in cui vive. Pensiamo alla pena di morte, tipico esempio della pura giustizia punitiva, dato che il colpevole, dichiarato incorreggibile, è definitivamente estromesso dalla comunità umana. Tre paesi detengono il record delle esecuzioni, Stati Uniti, Iran e Cina, ossia una democrazia dominata dalla religione cristiana, una teocrazia islamica e una dittatura comunista. Eppure, le pratiche sono le stesse. Bisogna allora invocare la superiorità della razza nera o la saggezza delle tradizioni africane? I massacri in Ruanda e in Burundi e le interminabili vendette in Nigeria, tuttavia, sembrano dimostrare il contrario, proprio come fanno del resto le reazioni concilianti dei contadini cambogiani. Le ragioni di questi atteggiamenti divergenti sono senza dubbio più indirette e andrebbero ricercate sul versante delle strutture sociali presenti qui e là, nella natura stessa delle relazioni umane che vi si manifestano.

Non è nemmeno evidente che la giustizia riparatrice debba escludere ovunque la giustizia punitiva. È lo stesso Tutu a suggerire la sua applicazione in determinati casi, in particolare quando i crimini sono stati commessi rispettando una legge anteriore, abbandonata in seguito a un rovesciamento del regime, una dittatura totalitaria o militare, e quando appartengono a un fenomeno di massa. Anche se si verificano queste due condizioni, possono esservi delle eccezioni. Quando si tratta di un crimine contro l'umanità come il genocidio e si ha a che fare non con i semplici esecutori, ma con coloro che hanno pianificato i massacri, i capi di stato che li hanno messi in moto e i loro collaboratori più stretti, l'esigenza di una confessione pubblica appare un po' debole. In quale modo punirli? Le esecuzioni sommarie di Nicolae Ceausescu e di Saddam Hussein non mi sembrano più soddisfacenti dell'impunità di cui hanno goduto dittatori come Pol Pot o Pinochet. Mi chiedo se, allo scopo di punire questi crimini contro l'umanità, non sarebbe meglio che assassini di tale calibro fossero affidati alle Nazioni unite che, dopo aver confiscato i loro beni, li avrebbero radunati su un'isola deserta in mezzo agli oceani, come Sant'Elena che nel XIX secolo ospitò Napoleone...

Quanto ai crimini ordinari i cui protagonisti oggi affollano le celle delle prigioni, è lecito chiedersi se, anche in questo caso, non sia auspicabile ampliare il cerchio dell'opzione riparatrice: crimini senza una matrice politica potrebbero essere altrettanto espiati in seno alla società, piuttosto che con la detenzione. Un tale ampliamento nella sua applicazione implica, in primo luogo, che i criminali in questione non rappresentino più una minaccia per la società, che non siano più in grado di commettere nuovamente gli stessi crimini. Allora occorrerebbe, perché possano evitare le punizioni abituali, che riconoscano la propria responsabilità, che esprimano rimorso per quanto hanno commesso, che manifestino un desiderio di riparare i torti causati. Ben inteso, anche in tale circostanza, non si è al riparo dalle menzogne che permettono di cavarsela a buon mercato, né dall'ipocrisia; non bisogna sottovalutare, tuttavia, gli effetti dell'azione pubblica sulla coscienza di colui che riconosce le proprie colpe anche senza un'eccessiva convinzione. Una simile presa di coscienza, comunque, non è certo facilitata dalle attuali condizioni di detenzione, in molti casi talmente disumane che i prigionieri si considerano soltanto delle vittime, dimenticando i danni che a loro volta hanno arrecato agli altri.

Lo scopo della prigione dovrebbe essere quello di proteggere la società e, nello stesso tempo, di preparare gli ex criminali a una successiva reintegrazione – non d'infliggere loro delle sofferenze. Se così fosse, le due vie potrebbero diventare complementari e non escludersi a vicenda.

La memoria del male

La memoria del passato sarà sterile se ci serviamo di essa per innalzare un muro invalicabile tra il male e noi, se ci identifichiamo unicamente negli eroi irreprensibili e nelle vittime innocenti, respingendo chi ha compiuto il male fuori dalle frontiere dell'umanità. Purtroppo, è proprio ciò che facciamo abitualmente. Anche nella vita di tutti i giorni, dimentichiamo facilmente il male da noi inflitto, meno facilmente quello subito. E non potrebbe essere altrimenti: non proviamo le sofferenze degli altri! Il rimedio che cerchiamo non consisterà, dunque, in un semplice ricordo del male di cui il nostro gruppo o i nostri antenati sono stati vittime. Dobbiamo compiere un passo ulteriore e interrogarci sulle ragioni che hanno reso possibile l'avvento del male. Una volta commesso il crimine, non possiamo in alcun modo riparare il male patito, ma soltanto consolare le vittime. In compenso, possiamo intervenire sui criminali, quelli del passato perché non siano recidivi, ma anche quelli degli anni a venire.

In realtà, la «bestia immonda» non è al di fuori di noi, in un altrove lontano, si trova dentro di noi. Alla fine della seconda guerra mondiale, Romain Gary, che aveva combattuto contro la Germania come aviatore, era già arrivato a questa conclusione: «Ciò che vi è di criminale nel tedesco è l'uomo».[13] Più tardi aggiungeva: «Ciò che vi è di spaventoso nel nazismo, si dice, è il suo lato disumano. Sì. Ma bisogna arrendersi all'evidenza: questo lato disumano appartiene all'essere umano. Finché non si riconoscerà che la disumanità è tipica dell'uomo, si resterà in una menzogna ispirata alla pietà».[14] L'aggettivo «umano» non è un sinonimo appropriato di «generoso» o di «misericordioso».

Ecco perché non si arriverà mai a liberare gli esseri umani dal male. La nostra sola speranza non è eliminarlo definitivamente, ma tentare di comprenderlo, contenerlo, dominarlo, riconoscendo che è presente anche in noi. Del resto, i vangeli stessi suggeriscono un'interpretazione prudente della formula della preghiera: piuttosto che liberare gli uomini dal male una volta per tutte, Gesù chiede a Dio di *proteggerli* dal male.[15] Ciò non significa che dovremmo riversare tutto il nostro astio contro noi stessi, come individui o come popolo, ricordando solamente le pagine buie del nostro passato, caricandoci di rimproveri e condannandoci a vivere nella penitenza, a riconoscere sempre la nostra colpa. Il male non s'identifica in noi, tantomeno negli altri e il bene poi è onnipresente, perfino banale.

Ancor meno bisogna astenersi da ogni giudizio morale: qui il nostro avversario non è la morale, ma l'egocentrismo e il dualismo; tuttavia, non va dimenticato che non sono i singoli o i popoli a essere cattivi, ma gli atti che essi compiono. Il ricordo del passato non è sempre utile, però può aiutarci in questo tentativo di controllo, a condizione di non dimenticare che bene e male scaturiscono dalla medesima fonte e che nei migliori racconti del mondo non si separano.

Una volta che abbiamo rinunciato a essere privati del male, il lavoro di memoria ci permetterà di andare, non direttamente da un caso specifico all'altro, fidandoci di qualche vaga somiglianza o vicinanza, ma dal particolare all'universale – al principio di giustizia, alla norma morale, all'ideale politico –, che si lasciano esaminare e criticare con il ricorso ad argomenti razionali. Il passato, a quel punto, non sarà né ripetuto a sazietà, né svilito ad analogia universale, ma letto nella sua esemplarità. La lezione che se ne ricava deve essere legittima in sé, non perché proviene da un ricordo a noi caro; l'uso corretto della memoria è quello che serve una giusta causa, non quello che favorisce semplicemente i nostri interessi.

Il grande pittore Zoran Music ha vissuto l'ultimo anno della seconda guerra mondiale nel campo di Dachau. All'uscita da questa fabbrica di morte, si sente incapace di rappresentare ciò che ha visto: la sua esperienza è unica, non può comunicarla. Negli anni Cinquanta, però, le guerre ricominciano – in Corea, in Algeria – accompagnate dalle crudeltà che gli esseri umani sanno infliggere ai propri simili. Il presente, certo diverso eppure paragonabile, induce Music a una nuova serie di quadri, che rappresentano i cadaveri del campo e che egli chiamerà *Non siamo gli ultimi*. «Si pensava che una cosa simile non sarebbe mai potuta accadere una seconda volta. Purtroppo, dieci, quindici anni dopo, si vedeva di nuovo la medesima cosa ovunque.»[16] La correlazione tra passato e presente, che non è affatto una banalizzazione, ha permesso al pittore di creare un'opera sconvolgente, vera e al tempo stesso giusta.

LETTURE

La prima idea che si fanno gli europei dell'America e degli americani è dovuta fondamentalmente a quattro documenti: «La lettera a Gabriel Sanchez» (o «Lettera a Santangel») di Cristoforo Colombo; le lettere scritte da Pietro Martire d'Anghiera a personalità dell'epoca e raccolte nelle *Decades* con il titolo di *De Orbe Novo*; due lettere di Amerigo Vespucci, intitolate «Il nuovo mondo» e «I quattro viaggi». Il denominatore comune è proprio il ruolo determinante che ha avuto la loro diffusione presso il pubblico europeo; da questo punto di vista, sono di gran lunga più importanti degli altri documenti scritti dai medesimi autori, ma rimasti inediti all'epoca, come il *Diario di bordo* o le *Relazioni* di Colombo, o ancora le altre lettere di Amerigo Vespucci. Sempre nell'ottica di costruire l'immagine dell'America, le versioni in latino hanno un'influenza maggiore rispetto alle altre. Sappiamo che solo Pietro Martire scrive direttamente in latino (inizialmente Colombo si esprime in spagnolo e Vespucci in italiano); ma proprio all'esistenza delle opere in latino bisogna attribuire la loro grande diffusione. A costruire questa immagine concorrono anche altri documenti dell'epoca, opere di esploratori o di curiosi che non hanno lasciato l'Europa, tuttavia non raggiungono l'importanza delle lettere firmate da Colombo, Pietro Martire e Vespucci. Attraverso questi documenti, in una quindicina d'anni decisivi (1492-1507), all'impresa dei navigatori si aggiungerà una scoperta intellettuale, quella di un Nuovo Mondo.[1]

La figura di Colombo ha suscitato innumerevoli commenti, senza dubbio dovuti non soltanto alle ripercussioni della sua scoperta, ma anche a ciò che in lui appare ai nostri occhi come un insieme di elementi contraddittori. Egli è contemporaneamente un antico e un moderno, pieno di pregiudizi e dotato di spirito pragmatico, dogmatico ed empirista, un geniale navigatore e un mediocre geografo, animato da una fede mistica e avido di ricchezze, promotore del «buon selvaggio» e iniziatore della schiavitù degli indiani d'America. Per quanto ci riguarda qui, un fatto della sua biografia è particolarmente importante: il suo conflitto con i re di Spagna. Infatti, essi non tardano a rendersi conto che, all'epoca in cui non credevano veramente al successo delle sue spedizioni, avevano incautamente sottoscritto con lui un accordo, in cui veniva concesso a Colombo il possesso di tutte le terre che avesse scoperto. L'esploratore sarà dominato dall'enormità della scoperta: non si tratta di alcune isole, ma di un continente infinitamente più esteso della Spagna; se i re si fossero attenuti ai termini dell'accordo, il servitore sarebbe diventato molto più potente dei propri padroni. Perciò è nel loro interesse ridimensionare e occultare il ruolo di Colombo nella scoperta del Nuovo Mondo; ciò riguarda in particolare il terzo viaggio, nel 1498, durante il quale l'esploratore raggiunge l'attuale America Latina. Per lo stesso motivo la «Lettera a Gabriel Sanchez», pubblicata, invece, nel 1493, in tutto questo periodo resterà l'unico documento di Colombo noto al grande pubblico europeo.

Pietro Martire d'Angheria non ha mai lasciato l'Europa. Tuttavia, questo milanese colto gode della fiducia di numerosi personaggi influenti e si trasferisce presso la corte di Spagna, dove sarà un abile cortigiano, incaricato di diverse missioni. Due aspetti della sua biografia lo rendono ai nostri occhi particolarmente prezioso: stringe amicizia con alcuni esploratori di ritorno in Spagna, in particolare con Colombo, e annota con precisione i loro racconti; inoltre, è rimasto il confidente di molti cardinali italiani e decide di tenerli informati delle sorprendenti scoperte, le cui notizie animano la corte di Spagna. Seleziona informazioni grezze e le organizza in racconti coerenti, rendendoli maggiormente gradevoli con riferimenti dotti e riflessioni personali. Le sue missive hanno immediatamente un carattere semipubblico e vengono lette da molti, che si aggiungono agli effettivi destinatari; lo stile asciutto con cui sono state scritte assicura loro un rapido successo. In breve tempo escono sotto forma di libro: nel 1504 ne sarà pubblicata una selezione e nel 1511 vedrà la luce la prima delle *Decadi* di Pietro Martire.

Amerigo Vespucci è il personaggio più misterioso dei tre. Questo fiorentino che si è stabilito nella penisola iberica possiede una discreta educazione umanistica, inoltre è certamente un buon navigatore, perché sappiamo che nel 1508 fu *piloto mayor* per il re di Portogallo. Abbiamo poche notizie dei suoi viaggi verso l'America, a parte quanto ci dicono gli scritti a lui attribuiti. Senza dubbio nel 1499-1500 ha partecipato alla spedizione condotta da Alonso de Hojeda e Juan de la Cosa alla volta del subcontinente sudamericano (spedizione che si avvale delle scoperte fatte da Colombo nel corso del suo terzo viaggio); e nel 1501-1502 si è unito a un'altra navigazione, che esplora le coste dell'America molto più a sud, fino al Rio de la Plata. Di Vespucci come scrittore non abbiamo notizie più precise. Sembra che il navigatore abbia scritto delle lettere ad amici influenti in Italia, un po' come fece Pietro Martire; ma quelle che gli assicurano la gloria e che saranno pubblicate (la prima, *Mundus Novus*, nel 1503; la seconda, *Quatuor navigationes*, nel 1507) sembrano assai rimaneggiate, o addirittura interamente riscritte da autori esperti di letteratura più che di navigazione e che forse non hanno mai lasciato l'Europa. A Vespucci attribuiscono quattro viaggi, senza dubbio perché altrettanti erano quelli di Colombo, e in particolare un improbabile primo viaggio nel 1497, anteriore al terzo che aveva consentito a Colombo di raggiungere il Sudamerica.

Il testo delle due lettere si compone di una gradevole serie di episodi eterogenei, ricavati in parte dalle lettere precedenti (allora inedite) di Vespucci, in parte dai racconti di altri viaggiatori. Per esempio, nella lettera del novembre del 1493, relativa al primo viaggio di Colombo, Pietro Martire dice che i cannibali conservano gli arti dei propri avversari, perché siano consumati successivamente, «sotto sale, come facciamo con i prosciutti»; Vespucci, dal canto suo, afferma di aver visto «carne umana salata, appesa al soffitto, com'è usanza da noi di appendere lardo e carne di maiale». In una lettera dedicata al secondo viaggio di Colombo (1493-1496), Pietro Martire descrive le iguane, che gli indiani tengono come riserva alimentare, «appese agli alberi, alcune con la gola legata da una corda, altre senza più denti». Vespucci sostiene di averle scoperte durante il primo viaggio: «Trovammo molti serpenti di questa specie, vivi, con le zampe legate; avevano anche la gola legata con corde destinate a impedire che potessero aprirla». Il tutto è condito di umorismo ed erudizione; si ottengono così due opere di valore letterario assai superiore a quello della lettera di Colombo.

Che cosa veniamo a sapere da queste prime descrizioni dell'America, redatte da un genovese, un milanese e un fiorentino?

La terra e l'oceano

Una conto è viaggiare trentatré giorni via mare per poi approdare alla fine della traversata; tutt'altra è sapere dove si è arrivati. La scoperta intellettuale, ossia il fatto di realizzare che si tratta di un nuovo continente, ha una data certa, così come l'impresa del navigatore: avviene nell'anno 1507. Come si è giunti a tale determinazione?

Sappiamo che Colombo è partito per l'Asia, con l'intenzione di raggiungerla attraverso la via «diretta», quella occidentale; tutta la sua sicurezza, dunque, si basa su una grossolana sottostima della circonferenza del globo. Poco importano qui le ragioni; sta di fatto che, viaggiando verso occidente per un mese circa, Colombo è persuaso che vi sia una terra ad attenderlo; dal momento che le cose avverranno secondo le sue previsioni, nulla può distoglierlo dalla convinzione di aver raggiunto il Giappone («Cipango») e la Cina («Cathay»), paese in cui regna il Gran Khan descritto da Marco Polo nel *Milione*. Più esattamente, Colombo è convinto che Cuba costituisca una parte del continente piuttosto che un'isola e dunque che il continente in questione sia l'Asia. Non cambierà idea per tutta la vita, anche se è ipotizzabile che abbia maturato dei dubbi, perché durante il quarto viaggio sembra cercare ostinatamente – ma invano – un passaggio verso occidente (il Mar della Cina?) che ci sarebbe dovuto essere, se la sua geografia fosse stata esatta.

Ma questa è solo metà della storia. Infatti, Colombo non si limita a cercare l'Asia «attraverso la via occidentale»; egli è alla ricerca anche di un quarto continente, ignoto agli antichi, e che i cosmografi del medioevo avevano dedotto per pura simmetria; doveva trovarsi a sud dell'Asia (o dell'India), un po' come l'Africa è a sud dell'Europa. Nei margini di *Imago mundi* di Pierre d'Ailly, dove ha l'occasione di leggere questa ipotesi molto tempo prima di partire, Colombo parla di una «quarta parte della Terra che è sotto l'equatore», a sud di «quest'India che forma la terza parte dell'habitat».[2] Inoltre, sempre nell'opera di Pierre d'Ailly Colombo viene a sapere che questo continente sconosciuto ospita, né più né meno, il paradiso terrestre! È comprensibile che un uomo profondamente devoto come lui (sogna nuove crociate per liberare Gerusalemme) abbia voluto raggiungere questa meraviglia da vivo. Sarà lo scopo del terzo viaggio: si dirige più a sud rispetto alle precedenti navigazioni e, ancora una volta, tutto avviene a proposito. Il continente sudamericano (che egli raggiunge oltre l'isola di Trinidad) si trova esattamente dove Colombo aveva postulato. Questa volta egli sa che ha scoperto un continente e che non si tratta dell'Asia: «una terra infinita che si estende verso sud e di cui in precedenza non si aveva avuto notizia», scrive nella *Relazione* indirizzata ai re di Spagna nel 1498. È anche proprio convinto che qui si trovi il paradiso terrestre. Sarebbe dunque un'America del Sud, che egli si figura posta all'incirca dove si trova l'Australia: è questa l'immagine che si fa Colombo delle proprie scoperte.

Quando Pietro Martire sente parlare del ritorno di Colombo, inizialmente si mostra piuttosto prudente nelle proprie interpretazioni geografiche. Nella prima lettera che menziona il fatto, datata 14 maggio 1493, si limita a darne notizia, senza aggiungere altro. La seconda, del 13 settembre dello stesso anno, contiene una descrizione molto più ampia delle terre e dei loro abitanti, ma per quanto riguarda l'identificazione geografica rimane molto vaga, perché Pietro Martire parla soltanto di «nuove regioni» o di «numerose isole». La sola altra espressione che vi fa riferimento proviene da Colombo e contiene il medesimo errore di valutazione sulle dimensioni del globo: Pietro Martire parla degli «antipodi occidentali» raggiunti dall'esploratore, il che lascerebbe supporre che quest'ultimo abbia percorso metà della circonferenza terrestre. Comunque, alcune settimane dopo, Pietro Martire fornisce una diversa interpretazione: in una lettera del 1° ottobre del 1493 riferisce ancora l'interpretazione di Colombo («antipodi dell'occidente», «vicine all'India», «la metà del mondo»), ma questa volta la presenta come un'affermazione dell'esploratore, rifiutando di farsi garante: «è quanto egli suppone», «si crede». È lui stesso a fornire le ragioni del proprio scetticismo: «anche se la grandezza del globo sembra contraria a questa opinione».[3]

Nella lettera del 13 novembre 1493, la prima a essere inclusa nelle *Decadi*, Pietro Martire riprende il racconto dall'inizio, arricchendolo di altre informazioni e di riflessioni; per quanto riguarda l'identificazione delle terre raggiunte da Colombo, tuttavia, esprime ancora delle perplessità: si tratta dell'estremo oriente, come pensa Colombo, o dell'estremo occidente, come si poteva dedurre dalle speculazioni degli antichi (i miti greci)? Da un lato, prenderà atto della somiglianza tra la flora e la fauna osservate e quelle dell'Asia, il che confermerebbe le affermazioni di Colombo. Dall'altro, però, ricordando che l'opinione del genovese sulla dimensione del globo si allontana dalla linea comunemente accolta, mostrerà interesse per gli «indizi che annunciavano la scoperta di una terra nuova e di un secondo mondo ignoto», il che difficilmente può riferirsi all'Asia. E Pietro Martire sarà, significativamente, responsabile dell'adozione di due nomi che appartengono alle interpretazioni divergenti: queste terre dovranno essere chiamate le Antille (Antilia, l'estremo occidente dei greci), i loro abitanti, invece, indiani (Pietro Martire preferisce l'India alla Cina, a differenza di Colombo).

Nelle successive lettere Pietro Martire sembra aver messo da parte le proprie reticenze e si limita a riportare l'opinione di Colombo, alla quale, nel maggio del 1494, si dice «molto legato». La sola precauzione che assume è di precisare che riferisce le opinioni di un altro: per esempio l'affermazione secondo cui Cuba è una penisola («che egli riteneva un continente»), o quella che riguarda la vicinanza delle parti conosciute dell'Asia («infatti, è convinto di essersi spinto fin quasi al Chersoneso d'Oro, al di là della Persia, all'inizio di quello che per noi è l'oriente, nella parte opposta del globo rispetto a noi»). Ciò non gli impedisce, comunque, di parlare sempre «di paesi scoperti e di un mondo nuovo»; l'incoerenza tra le due concezioni non gli crea difficoltà. È così che la prudenza di Pietro Martire, il suo rifiuto di esprimere un'opinione personale gli impediscono di compiere dei passi avanti verso la verità, che peraltro era alla sua portata.

È opinione comune che la scoperta intellettuale del nuovo continente sarebbe da attribuire a Vespucci. Colombo sarebbe stato il primo ad aver attraversato l'oceano e Vespucci il primo ad aver compreso dove si trovava o piuttosto dove non si trovava (non era l'Asia!). In realtà, le cose non sono così semplici. Intanto occorre dire che il cosiddetto «secondo viaggio» di Vespucci, e che verosimilmente è il primo, nel 1499-1500, si svolge agli ordini di Hojeda, il quale probabilmente dispone di una copia della *Relazione* di Colombo e anche di una mappa presumibilmente da lui calcolata, entrambe risalenti al 1498. Così, non soltanto non dovremmo parlare di un'impresa di navigazione, ma sarebbe perfino l'esempio flagrante di un'indebita appropriazione di meriti: a Vespucci sarebbero attribuite le azioni di Hojeda, il quale si sarebbe limitato a rubare i documenti di Colombo! Ma i re di Spagna dovevano essere interessati a un tale stratagemma che privava la casata di Colombo di alcuni argomenti nel conflitto che la vedeva opposta alla corona. Inoltre, è sorprendente che nel *Mundus Novus*, parlando delle terre descritte da Colombo nella *Relazione*, Vespucci evochi anche lui il paradiso terrestre. La differenza è che se Colombo ci credeva letteralmente, Vespucci se ne serve come di una semplice iperbole: «Se in qualche luogo della terra esiste il paradiso terrestre, penso che non sia lontano da queste regioni». Non sarebbe questo, ancora una volta, un indizio del fatto che Vespucci aveva sotto gli occhi il racconto di Colombo?

Se ora ritorniamo alle due lettere pubblicate dal fiorentino, diventerà facile comprendere perché il pubblico gli attribuisce la scoperta intellettuale. Le lettere di Colombo che annunciavano la novità della sua scoperta sono rimaste nascoste. Pietro Martire esita e si rifiuta di assumere una posizione definitiva tra Asia e nuovo continente, limitandosi a riferire le opinioni altrui. Già nella prima lettera, e perfino dal titolo, Vespucci annuncia il tenore: *Mundus Novus!* E si giustifica fin dalle primi frasi: è una scoperta colossale! Di una terra completamente ignorata fino a quel momento! Altrettanto importante come gli altri continenti! Più avanti aggiunge che non è un'isola, ma «un continente, regioni nuove, un mondo nuovo». E grazie a chi è stato trovato? «Ho scoperto...»: Vespucci non soffre di un eccesso di modestia. La novità viene rivendicata, è vero, rispetto agli antichi e non a Colombo; ma quest'ultimo non è mai menzionato. La formula ritorna nelle *Quatuor Navigationes*: ho compiuto quattro viaggi, alla ricerca di nuove terre... Colombo viene citato, ma solo come lo scopritore delle isole. D'altra parte, non compare alcun riferimento all'Asia.

Ma qui è necessario precisare la questione: in che cosa dovrebbe consistere la scoperta intellettuale di un nuovo continente? È sufficiente riconoscere che quello che oggi chiamiamo Sudamerica non appartiene all'Asia? Non esattamente: tutti sanno, a quell'epoca, che l'Asia, a differenza delle nuove terre, non è posta nell'emisfero sud. La vera scoperta consiste nel comprendere che il continente sudamericano non si trova a sud dell'Asia, ma molto più a est; in altre parole, che le terre recentemente scoperte sono separate dall'Asia da un vasto mare. O altrimenti detto: non è stata scoperta l'America finché non si è scoperto il Pacifico. Solo il riconoscimento di un nuovo oceano permette di affermare che è stato identificato il continente americano. La questione non è sapere se Vespucci abbia riconosciuto il Sudamerica come un nuovo continente (l'aveva già fatto Colombo e Vespucci ricava da lui tali conclusioni), ma se abbia riconosciuto l'esistenza di un nuovo oceano, a separare queste terre dall'Asia, o se immagini che siano direttamente a sud della Cina.

Nelle lettere rimaste inedite all'epoca Vespucci lascia intendere chiaramente che aderisce all'interpretazione «asiatica» della scoperta. Sono le «parti orientali dell'Asia», dice la lettera del luglio del 1500.[4] Questa segnalazione è assente dal *Mundus Novus*, ma si ritrova un'altra osservazione che figurava già nelle lettere precedenti. Vespucci afferma di aver percorso un quarto della circonferenza del globo (e non più la metà, come pretendeva Colombo) e che dunque un uomo che stesse in piedi a Lisbona e un altro che lo facesse nelle terre appena scoperte si troverebbero ai due angoli acuti di un triangolo rettangolo, il cui angolo retto è al centro della terra. Aggiunge perfino un piccolo disegno, perché si capisca meglio che cosa intenda dire.

La sua affermazione è doppiamente rivelatrice. Da un lato, vi si può leggere una visione del mondo che annuncia il relativismo moderno: essendo la terra una sfera, nessun punto della sua superficie è più centrale di un altro, la differenza tra «noi» e «loro» è solo di posizione. Ben inteso, Vespucci parla di geografia, non di morale o di religione; ma la brevità stessa della sua presentazione è significativa (sappiamo che, a distanza di un secolo circa, Giordano Bruno perirà sul rogo per aver sostenuto che la Terra, non diversamente da ogni altro punto, non poteva essere considerata il centro dell'universo). Sul piano propriamente geografico, invece, tale affermazione significa che Vespucci ignora l'esistenza di un altro oceano e che colloca il Sudamerica direttamente sotto l'Asia. La vera distanza tra Lisbona e, supponiamo, l'attuale Venezuela corrisponde, non a un quarto, ma a un sesto della circonferenza terrestre. Vespucci sottostima, dunque, le dimensioni del globo di un terzo, ossia, approssimativamente, della larghezza del Pacifico. E ne abbiamo la conferma nelle prime righe del racconto che riguarda il quarto viaggio, nelle *Quatuor Navigationes*: Vespucci dichiara di essere partito alla ricerca di un'isola che si dice Melacca, «della quale si ha nuove esser molto ricca, e che è come almazzino [magazzino] di tutte le navi che vengano del Mare Gangetico e del Mare Indico»; non avrebbe iniziato così alla leggera un viaggio simile, se avesse realizzato che gli occorreva non solo circumnavigare il Sudamerica, ma attraversare anche il Pacifico.

Vespucci, perciò, non sa di essere in «America». Ma a chi appartiene allora la scoperta? Verosimilmente alcuni navigatori avevano già presagito la verità nei primi anni del XVI secolo, forse già negli ultimi del XV. Ma la prima evidenza di questa presa di coscienza non proviene da un navigatore; è formulata da un cartografo che non ha mai abbandonato l'Europa e probabilmente non ha mai visto il mare. L'America è stata scoperta dal tedesco Martin Waldseemüller, membro di un circolo di studiosi insediatosi a Saint-Dié, piccolo borgo sperduto dei Vosgi. La sua scoperta emerge in due carte, un mappamondo a forma di cuore e un globo disegnato su dodici fusi orari (che si possono staccare e incollare su una sfera in legno), entrambe risalenti al 1507. Su queste due carte per la prima volta il Sudamerica è prolungato dal Nordamerica e, soprattutto, un nuovo oceano separa l'America dall'Asia. L'impresa intellettuale non è trascurabile: solo nel 1513, sei anni più tardi, la spedizione condotta da Vasco Nuñez de Balboa attraverserà l'istmo di Panama e confermerà l'esistenza di un altro mare. Waldseemüller ha dedotto il Pacifico allo stesso modo in cui, nel XX secolo, si postulerà l'esistenza di Plutone prima ancora di averlo osservato, partendo dalle perturbazioni sulla traiettoria di Nettuno.

Che cosa gli ha permesso di compiere questa straordinaria deduzione? Due fattori sembrano più importanti degli altri. Il primo è proprio la sua posizione di osservatore esterno, piuttosto che di partecipante diretto. I circoli di studiosi in Europa – a differenza dei marinai ingaggiati nelle navigazioni – ricevono notizie da fonti diverse. Giovanni Caboto ha esplorato le coste del Nordamerica per conto dell'Inghilterra; Gaspar Corte Real ha fatto lo stesso per il re di Portogallo; Colombo, Hojeda, Pinzon, de la Cosa, Vespucci hanno come scopo altre esplorazioni. Le notizie di tutti questi viaggi giungono, più o meno distorte, a questi circoli di studiosi, i soli in grado alla fine di abbozzarne una sintesi. Il secondo fattore è l'onestà intellettuale di Waldseemüller. Egli ha un'idea approssimativa della circonferenza della terra e della geografia dell'Asia; riceve le notizie che riguardano le nuove terre e comprende l'impossibilità dell'ipotesi asiatica: l'Asia è molto più lontana e bisogna poter ritornare dal Giappone via mare. Solo l'esistenza di un oceano sconosciuto tra l'America e l'Asia permetterebbe di rendere coerenti tali informazioni; Waldseemüller lo inventerà, piuttosto che cercare di accordare tra loro le notizie. Il suo coraggio contrasta con la pusillanimità di Pietro Martire il quale, pur disponendo delle medesime informazioni, non oserà giungere alle medesime conclusioni. La storia della scoperta dell'America è quella di un «disapprendimento», di una vittoria progressiva dei dati sensoriali sui ragionamenti *a priori*; ma questi stessi dati devono essere letti da un pensiero sintetico.

Tuttavia, il nome presente su queste carte è «America»: tutto il merito della scoperta è attribuito a Vespucci, di cui le *Quatuor navigationes* figurano in traduzione latina dopo la *Cosmographiae introductio*, l'opera che accompagna le carte di Waldseemüller. A che cosa è dovuto tale onore? Occorre dire che già da qualche tempo gli scritti di Vespucci sono ammirati dai membri del circolo dei Vosgi; uno di loro, Mathias Ringmann, nel 1505 ha pubblicato la versione latina del *Mundus Novus* e l'ha fatta precedere da un elogio in versi di Vespucci; si può supporre che sia ancora lui il responsabile della scelta del nome attribuito al nuovo continente (alla parte meridionale soltanto, a dire il vero). La spiegazione di questo gesto può essere cercata, a mio parere, soltanto nell'arte di scrivere di Vespucci (o di quelli che scrivono al posto suo). La menzione dell'Asia nelle *Quatuor navigationes* a quanto sembra non viene presa in considerazione e le speculazioni sulle dimensioni del globo non sono analizzate (né accolte dalle carte: la distanza tra Lisbona e il Venezuela corrisponde, correttamente, a un sesto della circonferenza terrestre, anche se le dimensioni del Pacifico sono ancora sottostimate). In compenso, Ringmann e Waldseemüller certamente sono stati sensibili all'annuncio della novità delle terre scoperte, tanto più che dovevano ignorare la *Relazione* di Colombo riguardante il suo terzo viaggio: questa modesta variazione nel modo di presentare i fatti è sufficiente perché si faccia chiarezza in loro. Più in generale, senza dubbio sono stati affascinati dalla narrazione di Vespucci, che mescola abilmente e come nessuno prima di lui gli aneddoti vissuti, palpitanti o divertenti (è un Ulisse, o un

Sindbad, dei giorni nostri), e le prove di complicità con lettori che non avevano mai lasciato il proprio studio.

Il nome del continente celebra dunque lo scrittore più bravo; ma il vero scopritore è un uomo di scienza, che ha viaggiato soltanto con l'immaginazione.[5]

Gli uomini

A differenza della scoperta geografica, quella degli esseri umani non conosce la semplice alternativa del vero e del falso (essere o meno vicino all'Asia), ma attraversa un'infinità di gradi intermedi e non può mai essere considerata conclusa. Ma occorre dire che la «scoperta» degli abitanti del nuovo continente sarà particolarmente lenta e ardua; infatti, si scontra subito con molti ostacoli importanti.

Il primo, naturalmente, deriva dalla novità assoluta di ciò che è stato trovato: le due popolazioni s'ignorano totalmente, non esistono inizialmente possibili intermediari. La lingua degli altri è incomprensibile, perfino i loro gesti ingannano. Nel corso del primo viaggio Colombo ne fa continuamente esperienza, senza rendersene sempre conto; è comunque consapevole della necessità di formare degli interpreti e costringe dieci indiani a tornare indietro con lui in Spagna. Inoltre, spera che i trentotto uomini lasciati ad Haiti avranno imparato, durante la sua assenza, la lingua degli indigeni. Quando riparte per il secondo viaggio, richiama gli indiani, che nel frattempo hanno imparato lo spagnolo; ma Pietro Martire ci informa che sette di loro erano già morti, non essendo riusciti a sopportare il modo di vivere degli europei. Ne rimangono, perciò, solamente tre. Comunque, non appena l'imbarcazione di Colombo raggiunge le coste di Haiti, i tre si danno alla fuga e non si faranno più vedere. Quanto agli spagnoli rimasti sul posto, non se ne trova traccia: sono stati uccisi e forse anche mangiati!

Più tardi, comunque, veniamo a sapere dell'esistenza dei primi interpreti: un indiano originario della prima isola raggiunta da Colombo sarebbe sopravvissuto e avrebbe imparato lo spagnolo; ritorna in occasione del secondo viaggio; in un gesto improntato al tempo stesso alla benevolenza e alla scarsa conoscenza dell'altro, Colombo l'ha ribattezzato: ora si chiama Diego Colombo, come il fratello e il figlio dell'Ammiraglio. A quanto pare, rende grandi servigi negli scambi con gli indigeni, anche se è lecito chiedersi se queste diverse popolazioni riescano sempre a capirsi: basandosi su queste conversazioni Colombo dichiarerà Cuba parte integrante del continente. Nel corso dello stesso viaggio il dottor Chanca, uno spirito pragmatico, osserva: «Con quel poco che capiamo del loro linguaggio e le versioni ambigue che ci hanno fornito, siamo tutti in una tale confusione che finora non abbiamo potuto conoscere la verità sulla fine dei nostri compagni».[6] Ma è vero che il secondo viaggio comporta una permanenza più lunga e alcuni spagnoli alla fine apprendono gli idiomi locali. Uno di loro, Ramon Pane, un religioso, su richiesta di Colombo redige un breve trattato «etnografico» sugli abitanti di Haiti (è stato conservato nella biografia di Colombo scritta dal figlio Ferdinando).[7] Quanto a Vespucci, trasmette numerose informazioni che presuppongono l'esistenza di interpreti, ma non fornisce mai spiegazioni al riguardo; e non è chiaro in quali occasioni, durante questi viaggi di esplorazione in cui non permangono a lungo sul posto, i navigatori avrebbero avuto la possibilità di apprendere la lingua. Solo nel corso del terzo viaggio Vespucci menziona due indigeni che cattura per condurli in Europa dove impareranno il portoghese; e prima come si faceva?

Il secondo vero ostacolo alla percezione degli altri è di tutt'altra natura. I primi viaggiatori (e ciò vale in particolare per Colombo) perseguono degli scopi ben precisi e la ripresa o meno delle esplorazioni dipende dai risultati ottenuti fino a quel momento; essi rivolgono dunque a questo mondo uno sguardo fortemente interessato e i loro scritti ne risentono. Colombo deve dimostrare che queste scoperte saranno fruttuose: la natura di queste terre sarà allora dichiarata invariabilmente magnifica e l'esploratore pretenderà di trovare infinite ricchezze, oro, perle o spezie. Quanto agli uomini, prima di tutto sono estremamente timorosi (traduciamo: la loro sottomissione non porrà alcun problema) e generosi (non sarà difficile impadronirsi delle loro ricchezze). Vespucci ha altri interessi: il suo bottino non è tanto l'oro, quanto i racconti; occorre dunque che gli aneddoti pullulino, che si sorrida e ci si commuova e alla fine si provi ammirazione. Ecco che cosa spinge a prendersi qualche libertà con la storia reale.

Un'altra difficoltà è dovuta al fatto che, pur in assenza di ogni contatto preliminare, è difficile vincere i propri pregiudizi – in questo caso i racconti anteriori. Convinto di trovarsi in Asia, Colombo proietta sulle nuove terre i ricordi delle letture che ha fatto di viaggi antecedenti, come quelli di Marco Polo o degli esploratori dell'antichità. Sente così parlare del Gran Khan, degli uomini con la coda e dell'isola delle amazzoni. Allo stesso modo, Pietro Martire vuole trovare conferme alle supposizioni di Aristotele, Plinio o Seneca; anche lui riferisce, ma con l'abituale prudenza, la scoperta delle amazzoni. Vespucci, per parte sua, ha visto dei giganti. D'altro canto, riprende probabilmente i primi racconti, quelli di Pietro Martire o di Colombo: non sarebbe forse questa, per esempio, l'origine della notizia che ritorna sovente, secondo cui gli indiani pensano che gli europei provengano dal cielo?

L'influenza dei racconti anteriori e il desiderio di affascinare i lettori concorrono alla produzione di un forte stereotipo, secondo cui gli abitanti dell'America vivrebbero nell'età dell'oro. Colombo non pensa ancora a questo mito, ma, con i tratti che attribuisce agli indiani, ne prepara l'avvento: sono abitualmente nudi (come gli abitanti del paradiso prima del peccato), non provano alcun sentimento religioso e non conoscono la proprietà privata, il concetto di «tuo» e «mio». Pietro Martire riprenderà gli stessi elementi, ma riletti con un preciso orientamento: gli indiani ignorano anche le leggi, i libri e il denaro; vivono secondo natura, nell'età dell'oro. Vespucci accoglierà questa descrizione, arricchendola di dettagli e aggiungendovi due caratteristiche importanti: la licenza sessuale – nessun matrimonio né divieto d'incesto, ma lubricità eccessiva (l'immaginario di Vespucci a tale riguardo è agli antipodi di quello di Colombo); e l'assenza di gerarchia sociale – nessun capo, nessuna sottomissione (Colombo, invece, avrebbe voluto conoscere l'imperatore della Cina). Assimilato da Tommaso Moro e Montaigne a una meditazione filosofica (ma Vespucci dice già: sono degli epicurei e non degli stoici...), il mito dell'età dell'oro proiettato sulle popolazioni estranee alla civiltà europea continuerà a imporsi fino ai giorni nostri.

Leggendo queste prime testimonianze dell'incontro tra europei e americani, se vogliamo raccogliere alcune informazioni che riguardino realmente gli indigeni e non le invenzioni dei loro visitatori, dobbiamo in primo luogo dedicarci a un paziente lavoro di pulizia. Dobbiamo scartare tutto ciò che questi ultimi sostengono di aver compreso nei discorsi degli indiani; sappiamo infatti che non avevano ancora interpreti. È necessario mettere da parte anche ciò che con troppa evidenza risponde al desiderio dei visitatori, oltre che alle reminiscenze delle loro letture. Che cosa rimane allora?

In primo luogo, si constata che l'interpretazione del mondo non umano è molto più attendibile di quella degli uomini: i due tipi di contatto non avvengono secondo le medesime regole. Non vi è alcun motivo di mettere in dubbio le descrizioni delle case e delle amache, degli strumenti e delle armi che i visitatori vedono. Anche nelle evocazioni del mondo umano, ciò che appare alla vista è probabilmente più realistico di ciò che si comprende attraverso le parole. Certo, è vero che gli indiani vanno in giro nudi (Colombo avrebbe gradito che fossero vestiti; sarebbe stata la dimostrazione di un maggior grado di civiltà e il merito della sua scoperta sarebbe stato più alto...). Probabilmente è vero – altrimenti non si spiega l'interesse per la notazione – che, come dice Colombo, le donne lavorano molto più degli uomini. Infine è vero – ma già qui il vero comincia a mescolarsi inestricabilmente con il falso – che alcune di queste popolazioni praticano il cannibalismo. Sono le osservazioni e i racconti successivi a confermare questo dato; se ci fossimo fermati alle parole di Colombo, avremmo potuto pensare che si fosse trattato ancora di una proiezione, come nel caso degli uomini con la coda (Colombo parla di antropofagia per sentito dire, in un'epoca in cui egli non capisce molto di ciò che gli viene detto e il suo *Diario di bordo* rivela che si tratta di una reminiscenza letteraria: i cannibali sono i ciclopi). Accade semplicemente, un po' come per le terre, che la realtà corrisponda all'immaginazione.

Poco per volta, a questi primi contatti pieni di malintesi ne succederanno altri, in cui l'immagine degli indigeni diventerà più coerente. Il breve trattato di Ramón Pané contiene delle informazioni uniche. Il ritratto della popolazione indigena presente nel racconto del primo viaggio di Vespucci è altrettanto di grande interesse. Egli non poteva cogliere tutti questi aspetti in occasione né del primo né di successivi contatti. Le sue pagine concentrano, più probabilmente, un certo numero di racconti provenienti da diversi osservatori; ma non possono essere pure affabulazioni. Il vero cambiamento qualitativo avverrà comunque soltanto più tardi, quando i religiosi spagnoli si stabiliranno sul continente, impareranno le lingue indigene e daranno la parola agli indiani stessi, i quali, da oggetti della conoscenza, ne diventeranno i soggetti. È il merito, in Messico, di Omos, di Motolinia, di Sahagún, di Durán, di tutti questi eruditi che renderanno possibile considerare la parola degli indigeni sullo stesso piano di quella dei loro conquistatori; a sua volta, questo ci darà la possibilità di ascoltare una parola del tutto diversa.[8]

Cominciando a conoscersi, indiani ed europei interagiscono tra loro. Colombo (in spagnolo Colón) ha il nome adatto: inaugura la colonizzazione moderna. Fin dal primo viaggio è evidente che alle popolazioni incontrate lascia solo un'alternativa: o sottomettersi di propria volontà (perché ammirano lui o i re di Spagna o il dio dei cristiani, o perché sono comunque accondiscendenti e generose) o perché costrette. Colombo non ha alcuna esitazione a farle prigioniere, a costruire una fortezza che gli consentirà di tenerle a bada, a ridurle in schiavitù. Gli europei cercano ricchezze; gli esseri umani, in questa prospettiva, hanno una funzione puramente strumentale: costituiscono degli aiuti o degli ostacoli all'impresa e la loro volontà non viene mai presa in considerazione.

La ricerca di beni materiali, comunque, non viene sempre considerata un'azione lodevole, soprattutto dalla morale ufficiale, ossia quella cristiana. Perciò, gli autori posteriori non indulgeranno su questo motore essenziale delle esplorazioni e insisteranno maggiormente su altri motivi, più onesti. A sentire Pietro Martire, Colombo viaggia per amore delle scoperte (il che non è falso), per diffondere la religione cristiana, per portare i benefici della civiltà, per difendere gli indiani buoni da quelli cattivi. Poi s'instaurano scambi commerciali (collane in cambio di oro, quando possibile). Vespucci non rivela nemmeno le vere ragioni delle spedizioni alle quali prende parte e menziona solo *en passant* la ricerca di ricchezze: il loro scopo sembra essere la sola esplorazione e il desiderio di far scomparire il cannibalismo. Il quadro è decisamente un po' troppo idilliaco.

Tuttavia, sono gli stessi racconti di Vespucci a lasciarci intravedere i veri motivi delle azioni dei singoli, al di là delle ragioni avanzate dagli esploratori stessi. I marinai sono approdati sulla costa una prima, una seconda, una terza volta; si sono stabiliti deboli contatti. Ma ecco un incontro diverso:

vengono raggiunti da un nugolo di frecce; perché? Alcuni giorni dopo, la situazione si rovescia: approdano su un'altra isola, dunque una nuova popolazione; fidandosi di un racconto di altri indiani (possiamo immaginare i malintesi) e dato che le riconoscono un aspetto bellicoso, la attaccano a colpi di cannone e uccidono un gran numero di persone. Nel corso del secondo viaggio si avvicinano a terra e scorgono una folla; la prima reazione è «una gioia inconsueta». Comunque, senza alcuna spiegazione, essa si trasforma nel suo contrario: vedendo che gli indiani si avvicinavano, «decidemmo di attaccarli». L'umore degli indigeni sembra mutare altrettanto facilmente per passare dall'ospitalità all'aggressività. «Li vedemmo allora levare i remi sopra di sé, come se volessero in tal modo dar segno della propria forza e della volontà di resistere. Pensammo che lo facessero per intimidirci». Fu un motivo sufficiente a scatenare le ostilità.

Forse Vespucci e compagni si sono ingannati, questa volta, sul significato dei remi alzati sull'acqua. Tuttavia, è certo che in numerose circostanze le battaglie, spesso mortali, non hanno altra giustificazione, se si esclude il desiderio di vincere lo scontro; sono un fine, non un mezzo. Per quale motivo gli esseri umani, incontrando loro simili che non conoscono, non riescono a limitarsi alla gioia nata dal contatto e devono subito cercare di stabilire chi dei due sia il più forte – a parole, gesti o azioni? Quali sono le origini di questa pulsione di potere, simbolico o reale, che regola i comportamenti umani ai quattro angoli del globo?

Ciò che possiamo immaginare del comportamento degli indigeni non sempre contribuisce a rafforzare l'immagine del buon selvaggio. L'atteggiamento più universalmente presente in loro, durante gli incontri, è la fuga, il rifiuto del contatto; la loro prima reazione è la paura e il rifiuto. La seconda non è molto diversa: malgrado i sorrisi degli spagnoli, gli indigeni, racconta Pietro Martire, «si radunarono a triangolo, come un volo d'uccelli, e ritornarono prontamente nelle valli boscose». E poi si cerca di fuggire anche dopo aver stabilito dei contatti prolungati; i potenziali interpreti di Colombo, come abbiamo visto, lo abbandonano senza lasciare tracce dopo un anno di vita comune. Pietro Martire racconta un'altra storia che colpisce: gli spagnoli hanno liberato alcune donne, prigioniere dei cannibali, e credono di ottenere la loro riconoscenza. Invece, in piena notte le donne si gettano dalla barca in cui si trovano e attraversano a nuoto «tremila passi di mare». Pietro Martire è indeciso tra l'ammirazione per l'impresa e l'indignazione davanti alla mancanza di gratitudine.

Quando la fuga è impossibile, gli indiani sono soliti attaccare gli intrusi: mettono in azione i loro archi. La replica dei viaggiatori il più delle volte è mortale; in qualche caso capita che soccombano sotto i colpi inferti dagli indiani. La prima fortezza costruita da Colombo non è altro che «cenere e silenzio» al suo ritorno (Pietro Martire). Dal canto suo, Vespucci racconta senza mezzi termini la disavventura di cui rimane vittima un valoroso giovane europeo inviato per parlamentare con le donne indigene (e sedurle): una randellata in testa lo manda all'altro mondo, il cadavere viene poi arrostito allo spiedo, sotto gli occhi dei compagni terrorizzati e impotenti. Gli scambi di doni e di cortesie sono più rari e sempre passibili di essere interrotti. Le popolazioni indiane sono costantemente in guerra tra loro (in particolare i caraibici nomadi e antropofagi e i taino sedentari) e ricorrono volentieri all'aiuto degli spagnoli per sbarazzarsi dei propri avversari, senza rendersi conto che così facendo introducono il lupo nell'ovile. Tanto che Pietro Martire conclude, malinconicamente: «Sono tormentati dall'ambizione e dal desiderio di potere e si massacrano in guerra, piaga da cui fu poco immune anche l'età dell'oro, perché la massima "dammi! Io non darò" doveva già essere diffusa tra gli uomini». Vespucci ha un'altra spiegazione per le loro guerre perpetue, forse più vera ma non altrettanto incoraggiante: «Non combattono né per il potere né per estendere il proprio territorio né mossi da qualche altro desiderio irrazionale, ma in ragione di un odio ancestrale, radicato da molto tempo in loro». Ecco una situazione in cui l'oblio sarebbe preferibile alla memoria!

È il desiderio di sottomettere gli altri alla propria volontà, di mostrarsi più forti, di godere del potere su di loro che spinge gli uomini a sfidare i pericoli di una traversata dell'ignoto verso nuovi continenti, i rischi degli incontri con nemici temibili. Anche quando credono di assumersi tali rischi per il bene altrui – per esempio con l'intenzione di convertire questi pagani alla religione cristiana –, aspirano sempre al piacere che si prova nell'imporre il bene e nel vedersi all'altezza delle proprie esigenze. La semplice umiltà non avrebbe condotto alcuno fino alle coste dell'America.

Comunque, una volta raggiunto lo scopo, si possono individuare nuove motivazioni, più nobili, all'incontro con gli altri e diversi viaggiatori l'hanno fatto; no, la «natura umana» non è desolante. Alla fine del racconto sul secondo viaggio di Colombo, Pietro Martire riferisce (e sicuramente in parte inventa) una scena toccante, che potrebbe servire come modello ai futuri scambi tra le culture. Un vecchio ottuagenario si reca a salutare Colombo, lo interroga e gli parla (questa volta c'è un interprete). Ammira l'audacia e la potenza del navigatore, poi gli propone di dividere con lui la propria saggezza, le proprie valutazioni del bene e del male: vi sono quelli che amano la pace ed evitano di arrecare del male ad altri e quelli che provano piacere nel nuocere al prossimo. Per un breve momento, le ostilità e gli egoismi sono sospesi, il rumore delle armi si placa e, nell'improvviso silenzio raggiunto, i due riconoscono la comune umanità, oltre gli oceani e le terre.[9]

Per il lettore comune La Rochefoucauld è innanzitutto l'autore di alcuni brillanti aforismi, che non smettono di destare stupore a molti secoli dalla loro stesura. «Siamo tutti abbastanza forti per sopportare i mali degli altri» (M 19).[1] «Né il sole né la morte si possono guardare intensamente» (M 26). «Si preferisce parlar male di sé stessi piuttosto che non parlarne affatto» (M 138). È ammirevole l'estrema concisione dello stile, lo sguardo disincantato del moralista; La Rochefoucauld è l'incarnazione dello spirito e dell'arte di stampo classico. Ma quest'ammirazione ha il suo rovescio, che in Francia trova sostegno nella lunga tradizione di lettori per i quali la parola «sistema» costituisce un'offesa, soprattutto quando è rivolta a uno scrittore brillante. Fortunatamente, dicono, Montaigne non è sistematico, né Pascal, né Rousseau. Ancor meno La Rochefoucauld, autore di frammenti folgoranti. Lui stesso incoraggia questa interpretazione, descrivendo le proprie massime come «un ammasso di pensieri sparsi, ai quali non è ancora stato dato ordine, né inizio, né fine».[2]

Bisogna intendersi sul significato delle parole. Se con «sistema» pensiamo a un concatenamento rigoroso e monolitico di premesse e di conseguenze, come si potrebbe trovare in un manuale, i moralisti francesi non sono molto sistematici. Se invece intendiamo che la loro opera è animata da un'idea che occorre riconoscere e descrivere per comprendere il significato di ciascuna espressione, allora, sì, appartengono tutti a un pensiero sistematico. Ciò non impedisce loro di essere complessi e sfumati, di provare interesse per le contraddizioni del mondo che cercano d'interpretare, di far emergere le proprie tensioni più profonde.

Lo stesso discorso vale per La Rochefoucauld. È vero che alcune delle sue frasi sembrano avere l'effetto di un mero gioco di parole, in cui prima di tutto è importante la forma paradossale del pensiero o il suo andamento inconsueto; che altre non sono originali, ma ricavate dagli autori contemporanei o dai predecessori; rimane il fatto che, in sostanza, l'opera di La Rochefoucauld ci pone di fronte a un pensiero coerente e profondo. Egli non è caotico né imprevedibile più degli altri grandi pensatori, è soltanto un po' più difficile da interpretare, perché particolarmente conciso. Di conseguenza, tra gli storici che hanno preso sul serio il suo pensiero emerge un certo disaccordo sul quadro in cui sia opportuno inserirlo. È da considerare prima di tutto agostiniano e, più specificamente, giansenista? Riprende piuttosto la filosofia pagana degli antichi, degli epicurei, addirittura degli stoici? O è soprattutto un «galantuomo», alla maniera del cortigiano di Baldesar Castiglione?

Nel pensiero di La Rochefoucauld si possono ritrovare tutti questi ingredienti e altri ancora; ma in lui formano una sintesi nuova, che lo rende unico rispetto agli altri. Senza dubbio è per questo motivo che egli appartiene al breve elenco di autori antichi che oggi vengono letti ancora volentieri, non perché si è costretti da un programma scolastico, né per fare sfoggio di cultura. La Rochefoucauld gode di questo insigne privilegio: continua a essere un nostro contemporaneo, come lo è stato dei lettori dei secoli precedenti. La sua opera non è soltanto un documento che permette di conoscere meglio il suo tempo; è anche uno stimolo sempre attuale per pensare l'uomo e il mondo. Come contropartita, dobbiamo cercare di comprendere ciò che egli dice, non solamente ai contemporanei, ma a noi. Come possiamo entrare in questo universo, che per eccesso di chiarezza diventa enigmatico?

Come filo conduttore ricorrerò a un'immagine di cui La Rochefoucauld si serve volentieri: egli parla della nostra vita interiore come della «commedia umana» (MS 6). L'interesse, dice una massima, «interpreta ogni genere di ruolo» (M 39), l'orgoglio «interpreta da solo tutti i personaggi» (MS 6) e la mente cerca talvolta di recitare «la parte del cuore» (M 108). L'essere umano (e non la società, o addirittura il mondo intero, come vuole una tradizione antica o più tardi in Balzac) è un'opera teatrale, l'uomo stesso è l'oggetto di una sceneggiatura. L'insieme di questi personaggi, o ruoli, costituisce la struttura dell'essere; se vogliamo comprenderlo, bisogna familiarizzare con tutta la compagnia. Ma ci si accorge subito che in realtà sono rappresentate diverse opere simultaneamente, inglobate l'una nell'altra, come se all'interno della grande scena ve ne fosse un'altra, più piccola e poi un'altra ancora.

La scena principale che occupa l'essere intero potrebbe essere definita la «grande commedia». Vi prendono parte cinque personaggi, disposti non dal basso verso l'alto, ma piuttosto su una linea che congiunge l'esterno all'interno. Prima (ma è un ordine arbitrario) viene la *fortuna*, ossia gli avvenimenti esteriori, le circostanze, i casi del destino. In seguito il corpo o, per riprendere il termine usato da La Rochefoucauld, gli *umori*, che abbiamo ricevuto dalla natura senza possibilità di scelta. Quindi si trova il *cuore*, sinonimo all'incirca di anima, sede di tutte le passioni che ci agitano. Poi la *mente*: è qui che intervengono la ragione, il giudizio, le opinioni, senza dubbio è qui che hanno sede l'immaginazione e il gusto, oltre che le virtù: la generosità, l'umiltà, la compassione, la fiducia e molte altre. Infine, ci sono gli *altri*: uomini come noi, ma che si trovano dentro di noi e sono altrettanto responsabili delle nostre azioni; possiamo anche immaginarli come gli spettatori della commedia.

Questi personaggi sono perennemente impegnati in una vicenda complessa. Non tutti hanno dei ruoli altrettanto importanti. Per il momento lasceremo da parte quello degli «altri». Il ruolo della fortuna e quello degli umori sono abbastanza simili nella prospettiva della «commedia»: determinanti e al tempo stesso un po' marginali. Determinanti, perché sono delle cause irreversibili, capaci d'influenzare in maniera decisiva l'azione degli altri personaggi. La fortuna e la natura sono responsabili di ciò che siamo, postula La Rochefoucauld (R 14), «la natura crea il merito e la fortuna lo mette in pratica» (M 153). La fortuna, confusa con la Provvidenza o talvolta con il caso, è l'agente «che fa sì che tutto proceda secondo il posto che gli è stato assegnato e segua il corso del suo destino» (MS 39), è il principale responsabile dell'esistenza degli eroi (M 53). Le nostre azioni più belle non sono certo il risultato della nostra volontà, ma il frutto del caso (M 57), delle stelle favorevoli o sfavorevoli sopra di noi.

Gli umori del corpo non hanno, comunque, meno influenza su di noi: «forza e debolezza d'animo» sono soltanto «la buona o la cattiva disposizione degli organi del corpo» (M 44), «gli umori del corpo [...] esercitano a poco a poco un potere segreto su di noi» (M 297), al punto che La Rochefoucauld suggerisce (ma in una massima soppressa) che «tutte le passioni non sono altro che i diversi gradi di temperatura, calda e fredda, del sangue» (MS 2). La durata delle passioni non dipende dalla nostra volontà più della durata della nostra vita (M 5); reciprocamente, la moderazione di cui si vantano alcuni è il risultato della composizione dei loro umori, di cui non hanno alcun merito (M 17).

Anche se di carattere diverso, queste due determinazioni giocano un ruolo simile nell'argomentazione di La Rochefoucauld: servono a ridurre la nostra presunzione, a ridimensionare il nostro orgoglio, a renderci più umili. Siamo convinti di avere il merito delle nostre buone azioni o della nostra felicità, ma non è così: perlopiù sono effetto di forze sulle quali non abbiamo alcun controllo, gli umori del corpo all'interno, la casualità delle circostanze all'esterno. Ma, proprio per tale motivo, questi personaggi, anche se influenti, non meritano lunghi discorsi: sono forze che bisogna conoscere, ma con le quali l'interazione è limitata. Il controllo che esercitiamo su di loro è uguale a quello che abbiamo sul tempo o sulla salute dei nostri organi; inutile dunque soffermarvisi. «Bisogna regolarsi con la fortuna come con la salute: goderne quando è buona, portar pazienza quando è cattiva» (M 392). Davanti ad agenti così inaccessibili il fatalismo è la reazione appropriata.

Ecco perché, quando descrive l'azione di questi due personaggi all'interno dell'essere e specialmente quella del corpo (che appartiene a lui esclusivamente), La Rochefoucauld utilizza preferibilmente delle formule per analogia a quattro membri, che indicano una somiglianza tra i diversi aspetti dell'uomo, ma senza una diretta interazione. L'anima e il corpo, descritti separatamente, condividono alcuni tratti: le malattie sono per l'uno ciò che per l'altra sono le passioni (M 188, M 193), «i difetti dell'anima sono come le ferite del corpo» (M 194) e al contrario: «La saggezza è per l'anima ciò che la salute è per il corpo» (MP 42). Tuttavia, non è in discussione un'azione diretta delle malattie sulle passioni, né della salute sulla saggezza. Ciò è vero anche se uno dei termini appare due volte, in posizioni differenti: «L'amore è per l'anima di un innamorato quello che l'anima è per il corpo a cui dà vita» (MS 13): l'amore qui non riguarda il corpo. Lo stesso vale per il corpo e la mente: «La grazia è per il corpo ciò che il buon senso è per la mente» (M 67), entrambi sono contraddistinti da difetti (M 290) e pigrizia (M 487). La descrizione di questi piani dell'essere prosegue su parallele destinate a non convergere ed è questo a giustificare l'abbondanza di espressioni per analogia («proporzioni»).

La Rochefoucauld, comunque, non afferma che sia totale il controllo esercitato dal caso e dal corpo sull'individuo. Sarebbe infatti come dimenticare un'altra forza che agisce sul comportamento dell'individuo, più interna della fortuna, più psichica degli umori e sulla quale, tuttavia, non abbiamo un maggiore controllo di quello sui primi due attori. Il vero nodo della vicenda si pone tra gli altri due personaggi: il cuore e la mente. Questa volta non si tratta di una relazione semplice, ma doppia (e trae la propria specificità da questa stessa duplicità). Una delle azioni si svolge sul piano del potere: il cuore è padrone della mente, che dunque gli è sottomessa. L'altra riguarda la conoscenza: il cuore è l'ingannatore, la mente è l'inganno. Una massima evoca contemporaneamente le due relazioni: «L'uomo crede spesso di guidarsi, ma in realtà è guidato; con la mente tende a una meta, mentre il cuore lo trascina verso un'altra, senza che se ne accorga» (M 43). Non soltanto il cuore prevale sulla mente quando i loro obiettivi divergono; lo fa anche «senza che se ne accorga», affinché l'uomo abbia l'impressione di fare una cosa quando in realtà ne compie un'altra. Ancora una volta, entrambe le relazioni dovrebbero invitarci all'umiltà: siamo impotenti e al tempo stesso ignoranti.

Ciascuna delle due interazioni è evocata più volte. Le passioni, rappresentanti del cuore, sono dei tiranni violenti (MP 21), l'egoismo, la più importante, è un dio onnipotente (MP 22), di cui si fatica a vedere in che cosa sia inferiore a Dio *tout court.* La ragione, per parte sua, è inefficace, non ha un'effettiva influenza sul nostro gusto (M 467) o sui nostri desideri (M 469). Siamo guidati dal cuore e proprio questi comportamenti, paragonati alle norme del mondo esterno, sono considerati delle virtù o dei vizi. Il mascheramento di questo controllo, di questa tirannia non è meno importante. È permanente: «La mente è sempre alla mercé del cuore» (M 102) e segue una strategia particolare: «Quella che comunemente viene chiamata virtù in genere è soltanto un fantasma formato dalle nostre passioni, a cui si dà un nome dignitoso per fare impunemente ciò che si vuole» (MS 34): creazione del simulacro, valorizzazione attraverso il nome, attività nascosta. I tentativi di difesa operati dalla mente, gli sforzi compiuti per conoscere il vero volto del cuore sono destinati al fallimento, parziale o totale. «Quelli che conoscono la loro mente non conoscono il loro cuore» (M 103).

A che cosa è dovuto tale fallimento? La Rochefoucauld individua il concorso di due cause. La prima deriva da una debolezza insita nella facoltà di conoscere (un po' come lo scetticismo di Montaigne): «Ciò che rende questa falsità così universale è che le nostre qualità sono incerte e confuse, come lo sono anche le nostre visioni: non si vedono esattamente le cose come stanno» (R 13). La nostra mente, limitata e legata alle circostanze concomitanti, semplicemente non ha accesso all'assoluto. Nello stesso tempo è possibile conoscere soltanto a livello generale (M 436); ora, «per conoscere bene le cose, bisogna conoscerle nei loro particolari e, siccome questi sono pressoché infiniti, le nostre conoscenze sono sempre superficiali e imperfette» (M 106). La nostra mente non è in grado di liberarsi delle proprie abitudini, affezionarsi a esse risulta la via della minor resistenza, della pigrizia che non sa combattere; non c'è da meravigliarsi del modesto progresso che potremmo compiere in questa conoscenza (M 482).

La seconda causa della mancanza di conoscenza è ancora più decisiva: dipende dall'oggetto da conoscere e non più dal soggetto conoscente. Alcune istanze dell'essere resistono a ogni conoscenza, che non può mai essere separata, nettamente, dal nostro interesse. In altre parole, la conoscenza non può restare pura o neutrale: il desiderio, l'egoismo, le passioni, i pregiudizi sono sempre coinvolti, ne formano il punto cieco. Se non *possiamo* conoscerci completamente, ciò è dovuto al fatto che non lo *vogliamo* davvero: nutriamo un'invincibile diffidenza nei nostri confronti (M 315), perché la sede della facoltà di conoscere è la stessa della facoltà di desiderare.

Dopo essere stata umiliata dalla casualità degli avvenimenti e dagli umori del corpo, la mente, dunque, ancora una volta deve piegarsi davanti a questo nuovo padrone, peraltro più vicino, il cuore. Siamo deboli – guidati quando pensiamo di essere noi a guidare – e al tempo stesso ignoranti o immersi nell'errore; il nostro sapere non è agli onori più del nostro volere.

La piccola commedia

La frammentazione dell'individuo non finisce qui. Torniamo alle peripezie che si svolgono sulla scena principale del teatro. Questo spazio, come ho detto, ne ingloba altri. Più esattamente, ciascuno dei personaggi della grande commedia diventa a sua volta una scena in cui è rappresentata una seconda, «piccola» commedia. Da questo punto di vista uno dei personaggi è più interessante di tutti gli altri: si tratta del cuore; lo scopo delle *Massime* è di «fare l'anatomia di tutti i meandri del cuore».[3] Non è mai fermo, i suoi elementi sono in preda a una costante agitazione, sempre in disaccordo: il cuore trabocca di conflitti e di contraddizioni (M 478). Infatti, i suoi usuali inquilini, le passioni, si suddividono in due gruppi. Da un lato, i veri agenti che, come tutto il cuore, dominano e ingannano al tempo stesso. Sono tre personaggi, che ora si confondono ora si distinguono, una trinità sacra: Egoismo, Interesse e Orgoglio. Dall'altro, le passioni, che in alcuni casi interpretano il ruolo di manipolatori e in altri vengono manipolate: Amore, Odio, Invidia, Gelosia, Vergogna, Timore, Audacia, Prodigalità, Avarizia... Vanità e Pigrizia passano abbastanza frequentemente dal lato dei manipolatori.

Il ruolo di gran maestro di cerimonia, di vero sceneggiatore di tutta la piccola commedia, è lasciato all'Egoismo stesso, pari a un dio come abbiamo visto, e definito «l'amore di sé e di ogni cosa in funzione di sé» (MS 1): esso prende parte, dunque, anche alle situazioni in cui gli «altri» sono presenti, ma vengono utilizzati come degli oggetti. «Egoismo» qui è sinonimo di amor proprio, preferenza per sé sopra ogni altra cosa. In questo vero pezzo di bravura retorica rappresentato dalla prima massima soppressa, lo si vede anche diventare il soggetto di numerose azioni comunemente attribuite agli esseri umani: concepisce, immagina, sospetta, indovina, vuole, decide, congiura; e, d'altra parte, ha desideri, comportamenti, affetti, sentimenti, passioni, inclinazioni. Talvolta si batte contro sé stesso, al punto da illuderci che sia possibile sconfiggerlo; in realtà, non ha fatto che rifugiarsi in un'altra parte del nostro essere e assapora così una duplice vittoria, sulle nostre resistenze e sulla nostra vigilanza. «Mentre cade in rovina da una parte, si ricostruisce dall'altra; quando pare che alla fine abbandoni ciò che gli piace, in realtà non fa che tenerlo in sospeso o cambiarlo e anche quando è sconfitto e crediamo di essercene liberati, ecco che lo vediamo trionfare nella sua stessa sconfitta» (MS 1). Egoismo è insaziabile: «Per quanto bene dicano di noi, non ci insegnano niente di nuovo» (M 303). Inoltre, sfugge alla conoscenza: perché è molteplice e volubile e al tempo stesso rifiuta di lasciarsi conoscere.

Come ogni guida di spicco, non ama apparire in pubblico, ma preferisce agire per interposta persona; per farlo, ha due accoliti al soldo, Interesse e Orgoglio. L'uno è onnipresente e tiene le fila; di lui si dice addirittura che sia la quintessenza, il cuore, l'anima di Egoismo (MP 26); la stessa massima lo presenta come l'insieme dei suoi sensi (vista, udito, odorato). «Parla ogni tipo di lingua» (M 39), acceca e dà luce, alternativamente (M 40), «mette in moto ogni genere di virtù e di vizio» (M 253, vedi anche M 187), soffoca ciò che è naturale, in particolare ciò che è buono (M 275), e in compagnia di Vanità è all'origine di grandi sofferenze (M 232). Tutte le virtù si perdono in lui (M 171).

Suo compagno abituale è Orgoglio, con cui ha un rapporto di collaborazione. Orgoglio trova sempre una contropartita (M 33), ha «le sue stranezze» (M 472), si alimenta di ciò che togliamo agli altri difetti (M 450); numerosi

Orgogli discutono tra loro come mercanti di bestiame, perché nessuno vuole abbassare il prezzo (M 225). È il padrone insaziabile dei nostri gusti (R 17). In particolare è Orgoglio a essere incaricato del lavoro di mascheramento: è lui che impedisce la conoscenza (M 36), lui che nasconde (M 358), lui che è responsabile della «cecità umana» (MS 19); in ragione di una perversità ulteriore, di tanto in tanto, «si mostra con il suo volto naturale e si scopre» (MS 6), sapendo bene che il più delle volte la sincerità è un inganno o una forma di vanità. Così facendo, rinnova le azioni del padrone Egoismo, che è già qualificato come «il più grande di tutti gli adulatori» (M 2), e dunque anche dei dissimulatori.

L'azione congiunta di queste tre comparse, che vengono descritte come «inseparabili» (R 18), ha un solo obiettivo: riuscire gradita al nostro io, assicurarci che siamo al tempo stesso il centro e la sommità dell'universo, che dominiamo tutti gli altri e ne diventiamo tiranni (MS 1). Sono queste le forze che guidano la nostra condotta, non l'aspirazione al bene, nel migliore dei casi soltanto un'abile manovra attraverso la quale, adducendo il pretesto della generosità, ci assicuriamo la gratitudine degli altri, recuperando così la nostra scommessa con tutti gli interessi. «Fare qualcosa per il bene degli altri», invece di essere una vittoria di Bontà su Egoismo, è «una strada più sicura per arrivare ai propri fini: come prestare a usura facendo finta di elargire» (M 236). Non è comunque questo il motivo per cui siamo sempre refrattari all'idea di trasgredire apertamente i dettami della morale, infatti a tale scopo è sufficiente che l'infrazione sia considerata una dimostrazione della nostra forza. Nulla, in compenso, appare più insopportabile ai nostri occhi che l'essere costretti ad ammettere i nostri fallimenti e la nostra inferiorità, dunque la superiorità degli altri. «Ci facciamo spesso vanto delle nostre passioni, anche di quelle più criminose; ma l'invidia è una passione timida e pudica che non osiamo mai confessare» (M 27).

Oggi una visione così negativa dell'animo umano può sorprenderci, condizionati come siamo dalle ideologie del progresso sociale o della bontà insita nell'uomo, sviluppatesi nel XVIII e XIX secolo. Nel Seicento questa visione è meno inconsueta al pubblico, anche se la cupezza delle opinioni di La Rochefoucauld è impressionante. Infatti, nella coscienza dei contemporanei appare evidente un richiamo a una delle grandi correnti del pensiero cristiano. Al suo interno, infatti, dall'epoca dei padri della Chiesa un conflitto vede opposte due tesi; le forze in campo ora hanno nome diverso, ma ricorrono ai medesimi argomenti. Sono riconducibili ai personaggi emblematici della prima controversia, sant'Agostino e Pelagio. Secondo il primo, dopo il peccato originale l'uomo è diventato interamente malvagio: ama sé stesso invece di amare Dio. La sua salvezza, dunque, non può venire da lui, ma solo dal di fuori, dalla grazia divina. Secondo Pelagio, invece, il peccato originale non è mai esistito, l'uomo è indeterminato, né completamente malvagio né particolarmente buono, è libero e la salvezza è nelle sue mani; può essere considerato responsabile di un eventuale fallimento. Nel XVII secolo, queste due dottrine saranno sostenute rispettivamente dai giansenisti e dai gesuiti.

Per quanto riguarda la sua concezione dell'uomo, La Rochefoucauld è senza dubbio un agostiniano. Il regno dell'egoismo è la conseguenza diretta del peccato originale: «Per punire l'uomo del peccato originale, Dio gli ha permesso di fare del suo egoismo un dio, in modo che ne fosse tormentato in tutte le azioni della sua vita» (MP 22). Con tale affermazione La Rochefoucauld si unisce ai giansenisti e a Pascal: l'io è odioso. La celebre formula di Pascal è contemporanea alle *Massime*: «Insomma, l'io possiede due qualità: è ingiusto in sé, in quanto si fa centro di tutto; è spiacevole agli altri, in quanto li vuole asservire: infatti ogni *io* è il nemico e vorrebbe essere il tiranno di tutti gli altri».[4] La Rochefoucauld, allo stesso modo, getta una luce crudele sul nostro infinito autocompiacimento e il nostro piacere di osservare «le disgrazie del prossimo» (MP 4); se non odioso, l'io è certamente abietto.

Le altre passioni, nonostante siano in sé meno intraprendenti dell'egoismo, talvolta si lanciano anche nell'azione, perché, dopo tutto, sono soltanto «i vari capricci dell'egoismo» (MP 28). Vanità combatte le virtù, tenta di rovesciarle, ma spesso riesce soltanto a scompaginarle: ecco un piccolo intreccio completo (M 388). In altre circostanze si limita a tener loro compagnia (M 200); comunque è più forte delle altre passioni (M 443), anche se talvolta si piega di fronte a Vergogna e Gelosia (M 446). Pigrizia usurpa, distrugge e consuma tutto il resto (M 266), mentre Amore, come è giusto che sia, spera e teme (M 75). In alcuni casi anche i personaggi delle altre piccole commedie si ravvivano: Riconoscenza tiene in piedi il commercio (M 223), Prudenza mescola e tempera i vizi (M 182) e Civetteria, che sa assegnare un prezzo quando occorre (M 47), è trattenuta, piccola monella, da due guardiane severe, Paura e Ragione (M 241).

Il procedimento di personificazione utilizzato da La Rochefoucauld (soltanto le maiuscole mancano nel suo testo; la loro presenza rende evidente la tecnica utilizzata) non ha la sola funzione di analizzare nei minimi dettagli l'intreccio delle piccole commedie; ha anche una conseguenza globale, che riguarda la natura stessa di questi personaggi. I concetti che servono ad analizzare l'uomo (ragione, passione, cuore) a loro volta sono resi umani, trattati come se fossero persone a tutti gli effetti. Ora, dire che l'egoismo è un uomo scaltro (M 4), che le passioni sono degli oratori (M 8), che l'interesse interpreta dei personaggi (M 39), che i sentimenti hanno toni di voce, gesti, espressioni (M 255), raccontare tutti questi piccoli intrecci nei quali hanno una parte è come suggerire che, essendo paragonabili agli uomini, tutti questi aspetti sono a loro volta analizzabili nei medesimi termini degli uomini che essi servivano ad analizzare. Ciò che era strumento di conoscenza deve a sua volta diventarne oggetto. Pascal, come sappiamo, parla anche della ragione del cuore; ma con La Rochefoucauld si varca una soglia qualitativa. Qui, le passioni hanno un interesse e una ragione (M 9), l'egoismo un'anima e un corpo (MP 26), i desideri, dei sentimenti e delle passioni (MS 1), l'orgoglio ha il proprio buon senso, che si chiama magnanimità (M 285). Una terza scena può dunque aprirsi all'interno di ciascuno degli elementi del cuore e una «micro-commedia» può essere rappresentata all'interno della «piccola commedia». I personaggi, a questo terzo livello, potrebbero facilmente moltiplicarsi. Se l'egoismo ha delle passioni, perché non potrebbe avere anche un egoismo? Le passioni hanno un interesse; avranno anche delle passioni?

Inoltre, non vi è motivo di fermarsi a questa terza scena senza immaginarne una quarta, una quinta e così via. Si parlerebbe così della ragione delle passioni dell'egoismo del cuore dell'uomo... Il vantaggio derivante da questa ulteriore suddivisione non è ben chiaro; ma è comunque possibile ed è ciò che conta. Con un procedimento di personificazione così abbondantemente utilizzato, La Rochefoucauld afferma che l'essere umano è non soltanto molteplice, ma inesauribile. Esiste una struttura della persona, che comporta, tuttavia, delle funzioni ripetute e si apre perciò all'infinito. Ciascuna istanza che compone l'essere umano può a sua volta suddividersi, seguendo lo stesso modello. Ogni livello dell'essere si presta a un'analisi completa, ma il numero di livelli è illimitato e l'esplorazione dell'essere è a tutti gli effetti interminabile.

Il mascheramento

È tempo ora di ritornare a una delle due azioni che si svolgono nella «grande commedia», quella del mascheramento. In esergo alla raccolta integrale delle *Massime* si trova questa affermazione: «Le nostre virtù, il più delle volte, non sono che vizi mascherati», ricavata da una massima cancellata (la 181 della prima edizione), che indicava come compito dell'egoismo questa operazione di *maquillage*. In tutto il libro La Rochefoucauld evoca questo tema, quando parla dei veli che occultano le passioni (M 12), del desiderio nascosto, del segreto, della via traversa che intraprende la volontà (M 54), dell'abile messinscena (M 62), dell'ipocrisia (M 218) e del fatto che «tutte le nostre virtù» in realtà sono «l'arte di apparire onesti» (MS 33). E, nell'ultima massima della raccolta, riassume l'argomento della propria opera come «la falsità di tutte le virtù apparenti» (M 504).

Si potrebbe dire che è questo uno dei principali significati delle massime di La Rochefoucauld: dimostrarci che quanto consideravamo ingenuamente come delle virtù, come degli atti compiuti con le migliori intenzioni, in realtà è soltanto un prodotto del nostro egoismo, dell'aspirazione a servire il nostro interesse – egoismo e interesse che, tuttavia, hanno preso la precauzione di gettare un velo pudico (e «virtuoso») sui propri intrighi. Lo scopo che si prefigge La Rochefoucauld è quello di rivelarci la nostra piccolezza, di rendere impossibile un'alta opinione di noi stessi, di «ridimensionare l'orgoglio ridicolo di cui [il cuore umano] trabocca», accontentandosi «delle apparenze ingannevoli della virtù».[5] La nostra morale non è altro che ipocrisia: è nostro *interesse* conformarci a essa. «È solo per interesse che si biasima il vizio e si loda la virtù» (MS 28). Ciò che pretendiamo di compiere in nome del bene, in realtà lo facciamo per egoismo. «Spesso ci vergogneremmo anche delle nostre azioni più belle se la gente venisse a sapere i motivi che le determinano» (M 409).

Gran parte delle nostre azioni virtuose, come abbiamo visto, è compiuta soltanto per assicurarci di godere di quelle altrui: è uno scambio, un *do ut des*, che va comunque a vantaggio dei più abili. Altre virtù sono soltanto il mascheramento della nostra pigrizia, della nostra debolezza o delle nostre paure: per esempio la clemenza (M 16), la resistenza alle passioni (M 122), la bontà (M 237, M 481), la forza d'animo (M 21). Altre ancora sono il risultato della vanità, del desiderio di ricevere delle lodi (i nostri sacrifici sono largamente compensati): talvolta è il caso della clemenza e della moderazione (M 16, M 17), della generosità (M 246, M 263), della modestia (M 149, MS 27), dell'avversione per la menzogna (M 63). Alcune virtù sono il mascheramento del nostro disappunto di essere stati privati di un beneficio: per esempio l'ostentato disprezzo delle ricchezze (M 54), o l'odio per i favoriti (M 55). La pietà è uno strumento per dimostrare la nostra superiorità (M 463), la magnanimità è segno di disprezzo nei confronti degli altri (M 248), il coraggio deriva dal desiderio dei benefici e dalla paura della vergogna, oltre che dalla «voglia di umiliare gli altri» (M 213). In tutto e ovunque il nostro egoismo sfrenato trova il proprio vantaggio e la nostra preoccupazione per gli altri è del tutto effimera.

Molte delle massime non si limitano a ribadire questa lezione, ma ricalcano anche la struttura sintattica dell'esergo. Potremmo formularla così: «A (una virtù) non è (rivelazione), il più delle volte (clausola di prudenza), che B (un vizio, una passione)». Ne troviamo numerosi esempi, si tratta di una vera matrice, di una macchina per massime. «L'amore per la giustizia è, in gran parte degli uomini, soltanto la paura di dover patire l'ingiustizia» (M 78). «Ciò che sembra generosità spesso è soltanto un'ambizione camuffata» (M 246). «La fedeltà che si trova nella maggior parte degli uomini non è che un abile espediente dell'egoismo» (M 247) e via di seguito. Questa matrice grammaticale non è la sola utilizzata da La Rochefoucauld, ma probabilmente è la più feconda.

Buona parte della raccolta è perciò dedicata alla descrizione di questo lavoro di mascheramento, con le sue varianti – nascondere l'esistente, fingere l'inesistente (M 70, MP 56) –, le sue difficoltà, i suoi fallimenti e i suoi successi. Una cosa è certa: come dice anche Pascal, l'uomo è soltanto un mascheramento. «In tutte le situazioni, ciascuno assume un atteggiamento e un contegno che lo facciano apparire come vorrebbe essere visto dagli altri. Si può perciò dire che il mondo è fatto solo di apparenze» (M 256). «Tutte», «ciascuno», «è solo»: raramente La Rochefoucauld è così categorico. Quando finiamo per confessare un vizio, in realtà ne nascondiamo un altro, ancora più inconfessabile. «Vuol dire esser molto abili se si sa nascondere la propria abilità» (M 245). «La più sottile di tutte le astuzie è far finta di cadere nelle trappole che ci vengono tese» (M 117). Sarebbe questa la verità della nostra natura, il ritratto fedele del nostro io.

La vita comune

Erede della lunga tradizione agostiniana, La Rochefoucauld vede nel cuore dell'uomo soltanto egoismo e avidità. I rapporti sociali sono inevitabilmente ipocriti, nel profondo l'uomo rimane sempre solo: è questa la sua natura, peraltro deplorevole. Al giudizio del moralista si affianca qui un'ipotesi antropologica, che riguarda la solitudine specifica dell'uomo. Che idea si fa La Rochefoucauld dei rapporti umani? In lui si può osservare un'argomentazione che è rimasta immutata fino ai giorni nostri. Inizialmente si agisce come se tutti i rapporti sociali fossero riconducibili a qualità oneste, alla generosità, all'amore per il prossimo; in altre parole, s'interpreta la socievolezza come altruismo, atteggiamento senza dubbio sbagliato. Solo allora, in un secondo tempo, si procede a un lavoro di disillusione, togliendo dal nostro viso la maschera della virtù. Questo gesto è tanto più convincente ai nostri occhi in quanto non sembra avere nulla di adulatorio (se non fosse vero, ci diciamo inconsciamente, non si affermerebbe certo ciò che è spiacevole). Di conseguenza, avendo respinto una visione troppo indulgente dell'uomo, si rimane con l'idea di un essere originale solitario ed egoista. La socievolezza è virtuosa, la virtù è ingannevole; dunque l'uomo, a ben vedere, è asociale. La Rochefoucauld può concluderne: «Gli uomini non vivrebbero a lungo in società se non s'ingannassero l'un l'altro» (M 87); lo stesso Pascal dirà: «L'unione tra gli uomini è fondata unicamente su questo mutuo inganno».[6]

Crediamo a torto che gli altri ci vogliano bene; se avessimo un minimo di lucidità, la società scomparirebbe! Ma questa estrema conseguenza non è già contenuta in una delle premesse della dottrina? L'affermazione della nostra natura solitaria (non abbiamo bisogno degli altri) ed egoista (le nostre azioni mirano soltanto ad accrescere la nostra influenza e la nostra eccellenza) è un postulato, un'affermazione *a priori* che nessuna esperienza di segno opposto può minare, perché ogni esempio del contrario è immediatamente interpretato come un tentativo di dissimulazione e di opposizione al lavoro di svelamento.

È vero che La Rochefoucauld, quasi spaventato dall'estensione senza limiti del proprio principio esplicativo, nell'«Avviso al lettore» della seconda edizione delle *Massime* si affretta a precisare: «Col termine "interesse" non s'intende sempre un interesse che riguarda un bene materiale, ma il più delle volte l'onore e la vanità». Tale precisazione rende l'affermazione più facile da difendere, ma sottrae molto alla radicalità del discorso iniziale: se lo stimolo principale dell'attività umana non è il desiderio di beni simili a quelli materiali, alla soddisfazione egoista, ma l'aspirazione alla gloria e agli onori, come potremmo fare a meno degli altri, che sono gli unici in grado di procurarceli? La Rochefoucauld rivolge la propria attenzione soltanto alle nostre passioni sociali, tuttavia il posto che riserva all'egoismo implica che l'uomo è per natura un essere solitario; non possiamo fare a meno degli altri, certo, ma soltanto per interesse. Quando egli afferma che «non lodiamo mai nessuno senza interesse» (M 144), delle due l'una: o il termine «interesse» conserva il significato comune, ma allora non basta a descrivere tutte le lodi; oppure il significato si estende fino ad abbracciare ogni richiesta di soddisfazione e in questo caso la sua applicazione è giusta, ma la sua generalità è tale che non ci insegna più granché.

Un'opinione preconcetta, che consiste nel dimostrare sistematicamente che siamo più cattivi e più egoisti di quanto crediamo, talvolta impedisce a La Rochefoucauld di trarre profitto dalle proprie osservazioni. Facciamo un esempio: alcuni saggi ostentano il disprezzo delle ricchezze. Secondo La Rochefoucauld non può trattarsi che di cattiva fede: o, frustrati nel loro desiderio di possedere questi beni, giudicano necessario svalutarli (è un atteggiamento del tipo: «l'uva è troppo matura»), oppure scelgono di agire così per vanità, per evitare di comportarsi come se fossero poveri (M 54). Ma siamo davvero sicuri che tutti, ovunque, aspirino soltanto alle ricchezze materiali? Non potrebbero essere altri i fini, rispetto ai quali il possesso delle ricchezze rappresenterebbe soltanto un mezzo per raggiungerli? Effettivamente è una possibilità evocata dalla conclusione della stessa massima: «Era una via traversa per ottenere quella considerazione che non potevano ricevere tramite le ricchezze». E se il vero scopo, non soltanto per questi saggi ma anche per altri uomini, non fosse piuttosto la «stima» e la ricerca di ricchezze costituisse soltanto una via indiretta per ottenerla?

A questo punto è lecito chiedersi se nell'antropologia sottesa alle *Massime* non sia assente una distinzione tra il bisogno generale di riconoscenza ottenuta dalla considerazione degli altri – bisogno di cui non è chiaro perché sarebbe da considerare un vizio – e il desiderio di essere adulati, senza comunque dover compiere alcunché per meritarlo – necessità alimentata effettivamente da egoismo, interesse e vanità. La Rochefoucauld si comporta come se la sollecitazione degli altri fosse sempre dello stesso tipo, come se i ruoli che gli altri interpretano nei nostri confronti fossero uguali tra loro.

Paragonabile in questo a Montaigne, egli accorda ampio spazio al modello economico, allo scambio commerciale quale rappresentazione fedele dello scambio interpersonale. La riconoscenza, spiega, è come «la buona fede dei mercanti: tiene in piedi il commercio», noi paghiamo per assicurarci nuovi prestiti (M 223); o ancora: «In genere si loda soltanto per essere lodati» (M 146); se cerchiamo nuove conoscenze, lo facciamo per ottenere nuovi ammiratori (M 178). Lo scambio tra uomini, però, non si riduce solo a questa specie di transazione diretta e meccanica, ecco perché il modello economico non sempre permette di comprendere il commercio umano. Si può anche lodare qualcuno perché lo si considera così vicino che la sua eccellenza ricade su di noi; o perché con un giudizio simile s'immagina di penetrare nel cerchio ristretto dei veri esperti. In maniera più penetrante un'altra massima dice: «Lodare con entusiasmo le belle azioni significa in qualche modo prendervi parte» (M 432). Non cerchiamo solamente di avere intorno a noi degli adulatori, gli ammiratori talvolta sono fastidiosi e stancanti, non è vero che «amiamo sempre quelli che ci ammirano» (M 294, vedi anche M 356).

L'espressione della riconoscenza non è nemmeno inevitabilmente una richiesta di nuovi favori, può anche essere una via per affermare a noi stessi la nostra dignità e la nostra identità. Allo stesso modo, la pietà è spesso «un modo accorto di prevenire le disgrazie che ci possono capitare» (M 264): se così fosse, verrebbe esercitata solamente nei confronti di personaggi dai quali possiamo attenderci, a tempo debito, un intervento caritatevole; ora, la pietà sorge in noi all'improvviso, anche nei confronti di bambini disarmati, di indigenti o moribondi, oppure sconosciuti che non rivedremo più. Come spiegare tutto ciò con lo spirito del commercio? La Rochefoucauld non affronta tali questioni.

È la stessa opinione preconcetta di smascherare sempre le nostre virtù a caratterizzare le massime che La Rochefoucauld dedica all'amicizia. Essendo considerata una virtù, egli non si stanca di confermarci che le amicizie sono tutte ingannevoli e «interessate». «Non possiamo amare niente che non sia in rapporto a noi stessi», dichiara (M 81), ma questa è una definizione del solo amore di concupiscenza;

poi prosegue: «Quella che gli uomini hanno chiamato amicizia è soltanto [...] una mutua associazione d'interessi e uno scambio di servizi» (M 83): a questo prezzo l'amicizia non si distingue più dalle relazioni d'affari. Godiamo della fortuna dei nostri amici, aggiunge, solo perché immaginiamo di trarne qualche vantaggio (MS 17): è sempre la logica dello scambio diretto. È vero che alcune altre massime evocano, in contrasto con questa amicizia da commercianti, ciò che La Rochefoucauld definisce «vera amicizia», l'amicizia «vera e perfetta»: questa, il bene più grande che sia donato agli uomini (MP 45), è capace di superare l'invidia e l'egoismo (M 376); o piuttosto, come aveva già osservato Aristotele nei suoi discorsi sull'amicizia,[7] in lei egoismo e altruismo diventano indistinti, perché ciò che facciamo per un amico rende felici noi stessi e viceversa (M 81). Ma, si affretta ad aggiungere La Rochefoucauld, una tale amicizia è rarissima, soprattutto in epoca moderna. «Gli uomini sono troppo deboli e troppo volubili per sostenere a lungo il peso dell'amicizia» (R 17).

Quando La Rochefoucauld dichiara che all'origine dell'amicizia è il solo interesse, raggiunge l'apice: a maggior ragione, suggerisce, la sua massima si applica alle nostre altre relazioni, in apparenza già meno disinteressate dell'amicizia. Non è solo che una tale spiegazione dell'amicizia appare un po' sommaria, perché se sottoponessi interamente l'altro ai miei interessi, il suo attaccamento acquisterebbe ai miei occhi uno scarso valore. Quel che più conta è che la formula di La Rochefoucauld implica l'esistenza di un io autonomo e interessato, precedente a ogni vita sociale, una specie di proprietario che aspira soltanto ad accumulare ricchezze.

L'amore come mancanza

La Rochefoucauld nutre un certo rispetto per l'amore: «L'amore, da solo, ha causato più mali di tutto il resto insieme e nessuno deve cominciare a parlarne; ma dato che causa anche i beni più grandi della vita, invece di parlar male di lui, bisogna tacere; bisogna temerlo e rispettarlo sempre» (R 12). L'autore delle *Massime*, fortunatamente, non ha ottemperato a questa consegna del silenzio e le descrizioni dell'amore occupano ampio spazio sia nelle *Massime* sia nelle *Riflessioni*. Egli non manca di manifestare la propria preferenza per l'amore rispetto all'amicizia: anche se quest'ultima è più rara dell'amore (M 473), al confronto rimane insipida (M 440). Nella misura in cui la morale ufficiale non considera l'amore come una virtù (tantomeno come un vizio), La Rochefoucauld non sente la necessità di rivelarne la falsità, dunque di parlarne male. Questa neutralità morale lascia libero corso alle sue doti di analisi.

È vero che, come per gli altri inquilini del cuore, La Rochefoucauld ci tiene a ricordare in primo luogo la sottomissione dell'amore all'egoismo e all'interesse. «Il piacere dell'amore è quello di amare; si è più felici per la passione che si ha che per quella che si dà» (M 259). Qui si può vedere inizialmente una forma di generosità, per quanto involontaria: si è felici di amare, non di essere amati; di donare piuttosto che di ricevere. In realtà, ci siamo limitati a obbedire al nostro egoismo, che ci spinge a scegliere il più grande dei due piaceri. Lo dimostra il fatto che l'uomo si preferisce sempre alla persona che egli ama (M 262, M 374), gli innamorati sono felici di stare insieme perché ciascuno ama sentire parlar bene di sé (M 312). In amore ci si preoccupa dei propri sentimenti piuttosto che della persona alla quale sono rivolti (M 500, M 471). L'amore prima di tutto è passione di dominare e desiderio di possedere (M 68), l'ambizione prevale sull'amore (M 490), che spesso simuliamo per trarne un certo orgoglio (M 277, M 362). Come le altre passioni, sfugge al controllo della nostra mente: non abbiamo influenza su di lui più che sulle febbri che agitano il nostro corpo (MS 59). L'amore ci rende non soltanto deboli, ma anche ignoranti: ci si crede amati quando non lo si è più (M 371, MP 54), si abbellisce a dismisura l'oggetto amato (MP 46), ci si aggrappa alle apparenze (M 501) e alla fine è ciò che ignoriamo a renderci felici, non ciò che sappiamo (M 441).

L'interesse della riflessione di La Rochefoucauld sull'amore non è tanto nell'assimilazione della più celebre passione a tutte le altre, quanto nell'analisi concreta delle sue condizioni e della sua evoluzione. La concezione dell'amore condivisa dalla maggior parte delle massime potrebbe ridursi a pochi semplici principi, che si trovano già nell'immagine di *eros* quale ci è stata trasmessa dall'antichità. Perché possiamo continuare ad amare, è necessario che proviamo una mancanza, che siamo impazienti – e inquieti – pensando al nostro avvenire. «L'amore, come il fuoco, non può vivere senza essere continuamente alimentato. Si spegne non appena finisce di sperare o di temere» (M 75). Di conseguenza, un distacco temporaneo, come ogni altro ostacolo, contribuisce a rendere l'amore più intenso. «L'assenza attenua le passioni modeste e accresce le grandi, come il vento che spegne le candele e ravviva il fuoco» (M 276). La certezza di essere amati soffoca l'amore, l'inquietudine lo rinvigorisce. Nella prospettiva della persona amata, ciò può trasformarsi in strategia: per farsi amare non bisogna mostrare il proprio amore. «Non amare molto, in amore, è un modo sicuro per essere amati» (MS 57).

Ma questa strategia, non priva peraltro di efficacia, raggiunge presto i propri limiti. La ragione è che, come abbiamo visto, non è il fatto di essere amati a rendere felici, come si potrebbe immaginare in accordo con il modello economico, ma l'amare *e* l'essere amati in maniera corrisposta (M 259): preferisco che ella non mi ami (provvisoriamente) piuttosto che smettere di amarla (definitivamente) (M 395). Lo stesso vale, osserva La Rochefoucauld non sempre in accordo con i propri principi, per altre relazioni interpersonali. Il fatto che io stesso ammiri qualcuno, per esempio, è un'azione che rinfranca molto più dell'essere ammirati: «Un uomo a cui non piace nessuno è molto più infelice di quello che non piace a nessuno» (MP 58). La logica dell'amore è diabolica: amo solo se non vengo amato, sono amato se non amo.

Il risultato è che siamo sempre esposti a due sventure complementari: amare senza essere corrisposti ed essere amati senza poter contraccambiare, proprio a causa di questo amore. «Si è quasi ugualmente difficili da accontentare quando si ama molto che quando non si ama più» (M 385). Le minacce che incombono sull'amore lo infiammano, l'assenza dell'oggetto amato lo intensifica, l'incertezza di essere amati lega l'uomo più strettamente all'amata, mentre la certezza di essere amati atrofizza l'amore, impedisce di amare; tuttavia, è lo scopo di ogni amore. Tendiamo tutti, inconsciamente, alla nostra sventura: vogliamo essere amati, ma questo ci impedirà di amare; così cadiamo nella frustrazione e nella noia. Tuttavia, la nostra ricerca d'amore è incontenibile.

Un altro paradosso dell'amore è che esso, con la massima facilità, può mutare nel proprio opposto: amiamo qualcuno alla follia, lo consideriamo la persona più perfetta al mondo, eppure, il giorno dopo, quando è tutto finito, cominciamo a detestarlo. «Più si ama un'amante e più si è vicini a odiarla» (M 111). Allo stesso modo, se qualcuno nutre odio nei nostri confronti non significa che non possiamo amarlo (M 321); il fatto è che queste due passioni, quasi alla lettera, si assomigliano per l'intensità e la natura che le caratterizza: l'odio, il più delle volte, non è altro che una richiesta frustrata di amore (l'amicizia, invece, non si presta a tali capovolgimenti).

La conclusione dell'amore, o la sua interruzione, sfugge al giudizio morale, checché ne dica l'amante indispettito: l'amore viene subìto, non scelto; appartiene al mondo della necessità, non a quello della volontà. «Siccome non si è mai liberi di amare o di smettere d'amare, l'amante non ha motivo di lamentarsi dell'incostanza dell'amata, né questa della volubilità del suo amante» (MS 62). Chi rompe la relazione non merita la condanna morale: l'ipocrisia, qui, non è preferibile alla verità, che è l'incostanza. «La costrizione che ci si impone per restar fedeli a chi si ama non vale molto di più di un'infedeltà» (M 381).

L'amore ha una struttura; anche una storia: lo dimostra il fatto che è irreversibile e non è possibile ricominciarlo da capo. «È impossibile amare una seconda volta quello che si è veramente smesso di amare» (M 286). L'amore esiste nel tempo, ha un inizio, una metà e una fine. All'origine dell'amore c'è l'imitazione: si ama perché si è venuti a conoscenza di altri amori, le persone «non si sarebbero mai innamorate se non avessero mai sentito parlare dell'amore» (M 136). I ricordi di una vecchia passione alimentano a loro volta la nuova (M 484), ogni desiderio procede per imitazione. Poi si è interamente affascinati dalla scoperta e dalla speranza; ogni passo avanti ci spinge a compierne un altro e si rimane soddisfatti delle proprie illusioni: «Non si prevede di poter smettere di essere felici» (R 9).

Eppure si cambia; «non è colpa di nessuno, ma del tempo» (R 17). Il cambiamento, all'inizio, è appena percepibile. L'amore non svanisce, ma l'attrattiva della novità diminuisce, l'abitudine si sostituisce al sentimento, la persona – essendo ora parte di una relazione che riconosciamo come costitutiva della nostra identità – non è più la stessa ai nostri occhi. Non per questo siamo disposti a rinunciare a lei, ma non proviamo più la medesima gioia ogni volta che si presenta al nostro sguardo. «Ciò che abbiamo conquistato diventa parte di noi stessi: saremmo crudelmente colpiti se dovessimo perderlo, ma non siamo più sensibili al piacere di conservarlo» (R 9). L'amore si cerca allora degli aiuti esterni, delle distrazioni.

Infine viene il declino. È sempre vissuto male: l'amore è finito, eppure si ha una grande difficoltà a troncare (M 351); ma è altrettanto difficile guarire dall'amore quando non si è più amati (M 459, MS 55). Se si rimane insieme quando non c'è più l'amore, si cade nella noia e nella stanchezza, rimangono solo gli inconvenienti dell'amore, senza i piaceri: sopravvivono soltanto la gelosia, la diffidenza, il timore (R 9). Una volta concluso l'amore, ci si vergogna di essersi abbandonati alle sue illusioni (M 71).

Questa concezione tragica e, per dirla tutta, un po' meccanica dell'amore, in cui il sentimento è alimentato solamente dal timore o dalla difficoltà, in cui ogni azione non è altro che reazione, potrebbe comunque essere superata grazie alla scoperta che l'essere amato è una continua sorpresa e che dunque il nostro desiderio non sarà mai interamente appagato. «La costanza in amore è un'incostanza perenne, la quale fa sì che il nostro cuore si attacchi a poco a poco a tutte le qualità della persona amata, dando ora la preferenza all'una o all'altra» (M 175). Si tratta certo di una costanza paradossale, perché implica un movimento incessante; ma non è meno accessibile ai veri amanti ed è apprezzabile.

Quest'altra forma di amore, tuttavia, nell'opera di La Rochefoucauld riceve infinitamente meno attenzione rispetto alla versione tragica e frustrante. In sostanza, la sua concezione dell'amore umano confluisce nelle sue idee sull'amicizia e sugli altri legami sociali. Anche in questo caso ci si può chiedere se, come per le sue interpretazioni dell'egoismo e dell'interesse, La Rochefoucauld non descriva con estrema lucidità ciò che, malgrado tutto, è solo un segmento limitato della nostra esistenza. Una delle sue corrispondenti, Madame de Rohan, badessa di Malnoue, glielo suggeriva in una lettera (scritta tra il 1671 e il 1674): «Giudicate ancor meglio il cuore degli uomini di quello delle donne»; ma anche gli uomini, sono sicuri di trovare sempre il loro interesse nelle *Massime*?

Conoscenza di sé

La miseria umana, descritta da La Rochefoucauld, si pone su due livelli: quello dell'essere, egoista e avido, e quello della conoscenza che ne possiamo avere. L'egoismo non ha interesse a conoscersi, perché se lo facesse potrebbe essere costretto a limitare i propri appetiti; è comunque lui a regnare come signore indiscusso dentro di noi. Di conseguenza, La Rochefoucauld giudica subito con sospetto ogni sforzo di essere sinceri, ogni tentativo di confidarsi. La sincerità intesa come «cuore che si apre» (M 62), «amore della verità», «ripugnanza a nascondersi» (R 5) in linea teorica non è impossibile, ma eccezionale, perché richiede una grande e inconsueta forza d'animo (M 316). Nella stragrande maggioranza dei casi rimane un'illusione: è «un'abile messinscena per attirare la fiducia degli altri» (M 62).

Anche supponendo di riuscire a essere sinceri, le nostre motivazioni, il più delle volte, non hanno alcunché di nobile: raccontiamo i nostri peccati per redimerli, instaurando attraverso tale confessione profana una sorta di equilibrio tra il vizio degli atti e la virtù delle parole che li descrivono. «Confessiamo i nostri difetti per riparare con la sincerità al torto che ci fanno nell'opinione degli altri» (M 184, vedi anche R 5); inoltre, li confessiamo solo parzialmente e nella versione a noi conveniente. Se siamo inclini alla sincerità, non è dovuto al fatto che cerchiamo in modo imparziale la verità (non ne siamo capaci): qualunque cosa diciamo, l'essenziale per noi è parlare di sé, è questo che ci soddisfa pienamente. «La voglia di parlare di noi [...] costituisce gran parte della nostra sincerità» (M 383). La descrizione di sé, in altre parole l'autobiografia, rischia di essere determinata dall'«estremo piacere» (M 314) che proviamo nel fare di noi l'oggetto del nostro discorso. Da qui una raccomandazione destinata alle persone che si rispettano: «Bisogna evitare di parlare a lungo di sé e prendersi sovente come esempio» (R 4; vedi anche M 364). Certo, La Rochefoucauld ha imparato molto da Montaigne, ma rifiuta interamente il progetto stesso dei *Saggi*.

La conoscenza diretta di sé è impossibile e al tempo stesso vanitosa, un fallimento sicuro nella ricerca del vero, un errore sul piano morale. Non per questo La Rochefoucauld consiglia di rinunciare a ogni sforzo di conoscersi; alla via diretta, però, ne preferisce un'altra, meno immediata, ma più sicura. Tra le caratteristiche dell'egoismo ve n'è una che potrebbe condurci a quest'altra forma di conoscenza. «Questo buio fitto che lo nasconde a sé stesso non impedisce all'egoismo di vedere perfettamente ciò che è al di fuori di lui e in questo è simile ai nostri occhi, che scoprono tutto e sono ciechi solo per sé stessi» (MS 1). Il mio egoismo sfugge alla mia conoscenza, certo, perché è inseparabile dalla mia facoltà di conoscere che, come l'occhio, può vedere ogni cosa salvo sé stessa. Ma se è questo il motivo dell'impossibilità di conoscerci, appare già la lezione che vi sarebbe da trarne – e che La Rochefoucauld non manca di far propria. Ha conosciuto la tentazione della descrizione di sé: di lui possediamo un autoritratto, che risale al 1658; non è privo d'interesse, ma non lo rileggeremmo mai se il suo autore ci avesse lasciato soltanto quelle pagine. Le sue *Memorie*, contemporanee, anche se attingono dalla sua esperienza personale, sono già rivolte verso il mondo esterno. Poi viene il passo decisivo. Nel 1664 esce un'edizione «in anteprima», clandestina, delle *Massime*: in esse non v'è traccia dell'individuo La Rochefoucauld e si tratta di un capolavoro.

La conoscenza degli altri, infatti, non incontra gli stessi ostacoli. «È più facile essere saggi per gli altri che per sé stessi» (M 132). Simmetricamente, «nel giudizio che danno di noi, si avvicinano di più alla verità i nostri nemici di quanto non ci avviciniamo noi stessi» (M 458). Ciò che rappresentava un ostacolo alla conoscenza ora può divenire un suo strumento: «L'interesse acceca gli uni e dà luce agli altri» (M 40). Certo, La Rochefoucauld è passato dall'analisi degli individui a quella del genere umano, in ogni modo, come osserva lui stesso, «è più facile conoscere l'uomo in generale che conoscere un uomo in particolare» (M 436). I moralisti francesi del XVII secolo intraprendono la medesima via: postulano, in sostanza, che gli uomini si assomigliano e dunque cercano di conoscere l'uomo, non l'individuo.

Leggendo le massime dedicate da La Rochefoucauld agli altri, impariamo su di lui molto più che esaminando la descrizione che egli scrive di sé stesso. I suoi contemporanei, quando volevano difendersi dalle feroci rivelazioni delle *Massime*, affermavamo che l'autore aveva descritto sé stesso: loro, invece, essendo diversi da lui, non si sentivano chiamati in causa! Qui si misura l'ampiezza del loro disprezzo: è proprio smettendo di descriversi che La Rochefoucauld ha potuto compiere dei progressi nella conoscenza di sé e conoscendo gli altri è riuscito a distinguersi da loro. Ha trovato il modo di superare le resistenze dell'egoismo e il suo libro ci indica la via: approfittando della lucidità di cui godiamo rispetto agli altri, dobbiamo cercare di conoscere non tanto noi stessi, ma loro; questo percorso indiretto è nello stesso tempo la via più sicura verso la meta desiderata. Piuttosto che illudersi nella conoscenza di sé stessi, è possibile riuscire in quella degli altri. La Rochefoucauld rivolta come un guanto un precetto della filosofia, proprio di Socrate e Montaigne: non «conosci te stesso», ma «conosci l'altro» – soprattutto perché è il modo migliore per conoscere te stesso.

Per questo motivo, nell'«Avviso al lettore» posto all'inizio della prima edizione delle *Massime*, dà questo consiglio ironico: «La decisione migliore che potrà prendersi il lettore sarà innanzi tutto quella di mettersi in testa che nessuna di queste massime lo coinvolga in modo particolare; anzi, che l'unica eccezione sia proprio lui, benché esse sembrino riguardare tutti in generale». L'egoismo, l'interesse e l'orgoglio saranno un continuo ostacolo alla conoscenza diretta di sé; accettiamo dunque, se non vogliamo restare ignoranti, di rivolgerci alla sola conoscenza a noi possibile, quella degli altri. Occorre riconoscere che La Rochefoucauld qui non fallisce un colpo, un po' come gli psicanalisti moderni. La sua ironia suggerisce che ogni disaccordo sia da interpretare come un rifiuto di riconoscere l'amara verità: critichiamo la sua idea soltanto perché ci ferisce. Ogni rifiuto è sintomatico. Una massima postuma lo dice senza mezzi termini: «Se si fa tanto discutere contro le massime che mettono a nudo il cuore umano è perché ciascuno teme di esservi messo a nudo» (MP 20). Piuttosto che cercare di vincere le nostre resistenze e superare le nostre inibizioni, La Rochefoucauld ci consiglia, in parte con disprezzo, in parte con generosità, di escluderci dal genere umano.

Lettera al figlio

È possibile affermare che La Rochefoucauld è in grado di trarre profitto dalle proprie constatazioni ironiche? L'autoritratto che ci ha lasciato è precedente alle *Massime* e, da questo punto di vista, non prova alcunché. Tuttavia, ci è giunta una sua lunga lettera, considerata generalmente autentica, che fornisce alcuni elementi chiarificatori. La lettera, presumibilmente databile al 1679 (La Rochefoucauld ha sessantasei anni e morirà l'anno successivo), è indirizzata al figlio, François VII, principe di Marcillac, che aveva allora quarantacinque anni. Nelle *Massime* La Rochefoucauld non parla del rapporto tra genitori e figli, ma, quando affronta il tema della giovinezza, le sue riflessioni sono disincantate come al solito. La pretesa sarebbe quella d'inculcare nei giovani le virtù, in realtà all'egoismo individuale che essi già possiedono si aggiunge un egoismo collettivo: «L'educazione solitamente impartita ai giovani è un secondo egoismo che viene loro trasmesso» (M 261). La generazione precedente, a sua volta, pretende di agire a fin di bene, in realtà mira soltanto ai propri interessi. «La vecchiaia è un tiranno che, pena la morte, proibisce tutti i piaceri della giovinezza» (M 461). La lettera al figlio sarà conforme a tale saggezza?

In essa possiamo individuare due filoni. Nel primo troviamo due segmenti, che formano più di due terzi della lettera e contengono dei rimproveri che il padre rivolge al figlio; nel secondo, altri tre segmenti, posti all'inizio, a metà e alla fine, includono dei commenti su questa stessa lettera, sul modo in cui sia opportuno leggerla e interpretarla e sulle lezioni che il destinatario dovrebbe ricavarne.

I due segmenti inglobati non sono separati senza un motivo, infatti divergono anche per i temi trattati: il primo parla delle relazioni tra il figlio e gli altri, il secondo di quelle tra il figlio e il padre. Il primo, dunque, di gran lunga il più ampio (inizia con una frase di 45 righe), si apre su un complimento, che peraltro sarà confutato punto per punto nelle righe seguenti. Il figlio si ritiene pieno di buon senso e di spirito, inflessibile nei confronti dei propri subordinati, generoso con gli amici e deferente verso il re, perciò trae motivo di orgoglio dai propri meriti. Al padre è bastato poco per smascherare ciò che si cela dietro un'apparenza brillante. Il figlio sta dilapidando i beni che possiede, invece di compiere il proprio dovere verso i figli, che consiste nel preservare intatta la loro eredità. È esigente nei confronti dei subordinati, ma soltanto sul piano formale, e le vere motivazioni dalle quali è mosso sono assai meno nobili: «Per vanità vi fate un desiderio nascosto d'imitare i grandi esempi»; in realtà, i suoi subordinati lo prendono per il naso e agiscono a proprio piacimento. Tratta bene gli amici solo nella misura in cui si piegano docilmente ai suoi desideri; elargisce «più per vanità che per bontà», più per debolezza «che per discernimento o per il piacere di dare»; e di questi amici obbedienti si stanca presto. Per finire, gestisce male gli affari del re, il cui malcontento è ormai prossimo.

La Rochefoucauld, dunque, applica all'attività del figlio la consueta capacità di analisi: ciò che quest'ultimo considera virtù, in realtà, non è altro che vizio dissimulato, incompetenza o pigrizia, vanità o appetito egoista. Il padre, detentore della riconoscenza ultima, la rifiuta al figlio. Il secondo blocco di rimproveri, sotto questo punto di vista, è molto diverso, anche se è composto in maniera simile, con alcuni complimenti all'inizio che saranno poi smentiti. Infatti, dopo aver rifiutato di approvare il suo operato, il padre rimprovera al figlio di mancare d'amore nei suoi confronti, dunque anche di non concedere al padre la propria riconoscenza. Il figlio è colpevole di non amare il padre, né quanto lo amava da bambino, né quanto il padre ama il figlio. Ciò che il padre non dà al figlio, in compenso lo esige da lui. Il rapporto tra i due non è in alcun modo reciproco.

La Rochefoucauld non mette mai in dubbio la legittimità dell'esistenza di tale rapporto; comunque, sarebbe stato lecito attendersi che la sua capacità di osservare gli altri con lucidità riducesse un po' le sue aspettative. Nell'*Etica a Nicomaco* Aristotele aveva già osservato che l'amore dei genitori per i figli è più forte di quello dei figli per i genitori. Ne aveva suggerito una spiegazione: ciò che produciamo ci appartiene molto più fortemente di ciò che ci produce e che dunque percepiamo come una causa esterna. «I genitori amano i figli come una parte di sé stessi [...]; ma i figli amano i genitori in quanto derivano da essi».[8] La Rochefoucauld, del resto, è consapevole che all'amore, diversamente dalla cortesia o dal rispetto, non si comanda (non appartiene alla volontà); e se può essere suscitato, non è probabilmente con avvertimenti simili a quello che rivolge al figlio: invece di «dimostrarmi che siete felice di stare con me, non mi evitate con più attenzione» di quanto sia lecito? Infine, non è certo La Rochefoucauld, come abbiamo visto, a praticare la reciprocità; per esempio quando chiede, ferito: «Il nostro rapporto è uguale?», la risposta sarebbe negativa, ma la responsabilità non ricade sul figlio; anche suo padre si comporta cosi, come fanno tutti i figli e tutti i padri sulla faccia della terra.

L'esistenza stessa della lettera, che peraltro è un puro prodotto della volontà del padre, diventa occasione per un rimprovero supplementare. Intanto, la lettera è dovuta al fatto che il figlio evita il padre e le occasioni per incontri e conversazioni schiette si fanno rare a causa del figlio. Inoltre, rivolgere rimproveri al figlio rammarica il padre: il primo è responsabile della sofferenza del secondo, deve riconoscere la propria colpa, ossia di non amare quanto necessario.

Se La Rochefoucauld si fosse accontentato della prima serie di rimproveri, ci saremmo trovati di fronte a una situazione molto comune: il padre, detentore della riconoscenza e delle prerogative, giudica – severamente – il figlio, constatando che, nonostante le sue illusioni, non riesce a osservare le norme sociali. A rendere drammatica e addirittura patetica la missiva è che La Rochefoucauld, contestualmente a questa serie di rimproveri, lancia un'angosciata richiesta d'amore, assumendo questa volta un ruolo del tutto differente; allo stesso tempo egli esige sottomissione e reciprocità, paura e amore. Possiamo assimilare quest'ultima richiesta così personale ai precedenti rimproveri impersonali? Oppure essa, al contrario, fa pendere le critiche dallo stesso lato della richiesta d'amore?

Consapevole forse della possibilità che ha il figlio di evitare i rimproveri attribuendoli allo struggimento del loro autore che non si sente da lui abbastanza amato, La Rochefoucauld, nel commento in cui sono inglobati, s'impegna a bloccare ogni tentativo di attribuire loro un significato differente. In primo luogo, si affretta a dire che il contenuto della lettera non ha nulla di soggettivo: tutti quelli che conoscono suo figlio la pensano allo stesso modo, ciò che egli dice è una verità oggettiva e incontestabile (solo il figlio rifiuta di vedere sé stesso e così facendo illustra la legge individuata da La Rochefoucauld). Comunque, nessuno informerà il figlio in proposito, a dimostrazione del coraggio del padre e del suo eccezionale attaccamento al figlio. La Rochefoucauld aggiunge che si considera un uomo soddisfatto, che non ha più bisogno di alcunché; se scrive questa lettera, non è certo perché trovi in essa il proprio tornaconto: «è solo l'interesse per voi a farmi parlare». Fa dunque eccezione alla regola generale che formulava lui stesso, un po' come consigliava al proprio lettore di fare, nelle *Massime*: agiscono tutti per interesse, ma non io che opero per il bene degli altri! Questo elogio di sé (smascherato e condannato nelle *Massime* sotto il nome di vanità) non si ferma qui: vi ho dato tutto ciò che era necessario, merito stima e amore. Ogni ricerca di motivazioni inconsce, come quelle che il padre si sforza di trovare negli altri, è dunque subito ricusata.

Con questa lettera il padre sa di non riuscire gradito al figlio. Questi, tuttavia, deve comprendere che tale dispiacere è a fin di bene; invece d'interpretarlo come un'aggressione da parte del padre, deve riconoscervi «un segno della sua amicizia», la dimostrazione che questi lo «ama troppo». Del resto, il padre non manca di sottolineare che si tratta, probabilmente, dell'ultimo messaggio che rivolge al figlio prima di morire: tali circostanze solenni rendono gli ammonimenti del padre ancora più gravi. Infine, per troncare ogni possibile contestazione rispetto a questo modo di vedere le cose, il padre conclude: «Vi prego di non inviarmi risposta alcuna». L'asimmetria di posizione tra i due interlocutori non può essere illustrata meglio: l'uno scrive un discorso accompagnandolo con le istruzioni su come interpretarlo; l'altro può solo agire in funzione di questo discorso, ma senza parlare. La necessità di obbedienza prevale ancora una volta su quella di reciprocità.

Questa lettera al figlio, sotto molti aspetti, merita di figurare accanto alla celebre *Lettera al padre* di Kafka. Non ci permette di sapere se il padre sia lucido quando parla del figlio: tanta incoscienza su di sé priva le osservazioni sull'altro di ogni carattere informativo. Sapere che le azioni umane spesso hanno delle motivazioni inconsce riesce solo a suscitare in La Rochefoucauld lo sviluppo di una strategia difensiva, che consiste nel bloccare ogni altra interpretazione (è il diniego che sa smascherare così bene negli altri) e nel vedere in ciascuno dei propri enunciati una prova supplementare delle buone intenzioni dalle quali è mosso. L'occhio, per quanto esercitato sia, non può vedersi da solo. Il fallimento stesso dell'individuo La Rochefoucauld illustra la riuscita dello scrittore.

Trionfo dell'ipocrisia?

Il quadro della miseria umana dipinto da La Rochefoucauld è desolante. Esiste la possibilità di evitarlo, o dobbiamo rassegnarci tutti a questo triste destino?

Per rispondere a tali domande, in primo luogo bisogna occuparsi di un argomento controverso, che riguarda il rapporto di La Rochefoucauld con l'ortodossia cristiana. È possibile riconciliare il messaggio delle *Massime* con la dottrina religiosa ufficiale? La Rochefoucauld lo ha ribadito a più riprese, nelle prefazioni del libro o nelle lettere che lo accompagnano. Nella prefazione alla prima edizione («Avviso al lettore») egli dichiara perentoriamente che la dottrina in esso contenuta «non è che il compendio di una morale conforme ai pensieri di molti Padri della Chiesa»; in quella alla seconda, che sarà poi mantenuta, afferma che la lezione delle *Massime* «non riguarda minimamente coloro che, per una grazia particolare, sono preservati [dai difetti] da Dio». La sua critica delle virtù, egli precisa, riguarda soltanto quelle dei pagani e non quelle coltivate dalla religione cristiana. «La virtù degli antichi filosofi pagani, a cui tanta importanza hanno attribuito, è stata stabilita su falsi fondamenti», scrive al padre Thomas Esprit, giustificandosi. L'uomo s'inganna da solo e inganna gli altri con le apparenze della virtù – ma soltanto «quando la fede non vi s'immischia», quando egli non è stato «incoraggiato e istruito dal cristianesimo».[9] Inoltre si può affermare che la critica delle virtù pagane rimane conforme alla tradizione agostiniana, dunque al giansenismo contemporaneo, a cui s'ispirano anche i suoi amici e collaboratori nello scrivere delle massime, Madame de Sablé e Jacques Esprit.

Non è possibile comunque fornire questa sola risposta. In primo luogo perché tali formule esplicative, che non figurano nel testo vero e proprio delle *Massime* ma soltanto a margine, possono essere prese alla lettera, ma anche essere l'effetto di un'arte di scrivere conosciuta a tutti i pensatori del passato e che consente loro di evitare la persecuzione. Inoltre, senza nemmeno mettere in discussione la sincerità di La Rochefoucauld, si può notare che l'intenzione dell'autore non coincide necessariamente con quella dell'opera; ed è proprio quest'ultima a interessarci.

Nemmeno la reazione alle *Massime* da parte dei contemporanei consente di giungere a una conclusione chiara. Per alcuni di loro l'ortodossia religiosa di La Rochefoucauld è fuori discussione; altri, invece, temono che la sua critica devastante delle false virtù colpisca anche quelle cristiane e l'assenza, nella sua opera, di una contropartita positiva specificamente cristiana conduca a un cinismo libertino. I rimproveri d'immoralismo che gli rivolgono alcuni contemporanei sarebbero dunque giustificati: non gli viene forse detto che il suo scritto fa credere alla gente «che non si può parlare di virtù e che è folle la pretesa di diventare virtuosi», che egli rischia «di gettare così il mondo nell'indifferenza e nell'ozio, che è la madre di tutti i vizi» (lettera di un ignoto a Madame de Sablé nel 1663)? Questi timori troverebbero conferma nel modo in cui La Rochefoucauld parla dell'umiltà, di cui peraltro sa bene che è «la vera prova delle virtù cristiane» (M 358). Riconoscere la nostra debolezza, la nostra cattiveria, la nostra ignoranza, infatti, è direttamente contrario agli interessi dell'egoismo. Ma la Rochefoucauld fa presto a recuperare: non solo è una virtù estremamente rara (MP 35), ma può a sua volta essere manipolata dal suo opposto, l'orgoglio, di cui diventa allora il miglior mascheramento: «Spesso l'umiltà è soltanto una finta sottomissione di cui ci si serve per sottomettere gli altri» (M 254).

A dire il vero, non siamo costretti a scegliere tra un La Rochefoucauld giansenista e un La Rochefoucauld libertino. Pur ponendosi nella tradizione agostiniana, egli decide di ricorrere, nell'opera, soltanto a soluzioni del tutto profane ai problemi che descrive. In questo è fedele a Montaigne, che intendeva a sua volta collocarsi in una prospettiva puramente umana e non divina, laica e non clericale. Forse La Rochefoucauld credeva che la vera salvezza potesse giungere dalla sola grazia divina; in ogni modo, ha scelto di non farne parola nelle proprie opere (i rari riferimenti alla religione cristiana saranno eliminati poco per volta dalle edizioni successive delle *Massime*). Non per questo ha evitato di proporre dei rimedi alla grave malattia diagnosticata dal suo libro. In attesa che Dio li salvi, gli uomini possono cominciare ad aiutarsi tra loro.

È nella vita in società che La Rochefoucauld individua uno strumento per compensare la miseria umana, anche se questa guarigione non sarà mai completa come quella promessa dalla religione. La società non era nella natura dell'uomo; qui ritorna come arte. Costretti a vivere insieme, gli uomini si vedono obbligati ad arginare il proprio appetito e a rendersi dei reciproci servizi. La vita in società, anche se artificiale, è preferibile a quella allo stato naturale. «La società è necessaria agli uomini: tutti la desiderano e tutti la cercano», dice La Rochefoucauld in «Sulla società» (R 2); ma la parola «necessaria» qui è sinonimo di «utile»: la società non è data immediatamente, altrimenti non vi sarebbe bisogno di cercarla. È un bene da conquistare, non un dato iniziale. Ciò che la società chiede agli uomini non è «naturale» e non corrisponde al loro desiderio; ma, essendo la natura orrenda, la vita diventerebbe invivibile se essi fossero abbandonati alle proprie inclinazioni naturali. Soprattutto nessun ritorno alla natura, sembra dire La Rochefoucauld, prefigurando così da lontano quello che diventerà «l'elogio del trucco» in Baudelaire.

Infatti, egli vede due possibili soluzioni, perché ai suoi occhi esistono altrettante specie di uomini: da un lato le masse, le persone comuni e ordinarie; dall'altro, l'élite dell'aristocrazia. Un'immensa distanza separa «i grandi uomini dalla gente comune» (M 504). Per questi ultimi La Rochefoucauld non nutre molte speranze. Bisogna lasciare che le passioni, che il moralista tenta di analizzare a fondo, intervengano sul «popolo il quale, non facendo mai nulla mosso dalla ragione, ha bisogno di passioni che lo spingano ad agire» (*Autoritratto*).

Per la gente comune La Rochefoucauld non auspica che si diffonda la lucidità di cui egli ha dato prova e che scompaia ogni mascheramento delle loro ambizioni e dei loro vizi. Formuliamo così la domanda: per chi ci diamo tanta pena mascherandoci costantemente? L'origine dell'azione evidentemente è duplice: possiamo essere ingannati o da noi stessi o dagli altri (MP 11, M 114) e la prima eventualità sembra precedere l'altra: «Se non fossimo noi ad adularci per primi, l'adulazione degli altri non potrebbe nuocerci» (M 152). Si osserva la stessa suddivisione nel mascheramento che si pratica per primi, ma qui La Rochefoucauld è convinto di cogliere l'ordine inverso: «Siamo così abituati a mascherarci con gli altri, che finiamo per mascherarci anche con noi stessi» (M 119); per esempio le lacrime che versiamo sono destinate agli altri, ma finiscono per ingannare anche noi (M 373). Siamo i primi a illuderci per rassicurarci, per restituirci un'immagine ingannevole di noi; e la società fa altrettanto, ama le superfici brillanti, alla verità preferisce l'illusione.

Quale che sia il primo dei due mascheramenti, una cosa è certa: il passaggio dall'uno all'altro è impercettibile. È un fatto carico di conseguenze: tutto avviene come se gli altri fossero già in noi. L'ultimo personaggio della grande commedia, «gli altri», finora lasciato da parte, trova qui le indicazioni sceniche che specificano il suo ruolo: gli altri non sono semplici spettatori, sono dei partecipanti, è per loro e in vista di loro che si agisce così (ma forse è questo il ruolo di ogni spettatore?) e nello stesso tempo l'essere umano è spettatore di sé stesso. A causa dello sguardo degli altri – esterni o interiorizzati, poco importa – mascheriamo i nostri vizi con le virtù. E non soltanto i vizi, ma anche le passioni (la sovrapposizione tra loro è soltanto parziale): altrimenti, come intendere la vergogna? e la vanità? Alla fine del secolo successivo Benjamin Constant formulerà così questa stessa osservazione disincantata: «La corruzione [...] diminuisce mascherandosi [...]. Si entra nel vero ruolo che bisogna interpretare senza sosta e con accortezza e si diventa per abitudine ciò che inizialmente si voleva apparire per ipocrisia». Pascal la pensava forse diversamente quando raccomandava, in mancanza di fede, d'imitare i gesti visibili di quelli che credono?[10] A furia di pregare si finisce per credere. Questa trasformazione, tuttavia, non è necessaria: seguendo le orme di Machiavelli, nel proprio *Autoritratto* La Rochefoucauld dice a proposito della compassione: «Sono dell'idea che bisogna accontentarsi di darne prova e prestare molta attenzione ad averne».

Non soltanto gli altri sono in noi, ma occupano un posto particolare: incarnano l'esigenza della virtù, ne sono perfino l'unica fonte. Senza di loro, saremmo soltanto egoismo arrogante, aggressivo, trionfante. Grazie a loro, e al mascheramento che ci impongono, facciamo esperienza della virtù. L'inferno, siamo noi stessi; il paradiso, o almeno il purgatorio, sono gli altri. L'uomo è vile, la natura umana è spaventosa e non vi è alcun motivo per rallegrarsi del fatto che alla fine potrebbe essere portata allo scoperto. Dato che è così ripugnante, non è auspicabile esibirla alla luce del giorno, entrare in contatto con lei piuttosto che con il piacevole mascheramento. «Il più delle volte si ha ragione a non voler essere illuminati troppo da vicino e non esiste quasi nessuno che voglia, in tutte le cose, apparire così com'è.» Lo stesso vale per gli altri se ci sono cari, se sono nostri amici. «È segno di cortesia e talvolta perfino di umanità non introdursi nei meandri più reconditi del cuore.» È più che lecito volersi proteggere così: «Si vuole essere informati fino a un certo punto, ma non su tutte le cose, e si ha paura di conoscere ogni sorta di verità» (R 2). La verità non fa necessariamente il bene (M 64).

L'egoismo di ciascuno è obbligato a tener conto dell'esistenza di altri egoismi intorno a sé, altrettanto arroganti e aggressivi. Il solo modo di riconciliare questi elementi contradditori è quello di approfittare del fatto che gli uomini, per quanto malvagi siano, «non oserebbero mai apparire nemici della virtù» (M 489). Anche se per noi può essere motivo di dispiacere, nessuno è libero di sottrarsi alla necessità di apparire: «Ci tormentiamo meno per diventare felici che per far credere di esserlo» (MP 40) e le ricompense sono attribuite all'apparire, non all'essere. Stando così le cose, a questo punto la nostra speranza contro l'essere è l'apparire, grazie al quale si accede alla civiltà, infinitamente preferibile alla guerra di tutti contro tutti (M 260). Così, anche se i motivi dai quali siamo mossi sono ignobili, possiamo compiere azioni nobili (M 409). Invece di condannare il mascheramento, dobbiamo servircene per attirare l'egoismo nella nostra trappola. Non possiamo agire sull'essere, perché incorreggibile; puntiamo allora sull'apparire, sovente è il più importante dei due.

Qui siamo di fronte a una sottile rivincita della Mente sul Cuore, che consiste nell'impedire che Egoismo si tolga la maschera della virtù. Bisogna prenderlo in parola, non consentire che mostri il suo vero volto, obbligarlo a giocare senza fine il gioco che lui stesso ha introdotto per eludere la vigilanza della Mente, ma di cui credeva di potersi liberare a proprio vantaggio. Ciò che era inganno diventa civiltà.

Una delle massime più celebri di La Rochefoucauld dice: «L'ipocrisia è un omaggio che il vizio rende alla virtù» (M 218). L'ipocrisia, altro nome del mascheramento, appartiene al versante della virtù ed è così che il vizio cede un po' di terreno. Rousseau pensa di confutare La Rochefoucauld, in realtà lo asseconda quando dice: «È il vizio che indossa la maschera della virtù, non come l'ipocrisia per ingannare o tradire, ma per nascondersi sotto questa amabile e sacra effigie l'orrore che ha di sé quando si vede allo scoperto».[11] Facciamo credere di esserci lasciati ingannare dagli abili mascheramenti, dice infatti La Rochefoucauld, e imponiamo il loro mantenimento (M 282). Si compie il bene solo per ricevere delle lodi? Il risultato è comunque un rafforzamento della virtù. Perfino gli elogi non meritati hanno questo risultato paradossale: ci si sforza di mettersi al loro livello (M 150). La vergogna teneva prigioniera la malvagità della nostra natura (M 230)? Soprattutto, non dobbiamo mai smettere di avere vergogna. La *vanità* può essere un aiuto prezioso della virtù (M 200), «la magnanimità è un nobile sforzo dell'*orgoglio*» (MS 51) e «l'*interesse*, che pur viene accusato di tutti i nostri misfatti, spesso merita la lode per le nostre buone azioni» (M 305, corsivo mio). Il coraggio forse è dovuto a ragioni sbagliate (M 213): ciò non deve impedirci di apprezzarlo per il suo giusto valore.

In tal modo si giocherà sul «forte desiderio di essere un vero galantuomo» (*Autoritratto*), così diffuso tra gli uomini, e gli antichi maestri saranno dominati. I filosofi del XVIII secolo faranno tesoro di questa lezione. Ciò che La Rochefoucauld presenta qui come scelta volontaria (e auspicabile) sarà descritto da Montesquieu, cinquant'anni più tardi, come una sorta di condizione felice del genere umano: «È la voglia di riuscire graditi che crea dei legami nella società e tale è stata la Felicità del genere umano che questo egoismo, che doveva dissolvere la società, la fortifica, al contrario, e la rende incrollabile». Il vizio privato alimenta la virtù pubblica, dirà poi Mandeville. A sua volta, Rousseau non ignora che esiste un certo piacere egoista nel fare del bene all'altro; piuttosto che esserne indignati, dovremmo approfittarne per incoraggiare la virtù. «L'esercizio della benevolenza blandisce naturalmente l'egoismo con un'idea di superiorità [...]. Quest'aria di potenza fa sì che si tragga maggior piacere nell'esistere e che si abiti più volentieri con sé.»[12] Le debolezze dell'uomo possono così diventare la sua forza.

Nella riflessione intitolata «Sulla società» (R 2), La Rochefoucauld prende l'avvio dalla medesima analisi. Ognuno degli individui che compongono la società aspira soltanto alla soddisfazione dell'egoismo. «Ciascuno vuole trovare il proprio piacere e i propri vantaggi a spese altrui; ci si preferisce sempre a quelli con i quali ci si propone di vivere.» Come porre rimedio a questa situazione di conflitto? Bisogna sottomettere il vizio privato alla virtù pubblica: mascherare, dissimulare, fingere. «Bisognerebbe *al minimo* (corsivo mio) saper nascondere questo desiderio di preferenza, dato che è troppo naturale in noi perché possiamo disfarcene.» Un vizio mascherato è comunque meglio di un vizio ostentato. Tutto sommato, alla verità è preferibile «la sana soggezione che ci impongono i buoni costumi» (MP 33). Qui La Rochefoucauld coglie in contropiede la saggezza stoica, di cui talvolta Montaigne o La Bruyère, in Francia, si fanno portavoce eloquenti: piuttosto che essere fonte di corruzione, la società ci obbliga a migliorare la nostra natura. Del resto, è assai presuntuoso credere di poter abbandonare la società e trovare la saggezza nel raccoglimento solitario: «Chi crede di poter trovare in sé stesso qualcosa di cui fare a meno di tutti si sbaglia di grosso» (M 201), «è una grande follia voler essere saggi da soli» (M 231). La vita al di fuori della società non è facile e tantomeno auspicabile.

Il galantuomo

Non bisogna confondere, tuttavia, questa soluzione che si addice alla gente comune con il difficile percorso che La Rochefoucauld riserva a sé stesso e ai propri simili, da lui designati con il termine «galantuomo». Il cavaliere di Méré, che si vanta di appartenere a questa categoria, non cessa di elogiare La Rochefoucauld, «un galantuomo così perfetto», e gli fa dire: «Pongo [la perfetta onestà] al di sopra di ogni cosa; mi sembra preferibile, per la fortuna di una vita, al possesso di un regno» (in una lettera pubblicata nel 1682).

Il mascheramento dei vizi in virtù, tipico della gente comune, non può soddisfare i galantuomini (che, occorre notare, possono essere sia donne sia uomini – mentre è difficile pensare a un domestico definito come un «galantuomo»); il perspicace La Rochefoucauld non può accontentarsi del conformismo comune. Innanzitutto perché a una vista acuta i veli del mascheramento restano trasparenti (M 12). È proprio questa, come abbiamo visto, una delle funzioni principali delle *Massime*: far cadere la maschera, smantellare ciò che l'egoismo ha costruito, percorrere il medesimo itinerario in senso inverso, togliere uno dopo l'altro i veli sovrapposti. La Rochefoucauld è un maestro del disvelamento, è colui che sa togliere le maschere, scoprire il vizio dietro la virtù o l'uno nell'altra – perché «le virtù sono le frontiere dei vizi» (R 7) –, colui che capovolge le qualità nel loro contrario e mette in risalto le differenze.

Inoltre, le maschere valgono poco più di quanto dovrebbero nascondere (M 411). Trascorrere le giornate badando solo all'apparire finisce per distruggere l'essere: «Il desiderio di sembrare intelligenti ci impedisce spesso di diventarlo davvero» (M 199), il desiderio di apparire naturali non ci permette di essere tali (M 431). In fin dei conti, è come dare eccessivamente credito al giudizio degli uomini, che peraltro sappiamo quanto poco sia affidabile, o impiegare tante energie per salvaguardare la nostra reputazione, ossia l'opinione che gli altri si fanno di noi (M 268); l'orgoglio, questa volta inteso come stima di sé, conviene ai grandi più della vanità, che è un invito alla stima degli altri. È al tribunale del nostro giudizio che dovremmo sottoporci, ammesso che sappia preservare la propria lucidità: «Il perfetto coraggio consiste nel fare senza testimoni ciò che si sarebbe capaci di fare di fronte a tutti» (M 216). Ciò che determina la grandezza e il prestigio non deriva dalla fortuna, nemmeno dal vero merito: «È un valore che, senza renderci conto, attribuiamo a noi stessi» (M 399); tutto sommato, è anche il mezzo migliore per affermarsi sugli altri.

Invece di apparire ciò che non siamo e di mascherare i vizi in virtù, dovremmo tentare di essere per noi ciò che vorremmo sembrare agli occhi degli altri. La Rochefoucauld oppone questi due atteggiamenti nella terza riflessione,

«Dell'aria e delle maniere»: gli uni «cercano di sembrare ciò che non sono», gli altri «sono ciò che sembrano». Una massima formula in questi termini la stessa opposizione: «I falsi galantuomini sono quelli che nascondono i loro difetti agli altri e a sé stessi; i veri galantuomini sono quelli che li conoscono alla perfezione e li confessano» (M 202). Il cavaliere di Méré gli fa anche dire: «I falsi galantuomini, come i falsi devoti, cercano soltanto l'apparenza».

Da un lato, dunque, quelli che vivono nell'illusione e l'alimentano. La Rochefoucauld non ce l'ha davvero con gli ipocriti che, con cognizione di causa, dissimulano i propri vizi; dopo tutto, contribuiscono, anche solo superficialmente, all'igiene sociale. Egli stigmatizza in particolare le persone che, in buona fede (e dunque a propria insaputa), si credono esenti da ogni debolezza. Dall'altro lato, si trovano i veri galantuomini, definiti qui dalla lucidità che mostrano nei propri confronti – e anche dalla divulgazione della consapevolezza che hanno dei propri difetti. L'ultima precisazione («li confessano») potrebbe meravigliare, comunque altre massime ne limitano la portata: la confessione in questione non è destinata a tutti, ma soltanto agli altri galantuomini. «Si mostra un vero galantuomo chi si vuol sempre esporre alla vista dei galantuomini» (M 206): non a quella del volgo, che non mancherebbe di abusare del proprio sapere. Le persone comuni apprezzano solo i favoriti dalla fortuna, i galantuomini sanno distinguere e riconoscere il vero merito (M 165).

La lucidità come l'autocontrollo non sono dunque interamente rifiutati al galantuomo. La Rochefoucauld stesso, il più impietoso analista delle trappole che il nostro *io* tende a sé stesso, non rinuncia all'idea della sua responsabilità. La persona certo è molteplice, ma non per questo cessa di essere un soggetto, ossia un individuo che si può considerare artefice delle proprie azioni e delle proprie caratteristiche. Con un lavoro interiore possiamo accedere alla consapevolezza delle forze oscure che agiscono dentro di noi ed esercitare la nostra volontà.

Ciò che La Rochefoucauld sembra gradire maggiormente nei galantuomini non si confonde con le virtù cristiane, ricorda piuttosto il codice d'onore feudale: adesso non è tanto l'umiltà che egli approva, quanto la grandezza. Se diamo credito al cavaliere di Méré, egli si esprimeva in questi termini: «Non vedo nulla di così bello come la nobiltà di cuore e la raffinatezza di pensiero: da qui procede la perfetta onestà». La grandezza non dipende dalla virtù e dalla morale: «Ci sono eroi nel male come nel bene» (M 185) e, per avere grandi difetti, non si cessa mai di essere grandi uomini (M 190); ma accadrebbe così se si avessero soltanto piccoli difetti. «Le grandi anime non sono quelle che hanno meno passioni e più virtù delle anime comuni, ma quelle che sono capaci di pensare in grande» (MS 31).

Nell'*Autoritratto*, La Rochefoucauld afferma che la grandezza deve anche essere, in qualche modo, virtuosa. «Approvo molto le belle passioni: segnano la grandezza d'animo e [...] poi si adattano così bene alla più austera virtù che credo non possano essere condannate con equità.» Ma qui non siamo di fronte a una petizione di principio? In compenso, quando nelle *Massime* egli intravede un conflitto tra virtù e grandezza (o tra virtù cristiane e quelle «eroiche») le sue preferenze vanno alla seconda. L'ambizione, caratteristica dei grandi, è superiore alla moderazione, virtù rivendicata dagli uomini mediocri, come l'attività e l'ardore sono preferibili alla passività e alla pigrizia (M 293, M 308). E, per essere veramente buoni, in primo luogo occorre essere lucidi (M 387) e forti (M 237): altrimenti la bontà non è altro che una maschera dell'inefficacia. La modestia, a sua volta, è disdegnata a vantaggio del giusto apprezzamento di sé: un ulteriore strumento per distinguere i grandi dalla gente comune.

Questa grandezza potrà essere adattata alle circostanze attuali: per chi ha rinunciato ai campi di battaglia e ha ripiegato sulla vita di corte e di città, il termine ha finito per designare la lucidità. In amore il galantuomo conosce la passione estrema, ma non per questo diventa cieco (M 353). Davanti alla morte l'uomo comune può restare impassibile, come il galantuomo; ma nel primo tale atteggiamento è dovuto all'ignoranza e alla scarsa immaginazione, mentre nel secondo si aggiunge alla lucidità e deriva dall'amore della gloria (M 504).

La vita come opera

Se così è stata superata, da veri galantuomini, la preoccupazione di mascherarsi e di apparire, ognuno deve accettare la propria condizione? Tra individui d'élite, in effetti, è preferibile; tale riflessione conduce La Rochefoucauld ad affermare una pluralità di modelli di vita, che nella loro diversità sono altrettanto accettabili. L'esigenza rimane la stessa: essere autentici rispetto alle proprie inclinazioni, comportarsi coerentemente con ciò che si è; ma gli uomini sono diversi. Per i galantuomini, dunque, è auspicabile essere conformi a sé stessi, non alle aspettative degli altri o alle norme vigenti. Nelle *Riflessioni*, (in particolare 1, 3, e 13) La Rochefoucauld insisterà sui due momenti di questa esigenza: critica del conformismo sociale (del «falso») e difesa della fedeltà a sé stessi (del «vero»), entrambe basate sulla pluralità degli uomini stessi.

«Non esiste buona copia», dichiara La Rochefoucauld (R 3) perché un aggettivo simile non può mai qualificare questo sostantivo: ciò che è buono implica la fedeltà a sé stesso, non a un altro; «l'imitazione non ha mai fortuna» (MS 43). Il fatto è che la gente comune cerca d'imitare: «Ciascuno vuole essere un altro e non più sé stesso: cercano tutti un contegno al di fuori di sé stessi e uno spirito diverso dal proprio». «Si vuole imitare; lo si fa sovente, anche senza esserne consapevoli, e si trascurano i propri beni a vantaggio di beni estranei, che per lo più non sono adatti a noi» (R 3). Questi imitatori si condannano a essere falsi e al tempo stesso ingannano consapevolmente gli altri e rimangono ingannati da sé stessi. Tuttavia, la verità rispetto a sé stessi è preferibile alla conformità alle virtù: si è falsi «per il desiderio d'imporsi con qualità che sono buone di per sé, ma che non sono adatte a noi»; così agiscono coloro che non sanno «discernere ciò che è buono in generale e ciò che ci è proprio» (R 13).

La regola fondamentale della vita buona diventa la verità rispetto a sé (MS 49), interpretazione moderna di ciò che gli stoici (Panezio) definivano il vivere conformemente alle facoltà che la natura ci ha donato. «Sarà opportuno valutare per ciascuno le proprie capacità, guidarle e non voler sperimentare la convenienza delle altrui; perché a ciascuno soprattutto si conviene ciò appunto che gli sia più personale.»[13]

Esiste la possibilità di sfuggire al desiderio generalizzato d'imitazione, all'inclinazione al conformismo sociale? La Rochefoucauld non vuole che ognuno si condanni a un isolamento altrettanto sterile quanto illusorio: l'imitazione rimane accettabile purché si mantenga entro certi limiti, rispetti nello stesso tempo la nostra identità, la nostra «aria specifica e naturale» (R 3), insomma che tra interno ed esterno sussistano rapporto e unione. Il fatto che tutti abbiamo un'identità non implica che non possiamo modificarla. Ma la regola costitutiva della bellezza e della perfezione rimane la verità rispetto a sé (MS 49). Il significato con cui La Rochefoucauld utilizza il termine di verità è compatibile con quello di pluralità: non si tratta di una verità (o di un valore) oggettiva e assoluta, piuttosto di un adeguamento tra ciò che si è e ciò che si fa. Le persone sono vere «fin quando sono davvero ciò che sono», ciascuno secondo il proprio mestiere e le proprie inclinazioni. Ecco perché «un soggetto può avere diverse verità», un solo essere può accogliere, in sé, diverse sfaccettature e dunque eventualmente realizzarsi in più personaggi; nei confronti di ciascuno di essi rimane valida la medesima esigenza di adeguamento a sé (R 1).

Reciprocamente, molte persone possono aspirare a una verità della medesima qualità, ossia alla sua espressione migliore; dato che le vie attraverso le quali si accostano a essa sono molteplici, le loro identità, benché diverse, saranno di «una uguale verità». Infatti, «non esiste una regola generale per i toni e le maniere» (R 3) e dunque ciascuno deve accontentarsi di assecondare la propria natura. «Nulla è tanto conveniente», diceva già Cicerone, «del mantenere la propria coerenza in ogni affare e in ogni decisione»:[14] l'individualismo moderno che qui accoglie La Rochefoucauld riflette la dottrina degli stoici, modificata però nel senso della pluralità. Si passa da una morale del dovere (bisogna agire così perché questo dice la legge) a un'etica dell'autenticità (bisogna agire così per essere fedeli a sé stessi, perché la propria natura individuale si realizzi pienamente). Nello stesso tempo appare la possibilità di trasformare l'aristocrazia ereditaria in aristocrazia del pensiero (il «galantuomo»). Secondo La Rochefoucauld, dunque, esiste un sé più autentico dei ruoli sociali nei quali ci identifichiamo abitualmente; è nostro compito cercarlo e, una volta trovato, conformarci a esso.

La Rochefoucauld è senza dubbio un moralista, inteso come un conoscitore e uno studioso dei costumi, delle passioni che agitano il cuore umano; tuttavia, quando vuole formulare delle raccomandazioni positive circa la nostra condotta, non esprime una morale, ma una retorica (o, come diremmo oggi, un'estetica). La Rochefoucauld ha potuto trovare i propri precetti, trasponendo le regole di scrittura in codice di vita, proprio in quella tradizione retorica che i moralisti (nel senso comune della parola) hanno sempre considerato sospetta. Non intende forse insegnarci ad appoggiare, con la più grande efficacia possibile, qualunque tesi, giusta o ingiusta che sia? Non ci insegna che non esiste una sola bellezza, ma tante bellezze quanti sono gli argomenti trattati e che l'arte dello scrittore consiste nel trovare quella più adatta a ciascuno?

La Rochefoucauld, a sua volta, considera la *convenienza*, nozione fondamentale della dottrina retorica, come la parola chiave del codice della nostra condotta: bisogna sempre cercare ciò che conviene a ciascuno, invece di attribuire le stesse esigenze a tutti i soggetti; la convenienza è il contrario del conformismo. «Esiste un'atmosfera che conviene alla figura e ai talenti di ciascuna persona», «ciò che conviene ad alcuni non conviene a tutti» (R 3). La medesima esigenza sarà trasposta all'interno della vita individuale: piuttosto che limitarsi a una sola identità, bisogna adattarla alle circostanze. Non si procede allo stesso modo «alla guida di un reggimento e durante una passeggiata». A ogni situazione si addicono toni, maniere e sentimenti diversi; ogni mestiere, ogni casa possiedono delle bellezze specifiche. Gli altri termini di cui si serve La Rochefoucauld per descrivere la condotta ideale vanno tutti nella stessa direzione: bisogna cercare l'*accordo* tra le sue diverse componenti (R 3), una *proporzione* tra loro (R 13, vedi anche M 207), un'*armonia* tra parole e pensieri, toni e sentimenti, maniere e figura (R 3).

Nella guerra di tutti contro tutti, nella rivalità degli egoismi, ciascuno fondamentalmente è solo. Nel conformismo sociale, nell'ipocrisia che ci fa mascherare i nostri vizi, l'individuo si sottomette alla massa. Il galantuomo, invece, non è solo, ma nemmeno con tutti: ha optato per una compagnia ristretta e selezionata, quella degli altri galantuomini. Le attività più gradite, dunque, sono delle attività sociali – ma non qualsiasi; nell'*Autoritratto,* La Rochefoucauld ne menziona soltanto due: «Provo un'estrema soddisfazione nel leggere con una persona di spirito» e «la conversazione dei galantuomini è uno dei piaceri che mi toccano maggiormente».

Queste due attività, del resto, si fondono facilmente tra loro: la lettura in comune fornisce lo spunto per nuove conversazioni piacevoli, che a loro volta possono portare alla scelta di nuove letture. È proprio così che sono state create le *Massime,* nel salotto di Madame de Sablé, inizialmente come un esercizio intellettuale tra galantuomini – la padrona di casa, La Rochefoucauld stesso, l'amico comune Jacques

Esprit, talvolta qualcun altro; poi come un testo che circola per via epistolare e diventa un pretesto per nuove conversazioni intorno al caminetto e nuovi commenti. Ciascuno dei suoi amici non soltanto produce a sua volta delle massime, ma apporta miglioramenti a quelle degli altri, tanto che si può parlare di una vera opera collettiva: con la propria attesa un membro del gruppo stimola la redazione delle massime, poi ne rettifica la forma e solamente la sua approvazione finale ne fa un oggetto di circolazione pubblica. «Le massime possono essere considerate tali solo dopo la vostra approvazione», scrive La Rochefoucauld alla marchesa de Sablé.[15] Adesso si capisce perché l'autore non vuole rendere più esplicito il significato delle *Massime*, mentre non esita a farlo nelle lettere: gli è sufficiente che le massime siano comprese dagli altri membri della medesima élite. Parlare e ascoltare, leggere e scrivere, tra galantuomini, è l'attività più nobile alla quale possano dedicarsi.

Di conseguenza, è bene curarla, senza lasciarla all'ispirazione del momento. Le massime saranno rifinite e perfezionate incessantemente, a ulteriore dimostrazione del ruolo che ormai svolge la bellezza. Quanto alla parola, anche l'uomo di tutti giorni conversa, ma non si tratta d'imitarlo. Nella cattiva conversazione ciascuno pensa a sé stesso, a ciò che vuole dire, invece di preoccuparsi del proprio interlocutore; la buona conversazione è quella che si fa a nome dell'altro. «Saper ben ascoltare e ben rispondere è una delle maggiori perfezioni a cui si possa arrivare nella conversazione» (M 139). Si può anche andare oltre: ciò che si dice è in parte dettato dalla preoccupazione di accontentare l'altro. Infatti, bisogna non soltanto interessarsi di ciò di cui parla l'interlocutore, manifestare il proprio assenso (quando siamo d'accordo), ma anche tenere conto dell'effetto che le nostre parole potrebbero suscitare in lui, «non esaurire gli argomenti trattati e lasciare sempre agli altri qualcosa da pensare e da dire», evitare di «essere sempre colui che conduce la conversazione» (R 4). I contemporanei descrivono La Rochefoucauld come «l'uomo di mondo più elegante, che sapeva rispettare le buone maniere e soprattutto che non si vantava mai».

Una certa compiacenza nei confronti del nostro interlocutore è indispensabile, è buona cosa riuscire graditi ai propri amici e «risparmiare loro delle pene» (R 2); ma non bisogna spingersi troppo oltre su questa via, altrimenti l'ipocrisia prevarrebbe sull'onestà e poi potrebbe scoraggiare i nostri amici, che se ne accorgerebbero. Peraltro, dato che anche loro sono galantuomini e seguono le medesime regole, una compiacenza eccessiva renderebbe impossibile la conversazione: ciascuno farebbe il possibile per dire ciò che crede il suo interlocutore voglia sentire e verrebbe meno ogni forma di comunicazione. Questo pericolo non è affatto immaginario, è un vero rischio per la conversazione di coloro che tengono l'altro in eccessiva considerazione.

Tra persone d'élite è possibile arginare la propria vanità senza ferire quella altrui, riconciliare l'intransigenza di ogni egoismo con l'esistenza di altri egoismi simili al di fuori di sé. Le condizioni richieste per la buona riuscita del «commercio dei galantuomini» (R 2) prevedono in primo luogo la fiducia reciproca tra le parti, il che non significa che ognuno debba fidarsi ciecamente dell'altro, né esigere da lui una fiducia totale; piuttosto che non si abbia a temere che una parola sfuggita possa essere utilizzata con cattive intenzioni. D'altro canto, occorre che questa vita comune non sia vissuta come una costrizione, «bisogna che ciascuno preservi la propria libertà: bisogna vedersi, o non vedersi, senza soggezione». L'essenziale è agire in vista di un medesimo scopo: «Contribuire, per quanto possibile, alla distrazione delle persone con cui si vuole vivere», favorire «il piacere della società» (R 2); e in una lettera La Rochefoucauld raccomanda all'amico di «occuparsi, se possibile, di ciò che distrae maggiormente» (peraltro, aggiunge immediatamente: «Questi consigli sono più facili a darsi che a seguirsi»).[16] È evidente che, pur muovendo dalla medesima condanna delle nostre false virtù formulata da Pascal e dai giansenisti, La Rochefoucauld raggiunge un risultato sensibilmente diverso: invece di condannare il *divertissement*, etichetta sotto cui Pascal stigmatizzava la vita nella società, La Rochefoucauld vuole contribuire al suo perfezionamento.

Non per questo s'interessa della legislazione o delle strutture sociali, non propone dei rimedi a situazioni di crisi; si limita ad agire sulle abitudini di pochi individui: il suo progetto è educativo, non politico. La Rochefoucauld non rappresenta la figura del riformatore, non considera che quanto è buono per lui lo sia per tutti; si accontenta di ricavare, per sé e per la piccola cerchia di amici in cui si riconosce, uno spazio di libertà e d'indipendenza. A dire il vero, più ancora che a un educatore egli fa pensare a un artista il cui materiale sarebbe l'essere umano in persona. «Bisogna tentare di conoscere [l'ambiente] che ci è naturale, non uscirne, e perfezionarlo per quanto ci è possibile» (R 3). Come raccomandavano un tempo gli stoici, il galantuomo deve lavorare il proprio essere come uno scultore che cerca di liberare le forme contenute nel blocco di marmo, di estrarre la verità dalla materia. Una vita buona è quella che è stato possibile modellare come un'opera compiuta. Oppure il galantuomo, senza indignarsi in alcun modo del fatto che siamo tutti impegnati in una grande rappresentazione teatrale, decide d'intervenire, come uno sceneggiatore, nello svolgimento della «commedia umana» per renderla più armoniosa e più gradevole. Il suo spirito occupa ora il posto che in precedenza era riservato all'egoismo. Ogni attore deve trovare il ruolo che gli conviene e adattarvisi; l'intera compagnia deve progredire, poco per volta, verso una maggiore coesione. Il teatro, che Pascal considerava la minaccia peggiore per l'uomo virtuoso, diventa il mezzo stesso per comprendere la vita dell'uomo e il corso del mondo. La Rochefoucauld ha una visione cupa della natura umana, ma il suo pessimismo non è privo di speranza e il pittore più crudele del cuore umano ci lascia in eredità un'arte del vivere.

La Rochefoucauld appartiene a tutti gli effetti al proprio tempo, eppure è anche un nostro contemporaneo. Com'è possibile? Oggi continuiamo a essere attirati verso le *Massime* non soltanto per il loro valore letterario. In esse troviamo una versione particolarmente dura della tesi agostiniana secondo cui l'uomo è soltanto miseria e nulla – una tesi un po' dimenticata nella sua forma originale, ma di cui la psicanalisi e la filosofia contemporanea hanno spesso ripreso il nucleo. Oggi, perciò, leggiamo in La Rochefoucauld una descrizione impietosa delle astuzie alle quali ricorrono le nostre pulsioni inconsce. Nello stesso tempo, anche se con una presenza più discreta, appare la possibilità di un compromesso con questi dati iniziali deplorevoli: l'indicazione di una via, eventualmente diversa per ciascuno, grazie alla quale saranno in armonia i diversi elementi della sua esistenza e si raggiungerà una forma di felicità. Si può constatare che l'antropologia di La Rochefoucauld lascia a desiderare: in realtà, non esiste un io anteriore o esteriore allo scambio con gli altri, come egli presuppone, tantomeno esiste un sé autentico, qualitativamente differente dai ruoli che ciascuno assume successivamente nel corso della vita. La sua etica, o arte del vivere, supplisce felicemente a queste mancanze: la vita buona insieme agli altri ci permetterà di accostarci alla verità del nostro essere. È vero che egli riserva questa via ai soli membri di un'élite, mentre noi oggi la vorremmo aperta a tutti; sotto questo punto di vista, però, il cambiamento rimane puramente quantitativo. Moralista perspicace, La Rochefoucauld non ci fa mai la morale, permette soltanto a ciascuno di considerarsi artefice della propria vita, d'interpretare lo sceneggiatore di una commedia degna di essere vissuta.

Che cos'è l'illuminismo? Nel dicembre del 1784, il più celebre filosofo tedesco di allora, Immanuel Kant, pubblica una risposta a questa domanda su una rivista berlinese destinata al grande pubblico colto. In sostanza, egli dice, è il passaggio da uno stato di minorità alla maggiore età, dall'infanzia all'età adulta. Gli esseri umani il più delle volte si lasciano guidare da regole e precetti che ricevono dall'esterno: tradizioni, società nelle quali vivono, potenti del momento. Potrebbero assumere le redini dei propri affari, modificare il proprio destino, scegliere in piena autonomia le leggi alle quali obbedire. Un uomo illuminato è colui che alla sottomissione preferisce la libertà della propria ragione e della propria volontà. Quest'uomo finalmente adulto si riconosce in tutti gli altri abitanti della terra e al primo posto dei valori in cui crede colloca la gioia semplicemente umana.

Nel dicembre di quello stesso anno, Mozart, che allora ha ventotto anni, è ammesso alla loggia massonica da lui scelta, chiamata *Zur Wohltätigkeit*, *Alla benevolenza.* La massoneria viennese è vicina allo spirito dell'illuminismo, predica la tolleranza tra le religioni e la fratellanza tra gli uomini. Essere massoni, in quel momento, in quel luogo, non significa essere contro la Chiesa; tra i membri vi sono anche molti preti cattolici. Lo stesso Mozart non ama gli atei e si considera fiero della propria fede. «So che la mia religione è così grande che non potrò mai fare alcuna cosa che non possa essere resa pubblica davanti al mondo intero.»[1] Si tratta, tuttavia, di una fede come quella che praticano gli illuministi, che non si lasciano turbare dal particolarismo dei riti e collocano le diverse religioni su un piano di uguaglianza. Alcuni anni prima (nel 1777) lo stesso Lessing, anche lui massone e grande promotore dell'illuminismo, diceva: «Poco importa che cosa accade alla religione cristiana, è sufficiente che gli uomini si attengano all'amore cristiano».[2]

Mozart condivide molti aspetti con altri difensori dell'illuminismo. Come loro, sente di appartenere allo spazio europeo intero, senza pregiudizi di natura nazionalistica; parla quattro lingue, tedesco, italiano, francese e inglese, assimila le tradizioni più svariate, viaggia frequentemente. «Si è davvero povere creature se non si viaggia (almeno per quanto riguarda quelli che si dedicano alle arti e alle scienze).»[3] Come loro, spirito cosmopolita, sa al contempo che la via più breve per l'universalità passa attraverso un approfondimento della tradizione locale; per tale motivo è animato dal progetto di creare un'opera propriamente tedesca e riesce nell'intento con *Il flauto magico.* Come loro, vuole fare una sintesi di tutto ciò che l'ha preceduto (in campo musicale, nel suo caso). Come loro, è convinto che il sapere contribuisca all'emancipazione degli uomini: «Viviamo in questo mondo per apprendere con un desiderio sempre più vivo, per illuminarci vicendevolmente grazie allo scambio di idee e per sforzarci sempre di far progredire ulteriormente le scienze e le arti».[4]

Durante la vita Mozart ha compiuto il grande gesto di autonomia, di azione propriamente adulta, nel 1781: contro il parere del padre, decide di lasciare il proprio datore di lavoro, l'influente arcivescovo di Salisburgo Colloredo, per sfuggire alla condizione umiliante riservata agli impiegati della casa (il compositore viene trattato come un lacchè). «Nessuno può esigere ciò che mi fa torto», scrive al padre, considerandosi così, gesto rivoluzionario, un soggetto libero.[5] «Devo soltanto ascoltare la ragione e il cuore e non ho dunque bisogno di una *dama* o di una persona di qualità per compiere ciò che è giusto e buono, ciò che non è troppo né troppo poco; è il cuore a nobilitare l'uomo e, anche se non sono conte, forse ho una grande forza vitale maggiore di quella di molti nobili.»[6] Gli uomini sono nati liberi e uguali e Mozart non intende vergognarsi perché non appartiene alle classi privilegiate. «Non siamo né nobili, né altolocati, né gentiluomini, né ricchi, ma di bassa estrazione, insignificante e povera.» Poco importa: «La nostra ricchezza si estingue con noi, perché l'abbiamo in testa».[7] Mozart ama gli individui per quello che sono, non per quello che rappresentano e sa riconoscere le qualità degli umili e degli emarginati. I servitori – e lui è uno di essi – meritano lo stesso rispetto dei padroni. «I migliori amici, e i più fedeli, sono i poveri – i ricchi non capiscono nulla di amicizia!»[8]

L'amicizia e l'amore, occorre dirlo, sono le esperienze che Mozart apprezza maggiormente nella vita. L'amore va celebrato nella propria pienezza: gioia dei sensi e piacere dei sentimenti. Le lettere a Costanza, la moglie, sono il segno evidente che sensualità e tenerezza non sono ostacolate dai legami coniugali, né da considerazioni razionali, tantomeno dalla preoccupazione per i figli, di cui Mozart dà altrettanto prova. L'amore, tema presente in tutte le sue opere, è indispensabile alla creazione: «Né l'intelligenza elevata, né l'immaginazione, né tutte e due insieme danno vita al genio. Amore, amore, amore, è questa l'anima del genio»,[9] scrive. I personaggi delle sue opere non cercano la felicità nella sottomissione al dogma religioso, ma in un amore pienamente terreno.

Sono molte le opere di filosofia che figurano nella piccola biblioteca di Mozart, incluso il *Fedone* di Moses Mendelssohn, un altro difensore dell'illuminismo, amico di Lessing, confratello di Kant. Forse è qui che Mozart ha trovato una delle fonti della riflessione che un giorno indirizza al padre per proteggerlo dal timore della morte. Lui stesso considera la morte come definitiva e irreversibile, ma è un'idea che non lo conduce alla disperazione; gli procura piuttosto la convinzione che bisogna vivere qui e ora, che la felicità va ricercata nella vita terrena. «Non vado mai a coricarmi senza pensare (indipendentemente dalla mia giovane età) che il giorno successivo potrei non esserci più – e nessuno tra tutti quelli che mi conoscono può dire che io sia di umore malinconico o triste. Per questa felicità ringrazio tutti i giorni il mio Creatore e la auguro di tutto cuore ai miei simili.»[10]

L'immagine diffusa di Mozart è quella di un bambino capriccioso, prodigio musicale a cinque anni, genio inconsapevole. In verità, Mozart incarna piuttosto, e in maniera notevole, l'ideale al quale aspiravano gli illuministi: lo spirito dell'adulto pienamente responsabile della vita e dell'opera a cui dà forma.

Splendore e miseria di eros

Per Mozart, l'opera è il genere musicale più alto, dunque il suo sogno è di comporne una. «Il mio più grande desiderio: scrivere delle opere.» «Invidio chiunque ne scriva una.» Al solo pensiero si sente pervadere tutto il corpo da un fuoco. «Il mio scopo è l'opera.»[11] Si tratta di un componimento non di sola musica, perché si aggiungono immagini, teatro e, soprattutto, testo. Se Mozart non scrive i libretti delle proprie opere, ha comunque idee molto chiare sul ruolo che svolgono le parole: il compositore sarà il maestro, il suo compito sarà quello di dare l'orientamento generale; nello stesso tempo la sua musica deve seguire il più possibile da vicino il significato delle parole. Il poeta si sottomette al compositore, ma la musica è al servizio delle parole. Mozart, dunque, interviene costantemente nella scrittura dei libretti e in particolar modo in quello di Schikaneder per *Il flauto magico* e in quelli di Lorenzo da Ponte (per la trilogia «erotica»: *Le nozze di Figaro*, *Don Giovanni*, *Così fan tutte*); si osserverà come nessuno degli altri libretti che scriverà Da Ponte raggiungerà mai la qualità di questi tre. Per questo motivo Mozart può essere considerato responsabile dell'integralità di ciascuna opera e non soltanto della partitura; ecco perché siamo autorizzati a cercare al suo interno l'espressione del pensiero del musicista.

È stata sua l'idea di scrivere un'opera a partire da uno spettacolo teatrale che in quel momento fa furore. Nelle *Memorie,* Da Ponte racconta: «Parlando un giorno con me, mi chiese se potessi facilmente mettere in dramma la commedia di Beaumarchais *Il matrimonio di Figaro*».[12] La prima ebbe luogo nel 1784 a Parigi, anche se inizialmente era stata vietata. Nemmeno a Vienna la rappresentazione era stata autorizzata, ma Da Ponte è convinto di ottenere l'indulgenza imperiale. A tale scopo procede ad alcuni tagli dei passaggi ritenuti particolarmente sovversivi, pur preservando lo spirito generale dell'opera, e nel maggio del 1786 l'opera di Mozart viene rappresentata a Vienna.

Gli aspetti politici dell'opera sono un po' attenuati nel suo adattamento musicale, ma non mancano. È probabile che inizialmente siano stati il motivo della scelta di Mozart. Consapevole di appartenere anche lui, sul piano sociale, alla classe dei servitori che vengono trattati senza riguardo e che, quando capita, ricevono perfino un calcio da parte dei nobili che li comandano, Mozart non può mancare di simpatia per questa storia in cui il servo manda all'aria i progetti del padrone, il Conte. Sia nella commedia sia nell'opera padroni e servitori vengono equiparati, salvo il fatto che l'intelligenza di spirito e la nobiltà di cuore appartengono a questi ultimi, che sono anche i personaggi più a lungo in scena e ai quali Mozart attribuisce le arie più importanti. L'opera mostra il trionfo del servo Figaro e della cameriera Susanna, l'umiliazione del loro padrone, il Conte.

Tuttavia, il punto centrale delle *Nozze di Figaro* è altrove: è un'opera sull'amore. Non l'amore-carità, raccomandato dalla Chiesa cristiana, né l'amore-gioia caratteristico dei rapporti tra genitori e figli, o tra amici, o talvolta anche tra amanti; ma l'amore-desiderio: quello che nasce da una carenza e che vive finché essa dura; che i successi soffocano e gli ostacoli ravvivano. È la ricerca di una seduzione che sarà coronata da una conquista. In quest'opera, come nelle altre scritte in collaborazione con Da Ponte, è in gioco l'*eros*: le *Nozze di Figaro*, che vengono per prime, annunciano e preparano le due successive («Così fan tutte», canta già Basilio; quanto al Conte e anche al giovane Cherubino, essi condividono alcuni tratti di Don Juan, ma non la sua brutalità: violenze e bastonate non appartengono più allo spirito del loro tempo). Tutti i personaggi dell'opera sono familiari alla logica del desiderio, che alternativamente illustrano e analizzano: perfino Figaro, che pensa soltanto alle nozze, o Susanna, che respinge le profferte del Conte, o Marcellina, la Giocasta della commedia.

Il gioco erotico si svolge sempre a tre, tra soggetto e oggetto del desiderio s'intromette regolarmente un rivale. La prima figura di questo gioco è il tentativo di seduzione e la difficoltà deriva dall'iniziale mancanza di reciprocità: si desidera qualcuno, che a sua volta desidera un altro. Così Barbarina vorrebbe conquistare Cherubino, che aspira alla Contessa, che sogna il conte, che corre dietro a Susanna, che spera di sposare Figaro... Dall'altro lato, Marcellina vuole prendersi Figaro, che vorrebbe sposare Susanna. Se l'oggetto del desiderio fosse pronto a soddisfare la richiesta, l'amore finirebbe: ecco perché il Conte si annoia con la Contessa. La seconda figura è la gelosia: è provocata dal desiderio del rivale, mentre l'innamorato non prova affatto tale sentimento. Il Conte si preoccupa poco della Contessa, ma non può sopportare l'idea che qualcun altro – Cherubino, Figaro o un servo – le faccia la corte; all'opposto, si può immaginare che il carattere lunatico del Conte mantenga vivo il desiderio della Contessa. Essere infedeli e al contempo pretendere gelosamente la fedeltà di un altro appartiene alla logica di *eros*. L'invidia costituisce una terza figura: se non si può entrare nelle grazie di qualcuno, bisogna almeno impedire che ne possa godere qualcun altro. Non potendosi garantire i favori di Susanna, il Conte fa il possibile per condurre al fallimento le sue nozze con Figaro e a tale scopo appoggia le pretese di Marcellina. L'invidia si trasforma in vendetta: dato che si è sofferto, si farà soffrire, la sventura del rivale compensa l'assenza di felicità personale.

La logica di *eros* vuole che all'amore si attribuisca maggiore importanza che alla persona amata, che al benessere donato all'altro si preferisca il proprio stato di eccitazione e di mancanza. Il Conte è indifferente all'identità della donna che cerca di sedurre, purché sia sempre un'altra. Cherubino è pronto a fare la corte, nello stesso giorno, a Barbarina, a Susanna e alla Contessa: ogni donna gli fa battere forte il cuore. Canta l'elogio dell'amore, non di colei che egli ama; soffrire d'amore è il suo vero piacere. Quando Susanna si finge civettuola per dare una strigliata a Figaro, non pronuncia l'elogio di un rivale, ma quello della gioia che nasce dall'amore, dal piacere, dal godimento – poco importa chi ne sia il pretesto. È una scena simile quella che Basilio conclude con la replica «Così fan tutte»: si tratta di una legge universale.

Mozart non si limita a mostrare l'influenza generale del desiderio, grande regolatore dei comportamenti umani, ma ne illustra contemporaneamente la vanità. Anche se non finisce all'inferno come Don Juan, il Conte sarà umiliato a causa della propria bulimia erotica. La ricerca incessante di nuove conquiste e le infedeltà che ne risultano sono condannate non perché immorali, ma perché frustranti: è una corsa ai miraggi che destina ciascuno a restare solo con sé stesso.

Tuttavia, Mozart non sostiene che il desiderio sia un'illusione: ne riconosce la forza, ma non vede in esso alcuna saggezza, che consiglierebbe non di fuggirlo, bensì di rendersi conto del suo carattere meccanico: solo così ci si può liberare dalla sua influenza. Alla fine delle *Nozze* e di *Così fan tutte* viene alla luce un altro atteggiamento: smettere di farsi illusioni sulle virtù degli esseri umani, rendersi conto delle loro debolezze, mostrando però indulgenza nei loro confronti, perché possono anche imparare a non essere semplici trastulli tra le mani di *eros*. Il perdono si oppone alla vendetta; non voler perdonare, essere intransigenti, come vorrebbe il Conte, è segno di accecamento – segno che si è ancora prigionieri della logica di *eros*. Tra Figaro che vuole vendicare tutti i mariti e Marcellina che vuole ottenere il perdono per tutte le donne, Mozart sceglie Marcellina! Diventare consapevoli della propria vulnerabilità e di quella degli altri – ed è il caso non soltanto del Conte, ma anche della Contessa, di Susanna e perfino di Figaro – è il primo segno di una nuova forza. Nessuno di noi è perfetto, nessuno è profondamente cattivo; ciascuno esige fedeltà dagli altri, senza essere a sua volta al riparo dalle tentazioni. L'esperienza rende questi personaggi migliori, la conoscenza li guida verso la libertà – e nello stesso tempo verso la clemenza: consapevoli delle proprie debolezze, perdonano più facilmente quelle degli altri. L'opera non si chiude con i festeggiamenti trionfali, come quelli a coronamento delle battaglie vinte, ma con la gioia calma e serena; la vera conquista non consiste nel cumulare le vittorie («*mille e tre*») e nello scoprire le infedeltà, ma nel vincere il desiderio inappagabile e nell'apprezzare la semplice esistenza dell'altro.

Tra luce divina e luci umane

Il flauto magico è l'ultima opera teatrale di Mozart, completata e rappresentata solo pochi mesi prima della sua morte. Quale significato attribuire a questo testamento musicale?

Essa ci riserva molte sorprese. Inizialmente sembra di avere a che fare con uno degli schemi narrativi più usati della fiaba: un giovane principe, Tamino, deve liberare la principessa, Pamina, imprigionata in un regno lontano, per ricondurla alla madre e averla in sposa. In questa ricerca sarà accompagnato da un servitore, Papageno, e aiutato dagli strumenti magici che gli vengono affidati, flauto e campanelli. Guidato da aiutanti forniti di poteri soprannaturali, tre dame e tre ragazzi, sarà sottoposto a diverse prove che confermeranno le sue qualità. Comunque, appena i nostri personaggi sono penetrati nel regno in cui è tenuta prigioniera Pamina, il racconto cambia direzione e genere: la fiaba viene estromessa da un racconto iniziatico d'ispirazione massonica. Tamino allora si rende conto di essere impegnato in una ricerca di tutt'altro tipo: il suo scopo non è più quello di liberare la principessa, ma di raggiungere la saggezza, «squarciare le tenebre e intravedere la luce divina», come gli rivela Sarastro, il signore del regno. Invece di votarsi all'amore per Pamina e alla propria felicità, Tamino diventa il servitore di un culto religioso. Pamina lo raggiunge, ma non è più un amore reciproco quello a cui si consacrano: ormai il loro destino sarà di servire i misteri e la felicità di Isis.

A prima vista, *Il flauto magico* non sembra corrispondere allo spirito dell'illuminismo che dominava la trilogia realizzata in collaborazione con Da Ponte. Sarastro, che viene considerato un'incarnazione della saggezza e della perfezione, non ritiene problematica la presenza di schiavi nel regno e non ha molte remore a infliggere punizioni fisiche. Si comporta come un despota, senza tenere in alcuna considerazione né la volontà dei sudditi né le loro legittime aspirazioni (per esempio quella di Pamina, che vuole raggiungere la madre): sa meglio di loro dove sia il bene e si affretta a informarli in proposito. È sempre sicuro di avere ragione, credendosi il portavoce dell'umanità; predica il perdono, ma pratica la vendetta. Gli abitanti del suo regno devono sottomettersi alle norme che ha stabilito e ai precetti divini che interpreta per loro. L'universo del *Flauto,* a differenza di quello delle opere precedenti, è dualista: la notte e il giorno, le tenebre e la luce sono sinonimi del male e del bene, dell'errore e della saggezza. La superiorità dello spirito sulla materia, di Tamino su Papageno, è altrettanto evidente.

Non soltanto i cattivi del *Flauto* incarnano profondamente il proprio ruolo (motivo per cui saranno annientati), ma l'«asse del male» è costituito da due gruppi umani ben identificati: le donne e i neri. Questi ultimi sono rappresentati da Monostato, il Moro, descritto in accordo con lo schema candore = bellezza, nerezza = bruttezza; la sua anima è nera come il suo viso: tutto ciò che veniamo a sapere di lui è il suo essere grosso, lubrico, crudele e pronto a tradire il padrone. Le donne, anch'esse, appartengono al mondo nero della notte. Sono pigre e chiacchierone, orgogliose e nello stesso tempo stupide; la loro salvezza può giungere solo dagli uomini, ai quali devono sottomettersi. Questi ultimi, ben inteso, devono coltivare le virtù specificamente virili.

Qui l'amore umano non è più celebrato. Pamina ama la madre, la Regina della Notte, che contraccambia il suo affetto; Sarastro non ne tiene alcun conto. L'amore tra Pamina e Tamino si dissolve nel servizio comune che devono a Isis. Infine, la conoscenza accessibile a tutti è trascurata a danno della gnosi, sapere segreto riservato ai soli iniziati: Tamino è respinto dai templi della Ragione e della Natura, due parole chiave dell'illuminismo, e si trova orientato verso quello della Saggezza, detenuta dai sacerdoti e destinata ai pochi eletti. Se di luce si parla, non si tratta più di quella dei lumi.

Comunque, il *Flauto magico* non si riduce a quest'unico messaggio. Vi si trova affermato anche un altro ideale, come se Mozart suggerisse l'esistenza di due vie complementari che conducono alla realizzazione dell'uomo, una sacra e una profana, la prima è riservata a pochi eletti, l'altra è accessibile a tutti, l'una passa attraverso l'iniziazione ai misteri, l'altra attraverso l'amore puramente terreno. È così che alla fine di ogni atto si ode la medesima formula: «Allora la terra è un regno celeste, / E i mortali eguagliano gli dèi», paragonabile alla parola d'ordine dei lumi umanisti, nei quali l'esistenza umana non è più sottomessa a un ordine superiore. Ma è soprattutto attraverso il personaggio di Papageno che s'introduce una visione del mondo diversa da quella di Sarastro.

In effetti, Papageno non è soltanto il servitore comico del nobile padrone, il mangione, il beone e il donnaiolo che fa risaltare per contrasto la nobiltà di spirito di Tamino, come un Sancho Panza al fianco di Don Chisciotte. Certo, i suoi piaceri sono del tutto materiali; per nulla interessato dalle prove di Tamino, preferisce restare dalla parte degli altri uomini e condividere il loro destino. Ma Papageno incarna anche, molto più di ogni altro personaggio, la scelta dell'amore come valore supremo. La esprime specialmente in due duetti. Nel primo è con Pamina: amare è il principale dovere degli uomini e delle donne e la loro gioia più grande; attraverso il reciproco amore raggiungono la perfezione e accedono perfino alla divinità. Il secondo duetto è cantato con Papagena (mentre Tamino e Pamina non hanno diritto a un duetto d'amore finale). I due non si limitano a dichiararsi innamorati, introducono anche il tema, così raro nell'opera, dell'amore dei (futuri) figli: saranno loro a rendere felici i genitori.

Quale opinione ha Mozart su Papageno? Alcune testimonianze illustrano i sentimenti ambivalenti che nutre nei suoi confronti. In occasione di una delle rappresentazioni del *Flauto magico,* Mozart accompagna un viaggiatore che ama soltanto le scene comiche e ride tutto il tempo, ignorando il significato più nobile della ricerca spirituale; Mozart rimane irritato da questo comportamento e, così racconta alla moglie, «l'ho trattato da Papageno». Tuttavia, quando si legge la lettera in cui Mozart, dieci anni prima, spiega al padre perché ha scelto di sposare Costanza, si ha come l'impressione di udire la voce di Papageno. Al primo posto viene il desiderio sessuale, seguito dalle comodità materiali; al terzo, la realizzazione umana che si produce nell'amore: non perché Costanza è la più bella, né la più intelligente, ma perché lo ama e lui può contraccambiare il suo amore. Nell'ultima lettera, scritta a Costanza, Mozart assomiglia ancora una volta a Papageno: esprime le proprie preoccupazioni per gli studi del figlio Karl-Thomas. E, soltanto pochi giorni prima di morire, obbligato a letto, indebolito, canticchia per l'ultima volta ed è la grande aria di Papageno: «L'uccellator, ecco son io...». Gli altri personaggi del *Flauto* si ripartiscono secondo gli schemi dualistici del nero e del bianco, Papageno invece mantiene l'ambivalenza che per Mozart caratterizza la condizione umana.

Il flauto di per sé gioca un ruolo insignificante nell'azione, eppure compare nel titolo dell'opera. A che cosa è dovuto tale onore? Il fatto è che si tratta di uno strumento e dunque incarna la musica – attraverso la quale possono crescere la felicità e la gioia degli uomini. Per Mozart, come accadrà invece per alcuni romantici, la musica non è il contrario della vita, il puro spirito finalmente liberato dalla pesantezza materiale; è piuttosto il coronamento e il compimento di questa, al tempo stesso gioia dei sensi e dello spirito. Nel 1791, quando scrive l'ultima opera, anno in cui è immerso nel *Requiem* ed è posseduto da oscuri presentimenti, pensa sovente alla morte, in opposizione alla quale colloca la musica – che non nega la morte, ma la trascende. All'interno del *Flauto magico* egli esprime la propria convinzione: la certezza che la potenza della musica, *des Tones Macht*, attraverserà gioiosamente l'oscura notte della morte, *des Todes Nacht.*

Ha avuto proprio ragione!

È la sua stessa biografia a legare strettamente Benjamin Constant a molti paesi del continente europeo. Nato a Losanna da genitori che appartenevano a famiglie ugonotte in fuga dalla Francia, fin dall'infanzia è costretto a trasferirsi nei Paesi Bassi, dove il padre intraprende la carriera militare; successivamente frequenta le scuole in Germania e in Scozia. Dopo nuovi soggiorni in Svizzera, in Francia e in Inghilterra, si stabilisce e prende moglie a Brunswick, in Germania. Comunque non vi resterà a lungo: coinvolto al seguito di Madame de Staël, esita nuovamente tra Francia e Svizzera, prima di stabilirsi, questa volta con la seconda moglie, a Göttingen. La caduta di Napoleone lo riconduce in Francia; la sua disfatta a Waterloo lo costringe a rifugiarsi in Belgio, poi a Londra. Soltanto negli ultimi quindici anni di vita questo cittadino europeo *ante litteram* si stabilirà definitivamente in quella che rappresenta allora la capitale dell'Europa, Parigi. Un destino come il suo è inconsueto perfino oggi, tanto più allora, in un mondo nato dallo sconvolgimento rivoluzionario del 1789. Tuttavia, non è tanto attraverso la sua biografia che Constant appare ai miei occhi come un tipico rappresentante delle tradizioni europee, quanto attraverso il suo contributo all'analisi di due aspetti che caratterizzano la vita nella società, quello politico e quello religioso. La riflessione di Constant, infatti, s'inserisce nel quadro del pensiero umanista, a sua volta indissolubilmente legato alla storia dell'Europa.

La dottrina umanista

Quale significato dobbiamo attribuire a questo aggettivo? Sappiamo che nel rinascimento gli umanisti sono i letterati che riscoprono la letteratura, la storia, la filosofia degli antichi. Ai giorni nostri, il termine viene spesso utilizzato con un'accezione del tutto diversa, per designare una visione benevola e ottimista dell'umanità, secondo cui gli uomini sono degli esseri nobili e degni di rispetto; tutto sommato, potremmo definirla una filantropia, perfino una «antropolatria». Accanto a questi due significati, l'uno storico, l'altro morale, ne appare comunque un terzo, che fa riferimento, invece, a una concezione del mondo in cui l'uomo riveste un ruolo particolare. Quale esattamente? In primo luogo è quello di essere all'origine dei propri atti (almeno in parte), di essere libero di compierli o meno, dunque di poter agire in base alla propria volontà. Inoltre, è quello di essere il fine ultimo di tali atti, che non mirano dunque a entità sovraumane (quali Dio, il bene, la giustizia), né sub-umane (i piaceri, il denaro, il potere). Infine, è quello di delimitare lo spazio in cui evolvono i loro agenti: quello di tutti gli uomini e di essi soltanto.

I diversi ingredienti della dottrina umanista si ritrovano nelle tradizioni più diverse, sul nostro e sugli altri continenti. Solo nell'Europa del rinascimento, comunque, queste tre esigenze sono riunite nel quadro di un pensiero unico – per esempio, in Francia, quello di Montaigne. È proprio questa compresenza a segnare la vera nascita dell'umanesimo. La loro articolazione, infatti, non si realizza sempre facilmente. La sola autonomia, individuale o collettiva, può portare a un atteggiamento arrogante, a una politica imperiale: se l'origine della legge è dentro di me, che cosa m'impedisce di opprimere gli altri? La risposta è che questo non mi dà il diritto di ledere il mio vicino, né di colonizzare e di sfruttare altre popolazioni. Le idee dell'altro come fine, dell'universalità degli uomini restringono il campo dell'autonomia; non si confondono comunque tra loro. In quanto cittadini, tutti i membri di una società sono intercambiabili e i rapporti tra loro sono regolati dalla giustizia, che affonda le radici nell'uguaglianza. In quanto individui, le stesse persone sono assolutamente irriducibili l'una all'altra e ciò che conta è la loro differenza, non la loro uguaglianza; i rapporti che s'instaurano tra loro richiedono preferenza, affezione e amore.

In che cosa è vicino alla dottrina umanista il pensiero di Constant? Innanzitutto, egli aderisce senza riserve all'idea di una universalità umana. «Che l'uomo sia selvaggio o educato, egli ha la medesima natura, le medesime facoltà primitive, la medesima tendenza a utilizzarle.» Non soltanto queste caratteristiche potenziali si ritrovano ovunque, ma anche i valori degli uomini appartengono a un quadro unico. La vita pubblica è regolata da un'aspirazione alla giustizia, che, a sua volta, si fonda sulla nozione di uguaglianza. «L'amore dell'uguaglianza è una passione accesa dalla natura in fondo ai nostri cuori.»[1] Constant, dunque, si oppone a ogni politica legittimata dalla pretesa ineguaglianza delle razze; e sappiamo che, nel corso dell'ultimo periodo della vita, in qualità di deputato liberale all'Assemblea, diventerà uno degli avversari più accaniti della tratta dei neri.

Constant, inoltre, aderisce al secondo principio umanista, quello che consiste nell'erigere l'altro a fine. Non è disposto ad accettare una dottrina pronta a sacrificare la vita degli individui all'idea di umanità, ancor meno a ogni altra idea astratta, come il progresso, la rivoluzione o l'ordine. La sua simpatia, al contrario, è rivolta alle persone che optano per gli individui piuttosto che per l'una o l'altra causa. «La vista di un essere sofferente», dice di Madame de Staël, «le ricordava che nel mondo esisteva ai suoi occhi qualcosa di molto più sacro del successo di una causa o del trionfo di un'opinione [...]. I perseguitati di tutte le opinioni hanno trovato in lei più zelo per proteggerli nella propria sventura di quanto non ne avessero incontrato in lei per fronteggiarli nella propria potenza.» Ed è in termini paragonabili, vicini alla definizione cristiana del prossimo, che egli loda l'amica Julie Talma. «Ella odiava il partito contrario al proprio, ma si dedicava con zelo e perseveranza alla difesa di ogni individuo che vedeva oppresso [...]; in mezzo alle tempeste politiche, durante le quali tutti sono stati successivamente delle vittime, più volte l'abbiamo vista offrire a uomini perseguitati, per motivi diversi, tutto l'appoggio del proprio interessamento e del proprio coraggio.»[2]

Il carattere di fine ultimo, che Constant attribuisce all'individuo, in un'altra fase della sua esistenza lo conduce a opporsi allo stesso Kant, il quale poteva essere considerato, tuttavia, all'origine di questo principio. «Un filosofo tedesco», scrive Constant, «si spinge a sostenere che nei confronti degli assassini che vi chiedessero se il vostro amico da loro ricercato non fosse rifugiato in casa vostra, la menzogna sarebbe un crimine.»[3] Kant ritiene che dire la verità sia un dovere assoluto; in nome di tale principio, è pronto a sacrificare il benessere, perfino la vita, degli individui. L'assurdità della conseguenza induce Constant a sottomettere il principio a uno scopo superiore; è qui che il suo umanesimo si allontana dal razionalismo morale di Kant.

Sappiamo che Kant, venuto a conoscenza del ragionamento di Constant, si sente ferito nell'amor proprio e replica con un opuscolo intitolato *Su un presunto diritto di mentire per amore degli esseri umani.* Non si occupa delle conseguenze pratiche degli atti: mentire è, in sé, contrario ai principi del bene, indipendentemente dalle circostanze. La gerarchia dei valori sposata da Constant è diversa: non danneggiare l'altro è il fine, che sovente può essere servito dalla veracità (per esempio in tutte le relazioni contrattuali), altre volte dalla menzogna (come di fronte agli assassini). L'amore del prossimo deve prevalere, secondo Constant, sull'amore della verità. Il punto di partenza dell'atto morale è l'altro, non l'io.

Constant, probabilmente, è uno dei primi testimoni di un radicale cambiamento nella mentalità dei popoli europei, che si è compiuto solo dopo molti secoli e a seguito del quale le relazioni tra individui sono diventate la parte più preziosa dell'esistenza. Se nulla deve prevalere sulla preoccupazione per l'altro, l'amore sembra essere il valore più nobile del mondo umano. Lo conferma Constant: «Una parola, uno sguardo, una stretta di mano mi sono sempre parsi preferibili alla ragione e a tutti i troni della terra».[4] L'amore regola soltanto la vita privata degli individui, certo; ma ha un ruolo da svolgere anche nell'universo pubblico. Un'umanizzazione della politica comincerebbe a partire dal momento in cui venisse rifiutata ogni strumentalizzazione sistematica degli individui e non si dimenticasse mai che le istituzioni devono essere al servizio degli uomini e non il contrario.

L'individuo e lo stato

Constant, dunque, non si limita ad accogliere questi principi umanisti, ma ne ridefinisce il significato che hanno per la sua epoca – che, sotto molti aspetti, è anche la nostra. Il suo contributo più importante, tuttavia, riguarda il terzo pilastro della dottrina, l'autonomia del soggetto. Montaigne esprime già la propria preferenza per le azioni liberamente scelte rispetto a quelle che ci vengono imposte dalla natura o dalla tradizione. Cartesio sottopone alla stessa regola il processo della conoscenza: è fondato soltanto il sapere al quale accedo con la forza della ragione e dei sensi. Rousseau compie un passo decisivo ulteriore, trasponendo questo principio dalla vita individuale a quella della comunità: ora è considerato legittimo soltanto un regime fondato sulla volontà libera e comune del popolo che lo accetta; in altre parole, è legittima solamente la repubblica. Sappiamo che questa interpretazione avrà un ruolo decisivo nell'azione rivoluzionaria trent'anni dopo. Che cosa potrebbe aggiungere Constant alla dottrina dell'autonomia già in pieno trionfo?

Sotto molti aspetti, il suo pensiero può essere presentato come una sintesi critica delle teorie di Montesquieu e di Rousseau. I suoi due illustri predecessori non concepiscono allo stesso modo la natura del migliore regime politico. Per Rousseau, l'essenziale è l'autonomia della collettività, ossia l'esigenza di vivere sotto una legge che ci si è dati autonomamente. Dunque, solo la repubblica è legittima, perché in essa il potere è nelle mani del popolo sovrano, che incarna la volontà generale. La tradizione, di cui la monarchia è un esempio, non conferisce alcuna legittimità: la storia registra gli effetti della forza, non del diritto. Montesquieu ragiona in termini opposti: a rendere legittimo un potere non è il modo in cui si è instaurato, ma quello in cui viene esercitato. Un potere illimitato è per ciò stesso illegittimo, poco importa se deriva dalla tradizione o da una decisione della comunità; pertanto, bisogna che le leggi e l'esercizio del potere impediscano che esso si concentri nelle mani di uno solo e che non incontri mai alcun freno.

Constant, dal canto suo, esige che il potere rispetti due condizioni: la sua istituzione e il suo esercizio devono essere legittimi. Il popolo resterà sovrano, ogni altra scelta finirebbe per cedere semplicemente alla forza; ma il suo potere sarà limitato: deve fermarsi quando tocca l'individuo, che avrà piena autonomia nella sfera privata. Parte della sua esistenza si sottometterà alla forza pubblica; parte resterà libera. Non si può, dunque, regolamentare la vita nella società in nome di un principio unico: il benessere della collettività non coincide necessariamente con quello dell'individuo. All'esigenza di un'autonomia del popolo bisogna aggiungere quella di un'autonomia dell'individuo. Il miglior regime non è soddisfatto né dalla sola democrazia, né dal solo principio liberale che esige la salvaguardia delle libertà. Esso deve piuttosto unire le due condizioni, dunque è una democrazia liberale. È un equilibrio difficile e proprio per questo il pensiero di Constant rimane attuale: anche lo stato moderno è costantemente esposto al rischio di usurpare la libertà degli individui.

Il soggetto democratico, pertanto, ha il diritto di salvaguardare la propria sfera personale da ogni intrusione e rifiutare la legge se la giudica iniqua, se può invocare, a sostegno della propria scelta, non l'interesse personale, ma il comandamento di una legge più alta, che sarebbe legata al tacito consenso preliminare a ogni instaurazione di leggi o alla morale universale. O, per dirla con Montesquieu: «Il dovere del cittadino è un crimine quando fa dimenticare il dovere dell'uomo». Soltanto lo stato totalitario abolisce ogni distanza tra leggi e giustizia, diritto positivo e diritto naturale. Invocare il giudizio della propria coscienza equivale ad aprire una falla nel monopolio del potere. Ecco perché ogni mancata sottomissione viene subito interpretata come una rivolta e dunque un crimine: chi rifiuta di sottomettersi non si vede offrire alcuna alternativa, è inviato direttamente in un campo di concentramento.

Può essere utile ricordare questi principi fondamentali della democrazia liberale in un'epoca in cui i paesi dell'Unione europea si trovano di fronte alla presenza di stranieri illegali sul territorio nazionale. Numerosi governi sono stati tentati di promuovere leggi in base alle quali i cittadini sono obbligati a denunciarli alla polizia, altrimenti potranno essere considerati anch'essi dei criminali. In Francia, per esempio, l'articolo L622-1 del codice che regolamenta l'ingresso e il soggiorno degli stranieri postula che ogni persona che fornisca aiuto, anche indiretto, a uno straniero, offrendogli per esempio un pasto o un riparo per la notte, o anche solo che cerchi di farlo, sarà condannata a cinque anni di carcere e al pagamento di 30.000 euro.

Ecco il commento di Constant a questa situazione, attuale oggi come lo fu duecento anni fa:

> L'obbedienza alla legge è un dovere; ma, come tutti i doveri, non è assoluto, è relativo; si basa sulla supposizione che la legge abbia una fonte legittima e sia racchiusa entro giusti limiti [...]. Nessun dovere ci vincolerebbe a leggi che non solo riducessero le nostre libertà legittime e si opponessero ad azioni che non

avrebbero il diritto di vietare, ma che ci ordinassero di contrastare principi eterni di giustizia e pietà, che l'uomo non può smettere di osservare senza disconoscere la propria natura [...]. Un secondo aspetto d'illegalità nelle leggi è quello di prescrivere azioni contrarie alla morale. Qualsiasi legge che ordini la delazione, la denuncia, non è una legge; qualsiasi legge che indebolisca la predisposizione dell'uomo a offrire riparo a chiunque gli chieda asilo, non è una legge. Il governo [...] deve rispettare nei cittadini questa generosità che li porta a compatire e soccorrere, senza porre domande, il debole colpito dal forte [...].

Se la legge ci ordinasse di calpestare sia le nostre affezioni sia i nostri doveri; se ci impedisse di essere fedeli ai nostri amici in difficoltà; se ci ordinasse il tradimento nei confronti dei nostri alleati, o perfino l'accanimento contro i nostri nemici sconfitti: anatema e disobbedienza alla stesura di ingiustizie e di crimini mascherata con il nome di legge! [...]

Nulla giustifica l'uomo che offre il proprio appoggio alla legge che egli considera iniqua; il giudice che pronuncia una sentenza che egli disapprova; il ministro che rende esecutivo un decreto contro la propria coscienza.[5]

Un pensatore del fenomeno religioso

Oggi sappiamo bene come nell'opera di Constant ciò che contava maggiormente ai suoi occhi non fosse la sua attività letteraria, del tutto episodica, nemmeno i trattati politici, peraltro notevoli, ma la sua opera sulla religione. Egli ne concepisce il progetto all'età di diciotto anni, nel 1785, appena finiti gli studi; nell'ottobre del 1830, un mese prima di morire, correggerà ancora il manoscritto. In questo lasso di tempo, naturalmente in modo discontinuo, non cessa di elaborare e di trasformare l'idea e l'opera che ne deriva. Il libro comincia a uscire nel 1824; gli ultimi volumi, il quarto e il quinto, sono pubblicati postumi, nel 1831.

Opera di una vita intera, *Sulla religione* non solleverà comunque un grande dibattito al momento della sua uscita e sarà presto dimenticata; soltanto gli storici eruditi e i seguaci di Constant ne conoscono ancora l'esistenza. Prima del 1999 il libro non era mai stato ripubblicato in edizione integrale. A che cosa è dovuta una tale accoglienza? Siamo costretti a riconoscere che l'opera non giungeva nel momento opportuno. Nel XIX secolo, in Francia, devoti e anticlericali si lanciano in una lotta accanita, a favore o contro la religione; la posizione di Constant, inclassificabile rispetto a questo conflitto, non poteva essere tenuta in considerazione. Nel secolo successivo, mentre prendono progressivamente forma una storia e un'antropologia religiose, l'opera appare anacronistica: la sua erudizione è obsoleta e nessuno nutre ambizioni altrettanto smisurate quali parlare delle religioni di tutti i popoli e di tutti i tempi! A dire il vero, il progetto di Constant è alquanto più contenuto di quanto non lasci supporre il titolo: l'autore esamina le religioni politeiste, evocando soltanto indirettamente il (mono)teismo; e poi si ferma prima di quello che considera il suo stadio decadente, il politeismo romano. Rimane il fatto che l'oggetto in esame è immenso e generale, mentre le scienze nuove hanno optato per la specializzazione. Soltanto i filosofi osano ancora dissertare sulla religione in generale; gli eruditi vogliono parlare solamente di religioni particolari, preferibilmente nell'arco di un breve periodo.

La dimenticanza di questo libro, occorre dirlo, è profondamente ingiusta. Non soltanto perché Constant, sotto molti aspetti, ha svolto un ruolo da pioniere che merita di essere riconosciuto. Ma anche perché le sue riflessioni sulla religione e sul suo destino storico sono tra le più illuminanti che vi siano. È anche possibile che parlino maggiormente ai lettori dell'inizio del XXI secolo che ai loro antenati di duecento anni prima. Contrariamente a ciò che allora si poteva pensare, la religione non è un fenomeno sulla via del tramonto; Benjamin Constant può aiutarci a capire il motivo.

Il suo contributo è essenziale almeno a tre livelli: quello del metodo di studio, quello dell'analisi e della valutazione delle forme religiose del passato e infine quello delle idee sul ruolo della religione nel mondo di oggi.

Per comprendere la novità del progetto di Constant, occorre situarsi per un momento nella sua epoca. Egli entra nell'età adulta alla vigilia della rivoluzione, quando la religione subisce i ripetuti attacchi di quelli che vengono definiti i filosofi, che la considerano il principale nemico dell'illuminismo. Dopo il 1789, il conflitto abbandonerà i libri e scenderà nelle strade; le chiese saranno profanate, il cristianesimo vilipeso. Sotto l'Impero ritornano i sacerdoti; con la Restaurazione trionfano. Tra gli estremisti vengono elaborati dei progetti teocratici; altri scrittori invitano a un rinnovamento della fede, trasformata e adattata al gusto dei tempi.

In mezzo a questi accesi conflitti arriva Constant, che propone non di essere a favore o contro la religione, ma semplicemente di cominciare a studiarla. Ciò che ai nostri occhi oggi può apparire come un'evidenza a quell'epoca stupisce e sarà immediatamente tradotto nei termini del conflitto in corso, per essere condannato: Constant è considerato troppo tiepido dagli anticlericali, troppo ateo dai devoti. La sua intenzione, però, non è quella di attaccare o difendere, ma di comprendere.

Per cominciare bisogna definire l'esistenza stessa dell'oggetto: Constant parla di «sentimento religioso». Egli muove da una constatazione empirica: per quanto indietro risaliamo nella storia, non incontriamo mai una società in cui le pratiche religiose siano assenti. Nessun'altra specie animale le conosce; possedere un sentimento religioso, dunque, è un tratto caratteristico della specie umana, che permette di distinguerla dalle altre. Se vogliamo comprendere chi siano gli uomini, non possiamo permetterci d'ignorare questo sentimento. In fondo, devoti e atei, paradossalmente, hanno in comune il fatto non di vedere nel fenomeno religioso una specificità dell'uomo, ma di riconoscergli un'origine esterna: nell'intervento divino (la rivelazione) per gli uni, nella paura, nel bisogno, nelle circostanze, per gli altri. Constant, per parte sua, attraverso lo studio delle religioni esistenti si propone il tentativo di conoscere «il cuore umano e la natura dell'uomo»;[6] diventa così il fondatore dell'antropologia religiosa.

Questo sentimento religioso, atemporale e appartenente alla definizione stessa dell'uomo, sarà tuttavia esaminato da Constant non nelle vesti di filosofo, ma di storico. Egli non darà spazio alle fantasie che adorano i pensatori dell'epoca, quali lo stato di natura, il contratto sociale, l'uomo anteriore alla religione; Constant s'interessa solo dei fatti. Pone subito una distinzione, che gli permette di articolare il permanente e il mutevole: se il sentimento è immutabile, le «forme», invece, sono in continua evoluzione. Esse risultano dall'incontro tra il sentimento e le circostanze variabili: pensiamo all'ambiente, alle istituzioni, al succedersi degli avvenimenti storici. I cambiamenti sono inevitabili: una forma, non appena nasce, tende a fissarsi e a costituire un ostacolo a ciò che si pensava esprimesse; perciò, sarà ineluttabilmente respinta nel giro di poco tempo. La storia, non diversamente dalla religione, è specifica dell'uomo e consiste proprio nella sostituzione di una forma a un'altra. Ecco una conclusione molto difficile da accettare per un credente.

Constant non è il primo storico delle religioni, naturalmente. Ma, oltre a introdurre nel proprio discorso una prospettiva antropologica, egli si distingue dai predecessori per una scelta più specifica. La differenza rispetto ad autori famosi del XVIII secolo, come Warburton, il presidente de Brosses o Court de Gébelin, appare evidente: essi distinguono ancora con difficoltà invenzione e storia, Constant invece si pone sul versante dei soli fatti. Comunque, non lo si può nemmeno confondere con gli eruditi tedeschi che, a quei tempi, cominciano a pubblicare le loro grandi opere; in particolare possiamo pensare all'opera monumentale di Friedrich Creuzer, *Simbolica e mitologia* (*Symbolik und Mythologie der alten Völker, besonders der Griechen*, 1810), che a pochi anni dalla pubblicazione sarà tradotta in francese. L'autore, un po' alla maniera degli psicanalisti dei giorni nostri, vuole subito unificare le religioni, decifrare i simboli, scoprire il vero senso di tutti questi riti e miti del passato. Constant, invece, segue l'esempio di Montesquieu (sotto molti aspetti, *Lo spirito delle leggi* è il modello dell'opera di Constant, *Sulla religione*) e il suo primo approccio è contestuale e strutturale: ogni forma religiosa deve innanzitutto essere posta in relazione con i contesti storico e sociale in cui è inserita, i soli nei quali assume un significato.

Andando nella direzione di Montesquieu, Constant si vede obbligato a prendere le distanze dagli storici; tuttavia, deve allontanarsi anche da Montesquieu, che ai suoi occhi è troppo sistematico. Constant cerca una via di mezzo, che non ha ancora un nome, tra la storia e il sistema, legata all'astrazione dei principi e tuttavia saldamente radicata nei fatti. È ciò che Max Weber, quasi un secolo dopo, chiamerà il «tipo ideale», facendone l'oggetto per eccellenza delle scienze sociali. Al medesimo concetto Constant qui attribuisce il nome di «combinazione» e se ne serve continuamente: una combinazione possiede un nucleo stabile di tratti fondamentali, che accetta una serie di differenze nei dettagli. È questo concetto che gli permette di affermare come la stessa combinazione si ritrovi negli egizi e negli induisti; che gli fa redigere analisi della «trinità» nelle diverse religioni, come ci aspetteremmo invece di trovare, centocinquant'anni dopo, negli scritti di Georges Dumézil.

Tutti questi aspetti del procedimento scientifico di Constant sono stati accolti dai successori (che sovente ignoravano perfino il suo nome); un po' come le sue idee sulla democrazia politica: oggi appartengono a un bagaglio intellettuale comune, che non sentiamo la necessità di attribuire a qualcuno in particolare – ma le cose non andavano così al momento della loro formulazione. Il seme che porta molto frutto muore. Là dove il comune sentire del nostro tempo si è allontanato da Constant, in compenso, è nella rinuncia al quadro universalista che lo caratterizzava. Oggi esitiamo a qualificare una società come «primitiva», a dichiarare che una determinata pratica è più «all'avanguardia» di un'altra, ci limitiamo a dire che sono «diverse». Constant non si fa di questi scrupoli. All'inizio pone l'unità della specie umana; e poi applica i medesimi criteri di giudizio: i termini «selvaggio», «barbaro» e «civilizzato» per lui non hanno un contenuto relativo. Inoltre, nello spirito di Lessing o di Condorcet, è convinto che il movimento della storia sia un progresso, anche se i passi indietro o la sovrapposizione dei cicli talvolta lo rendono impercettibile.

Antropologia politica del fenomeno religioso

Bisogna dunque riconoscere subito che il sentimento religioso non può scomparire. Non soltanto la storia non conosce alcun popolo senza religione, la religione è l'espressione di un tratto irriducibile della specie umana, così generale che Constant non sa come definirlo, limitandosi a parlare di «sentimento», di «entusiasmo», di «perfezionamento». Come dire che l'essere umano non coincide mai interamente con sé stesso, che è fatto di sensazioni e di esperienze, ma anche di una coscienza di sé, la quale gli permette sempre di immaginarsi diverso da com'è, dunque d'immaginare un «meglio» al di fuori di sé a cui aspirare o rinunciare. Consapevoli di sé stessi e dunque doppi, gli uomini conoscono la libertà e possono agire in funzione di qualcosa di diverso dalla propria identità d'origine o dal proprio interesse immediato. In fondo, la religione e la storia esistono per lo stesso motivo, ossia per la capacità che hanno gli uomini di superare sé stessi, d'immaginare un altrove che li spinge a cambiare.

Il sentimento religioso e la variabilità della specie non sono le uniche istanze di questa capacità e di questo bisogno di superamento. Alla medesima famiglia appartengono l'amore (anche se Constant ci ricorda che talvolta esso rappresenta il mascheramento del nostro egoismo), la tenerezza, la simpatia, la devozione, la pietà, la contemplazione della natura. Si potrebbe dire che tutte queste attività rivelano una predisposizione al sacrificio, implicando che agli interessi dell'io egoista, all'affermazione della propria volontà di potenza, ai valori puramente vitali, si possa preferire qualcosa al di là dell'individuo: sopra di lui, per esempio nella religione; o accanto a lui, come nelle relazioni umane; o altrove, pensiamo alla natura.

L'avversario principale di Constant nel suo libro s'identifica, perciò, con tutti coloro che negano la necessità del sentimento religioso e, conseguentemente, del bisogno umano di superare sé stessi e, talvolta, di sacrificarsi. Si va dagli utilitaristi contemporanei i quali, nella scia di Bentham, credono che sia sufficiente assegnare all'umanità come ideale l'«interesse bene inteso», fino a Democrito ed Epicuro nell'antichità, passando attraverso gli enciclopedisti materialisti, Hume e Helvetius (che Constant da giovane aveva ammirato). Ora, il primo passo non deve essere quello di sostenere che la religione è vana, che, come si dirà più tardi, è l'oppio dei popoli o un'illusione del passato; ma di constatare che *esiste*, ovunque vi siano degli uomini. I nostri contemporanei tendono a calunniarsi, a descriversi come degli animali o delle macchine, completamente determinati dal proprio essere e dal perseguimento dei propri interessi; in realtà, non possono vivere senza immaginare un aldilà che li trascenda. Con questo l'uomo si differenzia dagli animali in natura e non soltanto sul piano gerarchico.

Non è, comunque, l'unico avversario. Contro i materialisti atei bisogna affermare l'esistenza irriducibile del sentimento religioso; una volta che viene ammesso, bisogna poi scegliere tra le diverse forme religiose. Qui Constant non intende più colpire Voltaire o d'Holbach, ma Bossuet e Maistre. Comunque, piuttosto che prenderli di petto, sposta il dibattito in seno al politeismo. Oltre all'infinita varietà delle sue forme storicamente attestate, si possono individuare due grosse categorie: le religioni *sacerdotali*, ossia quelle che hanno una casta di sacerdoti, e le religioni *libere*, o indipendenti, in cui la mediazione del sacerdote non è necessaria. La religione degli egizi, degli indiani, dei persiani illustra il primo caso; quella dei greci il secondo. Ciò che Constant suggerisce senza dilungarsi è che, all'interno del monoteismo, i cattolici si oppongono allo stesso modo ai protestanti, i quali restano fedeli all'ispirazione iniziale del cristianesimo: «Siamo tutti sacerdoti», diceva Tertulliano. E Constant non si limita a esaminare queste due varianti, ma formula anche un giudizio: le religioni libere sono indiscutibilmente superiori. Se nella religione esiste il male, può derivare solo dal sacerdozio, dai sacerdoti, dalla Chiesa.

All'origine di questa preferenza vi sono due motivi. In primo luogo, la casta dei sacerdoti impone inevitabilmente un ordine stabilito e dei rituali comuni ed è contraria a una loro trasformazione, perché diventano il suo segno distintivo. In altre parole, le religioni sacerdotali, per loro stessa struttura, tendono all'immobilismo. Ora, la specie umana è necessariamente inserita nella storia, è soggetta al cambiamento, perché le condizioni di vita mutano e le risposte di ieri non soddisfano più i bisogni di oggi. In questo senso, le religioni libere sono più vere (rispetto alla natura umana), perché sono aperte al perfezionamento, alla ricerca del meglio, mentre quelle sacerdotali sono stabili e sempre esposte al dogmatismo. È questo il motivo per cui la descrizione della religione libera nei greci diventa un capitolo di un'altra storia, quella della conquista dell'autonomia, del diritto di partecipare all'elaborazione della legge comune, invece di sottomettersi passivamente a una legge imposta dall'esterno.

Il secondo motivo per cui le religioni libere sono preferibili a quelle sacerdotali è che i sacerdoti hanno la tendenza a introdursi nell'apparato politico dello stato; la componente teologica e quella politica aspirano a formare una categoria unica, al di là perfino delle teocrazie. I sacerdoti non possono accontentarsi, come fanno tutti gli altri uomini, di rivolgersi agli dèi, vogliono anche scoprire i mezzi per governare gli altri uomini. Ora, i due termini della relazione sono penalizzati da questo amalgama. Il sentimento religioso finisce per trasformarsi nel suo contrario: l'interesse prende il posto del disinteresse, l'egoismo di una casta sostituisce lo spirito di sacrificio, il temporale vince lo spirituale. Conviene lasciare Dio e la religione liberi da questi compromessi e non considerare la divinità responsabile delle imperfezioni del mondo di quaggiù. Gli uomini, al contrario, vogliono governarsi da soli, sentirsi responsabili delle proprie azioni sulla terra, piuttosto che dipendere da una legge che proviene dal di fuori.

In tal modo Constant s'inserisce nella grande tradizione europea, iniziata nel medioevo con Marsilio da Padova e Guglielmo di Ockham, chiedendo la separazione tra potere spirituale e potere temporale; questa tradizione culminerà un giorno nella separazione legale tra chiesa e stato. Il pensiero di Constant prende parte all'istituzione di un regime laico; la religione dell'avvenire, suggerisce, non deve immischiarsi di politica, che a sua volta non si occuperà di religione. La buona politica e la buona religione sanno limitarsi da sole, non aspirano a un regno assoluto. In questo senso, *Sulla religione* è uno strumento di lotta e non soltanto un'analisi del passato.

Il futuro della religione

Il sentimento che spinge l'uomo a non limitarsi ai propri interessi immediati, a non accontentarsi dell'affermazione di sé, è qualcosa di irriducibile. Ma non è necessariamente religioso. Lo stesso bisogno può essere soddisfatto dalla devozione a un altro essere umano. Constant ci ha detto quale fosse il genere simile alla religione, ma non la sua differenza specifica. La religione oggi non rischia forse di scomparire a vantaggio di altre forme del medesimo sentimento?

Il passato, in questo caso, non è di grande aiuto, perché in alcuni periodi la religione ha potuto inglobare dei corpi estranei, che successivamente si sono distaccati. Le religioni antiche hanno avuto il ruolo della scienza, spiegando l'origine del mondo e la natura delle cose; successivamente sono state la fisica e la biologia a occuparsene. La religione ha potuto raccontare il passato; oggi tale responsabilità compete alla storia. La religione, diventando magia, ha cercato d'influenzare lo svolgimento dei processi naturali e delle pratiche umane; in seguito, il compito è stato svolto dalla tecnica e dalla medicina. La religione, talvolta, si è confusa con la politica, ma secondo Constant non ne è venuto fuori nulla di buono, o quasi, e farebbero meglio a restare, anche loro, separate. Che cosa rimane, dunque, alla religione?

Gli uomini moderni, in alcuni casi, hanno pensato che essa potrebbe confondersi con la morale, o almeno servirle da fondamento. Constant è incline a riprendere questo argomento per proprio conto. Egli teme che la scomparsa della religione abbandoni gli uomini al freddo calcolo dei propri interessi; che l'assenza di una vita dopo la morte corra il rischio di farci piegare ogni cosa ai bisogni della vita di quaggiù; che la mancanza di una sanzione ultima soprannaturale renda le leggi umane davvero troppo fragili. Peraltro, egli adduce dei controargomenti per ciascuna di queste minacce. Al fine di trovare un aldilà per l'individuo in vita, non c'è alcun bisogno di postulare l'immortalità dell'anima, è sufficiente pensare agli altri uomini che lo circondano e senza i quali egli non è nulla. La preoccupazione per l'umanità intera può fondare la legge di ogni paese. Per avere un fondamento la morale non ha bisogno della religione. Al contrario, siamo sovente portati a valutare le diverse religioni del passato e lo facciamo usando dei criteri morali. È questo che ci permette di affermare che una certa religione è flessibile, l'altra rigida, una generosa e l'altra valida solo per quelli che la praticano. È la morale che ci permette di operare una scelta tra gli insegnamenti di una religione e preferire, per esempio, il precetto «ama il prossimo tuo come te stesso» ai principi «fuori della Chiesa nessuna salvezza» o «chi non è con me è contro di me». In questo senso, come dice Constant, «la morale diventa una specie di prova del fuoco, alla quale si sottomettono le nozioni religiose».[7]

Bisogna anche dire che Constant non partecipa al progetto, sviluppato in quello stesso periodo in seno alla filosofia tedesca, che consiste nel sostituire la religione con la morale, perfino con la filosofia, dunque nel trasformare la filosofia in religione laica. Egli direbbe piuttosto che la religione non è all'altezza d'individuare il bene e il male, né di formulare un qualsiasi dovere – così come non è in grado di descrivere la struttura dell'atomo o l'origine della vita, di far crescere meglio il grano o dirigere gli affari di stato. Comunque, non deve né può scomparire.

Ammettiamo che gli uomini riescano a soddisfare tutti i desideri più immediati, che i loro interessi vengano garantiti, che le relazioni da loro instaurate rispondano alle regole della morale, che conoscano la tenerezza, la devozione e l'amore: saranno sempre privi di qualcosa. Di che cosa si tratta? Con una formula che la storia occidentale conosce bene, potremmo dire che non avrebbero trovato il senso della propria vita. Ma quale può essere? L'uomo è combattuto tra l'essere finito e la coscienza che gli apre orizzonti infiniti; il senso di una vita è la possibilità d'inserire il finito nell'infinito. Sappiamo di essere soltanto un granello di sabbia nell'universo, di vivere un istante solo nell'eternità del tempo; sentiamo il bisogno di trovare il nostro posto rispetto all'assoluto, all'infinito, all'illimitato; vogliamo sentirci parte di una rete di relazioni. Ma non è l'universo a fornirci la chiave di questo enigma; siamo noi che dobbiamo crearla. Quando siamo vicini alla soluzione, siamo pervasi dal sentimento di un coronamento interiore e la nostra vita acquista un senso: avremo introdotto l'infinito nel finito, il pensiero dell'universo nel nostro fragile corpo.

È questa aspirazione al contatto con l'illimitato, all'armonia con la natura, a un posto nello scorrere del tempo a designare, nella sua accezione più generale, il «sentimento religioso» in Benjamin Constant. Non sono né la scienza né la morale a condurci a esso, perché nessuna delle due ci aiuta a collocarci nel cosmo, a trovare un posto nel trascorrere della vita. La scienza produce dei saperi particolari, può esistere soltanto se rinuncia esplicitamente alle domande sui fondamenti ultimi. La morale, quando riesce a vincere l'egoismo degli interessi particolari, regola i rapporti tra gli uomini. Nessuno sviluppo della scienza, nessuna sottomissione alle norme del dovere potranno mai placare il bisogno di senso. Lo si ottiene più facilmente attraverso altre pratiche: l'esperienza religiosa, in senso stretto questa volta, che ci mette in contatto con gli esseri immaginari di cui postuliamo che animano il mondo (ecco perché le religioni ci raccontano la creazione del mondo e descrivono la struttura del cosmo); ma anche la contemplazione della natura o l'estasi davanti alla bellezza di un'opera d'arte. Ci fanno tutti entrare in contatto con l'illimitato. «La contemplazione del bello in ogni genere ci separa da noi stessi, insuffla in noi l'oblio dei nostri interessi limitati, ci trasporta in una dimensione di purezza più grande e di perfezionamento inatteso.»[8] Ecco perché il sentimento religioso resterà al proprio posto finché esisteranno gli uomini, siano essi selvaggi, impauriti dal fragore del tuono, o individualisti moderni che giurano soltanto sulla scienza.

Le condizioni migliori per entrare in contatto con l'illimitato si hanno quando i nostri sensi percepiscono l'illimitato incarnato fuori di noi. Accade guardando un quadro, una scultura, o la natura stessa: «nel silenzio della notte, sulle rive del mare, nella solitudine delle campagne».[9] Di notte, quando i profili degli oggetti svaniscono; nella solitudine, quando si dimenticano le costrizioni imposte da quelli che ci circondano; osservando un cielo stellato. Il sentimento religioso, in altre parole, riguarda ciascun individuo singolarmente, di fronte all'universo e all'eternità. Qui la religione ha perduto la funzione di legame tra gli uomini, che talvolta si vuol leggere nell'etimologia della parola stessa. Ben inteso, le religioni collettive conducono al medesimo scopo; ma questo compito di cemento della comunità, che spesso ci appare così caratteristico, non è necessario alla religione più di quanto non lo sia quello di una fonte delle norme morali. Il singolo individuo può ritrovarsi in armonia con la creazione stessa soltanto seguendo la propria strada.

Come conseguenza di questa epurazione del sentimento religioso, divenuto sinonimo di aspirazione alla spiritualità, le società moderne conoscono la pluralità delle religioni – cosa ben diversa dalla loro scomparsa. L'epoca contemporanea è destinata, direbbe Constant, a essere pluralista, non atea. In tutto ciò egli non vede nulla d'inconveniente, anzi: in primo luogo perché nessuna religione potrà confondersi con il potere temporale e dunque lasciarsene corrompere, né potrà diventare la base di un fanatismo identitario o di un proselitismo intollerante; poi, perché in tal modo l'individuo avrà maggiori occasioni di trovare la via verso l'illimitato che più gli conviene. «Nella notte spessa che ci avvolge, c'è forse un barlume che sia lecito respingere?», si chiedeva già Adolphe. Constant aggiunge: affidare la ricerca religiosa all'individuo è come lasciargli la possibilità di perfezionarsi all'infinito. «Separate il torrente, o, per meglio dire, lasciate che si divida in mille ruscelli. Fertilizzeranno la terra che il torrente avrebbe devastato»: sono queste le parole che chiudono *Sulla religione.*[10]

È una scelta che può essere compiuta liberamente? Difficile crederlo. L'uomo libero può agire come vuole; ma non può volere come vuole. Per essere diversi da quel che si è, non è sufficiente volerlo. «Non si crede perché si vorrebbe credere», scrive Constant. Ma si può sapere che accedere a quello che egli definisce il «sentimento religioso» permette la realizzazione dell'uomo. Piuttosto che cercare di opporre resistenza si può anche accettare di lasciarsi pervadere da questo sentimento e da questo bisogno; ci si può dire che il più grande autocontrollo consiste proprio nello svincolarsi da sé. Qui si confondono il futuro della religione e quello dell'uomo.[11]

Passione e vanità

Dell'amore (1822) si apre con una classificazione degli amori possibili che sono ricondotti a quattro specie: l'amore-passione, l'amore-gusto, l'amore-fisico e l'amore-vanità; Stendhal non trascura di menzionarli nel corso dell'opera. In realtà, due specie sono più importanti delle altre e si ripresentano nelle forme più diverse: la passione e la vanità. L'opposizione tra loro, al livello più astratto, potrebbe essere formulata in questi termini: nell'amore-passione si trovano soltanto due esseri, il soggetto e l'oggetto dell'amore, null'altro attorno. Nell'amore-vanità, in compenso, oltre ai due protagonisti intervengono le convenzioni sociali, le norme, le rappresentazioni che ciascuno si fa di sé e dell'altro; accanto all'*io* e al *tu* esistono degli *essi* e delle *esse,* ai quali si affianca il *si.* Da questo punto di vista, l'amore-fisico è un livello inferiore dell'amore-passione, mentre l'amore-gusto è una variante dell'amore-vanità.

L'amore-passione è il vero amore, l'amore naturale, quello al quale, del resto, è rivolta anche l'ammirazione di Stendhal. La definizione dell'amore presente nel capitolo II del libro si applica pienamente soltanto a quella specie: «Amare è provare piacere nel vedere, toccare, sentire con tutti i sensi e da tanto vicino quanto è possibile un oggetto amabile e che ci ama». Un tale sentimento amoroso si alimenta solo del proprio oggetto e l'amore si persegue attraverso il ciclo seguente: 1) l'ammirazione, 2) il desiderio di vicinanza, 3) la speranza. Il suo ideale è la fusione in una sola entità («da tanto vicino quanto è possibile»); Stendhal aggiunge: «Se c'è naturalezza perfetta, la felicità di due individui arriva a fondersi». Totalizzante e unificatore, l'amore lo è altrettanto all'interno anche dell'essere, dove non lascia spazio a sentimenti o esperienze di altra natura: «il vero amore», scrive Stendhal, «occupa tutta l'anima» e «la rende completamente insensibile a tutto il resto di ciò che esiste». «L'arte di amare», scrive più avanti, «si riduce ad ascoltare la propria anima»:[1] ciò che è esterno al soggetto viene eliminato.

In compenso è l'assenza di unità, sia internamente sia esternamente, a caratterizzare l'altra specie di amore. Nell'amore-gusto non si agisce mai contrariamente agli usi e al bon ton. Nell'amore-vanità non si amano gli esseri, ma la loro immagine pubblica: il duca o il principe, piuttosto che una specifica persona. Qui non è più la vita stessa a regnare, ma «le idee da romanzo». Invece di lasciarsi guidare dai propri sentimenti e dalle qualità dell'oggetto amato, si subisce allora l'influenza dell'opinione pubblica: «Una donna che prende un amante tiene più conto del modo in cui le altre donne vedono quest'uomo, che del modo in cui lo vede essa stessa». «Un uomo innamorato pensa solo a sé, un uomo che vuole della considerazione non pensa che all'altro»:[2] evidentemente qui «altro» è inteso nel senso di un «terzo» e non dell'oggetto amato.

Per illustrare ciascuna di queste specie di amore, Stendhal ricorre a diversi mezzi. Uno è l'uso dei personaggi letterari. L'opposizione Don Giovanni/Werther, nel capitolo LIX, consacra la riduzione delle quattro forme a due, vanità e passione: «La felicità di Don Giovanni non è che vanità», mentre «l'amore alla Werther», è confermato che coincide con «l'amore-passione». Sul versante di Werther si ritrovano anche la monaca portoghese o Eloisa e Abelardo, mentre il partito di Don Giovanni è sostenuto da scrittori come Crébillon, Chamfort o Marmontel. Un altro riferimento letterario è più rivelatore: quello a Rousseau e alla *Nouvelle Héloïse.* Ripercorrendo l'enumerazione dei quattro amori,

Stendhal postula una sorta di uguaglianza: «Amore-passione, o Julie d'Étanges»; e, appena menzionato Werther, aggiunge: «Il contrasto sarebbe più esatto se avessi citato Saint-Preux». Nulla di cui stupirci, se ricorderemo che il romanzo di Rousseau era servito a creare delle figure ideali nella mente del giovane Stendhal; nella *Vita di Henry Brulard* si legge: «Al mio arrivo a Ginevra ero pazzo per *La Nouvelle Héloïse.* Il mio primo pensiero fu la visita alla vecchia casa dove è nato J.-J. Rousseau», o ancora: «Stordito dalle mie deliziose fantasticherie, modellate sull'Ariosto e *La Nouvelle Héloïse...*».[3] L'idea di amore-passione nasce dall'impressione che Stendhal ha tratto dalle proprie letture, ossia dalle idee dell'«altro». Le «idee da romanzo» sono onnipresenti nel suo ragionamento, indipendentemente dal ruolo che possano rivestire nelle diverse specie d'amore.

Per illustrarle Stendhal individua un altro mezzo in una sorta di geografia psicologica, in cui i francesi si contrappongono agli italiani come la vanità alla passione. Nella prefazione del 1826 al libro, egli descrive la Francia come se avesse, quale paradosso!, la propria «passione *nazionale,* la vanità»; le donne francesi «non hanno che vanità e desideri fisici» e gli uomini si preoccupano costantemente dell'opinione che gli altri si fanno di loro. L'amore-passione esige la solitudine, insopportabile ai francesi: «Un francese si crede l'uomo più infelice e quasi il più ridicolo, se è obbligato a passare il suo tempo da solo. Ora, che cos'è l'amore senza la solitudine? [...] Il pensiero del vostro vicino era dunque parte integrante e necessaria alla vostra felicità». I francesi pensano solo all'«imitazione di un certo modo di essere»; «in Francia cerchiamo di imitare in due lo stesso modello». Questo modello il più delle volte viene fornito dai romanzi. «A Ginevra e in Francia, invece, si fa l'amore a sedici anni, per fare un romanzo e ci si chiede ad ogni passo e quasi ad ogni lacrima: "Non sono brava come Julie d'Étanges?"» «Quando si ricordano ciò che hanno letto nei romanzi che è *utile* che un amante faccia, si sentono gelare.»[4]

In Italia, invece, non esistono romanzi: «Come se il caso avesse deciso che qui tutto concorreva a preservare la *naturalezza*, esse non leggono mai romanzi per la ragione che non ce ne sono». «La mancanza della lettura dei romanzi e quasi di qualsiasi lettura lascia ancor più all'ispirazione del momento.» Di conseguenza, non si ha nemmeno coscienza dell'altro (di un terzo), né della sua opinione: «Là, nessuna attenzione per i fatti e i gesti del vicino; a mala pena ci si preoccupa di quel che ci capita». Nemmeno lo spagnolo, assimilato qui all'italiano, si «occupa mai degli altri». Entrambi vivono in una ricerca diretta della felicità senza preoccuparsi degli altri: «Fanno ciò che fa loro piacere». «Nella felice Lombardia, a Milano, a Venezia, il grande o, per meglio dire, l'unico affare della vita è il piacere.»[5] È questa la netta opposizione su cui poggia l'armatura concettuale di *Dell'amore*: vanità, società, romanzi, la Francia, da un lato; passione, solitudine, piacere immediato, l'Italia, dall'altro.

Oltre a questa tipologia degli amori, Stendhal propone anche una descrizione del processo stesso dell'amore, del suo sviluppo diacronico. Abbiamo visto le tappe che ne precedevano la nascita: un gioco strettamente limitato al soggetto e all'oggetto. Una volta sbocciato, tuttavia, l'amore è seguito da quella che Stendhal chiama la «cristallizzazione», che a sua volta continua in una «seconda cristallizzazione». Il fatto è che queste nuove tappe rivelano una concezione dell'amore non facilmente conciliabile con le idee precedenti. Di che cosa si tratta?

La cristallizzazione è la trasformazione (positiva) dell'oggetto amato attraverso un processo d'immaginazione; è la subordinazione della percezione al desiderio e alla capacità di vedere l'oggetto come vorremmo che fosse. «Gli atti di follia ripetuti, attraverso i quali un amante coglie tutte le perfezioni nella donna che egli comincia ad amare, tra di noi si chiamarono sempre *cristallizzazione.*» «Basta pensare a una perfezione per vederla in ciò che si ama.» «Ogni volta che ella incontrerà il suo amante, gioirà, non di ciò ch'egli è in realtà, ma dell'immagine deliziosa che si sarà creata.» Perché in amore «*la cosa immaginata è la cosa esistente*». Quasi alla lettera, qui Stendhal rimane ancora fedele a Rousseau, che nella *Nouvelle Héloïse* scriveva: «L'amante che loda in noi le perfezioni che non abbiamo le vede in effetti come le rappresenta». «Ho creduto di vedere sul vostro viso i tratti dell'anima che occorreva alla mia [...]. In voi amavo non tanto ciò che vedevo, ma quanto credevo di sentire in me stesso.» E alcuni anni più tardi Rousseau conclude: «Non esiste vero amore senza entusiasmo né entusiasmo senza un oggetto di perfezione reale o chimerico, ma sempre vivo nell'immaginazione [...]. Tutto è illusione nell'amore, lo confesso [...]. Il bello non è nell'oggetto che si ama, è opera dei nostri errori».[6]

L'idea di perfezione, dunque, precede la percezione dell'oggetto dell'amore e nello stesso tempo la subordina a sé; si gioisce, non dell'essere reale, ma dell'immagine che gli si sovrappone, un'immagine che è viva nella memoria e non nasce dalla percezione. Ma se le cose stanno così, non è più possibile sostenere che l'amore naturale nasce dalla scoperta del proprio oggetto e che si gioca esclusivamente tra lui e l'oggetto. Se la cristallizzazione è una tappa obbligata di ogni amore, allora ogni amore comporta il riferimento a una norma o a una convenzione esterna ai due esseri che s'incontrano. Non solo, questa tappa, in linea teorica tardiva (successiva alla nascita dell'amore), in realtà è all'origine stessa di ogni amore, come illustra l'esempio del tedesco nell'episodio intitolato «Il ramo di Salisburgo»: «Dato che questo giovane è tedesco, la prima qualità di una donna, ai suoi occhi, è la *bontà* e, immediatamente, egli individua nei vostri tratti l'espressione della bontà. Se fosse inglese, vedrebbe in voi l'aria aristocratica e *lady-like* di una duchessa». L'appartenenza a una cultura e a una nazione determina le immagini ideali che elaboriamo in noi e che determinano a loro volta la percezione dell'oggetto dell'amore. L'essere reale è soltanto il supporto al quale aderiscono queste immagini. Le reali qualità dell'oggetto amato – o la loro assenza – non hanno importanza a questo stadio dell'esperienza, perché tutto dipende dal punto di vista del soggetto. La bellezza in sé non esiste, si spinge ad affermare Stendhal, è solamente la giustificazione che diamo successivamente al nostro desiderio. «Una volta che la cristallizzazione sia cominciata, si gode con delizia di ogni nuova bellezza che si scopre in ciò che si ama. Ma cos'è la bellezza? È una nuova capacità di darvi del piacere.» «La bellezza non è che la *promessa* della felicità.»[7]

Tutto ciò induce Stendhal a proporre una diversa interpretazione dell'evoluzione del sentimento amoroso, senza preoccuparsi molto della sua coerenza con la descrizione precedente: «L'anima, a sua insaputa annoiata di vivere senza amare, convinta malgrado sé stessa, dall'esempio delle altre donne, dopo aver superato tutti i timori della vita, scontenta della triste soddisfazione dell'orgoglio, s'è fatta, senza accorgersene, un modello ideale. Essa incontra un giorno un essere che assomiglia a questo modello, la cristallizzazione riconosce il suo oggetto dal turbamento che ispira e consacra per sempre al padrone del suo destino ciò che essa sognava da tanto tempo».[8] Il desiderio d'amare viene al primo posto, alimentato dall'esempio degli altri; l'oggetto dell'amore è successivo e non fa che inserirsi in uno schema già pronto. La cristallizzazione, come osserva Stendhal, è dunque legata ai giochi di corte e di società, oltre che alle idee da romanzo, che sembravano però tipiche del solo amore di vanità; continua in sentimenti come il pudore o la gelosia, altrettanto inconcepibili senza l'intervento di un terzo. Invece di ergersi a difensore intransigente dell'unità e dell'omogeneità interne del soggetto, Stendhal stesso si compiace, in *Dell'amore*, di ricorrere a pseudonimi e lingue straniere: altrettante prove dell'irriducibile molteplicità interiore della persona. Se la cristallizzazione è la verità di ogni amore, che cosa resta dell'opposizione tra passione e verità?

Oggi sappiamo che *Dell'amore* è nato dalla lotta che Stendhal ha combattuto per vincere e razionalizzare una delusione sentimentale, l'amore frustrato per Métilde. Il 24 aprile 1820, in occasione della stesura del libro, egli annota: «Stile *of Love.* Scrive ancora spaventato sotto dettatura di una grande passione. Ecco cosa il lettore deve sapere. Dunque, dato che è la verità, non rifinire troppo». Molti anni dopo, a margine di un esemplare del libro pubblicato scrive: «Occorreva fare uno sforzo su *myself* e violare per così dire il pudore di *speak*, anche in termini così poco espliciti, del mio amore». Alcuni giorni più tardi, informato della morte di Métilde, annota: «*Death of the author*», arrivando a mettere l'oggetto segreto del proprio discorso al posto del soggetto dichiarato. E, alcuni anni dopo ancora, in *Ricordi di egotismo*, descrive così l'esperienza relativa alla stesura del trattato: «Pensai a far stampare un libro intitolato *Dell'amore*, scritto a matita a Milano mentre passeggiavo e pensavo a Métilde. Contavo di riscriverlo a Parigi e ne ha un gran bisogno. Riflettere con un po' di profondità a queste cose mi rendeva eccessivamente triste. Era come passare la mano con violenza su una ferita appena cicatrizzata».[9]

Tuttavia, anche all'interno del libro, Stendhal nega con insistenza ogni somiglianza tra i sentimenti dell'autore e quelli descritti nell'opera. Si sente obbligato a farlo, in particolare, quando utilizza i pronomi personali *io* e *me*: non manca di ricordare al lettore che si tratta solo di un puro artificio letterario. «È per *brevità* e per poter dipingere l'interno delle anime, che l'autore riporta, servendosi della formula dell'*io*, parecchie sensazioni che gli sono estranee. Personalmente non aveva niente che meritasse di essere citato», dice una nota del capitolo III e un'altra del capitolo XXXII: «Si ricorda che se l'autore impiega qualche volta la forma dell'*io*, è per cercare di creare qualche varietà nello stile di questo saggio. Non ha affatto la pretesa d'intrattenere i suoi lettori sui suoi sentimenti». Queste affermazioni, tuttavia, sono contraddette proprio all'interno del testo da un'altra descrizione del lavoro: «Faccio tutti gli sforzi possibili per essere *asciutto.* Voglio imporre silenzio al mio cuore, che crede di avere molte cose da dire. Tremo sempre di non aver scritto che un sospiro, quando credo di aver annotato una verità».[10]

Dell'amore, dunque, è un libro che, fingendo di esprimere affermazioni di carattere generale, parla di un caso particolare: quello dell'autore; è ciò che affermano, congiuntamente, le rivelazioni annotate a margine e le smentite nel testo. Ciò non significa che occorre disprezzare l'intenzione che si prefigge il libro, ossia di essere un trattato; coloro che oggi leggono *Dell'amore* come un'autobiografia (come un sospiro) dimenticano che Stendhal dice: «Tremo». Rimane il fatto che, con il pretesto di parlare degli altri, Stendhal parla di sé e ne è pienamente consapevole.

Tuttavia, in un progetto di prefazione, che risale forse al maggio del 1826, Stendhal descrive il libro un po' diversamente – o, piuttosto, descrive un libro un po' diverso. Questa volta ricorre al termine «egotismo», servendosene per designare sempre lo stesso uso di *io* e *me.* «Si può accusare di egotismo la forma che ho adottato. A un viaggiatore è concesso dire: "Ero a New York [...]". Non lo si accusa perché ama parlare di sé, gli si perdonano tutti questi *io* e questi *me,* perché è la maniera più chiara e più interessante di raccontare ciò che ha visto.»[11]

Dimenticando in qualche modo ciò che sapeva molto bene – ossia che questi *io* erano davvero riferiti a lui stesso –, Stendhal immagina un altro libro, a cui potrebbe servire da modello il racconto del viaggio: un libro che evoca un'esperienza comune, anche se in apparenza egli parla di sé. Il rovesciamento, come si vede, è completo: *Dell'amore,* si potrebbe dire attribuendo ai termini un significato un po' diverso da quello di Stendhal, parla di sé fingendo di parlare degli altri: è un libro *egoista*; l'opera a cui pensava, invece, il libro *egotista,* parla degli altri fingendo di parlare di sé.

Se lo Stendhal-egotista gettasse uno sguardo sull'esperienza dello Stendhal-egoista che fornisce l'argomento del saggio *Dell'amore*, che cosa vedrebbe? Lo Stendhal del 1820 considera il proprio amore per Métilde come una passione: senza intermediari, lontano dallo sguardo altrui, dall'opinione pubblica, dalle convenzioni sociali. Lo Stendhal del 1832, autore dei *Ricordi di egotismo* appunto, scrive: «"La disgrazia peggiore", esclamai, "sarebbe che degli uomini così aridi, gli amici in mezzo ai quali sto per andare a vivere, indovinassero la mia passione, e per una donna che non ho avuto!" Mi dissi questo nel giugno 1821 e nel giugno 1832 capisco per la prima volta, scrivendo queste cose, che quella paura, mille volte rinnovata, è stata in realtà il principio che ha diretto la mia vita per dieci anni. È per questa via che sono riuscito ad *avere dello spirito*».[12]

Stendhal crede di amare Métilde dell'amore-passione che ignora lo sguardo degli altri; tuttavia, non può evitare di pensare all'interpretazione che i suoi amici daranno della sua disavventura. Dieci anni più tardi, Stendhal ha altrettanta paura dello sguardo degli altri; la sola differenza è che ora ne è consapevole. «La vanità aspira a reputarsi grande passione», scriveva in *Dell'Amore*;[13] adesso potrebbe dire: la passione è una vanità che s'ignora. È questo che significa *avere dello spirito*: riconoscere che l'intersoggettivo è fondatore del soggettivo, che l'individuo non esiste al di fuori del gioco sociale.

Nella *Vita di Henry Brulard*, la nascita dello «spirito» è collocata con maggiore precisione, nel bel mezzo del periodo racchiuso dai *Ricordi d'egotismo*: «Sono stato un conversatore brillante a partire dall'inverno del 1826», scrive e lo spiega così: «Per questo [volendo passare per uomo di spirito] mi sono dato da fare, ho preso l'abitudine, cioè, d'improvvisare le battute, per divertire la cerchia di persone che frequentavo, solo nel 1826, per via della disperazione in cui trascorsi i primi mesi di quell'anno fatale».[14]

L'avvenimento del 1826 è in sé paragonabile a quello che precede la stesura di *Dell'amore*: ancora una volta si tratta di una rottura amorosa, questa volta con Clémentine Curial, soprannominata «Menti». Ma la reazione è differente. La prima volta Stendhal annullava la singolarità della propria esperienza nella generalità del trattato e lodava la fuga dalla società e la passione-fusione totale dei due esseri. Ora, invece, opta per una soluzione eminentemente sociale, quella di «avere dello spirito», o, come dice ancora, «d'improvvisare le battute», ossia di trasformare in scambio sociale quel che era soltanto un'esperienza personale. Non siamo lontani, ancora una volta, dall'egotismo: adesso *io* e *me* vengono usati senza scrupoli, perché è noto che si parla a dei *tu*, non di sé, ma di *essi* e di *esse*; o, se si parla di sé, di un sé che non è *io*, ma che si descrive come un altro *egli*. L'anno 1826 sarà anche, significativamente, quello del primo romanzo, *Armance*. Ormai la via è aperta alle autobiografie «egotiste» di Stendhal, *Ricordi di egotismo* (1832) e *Vita di Henry Brulard* (1835-1836).

Questi due tentativi di autobiografia muovono dalla medesima constatazione: Stendhal ignora chi egli sia; e dalla medesima speranza: forse, a furia di descriversi, finirà per scoprirsi. «Non conosco me stesso ed è questo che talvolta, quando ci penso di notte, mi rattrista. Sono buono, cattivo, intelligente, sciocco?» «Che uomo sono? [...] Davvero non ne so nulla [...]. Vediamo se facendo l'esame di coscienza con la penna in mano arriverò a qualcosa di *positivo* e che resti *vero a lungo* per me.» E nella *Vita di Henry Brulard*: «Fra poco avrò cinquant'anni: sarebbe tempo che io mi conoscessi. Che cosa sono stato? Che cosa sono? Dovessi rispondere, sarei in grande imbarazzo». «Non ho affatto intenzione di scrivere un racconto storico, ma semplicemente di annotare i miei ricordi per scoprire che uomo io sia stato: ottuso o intelligente, coraggioso o codardo e così via.»[15]

Sotto un certo punto di vista, il progetto è coronato da successo: grazie allo sforzo richiesto dalla scrittura, Stendhal ritrova blocchi interi di memoria che fino a quel momento gli erano inaccessibili. «È solo riflettendo per essere in grado di scrivere queste cose che si fa chiaro ai miei occhi quanto accadeva nel mio cuore nel 1821.» E la *Vita di Henry Brulard* abbonda di annotazioni simili a questa: «Scrivendo la storia della mia vita, nel 1835, scopro molte cose». Esisterebbe un'identità segreta dell'essere, di cui un lavoro di reminiscenza potrebbe scoprire la verità? Altre volte Stendhal sembra ricusare la sola possibilità di una simile conoscenza: «Si può conoscere tutto, tranne sé stessi»; e in una frase che sembra provenire esattamente da La Rochefoucauld: «Ho un pensiero ricorrente: quale occhio può vedere sé stesso?».[16]

Siamo di fronte a una contraddizione? Osserviamo la natura delle scoperte compiute da Stendhal. Nella *Vita di Henry Brulard* egli scrive: «Le mie scoperte sono di due tipi: 1° grandi frammenti di affreschi sulla parete, che, dimenticati da tempo, riappaiono all'improvviso [...]. 2° Nel 1835, scopro la fisionomia e le cause dei fatti».[17] Nessuna di queste scoperte riguarda un io essenziale, la ricerca porta non all'interno dell'essere, ma al suo esterno. Stendhal scopre il succedersi degli eventi, i motivi che li preparavano, in altre parole ricostruisce la propria vita come se fosse quella di un altro. Man mano che cerca di conoscersi, scopre una parte di una storia impersonale.

Bisogna allora concludere che questo io essenziale non esiste e che, per definizione, è possibile conoscere soltanto delle realizzazioni parziali e puntuali del proprio essere? In altre parole, che sarà sempre un certo *io* a conoscerne un altro? Stendhal scrive: «Avverto una volta per tutte l'unico sant'uomo che, probabilmente, avrà il coraggio di leggermi, che queste belle riflessioni sono del 1836. Mi avrebbero stupito, nel 1800».[18] L'autobiografia, in senso stretto, è impossibile: non si può al tempo stesso vivere e riflettere, ossia scrivere. Lo Stendhal del 1800 viveva delle avventure, quello del 1836 le descrive; ma l'uno non è la verità dell'altro. Quello del 1836 può spiegare quello del 1800 proprio perché non è più lui, è un altro.

Non si tratta di una semplice questione di lontananza temporale: all'interno di una stessa giornata, incontro due persone e faccio vivere, a contatto con ciascuna di loro, un essere differente: tutti e due veri, ma nessuno più essenziale dell'altro. È ciò che Stendhal chiama «l'assenza dell'*io*». Come potrebbe essere altrimenti, se ci si proietta nell'altro al punto da fonderci indissolubilmente in lui? «L'amor proprio, l'interesse, l'io erano scomparsi in presenza dell'essere amato: mi ero trasformato in lui.» Se non è per identificazione che ci si costruisce il proprio io, allora è per reazione: la cosa non è meno casuale e lontana da ogni identità stabile: «La mia famiglia era una delle più aristocratiche della città, il che mi rese subito un repubblicano sfegatato». Del resto, ciò vale non soltanto per le persone, ma anche per le cose: «Fino a venticinque anni, ma che dico, ancora adesso, mi devo trattenere a viva forza per non abbandonarmi completamente alla sensazione prodotta in me dagli oggetti».[19]

Anche nei *Ricordi di egotismo* sarebbe inutile cercare dell'autoanalisi. Ciò che Stendhal racconta sono gli altri: gli uomini e le donne da lui frequentati. E il suo malinconico «si può conoscere tutto, tranne sé stessi» si unisce a un trionfale: «In fondo, se desideravo una cosa, era di conoscere gli uomini». Ma questo permette di ricollegarsi al progetto annunciato, quello di conoscersi da sé? Sì, se diamo credito a una frase in *Dell'amore*, che si dimostra ancora vicina a La Rochefoucauld: «Non possiamo essere illuminati su ciò che succede in noi se non dalle debolezze che abbiamo osservate negli altri».[20] Conoscersi attraverso gli altri o come se fossimo un altro: sono queste le modalità dell'autobiografia paradossale di Stendhal.

La conoscenza attraverso i romanzi

Anche l'atteggiamento di Stendhal riguardo alla Francia cambierà. Egli descrive sempre il «carattere parigino» come «ben educato, spiritoso, superficiale, in una parola, molto attento all'opinione altrui», ma ora partecipa di questa doppia natura: «L'unica cosa che vedo chiaramente è che, dopo quarantasei anni, il mio ideale è vivere a Parigi, in un quarto piano, a scrivere un dramma o un romanzo».[21] Parigi e la scrittura di romanzi di fantasia si ritrovano dal medesimo lato: quello degli altri.

Per presentare la *Vita di Henry Brulard*, Stendhal si vede costretto a confrontarsi con le *Confessioni* di Rousseau, ma esprime subito delle riserve: «Adesso scrivo un libro che può essere una grossa sciocchezza: sono le *Mie confessioni*, quasi con lo stile di Jean-Jacques Rousseau, con più franchezza». Che cosa sta a indicare questo riferimento allo «stile»? La risposta viene fornita da un'altra annotazione del 21 ottobre 1836: «J.-J. Rousseau, che era consapevole di voler *ingannare*, mezzo ciarlatano, mezzo ingannato, doveva rivolgere tutta la propria attenzione allo *stile*. Dominique [ossia Stendhal], di gran lunga inferiore a Jean-Jacques e peraltro un galantuomo, rivolge tutta la propria attenzione alla sostanza delle cose». Da tempo ormai Stendhal esprime delle riserve su quella che egli definisce «l'enfasi» di Rousseau, ossia il suo stile, ma aderisce alle sue idee. All'epoca del *Lucien Leuwen* (1834), a proposito della *Nouvelle Héloïse* segnala la sua «enfasi un po' pedante, che fa chiudere il libro a lettori un po' raffinati».[22] Adesso questa mancanza di coerenza gli è diventata insopportabile. Stendhal, che s'interessa più delle cose e delle persone che di sé stesso, che si è scoperto negli altri e che ha trovato gli altri in sé, ha individuato a sua volta il proprio stile: alla menzogna egoista si è sostituita la franchezza egotista.

Del resto, Stendhal si trova sempre più a disagio con la convenzione egotista, con la necessità di dire *io* e *me* nelle proprie autobiografie, anche se dirlo non significa che ne parli. Nella *Vita di Henry Brulard* si lamenta continuamente di «questo debordante ammasso di *io* e di *me*», in cui vede il principale ostacolo alla realizzazione del proprio progetto: «A dire il vero, ci ho pensato [all'idea di scrivere *my life*] molte volte dal 1832, ma ne sono sempre stato distolto dalla terribile complicazione degli *Io* e dei *Me*». In *Ricordi d'egotismo* non la considera una pura convenzione, ma sente il bisogno di prendere le distanze da un contenuto autobiografico che potrebbe essere considerato inevitabile: «È un mese che ci penso e provo una vera ripugnanza a scrivere soltanto per parlare di me, del numero delle mie camicie, delle disavventure del mio amor proprio». In un'altra occasione si spiega così: «Sono come una donna onesta che si mette a fare la puttana: devo vincere ogni momento il pudore dell'uomo onesto che ha orrore di parlare di sé. Eppure questo libro non è fatto d'altro. Non prevedevo questo inconveniente; forse dovrò lasciar perdere».[23] È come prostituire il proprio io farne l'oggetto di un esame pubblico: svelarlo e offrirlo agli altri. Stendhal non concluderà nessuno dei tentativi autobiografici, che saranno pubblicati soltanto molti anni dopo la sua morte.

Ora, i suoi rimorsi erano ingiustificati: non parla del numero delle camicie, a mala pena parla di sé. Non saremo meravigliati di vedere con quale veemenza si riferisca a tutti quelli che lo fanno. Più ancora di Rousseau, il suo bersaglio preferito è Chateaubriand: «Non ho mai trovato nulla che puzzi così di egotismo, di egoismo, di piatta affettazione e perfino di furfanteria su pretesi pericoli in mare come l'inizio del secondo volume dell'*Itinerario a Gerusalemme*, che ho aperto questa mattina per farmi un'idea del talento di Monsieur Chateaubriand. Invece di far conoscere il paese, dice *io* e *me* e inserisce delle arditezze di stile».[24] Il viaggiatore deve descrivere i paesi che attraversa, diceva già Stendhal nella prefazione al *Dell'amore*; i pronomi personali *io* e *me* devono restare pura convenzione. Per questo motivo nel giudizio espresso su Chateaubriand egli sostituisce *egotismo*, destinato a restare un termine neutro, con *egoismo*, che è chiaramente negativo.

Di conseguenza, la gioia della maschera e dello pseudonimo non fa che essere confermata: «Lo credereste? Porterei con piacere una maschera; sarei felice di cambiare nome». «Avrei voluto essere un altro.» La scrittura di romanzi, che dà una veste in qualche modo legale a questa moltiplicazione del sé, sarà altrettanto valorizzata. Da quando ha «dello spirito», dal 1826, Stendhal scrive dei romanzi. Prima si considerava un personaggio da romanzo, era nella vanità, sognando la passione: «Io che credevo di essere, al tempo stesso, un Saint-Preux e un Valmont»: ecco che i due poli identificati in Werther e Don Giovanni in *Dell'amore* rivelano già la loro segreta affinità, ritrovandosi nella stessa persona! Ma non si tratta semplicemente di scoprire le proprie illusioni e prendere tranquillamente posto nella vanità (nel cinismo): Stendhal raggiunge un nuovo stato. D'ora in poi scrive romanzi invece di immaginarsi di viverli e abbiamo visto che il suo piacere più grande era quello di scrivere, a Parigi. Lo ripete spesso: «Mi sentivo perfettamente felice, forse è un'esagerazione, ma certo ero piuttosto felice, nel 1830, quando scrivevo *Il rosso e il nero*». La stessa autobiografia appare ai suoi occhi come un altro romanzo: «Il ricordo non è che un romanzo costruito per l'occasione». In una pagina si trova questa ipotesi per il titolo: «*Vita di Henry Brulard*, scritta da lui medesimo. Romanzo a imitazione del *Vicario di Wakefield*».[25] Non soltanto l'autobiografia è romanzo, ma, come se non bastasse, imita il romanzo di un altro (Goldsmith)!

Perché questo prestigio attribuito al romanzo? Lo chiarisce un'annotazione del 24 maggio 1834: «In gioventù ho scritto delle biografie (Mozart, Michelangelo) che sono una specie di storia. Me ne pento. Il *vero* sulle più grandi, come sulle più piccole cose, ci sembra quasi impossibile da raggiungere, almeno un vero *un po' dettagliato*. Madame de Tracy mi diceva: "Ormai il *vero* può essere raggiunto soltanto nel romanzo". Ogni giorno di più vedo che ovunque altrove è una pretesa».[26]

Le autobiografie, le biografie e la storia potrebbero apparire quali candidati migliori del romanzo per stabilire il vero; tuttavia, Stendhal sostiene il contrario. La sua posizione si può comprendere soltanto attribuendo al *vero* un significato diverso da quello di «descrizione della realtà». Qui si tratta della verità profonda di ogni cosa, più accessibile alla libertà del romanzo che alla storia. È un po' nello stesso senso che Aristotele dichiarava la poesia più filosofica della storia. E non è tutto: l'opposizione è duplice. In gioventù, Stendhal ha scritto non soltanto dei libri di storia, ma anche dei trattati, come *Dell'amore*. La generalità non mancava, come nel romanzo, eppure nemmeno questa era la strada giusta. Il problema è che si trattava di una verità priva di «dettagli»: a forza di annullare l'*io* che scriveva, finiva per cadere nella menzogna. Il romanzo è «un vero un po' dettagliato», più generale dell'autobiografia, ma più specifico del trattato, a metà strada fra l'egoismo dell'uno e l'impersonalità dell'altro. La verità di Stendhal è nelle invenzioni che scrive. Il parallelo con Rousseau ancora una volta è rivelatore. Quest'ultimo aveva trasformato in trattato il proprio romanzo *La Nouvelle Héloïse*; forse anche per questo annoiava Stendhal e molti altri lettori dopo di lui. Ma, in senso opposto, il suo trattato sull'educazione tende verso il romanzo, per le medesime ragioni che attirano Stendhal: nella finzione dell'*Émile* Rousseau cerca «dettagli ed esempi»; la finzione, anche qui, è uno strumento paradossale per avvicinarsi alla verità. «Questo metodo mi sembra utile per impedire a un autore, che diffida di sé, di perdersi in visioni.» La sua ambizione è quella di aver scritto così «il romanzo della natura umana».[27]

Non a tutti è dato di scrivere dei romanzi. Tuttavia, la scoperta di Stendhal riguarda la struttura stessa della persona e per questo ha un'applicazione universale. Il romanzo è il mezzo più appropriato alla sua manifestazione, ma non è l'unico. In questa scoperta la prima fase consiste nel rendersi conto che la passione non è qualitativamente distinta dalla vanità, perché entrambe obbediscono alla cristallizzazione, in altre parole nessuno può ignorare lo sguardo degli altri e i personaggi da romanzo sono sempre imitati. Ormai, Stendhal rappresenta l'opposizione passione-vanità all'interno dei propri romanzi, ma non si lascia più ingannare. È una vittoria della lucidità sull'illusione. Rimane allora un secondo passo da compiere, che implica una trasformazione nell'essere stesso e non soltanto nella coscienza che se ne ha. «Improvvisare le battute» non è più imitare i personaggi da romanzo, ma abolire la differenza tra romanzo e vita e riconoscere la propria pluralità – che non significa inconsistenza. Il trattato impersonale mente a sua volta, anche se in maniera diversa dal racconto strettamente personale: con la pretesa che sia possibile l'annullamento totale della persona. Adesso, l'individuo non si limita più a subire passivamente le forze che lo circondano, ma partecipa in prima persona alla costruzione del mondo. È questo secondo passo a rendere possibile l'autobiografia – scritta però alla Stendhal, in cui l'occhio rinuncia serenamente a vedersi. Essa illustra una via che si pone a uguale distanza da due illusioni: che esista un sé profondo, indipendente dal mondo umano in cui vive; e che esista una conoscenza del mondo umano che possa non tenere conto del soggetto conoscente. Questa via non è riservata ai soli autori di romanzi: è aperta a tutti.

Il mondo

«Pensa di veder degli uomini in una sotterranea dimora a forma di caverna, il cui ingresso, aperto dalla parte della luce, sia largo tanto quanto è larga la spelonca stessa: là essi sono fin da fanciulli, gambe e collo incatenati, tanto che non si possono muovere, né guardare altrove se non dinanzi a sé stessi, poiché i legami impediscono loro di volgere intorno la testa.» Inizia così uno dei più famosi miti della cultura occidentale, il mito della caverna, raccontato da Platone in apertura del libro VII della *Repubblica.*[1] Un mito che intende rappresentare, con un'immagine sorprendente, la verità della condizione umana.

Si potrebbe immaginare che un giorno Samuel Beckett se ne sarebbe ricordato. Ma egli sarebbe stato sensibile soprattutto alle imperfezioni del mito da lui riscontrate nella versione di Platone. Si sarebbe così accinto a riscrivere il mito a modo suo; il risultato s'intitola *Lo spopolatore.*[2]

Tanto per cominciare, che ne è dello spazio che ci viene descritto? Platone dice: «in una sotterranea dimora a forma di caverna». Evidentemente è qualcosa di molto vago: esistono mille possibili forme di caverna. Inoltre questa, prodotto della natura e del tempo, lascia troppo spazio al caso: bisognerebbe poter rendere le cose un po' omogenee. Consideriamo dunque uno spazio regolare. Un cerchio, supponiamo, di 16 metri di diametro (ossia $(2^2)^2$: una bella cifra tonda), poi un'altezza, anch'essa di 16 metri evidentemente («perché deve essere armonico»). Otteniamo così un cilindro: una base inferiore e una superiore di circa 200 m^2, muri di 800 m^2. Fin qui per quanto riguarda la forma. Occorre anche indicare la materia di questa caverna rivisitata; Platone, impreciso, non ci dà alcuna informazione. Una materia piuttosto neutra, né troppo dura, né troppo malleabile: sarà «di gomma dura o di un materiale affine», resistente e al tempo stesso inoffensivo e inoltre capace di garantire il silenzio.

La luce era molto importante per Platone; eppure, anche a questo proposito, non fornisce precisazioni e lascia troppo al caso. Essa proviene, dice il filosofo, da un fuoco che brucia in alto lontano. Ma un fuoco illumina irregolarmente i diversi angoli della caverna; e poi ha caratteristiche mutevoli, con fiamme ora basse, ora alte. Bisogna mettere ordine. In primo luogo, la luce sarà uguale ovunque e la sua origine invisibile. Per evitare la monotonia e anche per avvicinarsi alla verità della vita, sarà d'intensità variabile: non in maniera irregolare, naturalmente, ma secondo una semplice regola. Sarà dunque una luce che vibra; a intervalli abbastanza lunghi, la vibrazione si fermerà, per una decina di secondi. Già Platone era molto interessato alle difficoltà di adattamento dell'occhio alle zone irregolari di ombra e di luce. Ma sembrava credere che tali movimenti di adattamento fossero senza maggiori conseguenze per l'organo stesso, che soffriva localmente ma non era soggetto a ulteriori problemi, e dunque potessero ricominciare eternamente. Ora, se esaminiamo attentamente la cosa, non è così. Infatti, è innegabile, si assiste a una lenta diminuzione della vista. «Dati due occhi preferibilmente azzurri in quanto più deperibili e ammesso che fosse possibile seguirli da vicino abbastanza a lungo si vedrebbe come si spalanchino sempre di più iniettandosi di sangue e come le pupille si dilatino progressivamente fino a inghiottirne la cornea». Alla fine, è la cecità.

La temperatura: Platone ha completamente trascurato questo aspetto della vita nella caverna. Ora, una rappresentazione fedele della condizione umana deve tenerne conto.

La temperatura varierà, anch'essa, in maniera regolare. Aumenta e diminuisce di cinque gradi al secondo, da un minimo di cinque gradi a un massimo di venticinque; e vi sono alcuni momenti di interruzione agli estremi. Un ciclo completo durerà dunque otto secondi, quattro per l'innalzamento, quattro per la diminuzione. Le pelli reagiscono a queste variazioni, come gli occhi a quelle della luce: si disseccano come pergamene e il loro sfioramento riproduce un fruscio di foglie secche. Ne deriva una sensibile diminuzione degli slanci erotici nella caverna, altro problema trascurato da Platone.

La descrizione della popolazione della caverna, in Platone, lascia a desiderare per quanto riguarda l'esattezza. Egli si limita a dire che, talvolta, uno dei prigionieri è liberato dalle catene e viene tirato su, verso la luce; più tardi, può ridiscendere tra le ombre. Ma quanti sono i prigionieri in tutto? Quanti salgono verso la luce? E quanti ne ridiscendono? Con quale ritmo, per quanto tempo? Nel cilindro imprecisioni simili non sono tollerate. Dato che ci sono 200 m^2 di superficie, mettiamo che vi siano all'incirca 200 persone, con una buona rappresentazione delle età; equamente distribuiti tra maschi e femmine; con grande varietà di componenti: genitori e figli, mariti e mogli, amici e sconosciuti. Dato che conoscono il movimento e il riposo, gli abitanti si divideranno naturalmente in quattro categorie: quelli che si muovono sempre; quelli che ogni tanto si fermano; quelli che si muovono solo ogni tanto; quelli che non si muovono affatto. Quelli che non si muovono affatto sono chiamati i vinti: saranno solo cinque. Gli altri sono i cercatori, che si dividono quindi in tre categorie: venti sono sedentari; sessanta ogni tanto si fermano; centoventi non si fermano mai. Nessuno è immobilizzato da una catena al collo: questa idea schiavista è una proiezione dello spirito dell'autore. Alla ripartizione strutturale ne corrisponde un'altra, di tipo funzionale. La superficie è divisa in tre zone. Lungo il muro, su una larghezza di un metro, si trovano gli scalatori. Più vicino al centro c'è la seconda zona, quella di coloro che aspettano, pronti a prendere il posto degli scalatori quando uno di questi abbandona. E poi c'è il cerchio centrale, in cui si trovano tutti gli altri.

La luce della caverna proviene dall'alto; ma come vi si sale? Nel cilindro vengono disposte delle scale: una decina in tutto e non in buono stato. Con l'aiuto delle scale si raggiungono delle nicchie nei muri, una ventina, «disposte a quinconce irregolari sapientemente costruite su assi asimmetrici», che è consentito esplorare. Alcune di esse terminano molto presto, sono delle semplici nicchie. Altre comunicano tra loro, collegate tramite gallerie. Ne esistono che conducono all'esterno? Ecco ciò che non si sa con certezza e che motiva gli sforzi di cercatori, scalatori, scrutatori o semplici camminatori. Il passaggio da un gruppo all'altro è controllato da alcune regole precise, alle quali ci si sottomette, il più delle volte, di buon grado; inoltre, esiste «uno spirito di tolleranza che tempera la disciplina nel cilindro».

Anche sul piano morale, il cilindro è un'immagine fedele del mondo. I suoi abitanti hanno dei diritti e dei doveri. Conoscono bene l'antico principio della reciprocità: «Una certa morale impone di non fare soffrire gli altri per non essere fatti soffrire». Il mondo esterno conosce altrettanto bene il determinismo quanto la libertà? Varrà anche qui lo stesso principio: nel cilindro regna un'armonia «tra ordine e tolleranza». Alcuni passaggi da un gruppo all'altro sono obbligati, altri opzionali. O ancora, si sceglie liberamente di aggregarsi a un determinato gruppo; ma, una volta deciso, si è obbligati a seguirlo fino alla fine.

Fermiamoci qui. Se tutte queste differenze rispetto alla versione platonica del mito potevano essere considerate delle correzioni o degli aggiornamenti, è tempo di dire che il significato del mito non è lo stesso in Platone e in Beckett. La differenza essenziale è che si può lasciare la caverna, non il cilindro. In circostanze certo eccezionali si può uscire dal regno delle ombre e guardare il sole, che esiste; da qualche parte la luce esiste e i migliori riescono ad arrivarci. Gli abitanti del cilindro, anch'essi, aspirano a uscirne. Alcuni pensano che una delle gallerie potrebbe condurre all'esterno. Altri, senza dubbio avendo esplorato tutte le gallerie e constatato che sono sempre dei vicoli ciechi, immaginano che esista un'apertura a metà del soffitto: ma è un luogo inaccessibile alle scale. Tutto è detto fin dall'inizio, questo spazio è «abbastanza ampio da permettere di cercare invano» e «abbastanza angusto da rendere vana ogni fuga»: l'elemento in comune è la vanità degli sforzi. Se si continua a cercare, non avviene per lucida speranza, ma per un «bisogno di salire» che è fine a sé stesso. Bisogna dunque anche ammettere che «la parola luce è impropria»; si tratta piuttosto di una «illuminazione che oscura, ma offusca per giunta».

Il racconto di Platone poteva ricominciare eternamente: sempre vi sono stati uomini prigionieri in fondo alla caverna, sempre vi sono stati tentativi di guardare il Sole piuttosto che le ombre. Il mito di Beckett, invece, è sottomesso al tempo: anche se molti gesti si ripetono, vi è stato un inizio e vi sarà una fine. Il deterioramento è impercettibile: «È come se da un gran mucchio di sabbia riparato dal vento un anno ogni due si togliessero tre granelli e l'anno dopo se ne aggiungessero due»; comunque esiste. Il passaggio dalla categoria dei cercatori a quella dei vinti conosce delle tregue o anche delle inversioni momentanee; tuttavia continua, inesorabilmente. Di modo che, anche se il momento attuale dura a lungo, anche se la fine non è imminente, un giorno arriverà. Gli uni dopo gli altri, i cercatori s'immobilizzano nella posizione dei vinti. La temperatura arriva allo zero, la luce si riduce al nulla.

Il mondo, a prima vista, sembra dunque molto più disperato di quello di Platone. Là si viveva in fondo a una caverna, incatenati; ma si poteva sognare di salire verso la luce che, invece, restava immutabile. Qui la caverna è sostituita da un cilindro di gomma, che in sé non è poi un gran male; lo è, in compenso, il fatto che le speranze di uscirne sono vane, dato che non esiste via d'uscita e alla fine ci attende l'estinzione generale. Non esiste maggiore speranza, del resto, se si osserva l'intimo di ciascuno: «Nessuno guarda dentro di sé, dove non può esserci nessuno». Se si continua a cercare, non è certo perché ci sia qualcosa da trovare, ma perché siamo mossi da un istinto cieco, dal puro bisogno di salire. «Di qualunque cosa si tratti, non è questo che cercano.» Il mondo è disperato e, come se non bastasse, assurdo.

È tutta qui la storia? Nella caverna era possibile identificare numerosi gruppi di uomini: i prigionieri; quelli che marciano lungo il muro che separa la caverna e l'esterno; infine quelli che vengono a liberare i prigionieri e a tirarli fuori. Nel cilindro, anche se esistono delle suddivisioni, alla fine vanno tutti incontro alla medesima sorte: lo sfinimento.

Eppure no, qualcuno deve essere rimasto fuori dal cilindro. Di tanto in tanto se ne sente parlare. Per esempio, le nicchie formano una sapiente armonia, ma soltanto allo sguardo di colui che ne possiede un'immagine mentale perfetta; ora, non è così per alcuno degli arrampicatori. Chi ne gode allora? Se qualcuno conosce la storia fino alla fine, significa che è diverso dagli abitanti del cilindro: «Lungi dal poter immaginare il loro stato finale in cui ogni corpo sarà fisso e ogni occhio vuoto essi lo raggiungeranno a loro insaputa e diventeranno così senza saperlo»; questo qualcuno esiste, perché ci viene detto così all'inizio del libro. Colui che utilizza il futuro non è all'interno di questo mondo. O ancora: ci viene detto che la cecità minaccia l'intera popolazione. Ma arriva così lentamente che «gli stessi interessati non possono accorgersene»; chi la percepisce, allora? Ancora: il «Nord» di questo universo circolare è rappresentato da una persona vinta, *la* vinta, immobile da sempre. Ciascuno, dunque, si pone rispetto a lei, «senza naturalmente chiamarla così né pensare a lei in questi termini»; ma allora chi la chiama «la vinta»?

Qualcuno percepisce il mondo del cilindro assai meglio dei suoi abitanti e la sa molto lunga. Del resto, non è necessariamente solo. Ora viene immaginato un «visitatore» impersonale che osserverebbe lo stato dei luoghi, ora ci viene precisato: «il tutto adeguatamente illuminato e visto dall'alto darebbe a tratti l'impressione di... »; un altro potrebbe dunque unirsi al narratore. Non è necessariamente quest'ultimo ad affermare, un po' più avanti: «l'intelligenza sarebbe tentata di vedere...» «L'intelligenza» è piuttosto vago, ma sicuramente non è un abitante del cilindro; quanto al narratore, perché ricorrerebbe a simili espressioni, se parlasse di sé? O: «Inutile cercar d'immaginare la confusione che deriverebbe dalla mancanza di una siffatta regola». Ma chi potrebbe avere un desiderio simile? Un lettore, forse?

Un lettore e un narratore-scrittore, come minimo, sfuggono al destino del cilindro. Infatti, oltre allo scrittore, chi arricchisce il racconto di osservazioni del tipo «Eccone una prima descrizione sommaria», «ciò non è proprio esatto», «se ci si attiene a quel concetto», «senza che sia utile scendere nei dettagli»? Chi si preoccupa delle associazioni che può provocare l'una o l'altra parola? Chi si riferisce a Dante per descrivere un atteggiamento, chi si esprime in questo modo: «un passaggio segreto che conduce a naturali asili come dice il poeta» (l'*Inferno* di Dante è un altro possibile prototipo del cilindro)? Il narratore, dunque, non si limita a descrivere un mondo oggettivo, nemmeno a trascrivere la visione che ne avrebbero i suoi personaggi; ricorda, discretamente ma con fermezza, l'esistenza del mondo che gli appartiene, condiviso eventualmente da uno o più lettori e che è anche un mondo diverso.

Tra questi due mondi, infatti, la discontinuità è totale. All'interno si agitano duecento «corpi», impegnati in una ricerca sfiancante e assurda. All'esterno uno spirito superiore immagina e descrive questa situazione, condividendo le proprie riflessioni con alcuni lettori scelti. Questi eletti sono vicini all'Olimpo: per cogliere ciò che gli abitanti del cilindro ignorano «bisogna essere a parte dei segreti divini» e in ogni modo non è possibile confondere i corpi che «vanno alla ricerca ciascuno del proprio spopolatore» con «l'essere pensante che si chinasse a osservare freddamente l'evidenza di tutti questi fatti». La situazione tanto del narratore quanto del lettore sembra molto meno disperata di quella dei personaggi.

Ora, quest'altro mondo, in cui la speranza è possibile, non riceve alcuna attenzione. «Non è stato detto tutto né lo sarà mai»: certo; ma ciò che è stato detto non riguarda altrettanto l'interno e l'esterno del cilindro. Tutta l'attenzione si concentra sulla vita all'interno: «Solo il cilindro promette certezze e fuori di esso soltanto mistero». Quale? È difficile immaginarlo. Fatto sta che la speranza degli uni non ha rapporto con quella degli altri. Non è che la solidarietà regni in seno a ciascuno di questi mondi: di quello del narratore ignoriamo tutto (a parte il fatto che esiste e che il narratore non ci nasconde di conoscere questa esistenza), in quello dei personaggi la solidarietà è molto rara. Un cercatore ha il diritto di guardare chi vuole, senza chiedergli la sua opinione; ma l'amore non c'è più e gli sposi si riconoscono a mala pena. «Un attimo di fraternità» permetterebbe ai cercatori di raggiungere l'agognato centro del soffitto; tuttavia, questo momento non giungerà mai: tra loro non sono più fraterni delle farfalle. E il «principio fondamentale» di ogni tentativo di uscire con l'aiuto delle scale «vieta di salire in molti». Ma se qui la solidarietà è tragicamente assente, tra abitanti del cilindro e osservatori esterni è del tutto impensabile.

È a questo punto che ci si può chiedere se *Lo spopolatore* dica il vero. Un autore può anche essere disgustato dalla filosofia, dalla morale o dalla «scienza», comunque cerca di comunicarci la verità del mondo – anche quando non aspira a competere con la *Repubblica* di Platone. Ora, là dove *Lo spopolatore* non dice più il vero – ed è paradossalmente lui stesso a informarci di questo – è nella soluzione di continuità tra i personaggi-oggetti e lo scrittore-soggetto. Il cilindro è un'immagine del mondo; ora, nel cilindro non sarebbe stato possibile scrivere *Lo spopolatore*. Tuttavia, è stato scritto; perciò questa immagine non è proprio esatta. Quel che manca è il posto per uno scrittore che possa scrivere *Lo spopolatore* e per uno (mille) lettore (lettori) capace (capaci) di leggerlo e comprenderlo. Nella caverna di Platone è possibile immaginare la stesura della *Repubblica*: sarebbe opera di uno di quelli che hanno visto la luce e sono ridiscesi per liberare gli altri umani; il dialogo intitolato *La Repubblica* rappresenta questa stessa discesa. Il modello del mondo proposto da Platone forse non è il migliore in assoluto; ma è privo di contraddizione interna, perché dentro di sé trova un posto per la propria esistenza.

Che cosa accadrebbe del cilindro se fosse stato possibile scrivervi *Lo spopolatore*? Significherebbe che non solo l'autore è come i propri personaggi (cosa che, nella sua modestia, sarebbe disposto a riconoscere), ma che i personaggi, o alcuni di essi, sono come l'autore. Non vi sono da un lato i corpi, dall'altro le menti che li analizzano: tutti partecipano delle due forme. Ed esisterebbe almeno una via d'uscita dal cilindro: quella che consiste nel produrne una rappresentazione artistica, nel divenire l'essere pensante che esamina i fatti della vita. Ora, chi produce un'opera d'arte non può essere del tutto insensibile alla comunicazione tra umani e dunque alla solidarietà umana, perché l'opera si rivolge sempre a qualcuno (un lettore aveva infatti accompagnato il narratore). I momenti di solidarietà e le azioni comuni non ne sono esclusi.

L'autore dello *Spopolatore* non ignorava quella speranza, perché è stato lui a condurci alla sua scoperta; ma è come se l'avesse fatto malgrado sé stesso. Se ha lasciato entrare la speranza nel libro, le ha vietato l'accesso al cilindro. Di conseguenza, l'esistenza stessa del testo ci trasmette un messaggio molto più incoraggiante del contenuto delle sue pagine. La vita nel cilindro apparirebbe meno disperante ai nostri occhi se sapessimo che un giorno potremmo incontrarvi

Beckett. Ma egli non osa parlarci di sé: è qui la non verità e da qui proviene l'illusione dell'assurdo.

L'uomo

«Sono nato con una predisposizione per la solitudine, accentuatasi via via che ho conosciuto meglio gli uomini. Mi ritrovo più a mio agio con gli esseri chimerici che raduno intorno a me piuttosto che con quanto vedo nel mondo.» Con queste parole Rousseau, nella prima delle sue lettere a Malesherbes,[3] annuncia il progetto che segnerà in maniera decisiva tutta la scrittura moderna: disinteressarsi del mondo per dedicarsi a sé stessi, perché gli esseri immaginari e le chimere occupano in modo lusinghiero il posto degli uomini reali.

Non è forse un progetto troppo ambizioso, riservato alle sole persone dotate di una fertile immaginazione, ai grandi scrittori? Siamo tutti all'altezza di produrre una compagnia chimerica capace di compensare l'assenza di esseri reali? Per dimostrare che è possibile, Samuel Beckett ha scritto *Compagnia.*[4]

Non v'è alcun bisogno di essere trasportati dal delirio poetico. Per cominciare basta compiere l'atto più semplice che esista e che s'impone appena si è soli: rivolgersi la parola. Che cosa accade in quel momento? Invece di essere soli, ci troviamo in due: da un lato, la voce che mi rivolge la parola e, dall'altro, l'ascoltatore che la percepisce. «Una voce arriva a qualcuno nel buio.» La voce è sola a parlare, ma la presenza dell'ascoltatore è altrettanto indispensabile: questo *tu* deve indicare che ha udito la parola a lui rivolta. È questo che permette di creare la compagnia.

I due non restano soli a lungo. Sono raggiunti da un terzo, che è l'inventore della voce e dell'ascoltatore e dell'intera situazione. La voce dice «tu» rivolgendosi all'ascoltatore. L'inventore, invece, dice «egli» o «ella», parla di una voce e di un ascoltatore. Per esempio, la voce dice: «Tu sei riverso nel buio», mentre l'inventore si esprime così: «Ha penetrato lentamente il silenzio e il buio e giace laggiù [...]. Fino a che un giorno la voce».

Tuttavia, così facendo confondiamo troppe cose sotto lo stesso nome. Infatti, colui che immagina la voce e l'ascoltatore è lui stesso. Ora, qualcuno ha dovuto immaginare l'insieme di questi ruoli: dunque è «l'inventore della voce e dell'ascoltatore e di sé stesso». Quest'ultimo è a sua volta un'idea dell'inventore, destinata a tenergli compagnia. E così siamo in quattro.

Basta questo a rendere conto di una situazione verbale delle più semplici? Forse non è così. Facciamo un esempio. «Oh visioni nel buio di luce! Chi grida così? Chi chiede chi grida, Oh visioni nel buio senza ombra di luce e ombra!» Supponiamo, anche se la cosa non è evidente, che sia la voce a gridare. In quel momento, forse può essere lui stesso a chiedersi, Chi grida? E l'inventore a chiedersi, Chi si chiede? Va bene. Un altro esempio. Qualcuno osserva: «Ancora un altro ancora? Che inventa tutto questo per compagnia». Segue il commento: «Poiché perché o? Perché in un altro buio o nello stesso? E di chi la voce che lo chiede? Chi chiede, Di chi la voce che lo chiede?» La prima osservazione, questa volta è chiaro, non può essere formulata dalla voce, perché, come l'ascoltatore, ne è l'oggetto. Supponiamo che questa osservazione provenga da lui stesso. Allora, è l'inventore a porre la domanda: chi lo chiede (risposta: lui stesso). Ma è solo un altro che può ancora continuare dicendo: E chi chiede, chi lo chiede? Chiamiamo questa nuova persona, provvisoriamente, lo scrittore. E così sono in cinque a discutere. Rousseau non doveva nutrire dubbi che in tal modo fosse facile avvicinare a noi degli esseri chimerici.

Non c'è alcun motivo, evidentemente, di fermarci mentre siamo sulla buona strada. Infatti, indipendentemente dal numero degli interlocutori identificati, si può sempre porre una nuova domanda: «Chi chiede alla fine, Chi chiede?» E salta fuori una nuova persona. È questa la logica del linguaggio: chi parla non può dirsi. Tutto ciò che può fare è far apparire un simulacro, eventualmente chiamato «io», ma che a sua volta sarà sempre stato enunciato da qualcun altro, innominabile. Sono una folla, ma chi parla non è tra loro.

Si possono immaginare altre moltiplicazioni. Infatti, è lecito chiedersi se uno di questi personaggi non sia qualcun altro; lo faceva già il sé, subito. E poi, nell'ascoltatore, che dunque è un *tu*, bisognerebbe distinguere tra quello a cui ci si rivolge e quello di cui si parla: ogni *tu* cumula i due ruoli. «Se la voce non sta parlando a lui, allora sta necessariamente parlando a un altro.» Ma di che cosa gli parla? «A un altro di quell'altro o di lui o di un altro ancora.» Se si pensa che parli a un altro, si può allora immaginare anche un terzo di cui parli. Ciò crea una quantità di nuove possibilità. Ma non è detto che il risultato sia poi così interessante. Intanto perché l'utilizzo della seconda persona assicura l'identità di quello a cui si parla e di quello di cui si parla. In secondo luogo perché quest'altro, il primo per così dire, sarebbe altrettanto un ascoltatore, che è già distinto da lui stesso. Tutta questa complicazione alla fin fine non arricchisce la compagnia.

Altri elementi potrebbero farlo, comunque: non più nuovi ruoli, ma oggetti o atteggiamenti che si aggiungono al contesto in cui si svolge questo dramma della parola. Bisognerebbe pensare al luogo. Un cilindro di gomma? No, piuttosto un edificio circolare, in basalto nero. Immaginare la postura di ciascuno dei partecipanti: disteso, seduto, in piedi? Disteso. Supino, prono, sul fianco? L'ascoltatore, lui, è supino, perché la voce glielo dice: nudo, le gambe unite, i piedi aperti a novanta gradi. L'inventore, invece, potrebbe essere sdraiato sul ventre, o perfino strisciare. A questo punto si potrebbe immaginare che l'ascoltatore lo senta: «Come aumenterebbe la compagnia se solo potesse sentire lo strisciare» o ancora, immaginare degli incontri minimali: con un ratto morto? Con una «mosca viva che lo scambia per morto»? Meglio di no, si potrebbero risvegliare brutti ricordi.

E così eccolo circondato da esseri chimerici. Ottiene per questo il proprio tornaconto? È lecito dubitarne. Questi personaggi, questo contesto non hanno alcunché di affascinante; alla fine, in nessun momento ha dimenticato che erano tutti di sua invenzione e questo limita fortemente la loro efficacia. «Creandosi delle chimere per temperare il proprio niente», «nello stesso buio chimerico delle altre chimere». «Così rannicchiato ti scopri a immaginare che non sei solo mentre sai fin troppo bene che niente è accaduto per renderlo possibile. Il processo continua tuttavia avvolto nella sua insignificanza.» In tal caso, vale la pena di continuare, visto che le sue immagini non hanno nulla di sereno? È una sensazione che egli sperimenta sovente: rimpianto «di averle suscitate e problema di come dissolverle». «Perché non limitarsi a giacere nel buio con gli occhi chiusi e finirla?» È proprio così che termina questa favola: tutto sommato, meglio restare come prima del suo inizio. «Solo.»

Il progetto di Rousseau, in questo caso, non ha avuto dei risultati felici. Ma può ancora essere considerato il progetto di Rousseau? Quest'ultimo voleva sostituire il mondo con il proprio *io*, sceglieva d'ignorare la compagnia degli uomini-oggetti per bearsi nella visione dell'unico soggetto: lui stesso. L'autore di *Compagnia*, invece, non permette mai all'*io* di manifestarsi. I ruoli che suscita non sono per lui; preferisce addirittura identificarli con dei nomi impersonali, per allontanarli ulteriormente. L'ascoltatore potrebbe chiamarsi H, o almeno M; W sarebbe adatto a lui stesso. Ma anche quei personaggi faticano molto a dire «io». La voce, per esempio, non lo fa mai; si limita a indurre l'ascoltatore a farlo. «Come aumenterebbe la compagnia! Una voce in prima persona singolare. Che mormora di quando in quando, Sì, ricordo.» Ma l'ascoltatore non si decide, nemmeno lui.

Ancor meno l'inventore, per non parlare poi dello scrittore, o di una di quelle persone al di là di lui, che si avvicinano sempre più all'autore di *Compagnia*, anche se non hanno alcuna speranza di toccarlo. Infatti, quest'ultimo teme ogni tentazione di tal genere e, tutte le volte che spunta il pericolo all'orizzonte, si richiama all'ordine: si dice, silenzio! «Inventando tutto questo se stesso compreso per compagnia. Lascia perdere.» «Ancora un altro, allora. Di cui niente [...]. Lascialo subito. Pausa e di nuovo in preda al panico a se stesso, Lascialo subito.» «Ancora un altro ancora? Che inventa tutto questo per compagnia. Lascia perdere.» Di quest'altro ancora, al di là di tutte le figure alle quali si è pensato, non bisogna in alcun caso occuparsi. «Che mai si troverà, in nessun luogo. Che mai si cercherà, in nessun luogo. L'impensabile ultimo di tutti. Innominabile. L'ultima persona. Io. Lascialo subito.»

La rappresentazione del soggetto enunciante qui viene avvicinata più che nello *Spopolatore*; tuttavia, è colpita dallo stesso divieto: Io. Lascialo subito. «Non lo può. Non lo farà.» Non un «io» qualunque, ben inteso: dire «io» per gioco è facile; l'«io» impossibile è quello che comunica con il soggetto enunciante. E, di nuovo, esiste un netto contrasto tra la disperazione di colui che il libro descrive, condannato, come tanti eroi di Beckett, all'attività minima, strisciare o giacere, aprire e chiudere gli occhi nel buio, non avventurarsi a incrociare i piedi o a sollevare la mano; e l'euforia di chi scrive il libro, che nel frattempo produce cento pagine di prosa superba (anche lui ha letto Dante, del resto). Tra la fatalità che regna nel mondo rappresentato e che rende insignificante ogni iniziativa, da un lato, e, dall'altro, l'atto di libertà e di coraggio che consiste nello scrivere un libro. Tra il mondo puramente oggettivo all'esterno, che descrivono così bene le onnipresenti frasi nominali e la soggettività di colui che compone il tutto. Tra la solitudine di chi giace e la comunione di Beckett con i lettori. Lettori che, contrariamente all'ascoltatore, accetterebbero di dire «io» a loro volta.

Tuttavia, colui che abbiamo chiamato «lo scrittore» non si è limitato a immaginare la compagnia; ha anche scritto un libro, *Compagnia*. Bene, egli non dice mai «io». Non dice nemmeno, facendo eco alla voce: adesso sei seduto nella tua poltrona, apri il libro che hai comprato, ne leggi la prima frase. È una cosa inconcepibile: è un mondo abitato solo da oggetti, i soggetti sono innominabili. Il fatto è che il libro esiste e anche il lettore; ciò implica, come per l'ascoltatore, che comprenda la lingua nella quale gli viene rivolta la parola: «Perché se fosse solo che lui ascolta la voce e la voce non avesse su di lui più effetto di una parola bantù o gaelica allora non potrebbe smettere?». Il che, a sua volta, significa che esiste una comunità, un mondo umano al di là della solitudine. La voce dice all'ascoltatore (ma anche all'inventore e allo scrittore): «il pronome di prima persona e a fortiori plurale non è mai esistito nel tuo vocabolario». È l'impossibilità di ammettere l'*io* a togliere ogni speranza di veder emergere il *noi*: anche qui, nessun momento di solidarietà, nessuna azione comune.

C'è qualcosa di tragico in questo rifiuto di Beckett di dire la speranza, facendocela immaginare – in mancanza di informazioni. Il mondo che egli descrive è disperato, certamente, ma lo è diventato perché lui stesso se ne è tenuto accuratamente all'esterno. Osservatore innominabile nello *Spopolatore*, *io* vietato in *Compagnia*, sappiamo tuttavia che esiste ed è ben diverso da ciò che egli descrive. La speranza non è nemmeno, come credevano i discepoli di Rousseau, nell'asimmetria inversa, quando l'*io* non lascia più posto al mondo esterno. Essa è dovuta piuttosto al fatto che non esiste rottura radicale tra gli altri e *io*, come ci suggerisce già la lingua in comune. Io sono solo un soggetto, ma gli altri non sono puri oggetti, ecco perché possiamo dire: noi. Un mondo spogliato della propria dimensione interumana senza dubbio è assurdo; ma un mondo senza il legame interumano non è più il mondo che conosciamo.

È vero che il linguaggio sembra condannarci a questo: si possono dire solo gli altri, chi parla è innominabile. Ma il linguaggio che crea la difficoltà ci offre anche dei mezzi per aggirarla; e Beckett li conosce molto bene. Dato che posso dire gli altri, se dimostro che *io* non è poi così diverso da loro, avrei detto anche me. Se lo scrittore ammette la propria vicinanza con l'inventore, se il lettore può riconoscersi nell'ascoltatore, attraverso gli uni saranno stati rappresentati anche gli altri.

Se gli altri sono come me (dei soggetti e non soltanto degli oggetti), io stesso sono come loro: un oggetto tra gli altri. Non posso esteriorizzare l'essere che parla; ma posso farlo per quello che ero un istante o cinquant'anni fa e riconoscendo che è sempre della stessa persona che si tratta: il mio passato è al tempo stesso altrui e mio. Se si è sposata l'ottica degli autobiografi, raccontare il proprio passato non è così difficile: l'*io* esiste prima di tutto e ciò che lo concerne merita di essere tradotto in parole. Ma se, come Beckett, si parte dal mondo oggettivo, la descrizione di sé diventa un atto di grande coraggio, perché così facendo ci s'introduce in questo mondo oggettivo, si accetta di condividere la vulnerabilità degli altri, abbandonandosi senza difese allo sguardo di quelli che non sono rappresentati: i lettori silenziosi.

Compagnia riferisce una dozzina di ricordi. Non sono molto allegri. Il più vecchio, ricordo di ricordo, racconta la nascita del soggetto: il padre fugge, in attesa che finalmente si concluda il travaglio della madre. Poi appaiono i genitori, ma «nessuna traccia di amore». Il padre aspetta che il bambino salti accanto a lui, nell'acqua; si diverte sentendolo imitare il suo risolino. La madre è irritata dalla domande assurde e dai comportamenti capricciosi del figlio. Una vecchia mendicante si getta dalla finestra del primo piano e annaspa cercando di entrare; un porcospino incrocia il suo cammino e sembra tremare di freddo. Il bambino ha pietà di entrambi, ma i risultati dei suoi interventi non sono all'altezza delle sue attese. Giovanotto, si vede solo davanti al mare, solo in montagna. Appare una giovane donna, ma non si scambiano alcuna parola. Poi sono delle immagini sempre più vicine alla prostrazione attuale: l'avanzare diventa difficile, poi è la prigionia. Nessuna vera gioia, dunque, e tuttavia questi ricordi, stranamente, sono portatori di speranza: infatti, gettano un ponte tra la miseria del mondo esterno e la qualità di quello interno. Essi umanizzano il mondo, che cessa in tal modo di essere assurdo.

Esistono anche delle modalità di discorso che, più di altre, implicano la partecipazione e la solidarietà degli interlocutori, come l'umorismo. Ora, questo non è mai assente dalle pagine di Beckett. Nasce dalle circostanze più impensabili: dai termini dotti, perché applicati a situazioni banali; dalle anafore (i primi, gli ultimi, questi, quelli) esagerate; dagli stereotipi puntigliosi; dalla giustapposizione di stereotipi al significato letterario antitetico («l'atto di giacere l'ha interrotto»); ma soprattutto dalla tendenza pronunciata per l'arte combinatoria. *Compagnia*, come altri libri di Beckett, è raccontato da qualcuno che sa di avere «una fantasia guidata dalla ragione» e che si dice: «Semplici somme in cui trovi conforto nelle ore dell'ansia. Un porto». Più ancora, ama enumerare tutti i casi possibili che risultano da una combinazione e ciò che dovrebbe apparire fastidioso suscita il sorriso: «Speranza e disperazione e simili sentite appena». «Ma una volta caduto e con la faccia a terra non c'è ragione per cui non dovrebbe girarsi su uno dei lati o solo sul dorso.»

Per quale motivo frasi simili sono motivo di speranza? Esse descrivono la prostrazione e il nulla. Ma con la loro forma – «guidata dalla ragione» – introducono una distanza tra l'esperienza evocata e chi la riferisce; creano uno spazio in cui noi, lettori, possiamo inserirci; un porto di serenità in cui possiamo ancora sorridere, *insieme*, davanti alla situazione disperata.

Il mondo di Beckett non è disperato. Dobbiamo riconoscere che si tratta di un mondo privo di illusioni e di compiacenza. Per questo motivo, trovare in esso la speranza è più prezioso che se la individuassimo in un entusiasta ingenuo, dove abbonderebbe. Bisogna riconoscere che esiste, anche se un immenso pudore impedisce che venga chiamata per nome. È nella perfezione dell'opera d'arte, nel ricordo a mala pena confessato, nel sorriso condiviso. Questo vecchio binomio. Il pudore rende il quadro un po' meno vero di quanto non dovrebbe essere; ma il suo pittore, tanto più accattivante.

In un altro scritto («Di un'opera abbandonata», in *Testemorte*)[5] Beckett dice: «Mai amato nessuno a mio avviso, me ne ricorderei». Il contenuto della frase è cupo, ma il suo tono è come un ammiccamento: non posso dirvelo apertamente e del resto non amo i grandi discorsi; ma in fondo, lo sapete, nonostante tutto vi amo.

CONCLUSIONE

Amare Goethe?

Non è sempre facile amare Goethe. A tale constatazione forse dovrei aggiungere, per renderla meno generale e al tempo stesso più esatta: «oggi», o «se non si è cresciuti nella cultura germanica», oppure, più modestamente: così è stato per me, quando ho cominciato a leggerlo. Tuttavia, non credo che la mia prima reazione sia stata così eccezionale e chi oggi affronti con qualunque scopo l'opera di Goethe deve affrontare un problema di mancanza di simpatia immediata. Senza dubbio la simpatia implica una consapevolezza della vulnerabilità dell'altro, ma è difficile provarla nei confronti di Goethe: la sua personalità, la sua vita, la sua opera sono troppo levigate, troppo perfette perché sia facile trovarle accattivanti.

Di conseguenza, si è sensibili ai suoi difetti – che sono poi gli eccessi delle sue virtù. È talmente nota la saggezza di Goethe che si finisce per trovare un po' banali i suoi precetti reiterati: l'uomo deve restare fedele alla propria natura, il poeta esprimere solo ciò che è vivo, l'arte deve essere vicina alla natura, il progresso e la luce sono meglio delle tenebre... Già i contemporanei, e a maggior ragione i lettori delle epoche posteriori, hanno percepito anche un certo «egoismo» in Goethe, la consapevolezza del suo valore, la sua insensibilità ai bisogni degli altri, la sua tendenza ad accumulare beni. Proviamo un certo disagio nel sapere che ha tentato di sottrarre alla figlia un autografo di Byron!

Lo stesso accade per le reazioni che ha di fronte al dolore: alla morte del figlio minore decide di «irrigidirsi, ricorrendo ai mezzi offerti dalla cultura dello spirito». Alla morte del primogenito, trent'anni più tardi, si mostra altrettanto rigido, a sentire il suo fedele compagno Eckermann: «Stava dritto e immobile e mi abbracciò stretto. Trovai in lui una serenità e una calma perfette. Ci sedemmo e parlammo subito di cose concrete [...]; del figlio non una parola». Alla morte della gran duchessa, amica molto vicina a Goethe, tutti temono per lui; ma vuol dire non conoscerlo: «Era seduto davanti a noi, come un essere di una natura superiore che le sofferenze della terra non toccano».[1] Superiore o inferiore non ne siamo più così certi, ma sicuramente una natura diversa da quella comune e da quella che si lascia amare. Egli sembra essere attaccato al *Faust* più che al proprio figlio; l'umanità (i lettori a venire) sicuramente trova in lui il proprio tornaconto, ma gli uomini che lo circondavano?

Un altro problema nasce quando si cerca di conoscere le idee di Goethe, perché non è un pensatore sistematico e non è certo fatto per la teoria. Bisogna dire che siamo inconsciamente tentati di paragonarlo ai grandi filosofi della sua epoca; e che epoca! Goethe ha avuto la fortuna (o la sfortuna) di vivere proprio nel momento del maggiore sviluppo del pensiero filosofico moderno, quello che va da Kant a Hegel, passando per Fichte, Schelling e Solger; sono tutti autori che producono grandi edifici teorici. Anche gli scrittori dell'epoca, Herder, Schiller, Hölderlin, Friedrich Schlegel, Novalis, nutrono una passione per l'astrazione molto più accentuata di quella di Goethe, elaborano dei sistemi audaci, padroneggiano con grande maestria la formula folgorante e il paradosso rivelatore. Accanto a loro, Goethe fa una magra figura con i suoi innumerevoli resoconti delle opere degli altri, le sue reazioni puntuali – e, peggio, «moderate»! – agli eventi artistici del tempo e le sue riflessioni caotiche, quando francamente non contraddittorie.

Viene da chiedersi se dobbiamo ancora cercare la coerenza di un pensiero quando si vede Goethe formulare un giudizio come questo sull'estetica: «Parlammo poi degli estetici che si danno tanta pena per esprimere l'essenza della poesia e del poeta usando definizioni astratte, senza giungere a risultati chiari. Che cosa c'è mai da definire», dice Goethe. «Il senso vivo delle situazioni e la capacità di esprimerlo, ecco il poeta.»[2] Ci siamo! Kant, Schelling e Hegel si sono dati da fare inutilmente; era una questione molto semplice, ma non se ne sono accorti: un senso, una capacità e il gioco è fatto. Forse è perfino troppo semplice.

In ogni caso a Goethe occorre riconoscere il merito di essersi reso conto della propria posizione singolare. Non solo perché, specialmente in gioventù, egli dichiara che l'arte è per principio irriducibile alle teorie; nemmeno perché, in maniera ancora più significativa, evita di lasciarsi chiudere in un qualunque sistema dogmatico, che egli vuole sempre giudicare poco per volta, in funzione delle circostanze del momento (la sua vita pullula di esempi di giudizi disparati): «Per quanto mi riguarda, almeno, il mio giudizio varia continuamente a seconda della mia disposizione personale». No, in Goethe esiste un rifiuto più radicale della «filosofia» («non avevo alcun organo per la filosofia in senso stretto», aggiunge).[3]

Schiller riceve *Gli anni dell'apprendistato di Wilhelm Meister* e, pur manifestando la propria ammirazione, crede di aver individuato un punto debole: «Parliamo seriamente: com'è possibile che abbiate potuto educare un uomo e condurlo fino al termine della sua formazione, senza esservi mai scontrato con bisogni ai quali la filosofia sola è capace di dare risposta?». Egli si guarda bene dal considerare Goethe un filosofo, ma questo suo atteggiamento assume il tono di una negazione: «Forse potete pensare che io ricorra bonariamente a un mezzo tortuoso per esortarvi artificiosamente alla filosofia, ma vi assicuro che...». Goethe, che a quest'epoca prova comunque molta simpatia per le idee di

Schiller, non cambia opinione: «La diversità delle nostre nature ha questa fatale conseguenza che, qualunque cosa io faccia, non potrò mai dare piena soddisfazione alle esigenze che a voi sembrano imperiose». La diversità delle nature umane viene richiamata anche in un'altra occasione. A Schiller, che a proposito del suo *Faust* gli aveva scritto che «viene necessariamente richiesto che sia filosofico oltre che poetico», Goethe risponde subito: «È poco probabile che siamo portati, voi o io, a modificare il nostro modo di concepire quest'opera».[4]

L'interesse provato dai suoi amici per la speculazione filosofica gli sembra perfino una malattia supplementare. Vent'anni dopo la morte di Schiller, non gli perdona ancora la sua propensione per l'astrazione e non si stanca di condannare questo «sfortunato periodo di speculazioni». Ha un certo debole per Schelling e la sua dottrina, ma non può davvero accettare un essere che si propone di dedurre *a priori* i diversi generi artistici: preferisce non frequentarlo, perché «in me la filosofia è nefasta alla poesia».[5]

Quando eccezionalmente i suoi amici riescono a imporgli un lavoro «teorico», non tarda molto a liquidarlo, senza il minimo rimpianto. «Le considerazioni teoriche non basteranno a soddisfarmi per molto», scrive, «è tempo di tornare al lavoro»: la teoria, perciò, non appartiene al «lavoro». O in un'altra occasione: «Ciascuna delle mie riflessioni mi conferma nella risoluzione che ho preso: orientare il mio pensiero soltanto verso opere originali, di qualunque natura esse siano, verso la loro produzione e dire addio a ogni manifestazione teorica». «Di qualunque natura esse siano», eccetto una: quella teorica. Se Goethe mette mano a opere teoriche e discorsive, lo fa con un solo scopo: aiutare gli artisti nella loro pratica. «Bisogna concepire ogni cosa in maniera pratica.» A che vale un trattato di estetica se non aiuta il pittore a dipingere un quadro più bello? Se Goethe stesso collabora a una rivista, lo fa perché «in primo luogo il nostro intento è di formare dei buoni artisti».[6]

Malgrado le relazioni amicali che intrattiene con numerosi filosofi, non ha una particolare propensione per leggere le loro opere. O, se lo fa, deve farlo in condizioni particolari, che gli permettano di compensare l'aridità dei testi. Per esempio con Kant: «L'ho letto mentre i bambini giocavano intorno a me ed è anche un utile stimolo perché, tenuto conto dei vertici della ragion pura, tutta la vita sembra una malattia vergognosa e il mondo una casa di matti». Anche se in qualche occasione ammira la critica della ragione di Kant, egli accarezza il progetto di una «critica dei sensi», che contribuirebbe al progresso delle arti; in realtà, i suoi sforzi in tale direzione si spendono a un livello del tutto differente: per esempio tenterà di far pervenire in Germania copie delle grandi opere antiche o italiane. Ogni progresso distinto di teoria e di pratica, dunque, è escluso in partenza: la teoria lo interessa solo se incarnata nell'azione. Al punto che, ripensando molti anni dopo alla filosofia critica, riconosce l'impatto positivo che ha avuto su di lui, ma le rimprovera di essere rimasta troppo distante dai fatti della vita, mentre è «il nostro contatto immediato con il mondo esterno che dà gioia di vivere». Terminando un'altra lettura di Kant, si dichiara soddisfatto, ma aggiunge subito, come se parlasse in generale: «Del resto, provo orrore per tutto ciò che si limita a istruirmi, senza arricchire la mia capacità di azione o senza procurarmi un surplus immediato di vita».[7] A buon intenditor poche parole!

«In generale, preferisco le storie ai ragionamenti», dice un personaggio di Goethe, ma questo vale anche per l'autore. Questo ritorno al *mythos* piuttosto che al *logos* non è dovuto al fatto che l'uno sarebbe di un'efficacia teorica superiore all'altro, nemmeno al fatto che Goethe preferirebbe il concreto all'astratto. Infatti, è proprio la separazione tra astratto e concreto, tra pensiero e azione che egli ricusa – e che accusa la filosofia di praticare. «Che il mio pensiero non si separi dagli oggetti [...], che la mia contemplazione sia a sua volta pensiero, il mio pensiero contemplazione.» La filosofia giova solo a condizione «che riunisca, o meglio ancora esalti la nostra sensibilità originaria, come se fossimo un tutt'uno con la natura, che essa la conforti e la trasformi in un'intuizione profonda e pacifica».[8]

Goethe segue lo stesso principio nel proprio lavoro creativo: «Tutte le mie poesie sono poesie di circostanze», ama dire, ossia prendono spunto da un avvenimento particolare – non perché il particolare sia preferibile al generale, ma perché il generale è nel particolare e soltanto qui deve essere. Di lui Schiller dice: «Voi chiedete all'infinita molteplicità di modi dell'esistenza fenomenale di rendere conto dell'individuo»: è il fenomeno a spiegare il fenomeno, non una legge astratta. Ciò che egli vuole è una saggezza del sensibile, una fusione dell'idea e della visione, che si trova a metà strada fra la pura astrazione e l'empirismo letterale. È lo stesso Goethe a scrivere, in una formula ardita: «L'ideale sarebbe capire che ogni elemento reale è già teoria. L'azzurro del cielo ci rivela la legge fondamentale del cromatismo. Soprattutto non si cerchi nulla dietro ai fenomeni: essi sono la teoria». O, secondo un'altra massima che risale agli ultimi anni: «L'universale e il particolare coincidono: il particolare è l'universale che si manifesta in condizioni diverse».[9]

Il motivo per cui in Goethe non troviamo alcuna «teoria», come invece avviene in Kant o in Schiller, è dovuto al fatto che lui stesso *è* la teoria. «La mia formazione era per me una questione seria, ho lavorato senza sosta per fare di me una più nobile creatura», dice Goethe, cancellando d'un sol colpo la frontiera tra le opere d'arte e la propria vita, tra i prodotti e la produzione. E lo vediamo, infatti, altrettanto abile a scrivere poesie, a tagliare l'arrosto o a versare da bere; egli mostra interesse sia per il futuro canale di Panama o di Suez sia per gli scritti degli amici filosofi. In viaggio, scrive a Schiller: «Non tornerò fin quando non ne avrò avuto abbastanza dell'empirismo quotidiano, perché l'assoluto ci è vietato». Viene da chiedersi in quale misura l'ultima parte della frase non sia una giustificazione destinata agli altri; in ogni caso, si può dubitare che Goethe rimpianga questo stato di cose. Per tutta la vita si dedica «a sazietà» a questo empirismo quotidiano, vive negli oggetti, nelle azioni, negli esseri – perché non conosce altra vita. «Sono capace veramente di pensare soltanto nell'azione.»[10]

Alla fine di una lettera a Schiller, dedicata a questioni di letteratura, Goethe aggiunge: «Siate una volta di più indulgente sul vuoto di questa lettera, che tento di compensare inviandovi un piatto di carote».[11] Sì, proprio così, «un piatto di carote». Improvvisamente mi accorgo che posso amare Goethe, a causa di questa continuità posta tra i pensieri esposti nella lettera e le carote cotte inviate come dono. È pensabile che Kant o Hegel facciano recapitare a un amico un opuscolo filosofico, accompagnato, nel caso l'amico lo trovasse alquanto mediocre, da un po' di crauti? Decisamente, Goethe pratica molteplici registri ed è presente in ciascuno di essi. Forse non è un teorico (come gli altri), ma il motivo è che ai suoi occhi i fatti sono a loro volta teoria.

Alcuni fatti, dunque, meritano di essere conosciuti.

Oltre il romanticismo

Goethe può sembrare piuttosto ingeneroso nei confronti dei contemporanei; le sue opinioni, in ogni caso, divergono sensibilmente dai giudizi che formuliamo su di loro oggi. Egli esprime una valutazione su Hölderlin, Friedrich Schlegel, Hoffmann, Kleist (per limitarci solo agli scrittori). Tuttavia, saremmo un po' ingenui se, a nostra volta, negli apprezzamenti negativi formulati da Goethe su alcuni contemporanei volessimo vedere soltanto l'effetto dell'egocentrismo. Questi giudizi, infatti, s'inseriscono in un sistema; ed è proprio questo sistema che non condividiamo più. Peggio: dopo duecento anni non abbiamo fatto altro che aderire sempre più ai valori combattuti da Goethe; non c'è da meravigliarsi, allora, che le nostre preferenze non coincidano con le sue! Per dirla in poche parole, Goethe è ostile ai contemporanei romantici, mentre, successivamente, sono stati loro ad averla «vinta»; anche noi viviamo in gran parte, e spesso inconsapevolmente, nel mondo dei valori romantici. E, per cominciare, si sono imposte un'estetica e un'etica dell'estremo e della negatività, mentre non esistono per Goethe valori superiori alla moderazione e all'equilibrio.

Che cosa rimprovera ai contemporanei? «Spingere all'estremo, fino all'inverosimile, il laido, l'orribile, le crudeltà, le bassezze e tutta la serie delle infamie, ecco la loro opera satanica.»[12] Lasciando da parte ogni giudizio di valore (ammesso che sia fattibile), qui viene chiamato in causa un aspetto dell'estetica contemporanea. L'estasi e l'esperienza dei limiti corrispondono al nostro gusto. A Goethe ricordano la malattia e la febbre, mentre lui stesso s'ispira alla salute. Ecco perché al talento dell'altro versante, anche quando egli ne prende atto, preferisce le incarnazioni dell'equilibrio: Raffaello piuttosto che Michelangelo, Mozart piuttosto che Beethoven. Se anche noi oggi siamo inclini verso il senso opposto, non è un capriccio del gusto, ma è dovuto al fatto che abbiamo accolto il sistema di valori rifiutati da Goethe (le inclinazioni sono sempre discutibili).

Questa preferenza per l'equilibrio induce Goethe a dare agli artisti esordienti un consiglio che potrebbe meravigliarci: tentate sempre di fare il contrario di ciò a cui vi sentite spontaneamente portati, tentate di assorbire proprio ciò che è opposto alla vostra natura. Il pittore attratto dalla leggerezza, scrive Goethe nell'introduzione ai *Propilei*, deve cercare la gravità. Lo stesso per gli attori: «Quando l'attore era capace di entrare in scena, inizialmente gli assegnavo ruoli adatti al suo carattere e gli chiedevo soltanto provvisoriamente d'interpretare sé stesso. Poi, se aveva una natura, supponiamo, un po' troppo ardente, gli assegnavo dei ruoli flemmatici; se, al contrario, mi sembrava troppo pacato e lento, gli facevo interpretare dei personaggi appassionati e irascibili, perché imparasse a spogliarsi di sé e a immergersi in una personalità estranea». È così che l'artista giunge poco per volta a una sorta di apertura alla pluralità, che Goethe apprezza più di ogni altra, come spiega anche negli *Anni dell'apprendistato di Wilhelm Meister*: «Colui che sa interpretare solo sé stesso, non è un attore. Colui che non è capace di trasformarsi in molteplici personaggi, mentalmente ed esteriormente, non merita tale nome». Del resto, pensa di non essere il solo a predicare questo ideale ed è rivelatore vederlo compiere un controsenso filologico traducendo un passo della *Poetica* di Aristotele, per fargli dire che l'obiettivo più alto della tragedia risiede nella pacificazione e nell'equilibrio. A tale scopo Goethe non esista ad affermare che è questo il significato della parola *catharsis.* «Con *catharsis* Aristotele intende la conclusione riconciliatrice, che in fondo ogni dramma e perfino ogni opera poetica esigono [...]. Per essere un'opera poetica perfetta, la tragedia deve concludersi con una riconciliazione o una risoluzione.»[13]

Goethe stesso trasmette ai contemporanei l'immagine dell'equilibrio e della misura. Qualcuno, avendolo conosciuto quand'era giovane, lo descrive così: rideva con chi era allegro, ma comunque senza eccessi; quando si andava oltre i limiti, riprendeva il proprio atteggiamento serio. Schiller gli scrive: «Avete la fortuna di essere contemporaneo e cittadino di due mondi poetici, dell'antico e del moderno e questo nobile vantaggio vi dispensa dall'optare esclusivamente o per l'uno o per l'altro». Eckermann aggiunge: «Goethe è sempre sulla via di una grande sintesi». Lui stesso si vede occupare una posizione intermedia, capace di conseguire la riconciliazione degli opposti, o almeno la loro alternanza. I filosofi discendono dalle idee astratte al mondo reale, i fisici salgono dal concreto all'astrazione. «Nel mio piccolo, trovo la mia salvezza solo nell'intuizione diretta, che è posta a un livello intermedio.» «Una confessione su di me [...]: nei miei rapporti intellettuali con le cose, sono realista nella piena accezione del termine [...]. Al contrario, quando si tratta di azione positiva [...], mi comporto come un idealista tanto determinato quanto possibile.» Goethe sembra a tal punto desideroso di equilibrio che lo si sospetta di rallegrarsi in segreto quando, gravemente malato, può far propria questa frase che evoca la simmetria: «Sento che è giunto il momento in cui dentro di me comincia la lotta tra vita e morte».[14]

Goethe, dunque, si allontana dai romantici, favorisce sistematicamente l'armonia piuttosto che la passione per le situazioni estreme. Più specificamente, in alcune dicotomie fondamentali egli afferma la contiguità di termini che i suoi contemporanei tendono a contrapporre: soggettivo e oggettivo, condizionato e illimitato, ideale e reale. Esaminiamoli brevemente.

In fatto di creazione artistica il polo oggettivo sarebbe incarnato da una descrizione più possibile fedele del mondo esterno; si toccherebbe invece il polo soggettivo quando si avesse a che fare soltanto con l'interiorità dell'autore. Intenzionato a equilibrarli, Goethe critica la presenza esclusiva dell'uno o dell'altro elemento costitutivo dell'arte, dato che per lui è l'interazione stessa di entrambi a suscitare ammirazione. Al fine di ottenere un successo completo, scrive Goethe, occorre che «l'artista sappia penetrare dentro gli oggetti, oltre che dentro la propria anima».[15] Nella sua critica dell'eccesso di oggettività, ossia della sottomissione dell'arte alla natura attraverso l'imitazione, egli si unisce ai romantici che condannano l'estetica classica (che in questo caso è anche naturalista). Ma con il suo rifiuto dell'eccesso di soggettività, si trova in contrapposizione agli stessi romantici; esce dal quadro della loro estetica, senza però ritornare alla posizione che essi criticano. In questo si dimostra post e non pre-romantico.

Senza dubbio Goethe è pienamente consapevole che il proprio tempo, quello del romanticismo, favorisce il polo soggettivo (che esige dallo scrittore l'espressione dei suoi stati d'animo), invece d'imporre all'interno dell'opera la presenza del mondo esterno. «La malattia universale del tempo attuale: l'eccesso di ritorno su di sé.» «L'intera mia epoca differiva da me, perché era completamente impegnata nella direzione soggettiva, mentre io restavo del tutto solo nei miei sforzi oggettivi.» Altre volte, si vede travolto nello stesso turbine: «Ne soffriamo tutti, nemmeno io posso rinnegare la mia modernità» (da intendere qui come romanticismo). Epoche come queste ai suoi occhi corrispondono a un decadimento patologico dello spirito umano: «Tutte le epoche di arretramento o dissoluzione sono soggettive, mentre le epoche di progresso hanno una direzione oggettiva. Il nostro è un tempo di arretramento, perché è soggettivo». Questo giudizio lo guida anche nelle circostanze della vita pratica, come durante il viaggio in Italia. Egli non vuole assomigliare al viaggiatore «romantico» che «può viaggiare senza vedere nulla al di là del proprio naso»; il suo progetto è diverso: «Lo scopo di questo mio magnifico viaggio non è quello d'illudermi, bensì di conoscere me stesso nel rapporto con gli oggetti». Inoltre, è convinto che questo principio sia applicabile a tutti. «L'uomo più eccellente [...] gode di ben scarsi proventi, se si richiama troppo a sé stesso e trascura di penetrare nella pienezza del mondo esteriore, dove solo può trovare alimento al proprio sviluppo e insieme una misura di esso.»[16]

Per Goethe non vi è alcun dubbio che un poeta capace di rivelare soltanto la propria intimità produca una poesia assai mediocre. «Non si merita il nome di poeta finché si è capaci di esprimere soltanto le poche esperienze soggettive; il vero poeta sa assimilarsi al mondo ed esprimerlo.» La poesia che rappresenta l'interiorità senza l'esteriorità è al gradino più basso della scala poetica. In compenso, egli non cessa di elogiare i poeti che sanno trovare dei motivi, scegliere dei soggetti, descrivere delle situazioni. Se approva Byron, lo fa perché quest'ultimo è capace di rappresentare degli esseri che non si confondono con l'autore: «I personaggi parlano interamente prendendo spunto da sé e dalla propria situazione, senza considerare i sentimenti, i pensieri, le opinioni soggettive del poeta. La vera arte è qui!».[17]

Goethe non poteva immaginare fino a che punto l'estetica romantica «soggettiva», già dominante alla sua epoca, si sarebbe diffusa e avrebbe poi trionfato, tanto da rendere incomprensibili le preoccupazioni di oggettività negli scrittori di epoche anteriori e sfociare in una forma di solipsismo, come se l'autore del libro fosse il solo essere esistente e il mondo intorno a lui fosse privo di ogni interesse. Ma forse questa è anche la ragione per cui le idee di Goethe oggi assumono per noi un'attualità nuova.

Una seconda opposizione, in cui i romantici optano per un solo termine, mentre Goethe vorrebbe mantenere la continuità dei due, caratterizza la natura dell'ideale al quale si aspira. Nelle decisioni della vita quotidiana, Goethe ama dar prova di una certa prudenza, cerca di considerare i diversi interessi che entrano in gioco in ogni situazione. Ora, si rende conto che un atteggiamento simile non è così apprezzato da altri all'infuori di lui e che gli si preferisce la manifestazione della pura volontà, quella che ignora ogni costrizione. «Se qualcuno intraprendeva qualcosa di strano senza scopo né utilità, ecco un colpo di genio.» Dietro tali comportamenti si profila una gerarchia di valori: «Individui giovani, vivaci, spesso realmente intelligenti, si perdevano nell'illimitato». Il fatto è che quest'ultimo viene da loro considerato come il valore più alto. Per parte sua, Goethe sceglie il percorso inverso: «Credette di scorgere sempre più [parla di sé in terza persona] che è meglio distogliere il pensiero dall'infinito, dall'inafferrabile».[18] Riesce in questo intento grazie a uno stratagemma a cui ricorre sovente, affidando questa sete d'illimitato a uno dei propri personaggi, il conte Egmont: avendo oggettivato così questo sentimento, può prenderne le distanze.

Da questo punto di vista, i romantici incarnano una versione profana della dottrina cristiana. Prima delle religioni monoteiste, l'inafferrabile, l'infinito e l'illimitato godono di una cattiva reputazione: corrispondono a uno stato mitico, al caos originale, anteriore alla costituzione del mondo. Essere umani, in questa prospettiva, equivale a introdurre ordine nel caos e dunque a porre dei limiti. Il monoteismo rovescia questa gerarchia: è il mondo imperfetto quaggiù che si riconosce per il proprio carattere finito e limitato, mentre il suo creatore, il Dio unico, è infinito e incondizionato. Eredi di questa dottrina, i romantici preservano la medesima articolazione, anche quando si affrancano dall'idea di Dio. Dal canto suo, Goethe è convinto che l'aspirazione all'incondizionato, alla piena libertà della volontà sia dannosa per l'azione umana. Sarà uno dei grandi temi del suo *Wilhelm Meister*, in cui l'eroe procede verso questa conclusione: «L'uomo non è felice finché le sue aspirazioni illimitate non si sono date da sé un limite».[19]

Anche nella terza opposizione è un'eredità cristiana, quella tra ideale e reale, a segnare la differenza tra Goethe e i contemporanei romantici. La dottrina cristiana, almeno nelle versioni più autorevoli, disprezza la vita terrena e proietta il proprio ideale nell'aldilà, nella città di Dio. Qui sono evidenti le tracce delle dottrine gnostiche e manichee, che peraltro essa ha combattuto. Goethe non si sente particolarmente attirato da questo modo di vedere e non si preoccupa della propria anima immortale. Ciò che egli mette in risalto sono le azioni compiute in questo mondo: «Un uomo superiore [...] che ogni giorno deve lavorare, combattere, agire, lascia in pace il mondo futuro e si accontenta di essere attivo e utile qui». Da questo punto di vista, egli si sente più vicino ai greci pagani, che non praticavano un tale dualismo tra la Terra, luogo di depravazione e di peccato, e il Cielo perfetto. Gli antichi «erano consapevoli che il loro unico benessere si trovava all'interno dei deliziosi limiti del mondo così bello».[20]

Goethe non sceglie la terra contro il cielo, ma la loro vicinanza piuttosto che la loro opposizione. La vita quotidiana può essere angosciante, usurante, meccanica, ma ci nascondiamo le difficoltà, piuttosto che superarle, quando, per consolarci delle delusioni patite, ci rifugiamo nell'estremo opposto: il sogno, la speranza edificante o perfino la poesia. La vita è una sola, quella vissuta sulla terra e bisogna illuminarla dall'interno scoprendone la grandezza che ne può scaturire. È troppo facile – ma inutile – lodare l'assenza, disprezzare il presente in nome del futuro, il qui a vantaggio del lontano. La via preferita da Goethe consiste nel cercare l'uno all'interno dell'altro. È percorribile, perché il particolare è inseparabile dall'universale e ogni esperienza individuale viene vissuta come un simbolo che conduce all'armonia cosmica. «Ogni stato delle cose, ogni secondo stesso ha un valore infinito, perché rappresenta tutta l'eternità.» È così che egli descrive «Il Libro del Paradiso» nel *Divano occidentale-orientale*: in esso si vede come «il quotidiano sublimato ci offra delle ali per innalzarci, poco per volta, fino alle sommità più elevate».[21] Non un quotidiano disprezzato né un sublime esaltato e al tempo stesso inaccessibile; un quotidiano sublimato, abitato da esseri umani in carne e ossa.

L'uomo dialogico

Un altro aspetto della critica della soggettività riguarda l'opposizione tra individuale e sociale. Preoccupato esclusivamente dalla propria interiorità, l'uomo romantico è indifferente a coloro che lo circondano; vive nell'illusione dell'autosufficienza, vedendo nel tessuto sociale soltanto una pesante convenzione. «Non si cerca seriamente di entrare nella collettività sociale, non si ha alcun desiderio di riuscire graditi alla propria società; al contrario, si è interessati solo a far notare il proprio sé e a metterlo il più possibile in risalto agli occhi del mondo [...]. Ovunque l'individuo vuole mettersi in mostra e non si assiste mai a un vero tentativo di sottomettere il proprio sé alla società e alla causa comune.»[22]

L'individualismo dominante è al tempo stesso causa ed effetto della soggettività romantica.

Ora, anche a questo riguardo Goethe si trova in disaccordo con molti contemporanei. L'uomo isolato possiede forze limitate, la vera forza è nell'umanità presa nel suo complesso. «Se la natura è insondabile, lo si deve al fatto che un uomo solo è incapace di abbracciarla tutta intera, mentre l'umanità vista nel suo complesso ne è perfettamente capace.» Ciascuno di noi è un essere incompleto, che può arricchirsi grazie al contatto con gli altri: la presa di coscienza della distanza segna l'inizio di una trasformazione interiore. «Ho sempre gradito specchiarmi in quelle personalità che posseggono ciò che manca alla mia.» L'uomo preso isolatamente è un uomo mutilato. «In generale, ogni uomo va considerato come un accessorio di tutti gli altri.» Prendendo coscienza di questa complementarità, l'individuo può aspirare al raggiungimento della pienezza e della felicità. «Solo tutta l'umanità insieme costruisce in realtà il vero uomo e il singolo può conoscer gioia e felicità soltanto se ha il coraggio di sentirsi elemento del tutto.»[23]

A sua volta, l'aspirazione alla saggezza deve fondarsi su questa interpretazione della condizione umana. Nella vita quotidiana gli individui sono preda di innumerevoli desideri; tuttavia, anche quando riescono a soddisfarli, non trovano pace; si affrettano a sostituirli con nuovi desideri il cui oggetto cambia, ma la forma rimane intatta. Si muovono i primi passi verso la saggezza quando si scopre che la relazione tra gli esseri umani non ha bisogno di adeguarsi alla logica del desiderio: non si cerca l'amico per ottenerne un favore, ma perché si sta bene con lui; non si ama il compagno (o il figlio, o il genitore) per soddisfare un desiderio, ma perché l'amore è fonte di gioia. L'attaccamento e l'affezione arrestano la corsa sfrenata del desiderio, sostituendola con un'attenzione verso il prossimo che l'abitudine non logora.

Impegnarsi per il bene del gruppo favorisce ciascuno dei suoi membri. In alcuni casi si ha l'impressione che questa idea permetta a Goethe di rinunciare a ogni azione propriamente politica. «Avrei creduto che ciascuno dovesse cominciare da sé e costruire la propria felicità, da cui sarebbe risultata immancabilmente la felicità generale [...]. Se ciascuno individualmente compie il proprio dovere e nella sfera d'azione più vicina agisce lealmente ed energicamente, la società nel suo complesso andrà avanti bene. Nella mia carriera di scrittore, non mi sono mai chiesto: che cosa vuole la massa della nazione? Come servirò la società?»[24] Non bisogna, tuttavia, ingannarsi sul significato di queste formule: Goethe dice infatti «cominciare», non «limitarsi a» e richiama la propria carriera di scrittore, non la condizione umana. Al contrario, le opere dei suoi ultimi anni affermano la superiorità degli atti che contribuiscono al benessere della comunità. Quando si trova impegnato in un progetto di pubblica utilità, prosciugare le paludi che avvelenano la vita della popolazione, Faust, che fino a quel momento non si era lasciato tentare da alcun bene terrestre, si decide a dire all'attimo: «Fermati», anche se questo significa abbandonarsi al potere di Mefistofele. Allo stesso modo, alla fine dei suoi viaggi, Wilhelm Meister rinuncia alla carriera di artista e diventa un medico, per potersi dedicare agli uomini.

L'appartenenza dell'individuo alla catena degli uomini porta anche a riconoscere tutto ciò che l'individuo deve agli altri, i suoi prossimi; a rifiutare l'idea dell'uomo autosufficiente. La nozione di originalità, cara all'estetica romantica, è priva di significato per Goethe. «Si parla sempre di originalità, ma che cosa s'intende con questo? Da quando siamo nati, il mondo comincia ad agire su di noi e così fino alla fine, in ogni cosa! Possiamo attribuirci soltanto la nostra energia, la nostra forza, il nostro volere.» «In fondo, abbiamo un bel dire, siamo tutti degli esseri collettivi; ciò che possiamo definire nostra proprietà in senso stretto, com'è poca cosa! E solo per questo, come siamo poca cosa! Tutti, riceviamo e impariamo, sia da quelli che ci hanno preceduto sia da quelli che sono con noi [...]. Che cosa c'è di buono in noi, oltre alla forza e alla tensione ad appropriarci degli elementi del mondo esterno?»[25]

L'uomo è inconcepibile se considerato isolatamente. Da quando viene al mondo è preso nel dialogo delle voci che lo circondano, sia quelle dei predecessori sia quelle dei contemporanei. Non esiste un «uomo naturale» anteriore all'uomo sociale. Ciò che egli ha di specifico è la sola energia vitale, la forza bruta, la cui funzione è appunto quella di confrontarsi con l'esterno e assorbirne una parte. Già in sé stesso l'uomo è un essere collettivo. Ciò non significa, comunque, che non esista alcuna singolarità dell'essere, ma che questa non gli deriva esclusivamente dal di dentro. Piuttosto è la risultante di tutte le azioni esercitate su di lui dal mondo esterno, che finiscono necessariamente per dare vita a una configurazione unica, propria di quell'essere e di nessun altro. A volersi allontanare dal mondo, a occuparsi sempre esclusivamente di sé, ci si condanna alla miseria. «Lo scoraggiamento è sempre il figlio, il neonato della solitudine.»[26]

È dunque altrettanto inutile ridurre un uomo alle influenze che ha subito come immaginare che non sia mai stato segnato dall'interazione con gli altri. «È del tutto ridicolo», commenta Goethe a proposito delle ricerche di influenze esterne, «anche a proposito di un uomo ben nutrito si potrebbero compiere delle ricerche sui bovini, sulle pecore e sui maiali che ha mangiato e che gli hanno dato forza. Abbiamo in noi delle facoltà, ma dobbiamo il nostro sviluppo alle mille influenze di un mondo infinito; di questo mondo prendiamo quello che possiamo e che ci conviene.» Dal momento che in noi ogni cosa deriva dall'interazione con l'esterno, è ridicolo accusare lo scrittore di essersi lasciato influenzare dall'uno o dall'altro predecessore: comunque sia, nessuno può essere altro che il prodotto di tutte le interazioni alle quali è stato esposto. Per lo stesso motivo, non bisogna richiedere a ciascuno di riconoscere tutto ciò che ha ricavato dalle persone conosciute in passato: questa mancanza di gratitudine è scusabile, altrimenti egli trascorrerebbe tutto il tempo a riconoscere i propri debiti e «non gli rimarrebbe né tempo né sentimento per ricevere e per godere nuovi benefici». È vero anche il contrario: non si misurano tutti gli effetti che le nostre azioni producono, direttamente o indirettamente, sugli altri. Ogni individuo è solo un intermediario, che viene formato dall'azione degli altri e che a sua volta partecipa alla loro formazione. Siamo di fronte a quella che potremmo considerare una definizione di ciò che è propriamente umano: la vita dialogica, il discorso continuo. «La natura dello spirito è tale da stimolare lo spirito in eterno.»[27]

È in questo contesto che si può comprendere perché l'autobiografia di Goethe, *Poesia e verità*, o gli altri scritti nei quali richiama la propria vita assomiglino così poco all'opera che ha introdotto questo genere letterario nella modernità, le *Confessioni* di Rousseau. Quest'ultimo analizza in primo luogo la propria interiorità; il mondo esterno interviene come specchio della percezione del soggetto. Goethe, invece, fin dalla prefazione del libro dichiara: «Il compito principale della biografia è di rappresentare l'uomo nei suoi rapporti con il tempo, di mostrare fino a che punto il mondo gli resista, fino a che punto lo favorisca e, se è artista, poeta, scrittore, come li rifletta all'esterno». Goethe s'interessa non all'individuo in sé (non esiste), ma alla sua interazione con il mondo. Ecco perché il suo libro non contiene delle rivelazioni sui sentimenti del soggetto, ma sviluppa un racconto di ciò che quest'ultimo ha visto e sentito, di ciò che l'ha reso così come egli è. Questa dualità dell'esterno e dell'interno è già alla base delle opere di Goethe, poesie o romanzi; per esempio, per scrivere il *Werther* gli è servito sia «lasciar andare la [propria] natura interiore seguendo la china che le era adatta» sia «lasciar rifluire su [di sé] la natura esteriore secondo le sue qualità». E Goethe generalizza questo principio per la condotta della vita: «Se siamo costretti da un lato a concentrarci su di noi [*verselbsten*: realizzare il nostro sé], non dobbiamo trascurare, dall'altro, di espanderci fuori di noi [*entselbstigen*: liberarci del nostro sé], in un ritmo regolare».[28]

Questa continua comunicazione degli esseri umani tra loro non significa che gli individui siano trasparenti gli uni rispetto agli altri, né che siano destinati a vivere in armonia. Le stesse parole sono utilizzate diversamente dalle varie persone e nasce sempre qualche malinteso nei loro scambi. Non c'è nemmeno da aspettarsi che gli altri riconoscano infallibilmente i nostri meriti: «Gli uomini distribuiscono l'approvazione con molta parsimonia, riducono la lode e, se appena è possibile, la trasformano in biasimo».[29] Tutto ciò, comunque, non riduce la dipendenza che ciascuno ha nei confronti degli altri.

Se esiste un progresso dell'umanità dalla barbarie alla civiltà, esso si può misurare soltanto con l'aiuto di questo criterio, il modo in cui gli altri sono percepiti e giudicati. In un breve testo degli ultimi anni, Goethe distingue numerose «epoche della cultura sociale». Al gradino più basso della scala della civiltà si esce appena da sé, si ha fiducia solo nei propri familiari, si rifiuta di credere che il mondo continui oltre i limiti del villaggio. Nell'epoca successiva, che può già definirsi «sociale», «non si rifiuta più l'influenza delle lingue straniere», si tollerano gli altri pur non condividendoli a tutti gli effetti. Infine, la futura epoca universale sarebbe quella dell'«alleanza di tutti i gruppi». L'essere continua a essere dipendente dall'altro e, al di là delle differenze che li caratterizzano, gli uomini si assomigliano. Ma il barbaro, ed è questa la sua definizione, crede che gli altri non esistano o non abbiano importanza, ovvero che siano soltanto dei barbari. Parlando del futuro delle nazioni, Goethe immagina l'avvento di un principio opposto alla barbarie e all'egoismo. Non è smisuratamente ottimista sulla portata di questo principio, nondimeno continua a sostenerlo. «Certo non si potrebbe sperare che, così facendo, potrà instaurarsi una pace universale, ma almeno che il dissenso inevitabile divenga poco per volta insignificante, la guerra meno crudele e la vittoria meno arrogante.»[30]

In campo linguistico, Goethe è contrario a quello che definisce il «purismo negativo» (il rifiuto dei vocaboli stranieri) e favorevole a quello «positivo» (l'accettazione dell'influsso). «La forza di una lingua non si manifesta perché rifiuta ciò che le è estraneo, ma perché lo incorpora.» Anche per quanto riguarda lo scambio tra gli uomini, un atteggiamento simile è quello più raccomandabile. Goethe non si stanca mai di rallegrarsi, per esempio, dell'incontro con Schiller. «Esiste vero piacere e autentico profitto solo nella reciprocità.» «Quanto si ha da guadagnare nel guardarsi allo specchio di un altro piuttosto che nel proprio!» Infatti, anche se l'altro è già nell'essere, può comunque servirgli da specchio. Conoscere il mondo equivale a conoscere sé stessi e viceversa. Goethe non esita a generalizzare questa conclusione mettendo in discussione il precetto socratico «conosci te stesso», interpretato come un «inganno dei sacerdoti» che vorrebbero distogliere gli uomini dall'azione e chiuderli in una sterile contemplazione. «L'uomo conosce sé stesso solo in quanto conosce il mondo», dichiara Goethe, collocando questa conoscenza in «due momenti inestricabilmente connessi: il mondo in lui, lui nel mondo».[31]

Il riconoscimento dell'altro porta necessariamente a una riflessione sulla pluralità umana. Se ammetto l'altro come interlocutore, e non solo come oggetto del discorso o come destinatario dei miei ordini, se nello stesso tempo resto consapevole di tutte le differenze che ci separano, sono portato, inavvertitamente, a produrre una classificazione degli uomini, degli atteggiamenti o delle opere, in modo che ciascuno di noi possa occupare una casella equivalente ma non identica. È al reciproco riconoscimento di due uomini, Goethe e Schiller, che dobbiamo alcune delle distinzioni più feconde nel pensiero estetico dell'epoca (anche se ciascuno di essi ha segretamente la tendenza a valorizzare il proprio polo). È per situarsi rispetto a Goethe che Schiller introduce l'opposizione tra «ingenuo» e «sentimentale», che in seguito si trasformerà in classico e romantico. Dal canto suo, per definirsi rispetto a Schiller, Goethe separa il simbolo dall'allegoria. E se l'uno e l'altro tentano di afferrare l'identità dell'epopea e del dramma, ciò avviene perché hanno sotto gli occhi le proprie produzioni, un dramma da un lato, un'epopea dall'altro. Questo dimostra come le distinzioni in apparenza del tutto teoriche e astratte affondino le proprie radici nelle contingenze della vita e, nello stesso tempo, il riconoscimento dell'altro sia un primo passo necessario verso la conoscenza del mondo.

L'altro esiste non solo al di fuori di sé, ma anche all'interno: siamo tutti degli esseri collettivi, diceva Goethe, una pluralità di soggetti in un solo corpo. Di conseguenza, ogni speranza di una perfetta adesione tra l'essere e il suo discorso resterà inevitabilmente delusa. Accarezziamo l'illusione che una presenza piena sia possibile, che l'essere si mostrerà interamente nelle proprie manifestazioni; da qui la valorizzazione della sincerità, dell'onestà, della modestia e la rispettiva condanna della menzogna, dell'ipocrisia, della vanità. Ma se l'essere è molteplice, possiamo ancora sperare di ottenerne un discorso che lo dica interamente e non si limiti a lui? Ogni convinzione assoluta, per il fatto stesso di essere tale, non è forse allo stesso tempo insostenibile, nella misura in cui tradisce la molteplicità dell'essere? In una lettera a Schiller, Goethe scrive: «So bene che l'idealista trascendentale è fermamente convinto di trovarsi saldamente in cima alla scala; ma ciò che con la miglior volontà del mondo non riesco a trovare di mio gradimento, nel suo caso, è che dichiara guerra agli altri modi di rappresentazione, perché non vedo una buona ragione per contestarne alcuno». Per chiarire l'idea, Goethe fornisce l'esempio delle proprie teorie «morfologiche» (sulle scienze naturali) e conclude: «Piuttosto che dover scegliere tra le diverse opinioni, conviene accoglierle tutte e per quanto possibile fare il miglior uso di questo stato di mancata divisione, fino al giorno in cui i filosofi decideranno di mettersi d'accordo sui mezzi che permettono di unire nuovamente ciò che essi hanno voluto separare».[32]

Questo giorno felice, senza dubbio, deve ancora venire; nel frattempo, la soluzione di Goethe, che rifiuta di scegliere tra le diverse opinioni e preferisce accoglierle tutte, mette radicalmente in discussione la filosofia stessa.

Accettare o trasformare il mondo

Ripensando agli anni della formazione, Goethe constata che, per quanto indietro nel tempo possa risalire, si vede sempre animato da una certa benevolenza nei confronti del mondo e degli esseri umani che incontra. Essa non è basata su un'esperienza particolare, ma sembra piuttosto precederle tutte, come se fosse il risultato di una buona costituzione fisiologica. Il suo atteggiamento non è molto condiviso da tutte le persone che incontra, le quali rinunciano subito all'idea di convertirlo al proprio punto di vista, tanto gli sforzi compiuti in tal senso restano vani. Così, poco prima di lasciare la città natale di Francoforte per seguire dei corsi, egli stringe amicizia con un giovane brillante. «Avrebbe desiderato far di me un proselite del suo disprezzo per il genere umano, ma si sforzò invano con me, perché sentivo ancora troppo vivo il desiderio di essere buono e di trovare buoni gli altri»: il desiderio precede l'esperienza. Alcuni anni più tardi, Goethe intraprende un viaggio con alcuni altri amici, uno dei quali, di nome Merck, è descritto come uno spirito mefistofelico. Infatti disprezza gli altri compagni e si rattrista al vedere che Goethe non condivide il suo punto di vista: «La irriducibile e ingenua bonarietà della mia natura lo affliggeva; la mia eterna tolleranza, il desiderio di vivere e lasciar vivere erano per lui un orrore».[33] Goethe non contesta l'esattezza dei giudizi dell'amico, ma rifiuta di farli propri, perché trova che ogni essere umano è caratterizzato da una pluralità di aspetti, alcuni dei quali meritevoli di approvazione.

L'ammirazione di Goethe, dunque, va preferibilmente non a questi individui che per disprezzare il genere umano e vilipendere il mondo si fanno vanto della propria lucidità, ma a quelli che incarnano la sua stessa benevolenza. A Dresda egli incontra un modesto ciabattino la cui vita di tutti i giorni non è facile; proprio per questo, non può evitare di ammirare «il modo sereno con cui considerava la propria vita, ristretta, disagiata, povera, insopportabile, gli scherzi che tirava fuori dai mali e dai disagi, la propria imperturbabile convinzione che la vita di per sé è un bene».[34] Non è questione di pretendere che vada tutto sempre bene: la vita spesso è insopportabile, i problemi non mancano; ma il ciabattino (e Goethe con lui) non accettano di sistematizzare queste condanne puntuali rifiutandole globalmente. Non si può affermare che tutta la natura è cattiva: noi stessi con la nostra capacità di giudicare ne facciamo parte. Tantomeno possiamo sostenere che tutti gli uomini sono cattivi: infatti, possiedono inevitabilmente caratteristiche molteplici, perfino contraddittorie.

Questa accettazione globale della vita e del mondo non esclude, comunque, moti di riprovazione. Goethe lo constata nel corso di un episodio verificatosi a Strasburgo, quando trova che la decorazione di un edificio è inappropriata: «Il mio sentimento e il mio giudizio non erano portati a escludere interamente cosa alcuna; ma il soggetto mi irritava in sommo grado». «Interamente» qui è essenziale. Ne abbiamo un altro esempio quando Goethe descrive l'ambiente politico di allora, in particolare per quanto riguarda il mantenimento dell'ordine pubblico. «Si diffuse la smania umanitaria e tutti fecero a gara anche nei rapporti giuridici di essere sommamente umani. Le prigioni furono migliorate, i delitti scusati, le pene mitigate.»[35] Goethe non dice che tutto ciò che accade è buono, che si deve approvare ogni atto e rinunciare a ogni repressione, non esige la chiusura delle prigioni e la liberazione dei criminali; ricorda, in compenso, l'appartenenza dei prigionieri all'umanità da cui provengono anche quelli che li giudicano e li imprigionano: sono tutti umani in ugual misura.

A un certo punto, Goethe si rende conto che questa visione del mondo non concorda con l'interpretazione dominante del cristianesimo. Infatti, scopre uno dei più vecchi dibattiti che agitano questa dottrina, quello tra agostiniani e pelagiani, riguardante appunto la natura umana. «Gli uni affermavano che la natura umana era così rovinata dal peccato originale che anche nell'intimo nocciolo non si può trovare in essa la minima disposizione buona, per cui l'uomo deve assolutamente rinunciare alle proprie forze e attendere tutto dalla grazia e dall'influsso di essa.» Questa interpretazione, formulata da sant'Agostino, viene accolta sia da Lutero e dal protestantesimo in Germania, sia dai giansenisti in Francia. Le simpatie di Goethe, però, vanno ai loro avversari, eredi indiretti del monaco Pelagio. Inizialmente, il giudizio che egli dà del mondo è ben lontano dall'essere altrettanto negativo. «Da tutti i lati venivo rimandato alla natura; essa mi era apparsa nella sua magnificenza.» Lo stesso vale per gli esseri umani: «Avevo conosciuto tanti uomini valenti e bravi, che si davan pena nel loro dovere, per amore del dovere». Dunque, non bisogna disperare e limitarsi ad attendere la grazia divina, si può agire da soli per rendere migliore questa vita. «Il mondo esterno esigeva che questa attività venisse regolata e adoperata a vantaggio di altri e io avevo da elaborare in me stesso questa grande esigenza.»[36]

L'atteggiamento di Goethe, perciò, non si riduce a quello che Nietzsche definisce *amor fati*, l'amore del destino: non soltanto accettare il mondo così com'è, del resto il più delle volte non si ha davvero scelta, ma anche amarlo qualunque cosa accada. Goethe ama spontaneamente la vita, parte da un pregiudizio favorevole nei confronti degli esseri umani che lo circondano, ma ciò non gli impedisce affatto di formulare dei giudizi sulle loro azioni e cercare di migliorare il mondo. Qui bisogna distinguere tra norme della società umana e ricerca della felicità individuale (o, come talvolta si dice, tra morale ed etica): entrambe sono necessarie, ma hanno una logica differente. Gli esseri umani vivono nel presente e hanno tutto l'interesse a non dimenticarlo, a non trascurare la propria esistenza e quella dei prossimi in nome di sogni non meglio precisati riguardo a un avvenire migliore o di reminiscenze di un passato scomparso. Rivolgendosi a Elena, Faust dice:

> La mente non più avanti, né indietro guarderà,
> ma il presente soltanto –

Ed Elena completa:

> ... è la felicità.[37]

Ma questa regola di vita non significa che il presente sia fatto soltanto da lui stesso. Memoria e speranze, passato e futuro sono costitutivi dell'essere e il pensiero stesso nasce da ciò che Faust (e Goethe) chiama *die Wechselrede*, il discorso alternato: l'individuo esiste solo nello scambio umano. La saggezza consiste nell'equilibrare queste due esigenze, senza soffocare l'una con l'altra.

Nella vita di tutti giorni, Goethe comprende di essere più felice quando accetta di vedersi come una particella del mondo, obbediente alle leggi comuni della natura, piuttosto che rinchiudersi nella propria coscienza e osservare la propria esperienza unicamente dall'interno. Egli se ne rende conto, in particolare, nel momento in cui vive le esperienze che trasporrà nel *Werther*. È ossessionato dal pensiero del suicidio; possiede un buon pugnale. «Me lo ponevo sempre accanto al letto e prima di spegnere il lume tentavo se mi fosse riuscito di far penetrare la punta acuta due dita nel petto. Ma poiché ciò non riusciva mai, alla fine risi di me stesso, lasciai tutte le morbosità ipocondriache e decisi di vivere.»[38] Se Goethe non cede all'idea del suicidio, non lo fa perché ha elaborato un ragionamento valido, ma perché, avendo tentato il gesto, non ci riesce: il suo desiderio di vivere è troppo forte. Una volta formulata, però, questa constatazione, sceglie di adeguare la riflessione all'essere e rinuncia alle fantasie perverse. Ci riesce vedendosi come dal di fuori: un giovane che ogni sera, andando a dormire, tenta di suicidarsi ma non si decide a versare la minima goccia di sangue! Qui c'è di che ridere: il riso, infatti, nasce da questo sguardo rivolto su di sé dall'esterno; è con questo mezzo – inaccessibile a tutti i romantici che si chiudono nella sola soggettività – che l'evento tragico dà origine a un racconto comico.

Per non restare subito deluso dagli uomini che incontra, Goethe rifiuta di misurarli in base a un criterio stabilito preventivamente. Un giorno incontra Lavater, uno dei suoi corrispondenti epistolari. Il suo primo moto è di contentezza. «Vedevo davanti a me, viva e vegeta, una creatura unica, insigne, come non se ne sono mai viste e non se ne vedranno più.» Queste frasi fanno pensare alle parole con cui Rousseau apre le *Confessioni*: «Non sono fatto come nessuno di quanti ho incontrati; oso credere di non essere fatto come nessuno di quanti esistono»; ma, differenza significativa, ciò che Rousseau dice di sé, Goethe lo applica a un altro: è il *tu* a essere unico, non l'*io*. Nello stesso tempo si rende conto che la reazione di Lavater è diversa: l'immagine che si era fatto di Goethe non coincide con la realtà. Quest'ultimo, allora, tenta di comunicare all'interlocutore la propria felicità elementare: «Io però, secondo il mio realismo innato e coltivato, l'assicurai che, dato che era piaciuto a Dio e alla natura di farmi così, anche noi dovevamo accontentarci».[39] Ciò non impedirà a Goethe, nel prosieguo della loro relazione, di cogliere in Lavater qualche aspetto non gradito; ma questo non compromette la sua capacità di meravigliarsi davanti a ciò che esiste – semplicemente perché esiste.

Sarà un'esperienza centrale durante il viaggio in Italia che Goethe, nato nel 1749, intraprende fra il 1786 e il 1788. La sua prima impressione è di trovarsi di fronte a una sovrabbondanza di bellezze naturali e artistiche ed egli assume un atteggiamento di umiltà, di apertura al mondo, di assorbimento passivo, che a loro volta sono all'origine di una sensazione di pace, di una «calma, vigile serenità». Ma compie un passo ulteriore: a suscitare la sua ammirazione non sono soltanto gli esempi più belli dell'arte e della natura, è tutto ciò che testimonia dell'attività della mente e della vitalità della natura. I pesci che vede al mercato lo meravigliano. Dei cavalli galoppano in campagna, sotto i suoi occhi: «Per la prima volta in vita mia ho palpitato d'ammirazione per essi». Ogni organismo vivente desta la sua ammirazione per l'adeguamento perfetto tra il suo essere e la funzione che è chiamato a esercitare. «Che cosa deliziosa, magnifica, è mai un essere vivente! Com'è adeguato alla sua condizione, com'è vero, come esiste!»[40] In quanto esseri non soggetti alla morale, il pesce e il cavallo lo soddisfano per il solo fatto di esistere; la loro verità non è altro che una coerenza interna. Goethe privilegia così gli oggetti che lo circondano a discapito di sé come soggetto; opponendosi ancora una volta all'atteggiamento romantico, egli intona un vero inno alla vita che libera dalle costrizioni ideologiche preconcette.

Il suo itinerario lo conduce da Venezia a Roma, prima di rimettersi in viaggio verso sud. A Napoli scopre quello che gli sembra essere uno stato vicino alla perfezione: non solo nella bellezza dei siti o delle opere, ma nei comportamenti più comuni. I napoletani sembrano incarnare tale ideale: lungi dal sottomettere la propria esistenza contingente a un obiettivo lontano, essi sanno godere del presente. «Napoli è un paradiso dove ciascuno vive in una sorta d'ebbrezza obliosa [...]. Qui si desidera soltanto vivere. Ci si scorda di noi e del mondo e l'aver rapporti solo con chi è dedito al godimento mi dà una curiosa sensazione». La vita laggiù è godimento. «Non lavorano semplicemente per *vivere* ma piuttosto per *godere*, e anche quando lavorano vogliono vivere in allegria.» Per questo motivo, gli abitanti di Napoli, a prescindere dalla condizione in cui versano, possono accedere alla felicità: «Un cosiddetto accattone napoletano potrebbe altrettanto facilmente sdegnare il posto di viceré in Norvegia». Goethe non può smettere di ammirare questi esseri «sempre pronti a partecipare con gioia al gran convito del mondo»[41] e una volta ritornato a Roma tenterà di vivere in questo modo, conforme al proprio essere come il cavallo che galoppa nei campi, altrettanto soddisfatto del proprio presente come l'accattone napoletano.

In un poema successivo, appartenente al *Divano occidentale-orientale*, Goethe distingue due livelli in questo godimento del mondo. Al primo, ci si rallegra di ciò che si prova; al secondo, si prende coscienza dell'esistenza del cosmo intero.

> Grande è la gioia di esistere,
> più grande ancora la gioia di fronte alla vita.[42]

In questa seconda esperienza, l'individuo sente di appartenere a un ordine impersonale; i due si trovano uniti da ciò che Goethe chiama il simbolo: è quando ogni cosa, ogni atto esiste pienamente in sé, ma nello stesso tempo rinvia all'universale. Percepire questa appartenenza e questa corrispondenza è motivo di giubilo. «Ogni stato delle cose, ogni secondo stesso ha un valore infinito, perché rappresenta un'eternità intera.»[43]

La via tracciata così da Goethe sembra assicurare agli uomini una serenità capace di avvicinarli alla felicità; tuttavia, sono in molti ad abbandonarla, talvolta perfino a denunciarla. Per esempio gli amici malinconici, che erano afflitti dalla sua benevolenza nei confronti del mondo, o i cristiani agostiniani, o ancora i poeti inglesi dell'epoca, che egli stigmatizza per la loro misantropia «che diffonde nei loro scritti lo sgradevole senso di repulsione a tutto». Il rifiuto della via accolta da Goethe è ancora più generale. «La nostra vita fisica, come quella sociale, i costumi, la consuetudine, la saggezza mondana, la filosofia, la religione, tante vicende casuali, tutto ci avverte che il nostro compito è la rinuncia.» Dire no alla vita sembra essere la saggezza inculcata in ciascuno e ogni auspicio di una vita migliore è malvisto. «Quanto più il calice è amaro, tanto più si dovrà fare un buon viso.» Goethe è riuscito a evitare questo consenso sotto l'influsso di Spinoza, pensatore accusato all'epoca di ateismo, ma da lui visto piuttosto come panteista. Scrive a Jacobi: «Spinoza non dimostra l'esistenza di Dio; l'esistenza è Dio».[44]

Goethe spiega questo atteggiamento di rifiuto del mondo come nostalgia dell'assoluto ereditata dalla religione. Una volta conseguito il bene, il desiderio sarebbe che tutto si fermasse. Ma la vita è un eterno ricominciare, in cui nulla è del tutto diverso da ciò che precede e tantomeno è rigorosamente identico. Le ore trascorrono, si susseguono e non si somigliano, lo stesso può dirsi per le stagioni, o per gli anni. Ciò che proiettiamo sulla natura intorno a noi, lo trasponiamo anche sul mondo umano. Una volta trovato l'amore, lo vorremmo per sempre puro; lo stesso può dirsi per la riconoscenza. «Il favore dei grandi, le disposizioni favorevoli dei potenti, gli incoraggiamenti delle persone attive, la simpatia della folla, l'amicizia degli individui, tutto cresce e si riduce, senza che possiamo fissarlo più del sole, della luna o delle stelle.» È qualcosa che ci lascia disarmati, perché la nostra idea stessa di eternità e d'infinito inizia a vacillare. Se non si trova più rifugio in Dio, si cade nella «noia per la vita».[45] Così facendo, si dimentica che sono gli umani i soli a convertire il relativo in assoluto, a trasformare incontri dovuti al caso in necessità intangibili e a considerare valori trascendenti ciò che essi stessi hanno scelto.

In diversi poemi, Goethe ha proclamato questa necessità di accettare il divenire di ogni cosa, dunque anche il suo deperimento: essere vivente è sinonimo di essere mortale. Così in *Selige Sehnsucht* (*Desiderio beato*):[46]

Canterò della creatura
che vuol morte tra le fiamme.
[...]
E fintanto che non hai
questo Muori e diventa!
sei appena, opaco, un ospite
sulla terra tenebrosa.

E in *Eins und Alles* (*Uno e tutto*):[47]

E così ridar forma a ciò che è creato,
affinché niente contrasti irrigidito,
è l'opera dell'eterna azione della vita.
[...]
Deve sommuoversi, agire creando,
darsi una forma per poi trasformarsi,
solo apparenti i momenti di quiete.
[...]
poiché tutto deve in Nulla dissolversi
se nel suo Essere vuol permanere.

Il ruolo dell'arte

Nel corso degli anni di formazione, Goethe si pone l'obiettivo di comprendere il mondo, piuttosto che di volerlo piegare alla propria volontà: come abbiamo visto, egli preferisce vivere e lasciar vivere, ciascuno secondo le proprie massime. «Nel nostro circolo più ristretto», scrive, «a noi importava conoscere l'uomo; gli uomini, in genere, li lasciavamo fare volentieri.» Allo stesso modo, durante il viaggio in Italia, vorrebbe limitarsi al ruolo puramente passivo dell'osservatore. «Quanto a giudicare, vorrei farlo il meno possibile.» «A queste osservazioni dovrei davvero consacrare il resto della mia vita», si ripromette.[48] Tuttavia, non riesce a ridursi a questo atteggiamento esclusivo. Come tutti, egli si adegua alle norme sociali del suo tempo, vuole favorire i propri amici e gratificare i propri amori; non gli basta, dunque, lasciar vivere ciascuno a modo suo, interviene in prima persona nel corso degli eventi. Soprattutto, è ormai consapevole della propria vocazione: quella di essere poeta, creatore di opere d'arte. Ora, l'artista non è un semplice consumatore, non si limita a osservare e conoscere, ma trasforma il mondo in cui vive, aggiungendovi opere che prima non erano presenti.

È vero che, da un certo punto di vista, anche le opere d'arte appartengono alla natura. A suscitare questa impressione sono soprattutto quelle degli artisti più importanti, i quali hanno saputo mettersi in ascolto del mondo e prevederne l'evoluzione; dunque è altrettanto legittimo non attribuire queste opere ai loro soli autori. L'arte attinge dalla natura sia la materia, che è l'esistenza stessa del mondo, sia le leggi. «Codeste somme creazioni artistiche furono prodotte dagli uomini, così come le somme creazioni della natura, secondo leggi naturali e vere. Tutto ciò ch'è frutto d'arbitrio, di presunzione, cade da sé e resta la necessità, resta Dio.»[49] Lo stesso Goethe non ha sempre la sensazione di essere l'autore delle proprie opere, che gli sembrano perfino tanto più riuscite in quanto scaturite in lui indipendentemente dalla sua volontà, come dettate dalla natura al di fuori di lui. Rimane il fatto che l'arte è un intervento attivo nell'ordine naturale, che non si spiega con la sola acquiescenza al mondo, ma implica anche un desiderio di cambiarlo e perfino di migliorarlo. Ma in quale modo?

Tanto per cominciare, osserva Goethe, la stesura di un testo cambia il suo autore. Egli se ne accorge dai primi veri tentativi di scrivere dei poemi: trovare il corrispondente verbale di un sentimento gli consente di tenersene a distanza. Che l'esperienza sia gioiosa o dolorosa, la sua trasformazione in poema gli permette, in primo luogo, di comprenderla meglio e poi di ritrovare la propria pace interiore. In particolare, è contento di poter allontanare da sé tutto ciò che lo tormenta, trasformandolo in versi: il suo talento poetico, osserva, ha «proprietà curative». Stessa constatazione in occasione degli eventi che lo portano a scrivere il *Werther*: per vincere le proprie delusioni e frustrazioni, deve ricorrere alla forma poetica. Ciò che si pensava le parole descrivessero fedelmente, risulta trasformato proprio dall'atto di scrivere: «Come dopo una confessione generale, mi sentivo di nuovo felice e libero e autorizzato a ricominciare una nuova vita».[50] Scrivere poesia lo guarisce da ciò che l'aveva suscitata, gli dona la pace dello spirito e del cuore.

Si può vivere la medesima esperienza come lettori: il testo letto ci permette di prendere le distanze rispetto alla nostra esperienza e trovarla, eventualmente, più facile da sopportare. «La vera poesia si riconosce dal fatto che, come un vangelo profano, è capace di liberarci delle pesantezze terrene che ci opprimono, perché è fonte per noi al tempo stesso di serenità interiore e piacere esteriore.» Non si tratta di procurarsi un'evasione in un mondo più gradevole di quello in cui abitiamo, ma di elevarsi al di sopra della propria esperienza, di vederla come attraverso gli occhi di un altro e d'inserire così il proprio destino nel progresso del mondo. Poco importa, al riguardo, il tono particolare dell'opera che leggiamo, positivo o negativo: ciò che conta è la rappresentazione in sé, dunque l'oggettivazione del vissuto più profondo. «Le opere più giocose come le più serie hanno lo stesso scopo di temperare con una felice e geniale rappresentazione tanto la gioia quanto il dolore.»[51]

Se da questo punto di vista l'esperienza dell'autore e del lettore vanno nella medesima direzione, è invece impossibile procedere a ritroso, dalla rappresentazione al vissuto. L'autore alimenta il poema con la propria vita; ma il lettore non dovrebbe leggerlo come se contenesse istruzioni applicabili al modo di condurre la propria. Ora, è proprio questo che si è verificato in occasione della pubblicazione del *Werther*. L'autore si era liberato delle proprie velleità suicide attribuendole all'eroe di carta; numerosi lettori, ahimè, hanno assorbito queste ossessioni nella vita reale. «Mentre io mi sentivo alleggerito e chiarificato per aver trasformato la realtà in poesia, i miei amici invece ne furono turbati, credendo di dover trasformare la poesia in realtà, imitare un tale romanzo e, se necessario, farsi saltare le cervella.» L'amico Merck, che non perde il controllo, in seguito glielo dirà: «Il tuo sforzo, la tua irriducibile tendenza è di dare al reale una forma poetica; gli altri cercano invece di realizzare il cosiddetto poetico, il fantastico e ciò non produce altro che sciocchezze.»[52] Goethe è pienamente d'accordo; tra questi due movimenti esiste un'«enorme differenza». La vita fornisce materia alla poesia, che, tuttavia, non deve dettare a sua volta le proprie leggi alla vita. Colui che nella poesia appare come una splendida figura sarebbe un personaggio sinistro nella vita: i due ordini non obbediscono agli stessi principi né condividono gli stessi valori. Ecco perché Goethe rimane estraneo a ogni estetismo, a ogni tentazione di sottomettere l'esistenza ai criteri del bello, quali si possono ricavare dalle pratiche artistiche.

L'arte non agisce solamente su coloro che la producono o che la consumano; esercita un effetto anche sul mondo che rappresenta: si potrebbe dire che lo rivela. È ciò che Goethe ama nella pittura. Scoprendo la galleria di quadri di Dresda, egli vede che l'immagine può essere più eloquente dell'oggetto rappresentato e dunque arricchire a sua volta il mondo. «Le cose che specialmente mi attiravano erano quelle in cui il paragone con la natura nota doveva necessariamente elevare il valore dell'arte [...], dove il pennello aveva riportato una vittoria sulla natura.» Il pittore ha visto che cosa sfugge allo sguardo dello spettatore comune; con la sua rappresentazione permette a quest'ultimo d'impadronirsene a sua volta. È lo stesso beneficio che trae Goethe dal viaggio in Italia. «Al momento sono così interamente preso da Michelangelo che, dopo averlo veduto, non trovo nemmeno più godimento nella natura, poiché non la posso guardare con lo stesso grande occhio di lui.»[53]

Questa rivelazione del mondo attraverso l'arte si produce inoltre, seppur in maniera meno evidente, in poesia. La descrizione poetica di un paesaggio ci rende sensibili a una bellezza che poteva altrimenti passare inosservata. In sostanza, l'intervento del poeta è necessario per passare dal reale al vero. È questo l'insegnamento che si può trarre dal progetto autobiografico di Goethe designato da questo titolo un po' enigmatico, *Dichtung und Wahrheit, Poesia e verità*. A tale riguardo Goethe dà alcune indicazioni nella prefazione: inizialmente, dice, intendeva fornire un semplice commento fattuale delle proprie opere, segnalare da quali particolari circostanze fossero nate. Sarebbe questo un primo significato della distinzione tra poesia e verità: le opere da un lato, la vita dall'altro. Poco per volta, però, Goethe si rende conto che la scelta di queste circostanze è molto più difficile di quanto non immaginasse; un passo dopo l'altro, si vede obbligato a citare l'insieme della propria esistenza, di quella dei contemporanei, di interi periodi della storia. È nella maniera stessa di condurre il racconto che i due termini presenti nel titolo trovano nuova giustificazione, perché si tratta di una «maniera a metà poetica, a metà storica».[54] Qui la poesia non si distingue più dalla storia e dai fatti, ma si mescola con essi, rendendo così possibile il progresso verso la verità. I fatti in sé non possiedono un particolare significato, perciò il racconto nasce a partire dal momento in cui il significato concatena i fatti tra loro. È un compito che spetta all'autore e per questo motivo non esiste verità umana che non dipenda dalla poesia, dalla finzione, dall'invenzione.

Secondo Goethe risiede qui la differenza essenziale tra le opere dell'uomo e quelle della natura: le une sono degli oggetti sempre già forniti di senso e destinati all'interpretazione altrui, le opere della natura, invece, si limitano a esistere e solo la volontà dell'interprete attribuisce loro un senso. «La natura forma degli esseri viventi qualsiasi, l'artista forma degli esseri morti ma dotati di significato [...]. Nel caso di opere della natura, è lo spettatore stesso a dover fornire il significato, il sentimento, i pensieri, l'effetto e l'azione sull'anima; nel caso dell'opera d'arte, egli vuole e deve trovare già tutto ciò nell'opera [...]. La natura sembra agire per sé, l'artista agisce in quanto uomo, per il bene degli uomini.»[55]

L'arte, da questo punto di vista, si pone a metà tra la natura, perché come lei crea opere che si offrono alla contemplazione, e il sermone, infatti ha la stessa densità di significato. Ciò vuol anche dire che, reciprocamente, non si confonde né con l'uno né con l'altra: il senso la fa vivere, la lezione di morale l'atrofizza. Come i precetti estetici non sono chiamati a regolare la vita pratica, così le esigenze morali non devono orientare l'arte; Goethe rifiuta di attribuire un fine didattico alle proprie opere. «La vera rappresentazione artistica non ha questo scopo: essa non approva, non biasima, ma sviluppa le concezioni e le azioni nella loro successione e così illumina e ammaestra.»[56] L'istruzione può diventare un effetto dell'opera, ma non deve esserne lo scopo. Il grande artista è chi crea opere perfette, non chi incarna le virtù migliori.

Il parallelo tra arte e religione è sovente percepibile nelle descrizioni di Goethe. Entrando nella galleria di quadri di Dresda, egli ha la sensazione di penetrare in un tempio, in un santuario – tanto più che le opere che vede appese nei posti migliori hanno in passato ornato le pareti delle chiese. Goethe non smette di rallegrarsi per questo spostamento: non solo perché le tele sfuggono così al nerofumo prodotto dalle candele e dall'incenso, che rischia di impedire la visione delle immagini, ma perché il bello si affranca da ogni tutela ideologica. Abbiamo visto che la poesia appare a Goethe come un vangelo profano, perché aiuta a elevarsi al di sopra del mondo; la sua creazione è per lui l'equivalente della confessione, che gli permette d'intraprendere nuove vie; il grande creatore è sempre paragonato a Dio; e l'Italia, patria delle arti, è definita la «nuova Gerusalemme».

Non per questo Goethe suggerisce che le opere d'arte debbano contenere precetti su come comportarsi, sulla falsariga dei dogmi religiosi. Piuttosto sia l'arte sia la religione incarnano il vertice delle aspirazioni umane, anche se non è il medesimo, e meritano a questo titolo di essere considerate sacre. Le preferenze di Goethe sono per l'arte ed egli rivolge ai sacerdoti cattolici questa preghiera: «Non nascondetemi il sole dell'arte somma e della pura umanità». La superiorità dell'arte è dovuta proprio al fatto che è esclusivamente umana. Quando visita la Cappella Sistina in Vaticano, Goethe non prova un senso di pietà o di annientamento davanti alla grandezza divina; vede in essa un monumento senza pari alla grandezza umana: «Chi non abbia veduto la Cappella Sistina, non è in grado di concepire concretamente di che sia capace un solo uomo».[57] L'arte non si oppone alla vita, ne produce una forma particolarmente densa e pura.

Verso l'universale

Goethe condivide un'opinione, largamente diffusa nel secolo dei lumi, ossia che gli esseri umani e i popoli non si assomigliano, ma che le loro differenze non giustificano il disprezzo o le discriminazioni per alcuni di essi. L'esempio principale, quello che implica tutti gli altri, riguarda la religione. «Si ripeteva molto spesso, in quell'epoca di tolleranza che ogni individuo ha la sua propria religione, il suo modo particolare di onorare Dio», ricorda Goethe, educato sin dall'infanzia a questo atteggiamento tollerante nei confronti della diversità. Nella città natale assiste alla diffusione di numerose sette protestanti; hanno «tutte il solo scopo di avvicinarsi alla divinità», eppure non si assomigliano. Da bambino si chiede se sia necessario sceglierne una; in età adulta Goethe decide di non farlo e con altri aderisce a quella che considera «la parola d'ordine di quel tempo: la tolleranza, accreditata presso le menti e gli spiriti migliori». È in nome di questa stessa apertura universale che egli esprime le proprie preferenze per la «religione naturale» piuttosto che per le religioni rivelate: queste favoriscono i propri fedeli, quella si rivolge a tutti gli uomini senza distinzione né discriminazione, sempre e ovunque. «Per quel principio di temperanza poi si concedettero diritti uguali a tutte le religioni positive, per cui una dopo l'altra divennero indifferenti e mal sicure.»[58] La «tolleranza generale» di Goethe si spinge a mettere sullo stesso piano fede e scienza; occorre riconoscere, tuttavia, che non tutti i suoi amici lo seguono su questa strada.

Questo stesso principio di tolleranza e universalità può essere esteso ai popoli. Proprio come l'essere umano, abbandonando la barbarie primitiva che lo persuadeva della propria superiorità sugli altri uomini, deve riconoscere e perfino coltivare la loro presenza, così ogni nazione è chiamata a riconoscere gli stessi diritti alle altre. Goethe ammette che gli sono occorsi una buona sessantina d'anni prima di sentire «come sua propria la felicità o la sventura di un popolo vicino», ma fin da quando è giovane lo si vede mentre divora con la più grande curiosità la descrizione dei costumi di tutti i popoli della terra. Non tutti i contemporanei condividono la sua ampiezza di vedute, come ben sa. Essi reagiscono diversamente a seconda che le vittime della violenza siano compatrioti o popoli che coltivano costumi e credenze differenti, come i turchi: orgogliosi di appartenere alla parte più civilizzata dell'umanità, sono pronti a considerare gli altri come non completamente umani. «Quando questi anticristi cadevano a migliaia, pareva quasi che non venissero sacrificati degli uomini. La flotta incendiata nel porto di Cesme fu cagione di festa gioconda a tutto il mondo civile.»[59]

Goethe, comunque, non perde la speranza che la situazione possa evolvere. Sarebbe sufficiente, in un primo tempo, che le nazioni «prendessero coscienza l'una dell'altra, che si comprendessero», che si stabilissero «una mediazione e un riconoscimento reciproci». Questa reciproca familiarità tra i popoli sarebbe forse l'unico risultato positivo delle recenti guerre (napoleoniche) che hanno devastato l'Europa. Affinché le nazioni compiano dei passi avanti su questa strada, dovrebbero essere incoraggiati lo studio delle lingue e «il riconoscimento di ciò che è vicino», oltre alle traduzioni, il cui compito è «promuovere lo scambio reciproco». Comunque, ed è l'aspetto essenziale, questa migliore conoscenza degli altri ha lo scopo di produrre non un amalgama delle due, ma una coscienza più accentuata delle differenze che le separano. «Quando si traduce, bisogna spingersi verso l'intraducibile: solo a partire da quel momento ci si rende pienamente conto di una nazione straniera e della sua lingua.»[60]

In effetti, Goethe non auspica l'annullamento delle differenze nazionali, anche in un'epoca moderna di scambio generalizzato tra nazioni: «Non può trattarsi di far sì che le nazioni pensino alla stessa maniera». La sua idea, piuttosto, è la seguente: perché i popoli si avvicinino tra loro non sarà necessario indurli ad abbandonare le proprie caratteristiche tradizionali, ma aiutarli a scoprire l'universalmente umano dietro ogni comportamento particolare, che da quel momento è soltanto una lingua – diversa, ma equivalente – per esprimere l'universale. Ecco come egli si esprime: «Bisogna imparare e conoscere le particolarità di ogni nazione, allo scopo di lasciargliele, cosa che appunto permette che si entri in contatto con essa: le particolarità di una nazione, infatti, sono come la lingua e la moneta, facilitano gli scambi, anzi, esse soltanto li rendono possibili in tutta la loro ampiezza». La scomparsa delle differenze avrebbe un effetto disastroso; la via del generale passa necessariamente attraverso il particolare. Goethe prosegue: «Una tolleranza generalizzata sarà ottenuta più facilmente lasciando in pace ciò che determina la particolarità dei diversi individui e dei diversi popoli, pur nella convinzione che il tratto distintivo di ciò che è realmente meritevole consiste nel fatto di appartenere a tutta l'umanità». I fatti sono particolari; i valori, universali. In altri termini ancora, il nazionale diventerà soltanto il simbolo dell'universale, ma ciò che viene simboleggiato deve avere un'esistenza ben definita: «Sempre più si vedrà l'universale brillare e trasparire attraverso il carattere nazionale e individuale».[61]

L'accettazione della diversità è ancora più evidente nel campo dei giudizi estetici. Anche qui Goethe parte da un'esperienza vissuta durante l'infanzia. Nel gruppo di amici che egli frequenta, è diventato di regola presentare, ogni domenica, alcuni versi di propria composizione. «Comunque fossero, ero sempre costretto a considerare le mie poesie come le migliori.» Ma, in poco tempo, è sconcertato: si accorge che tutti i partecipanti sono nella stessa sua condizione. Allora gli sorge un dubbio: «Un giorno mi sentii preso dal dubbio di trovarmi forse io stesso in un caso simile [...], che a quei ragazzi potevo sembrare sciocco, come essi sembravano a me». Questa esperienza precoce di vedersi attraverso gli occhi degli altri risulterà utile in seguito a Goethe; gli insegnerà anche la relatività dei giudizi estetici. Ciascuno ha il diritto di considerarsi altrettanto bello come gli altri e tutti sono umani allo stesso modo. «L'esistenza dell'infimo non è ostacolata dall'esistenza dell'ottimo. Un uomo piccolo è pur sempre un uomo.» Accade così anche per le opere della natura. «Dalla primavera la gola dell'usignolo viene animata, ma insieme anche quella del cucù. Le farfalle, che dilettano tanto la vita, e le mosche, che sono così noiose al senso, vengono suscitate dallo stesso calore del sole.»[62]

La poesia e la scienza si rivolgono a tutti ed è per questo che esercitano un'attrattiva universale. «La scienza e l'arte appartengono al mondo intero e davanti a loro cadono le frontiere delle nazionalità.» Il loro esercizio ha perfino un'efficacia preventiva, nella misura in cui esse possono liberarci dai nostri pregiudizi nazionali. «Forse entro breve tempo saremo persuasi», scrive Goethe nel 1801, «che non esiste né arte né scienza patriottica. Entrambe appartengono, come tutto ciò che è bene, al mondo intero.» Aggiungerà poi: «Tutte le letterature straniere si collocano sullo stesso piano della letteratura nazionale». «Come uomo, come cittadino, il poeta amerà la propria patria; ma la patria della sua forza e della sua azione poetica è il Bene, il Nobile, il Bello, che non sono legati ad alcuna provincia in particolare, ad alcun paese speciale, e che egli coglie e forma là dove li trova.»[63]

Pertanto, egli non ritiene di dover assegnare alcun privilegio a una poesia piuttosto che a un'altra, se si escludono i suoi amati greci – eccezione motivata non dal patriottismo, ma dal fatto che essi ai suoi occhi sono lo strumento che permette d'identificare il bello altrove. La poesia erudita e colta non è superiore a quella dei «barbari», i quali, contrariamente a ciò che suggeriscono i «primitivisti» del suo tempo, non detengono nemmeno il monopolio della vera poesia. A proposito della poesia popolare serba, così scrive Goethe: «Riusciremo a comprendere sempre meglio ciò che potrebbero significare espressioni come "poesia popolare" e "poesia nazionale": perché, in fondo, esiste *una* poesia, quella autentica; essa non appartiene né ai popoli né ai nobili, né al re né al contadino; chi ha la sensibilità di un vero essere umano potrà praticarla; essa sorge irresistibilmente in seno a un popolo semplice, o perfino grossolano, ma non è nemmeno rifiutata alle nazioni colte o anche altamente colte». O della letteratura cinese dice: «Ogni giorno mi rendo meglio conto che la poesia è un bene comune dell'umanità e che appare in ogni luogo, in ogni tempo, in centinaia e centinaia di uomini».[64]

Le letterature ricavano un vantaggio immediato dagli scambi tra nazioni: non diversamente dall'uomo che non può e non deve vivere solo, «ogni letteratura vede esaurire la propria vitalità, se non è rigenerata da una partecipazione straniera». Goethe vede la fecondazione reciproca delle letterature a immagine del proprio «purismo positivo»: bisogna assorbire e assimilare tutto ciò che manca in noi. È così che egli rappresenta la propria esperienza dei popoli stranieri: non ho, dice, «mai gettato uno sguardo né compiuto un passo in un paese straniero senza l'intenzione di conoscere nelle sue forme più varie l'universalmente umano, ciò che è diffuso e distribuito sulla terra intera e poi ritrovarlo nella mia patria, riconoscerlo e promuoverlo». È così che, attraverso successive annessioni di ciò che è straniero, verrà elaborata una letteratura nuova, alla quale Goethe riserva il nome di *Weltliteratur*: «Mi piace tenere in considerazione le nazioni straniere e consiglio a ciascuno di agire allo stesso modo per parte sua. La letteratura nazionale oggi non ha più molto senso; è ormai tempo della letteratura universale e ciascuno deve adoperarsi per favorirne la venuta».[65]

Il programma redatto da Goethe per la letteratura universale è più ambizioso e più originale di quello che ci potremmo aspettare. Oggi certamente possiamo usufruire, a molta distanza dalla sua morte, di un'informazione migliore sulla letteratura degli *altri*, non soltanto all'interno dell'Europa occidentale, ma perfino da un continente all'altro; da quell'epoca il «riconoscimento reciproco» ha certamente fatto un grande passo avanti. Ma la letteratura universale non si ottiene con l'aggiunta dei capolavori di tutti i paesi. Goethe suggerisce qualcosa di diverso: una trasformazione progressiva delle letterature vive, quelle che vengono scritte di questi tempi, in modo che possano avvicinarsi all'oggetto costituito dall'«universalmente umano». «Ogni poesia nazionale deve essere o divenire vuota, se non si basa sul primo elemento umano.»[66] La via per raggiungere tale obiettivo è duplice. Da un lato, invece di rinunciare alle proprie particolarità, questa letteratura deve al contrario rafforzarle, approfondirle finché, attraverso di loro, vengano alla luce delle esperienze comuni a tutti gli uomini. E nello stesso tempo, dall'altro lato, non bisogna esitare ad accogliere ciò che le altre culture hanno scoperto, perché l'oggetto ultimo di queste diverse rappresentazioni rimane identico.

Si può vedere come Goethe, che si dedica instancabilmente, soprattutto nella seconda metà della propria vita, alla conoscenza e alla promozione delle letterature straniere in Germania, non per questo perda la propria identità di tedesco o europeo. Il suo *Divano occidentale-orientale*, per esempio, nato dall'ammirazione che egli nutriva per la poesia persiana, è interamente percorso da questo duplice movimento. Da un lato, afferma Goethe, «se vogliamo prendere parte alle produzioni di questi magnifici geni, dobbiamo orientalizzarci, non sarà certo l'oriente a venire da noi»: ecco dunque il gesto di empatia e di comprensione, che rimane indiscutibile, anche se alcuni degli «orientalismi» di Goethe possono far sorridere. Dall'altro, il suo sistema di valori si esprime senza ipocrisia nello stesso libro; pensiamo alla sua condanna del despotismo: «Ciò che non entrerà mai nello spirito degli occidentali è il servilismo anima e corpo a un signore e padrone». Tutto il significato dell'impresa di Goethe è in questo duplice movimento e il suo scopo, come scrive in una lettera, è di «far confluire gli uni negli altri i costumi e i modi di pensare delle due contrade». Per descrivere il lavoro compiuto nel *Divano*, i cui poemi sono «occidentali» e al tempo stesso «orientali», Goethe si paragona a un viaggiatore «che considera importante adattarsi con piacere alle usanze dei paesi stranieri, che fa di tutto per assimilare il loro linguaggio, condividere il loro modo di sentire, adottare le loro abitudini»;[67] già in Italia egli si vedeva come «un italiano di adozione»,* vicino ma diverso. Il viaggiatore di buona volontà non perde, comunque, la propria appartenenza anteriore: non diventa membro di questo nuovo paese come gli altri, conserva il proprio accento da straniero. Solo in questo modo è possibile instaurare un dialogo tra le due culture, in grado di aprire la via all'universalità.

Vivere il proprio pensiero

Goethe ha l'ambizione di adattare la propria esistenza alla concezione che ha della vita buona, di perfezionarla come un'opera, pur restando all'ascolto del proprio essere, sottomettendosi alle inclinazioni della propria natura e sa-

* *Viaggio in Italia*, cit., p. 429. [*n.d.t.*]

pendo che l'adeguamento tra ideale e realtà non potrà mai essere perfetto. In una lettera a Schiller egli si descrive come un uomo «che poco per volta si rende conto di non essere all'altezza dei soggetti che vorrebbe padroneggiare e che soltanto a conclusione della carriera capisce di essere finalmente in grado di ricominciare ogni cosa da capo».[68] Tuttavia, si vive solo una volta! Nonostante ciò, Goethe ha tentato continuamente di adeguare la vita il più possibile al proprio ideale.

L'universalità che osserva e loda nel mondo, Goethe cerca d'incarnarla a modo suo: vorrebbe diventare un individuo senza personalità. Che i suo scritti vengano confusi con quelli di Schiller lo inorgoglisce, perché in questo vede «la prova che ci liberiamo sempre più da ciò che costituisce uno stile personale e che siamo sul punto di raggiungere ciò che è veramente e universalmente bene». Si potrebbe restare scettici davanti all'affermazione che la somma dei due corrispondenti equivarrebbe all'universale, ma il progetto c'è: Goethe vuole *spogliarsi* di tutto ciò che è personale. E quando si fa un'opinione, vorrebbe naturalmente che fosse anche quella di tutti: «Ogni uomo di buon senso non condivide forse queste idee?».[69]

Goethe vorrebbe che non fosse possibile identificarlo con alcuno dei suoi atti, immagina di essere lui stesso a rispondere liberamente agli stimoli derivanti da ogni situazione specifica: ho, come dice, «la possibilità di cambiare argomento a mio piacere e di scegliere liberamente ciò che conviene a una data ora e in base alla disposizione d'animo del momento». Nella vita pratica, Goethe ha una grande preoccupazione: non apparire eccezionale, unico, ma confondersi con i comuni mortali. «Per questo motivo mi vedrete sempre preferire viaggiare in incognito, scegliere un abito di minore piuttosto che di migliore qualità e nelle conversazioni con gli estranei o con persone da me conosciute solo parzialmente, ricercare piuttosto gli argomenti di minore importanza o, se non altro, le espressioni meno significative, mostrarmi più frivolo di quanto io non sia, in una parola, per così dire, inserirmi tra me stesso e la mia apparenza.»[70]

Sempre in uno spirito di assenza a sé stesso e di universalizzazione, egli preferisce ascoltare gli altri e non essere lui a parlare: «Se ho parlato a qualcuno un quarto d'ora, lo lascerò a sua volta parlare due ore», come conferma Eckermann: «Sembrava che amasse sempre ascoltare piuttosto che essere lui a parlare molto». Proiettandosi sul proprio popolo, egli immagina anche i tedeschi come una nazione la cui caratteristica principale sarebbe di non possederne affatto, o piuttosto di essere capaci di comprendere e far proprie quelle di tutti gli altri popoli. «È questa la vocazione dei tedeschi, ergersi a rappresentanti del cittadino universale completo», il che significa comprendere le altre nazioni, «ciascuna nel proprio genere» e «accettare l'originalità straniera».[71]

Le nazioni e gli individui dovrebbero vivere in pace: nulla è più estraneo a Goethe della polemica. «Non mi sono mai messo a discutere», e aggiunge: «Ogni atto polemico è contro la mia natura e mi è poco gradito». Durante la sua attività, egli pratica questo rifiuto del conflitto. Per esempio, quando parla di Shakespeare: non vuole «lasciarsi coinvolgere in discussioni e critiche». O di Aristotele: «In questa vicenda, come in altre occasioni, preferirei non comportarmi in maniera polemica». O di Byron: «Ogni atto d'opposizione ha un'origine negativa e il negativo non è alcunché. Quando ho definito sbagliato ciò che è tale, che cosa ne ho guadagnato? [...] Non bisogna abbattere, bisogna costruire». E anche se gli capita di essere ingiusto con alcuni degli scrittori contemporanei, è più spesso l'ammirazione a dominare i giudizi che formula su di essi: Stendhal, «profondo colpo d'occhio psicologico», Walter Scott, «grande talento», Manzoni, «la perfezione», Alexander von Humboldt, «che uomo!».[72]

Comunque, questo rifiuto dell'ostilità, questa tendenza all'ammirazione non lo portano a voler inglobare gli altri esseri umani, né a proiettarsi in loro fino al proprio annullamento. Proprio come lo scambio proficuo tra nazioni implica il mantenimento delle particolarità, così la relazione umana esige il riconoscimento dell'alterità, senza desiderare che sia l'altro ad annullarsi in noi. «È una grossa sciocchezza esigere che gli uomini siano in armonia con noi. Non ho mai agito così. Ho sempre considerato ogni uomo come un individuo esistente per sé, che mi sforzavo di esplorare e di conoscere nella sua originalità, ma al quale non richiedevo alcuna simpatia. Con questo approccio sono riuscito a intrattenere relazioni con tutti; ed è solo così che s'impara a conoscere la varietà dei temperamenti.»[73]

In questo passaggio appare evidente l'ambizione universale di Goethe: «tutti» lo interessano in ugual misura; e la sua curiosità è instancabile. L'aspetto più importante, tuttavia, è che egli sappia riconoscere che l'altro esiste non per lui, Goethe, ma per sé stesso; e che la comunicazione non implica l'unione affettiva, tutt'altro. Ecco la chiave del famoso «egoismo» di Goethe: gli viene rimproverata questa mancanza di simpatia che ai suoi occhi costituisce, piuttosto, il fondamento stesso di un riconoscimento dell'altro. «Egoismo», pertanto, è solo il peggiorativo attribuito a una delle posizioni effettivamente assunte da Goethe, un sostantivo appartenente a quel sistema che egli cerca di combattere. Lo stesso vale, del resto, per le altre motivazioni che potevano giustificare la scelta di non «amare Goethe»: se le sue asserzioni qualche volta ci sembrano banali, ciò è dovuto al suo desiderio che tutti condividano le sue idee; se manca di modestia, è perché non s'identifica in sé stesso, ma si vede con gli occhi di un estraneo. Non è vanitoso, ma realista; e se in lui vi è un eccesso, è piuttosto quello della spersonalizzazione, non quello di un culto dell'io. Sono delle spiegazioni che forse non ci fanno «amare Goethe», ma egli non chiedeva tanto, come abbiamo visto, e diffidava perfino della «simpatia»; piuttosto, possiamo considerarle motivazioni per riconoscere in Goethe l'interlocutore di un dialogo sempre rinnovato.

Il rapporto con gli altri in Goethe risponde a una duplice esigenza. Da un lato, egli ne ha bisogno semplicemente per esistere. Durante il viaggio in Italia torna regolarmente su questa condizione dell'esperienza: il viaggio lo appassiona, ma sente la mancanza di condividere con i suoi cari rimasti in Germania ciò che vede e sperimenta in prima persona. «Gran peccato ch'io non possa comunicare di momento in momento le mie osservazioni.» «Potessi almeno far partecipi i miei cari d'una parte del mio godimento, delle mie sensazioni!»[74] Non può godere della vita senza condividere la propria esperienza con interlocutori presenti o assenti; non può pensare senza comunicare. D'altro canto, però, bisogna lasciare a ciascuno la possibilità di essere sé stesso, piuttosto che cercare di annullare le differenze; bisogna anche sapersi proteggere da una socievolezza superficiale che non rompe veramente la solitudine, o da questi altri invadenti che non ci lasciano l'opportunità di essere noi stessi. Egli evita di mettersi al posto degli altri, anche quando si tratta della moglie o del figlio, e di provvedere direttamente alla loro felicità. Questo comportamento, inoltre, giustifica l'impressione che Goethe suscita in quelli che lo incontrano per la prima volta: egli fugge la familiarità facile, mantiene le distanze, si nasconde dietro una facciata un po' cerimoniosa. Tuttavia è un amico fedele, su cui è possibile fare assegnamento.

La medesima ambivalenza si osserva nella sua esperienza artistica, segnata da questo paradosso tipico della creazione: da un lato è destinata ai sensi e allo spirito degli altri, dall'altro esige che il creatore se ne allontani e lavori da solo – altrimenti fallisce. Il ritiro nel silenzio e nella penombra favorisce la creazione, mentre la frenesia della piena luce la rende impossibile. «Sentivo bene che si può solo produrre qualcosa di significativo se ci si isola. Le mie produzioni, che avevan trovato tanto applauso, erano figlie della solitudine.» Ma, in seno a questa solitudine, e per poter scrivere, Goethe si crea un interlocutore. È il suo dono particolare: immaginare gli altri da dentro, identificarsi con la loro condizione, partecipare alle forme di vita che sono a lui estranee. Quando il caso si presenta, come un Cyrano de Bergerac egli presta la penna ai propri cari per scrivere lettere d'amore infiammate! Divenuto scrittore, approfitta di questa predisposizione; è così che inventa la forma epistolare del *Werther*, la prima opera che «trova tanto applauso»: in essa ha saputo «mutare il monologo in dialogo». Se la poesia talvolta è posta da Goethe al vertice delle attività umane, ciò è dovuto al fatto che essa realizza questa unione dell'espressione con la comunicazione. «È nella produzione poetica che si ha modo di soddisfare sé stessi al meglio ed è qui che, per lo stesso motivo, si trova lo strumento migliore per tenersi in stretto contatto con gli altri uomini».[75]

Anche negli scritti più «teorici», Goethe non esita a ricorrere alla forma dialogata. *Architettura tedesca*, testo del periodo giovanile, è soltanto una serie di interrogativi, di accordi e disaccordi, di repliche immaginarie da parte di un coro di protagonisti. *Del vero e del verosimile* oppone un accusatore e un difensore, che si rallegrano insieme dei progressi compiuti grazie al metodo dialettico. Senza Schiller, Goethe non avrebbe mai avviato una riflessione teorica sui generi letterari: il dialogo tra i due è sempre presente sullo sfondo. Nel commento al *Saggio sulla pittura* di Diderot, Goethe si spiega più diffusamente. Si sente già stanco all'idea di tenere una conferenza, di elaborare un trattato: queste forme di scrittura dissimulano il carattere dialogico del pensiero sotto le apparenze del sistema impersonale. «Ogni esposizione unilaterale, anche la più completa e nata dalla concezione più metodica, ci sembra triste e pesante. La causa verosimilmente è la seguente: l'uomo non è fatto per insegnare, ma per vivere, per essere efficace e attivo. Ci rallegriamo solo dell'azione e della replica.» Ma ecco che appare un interlocutore e gli ostacoli cadono: poco importa essere più o meno d'accordo con lui, l'essenziale è che il secondo polo di ogni discorso, indispensabile, sia rappresentato. «In poco tempo tutti i tentennamenti scompaiono, discutiamo vivacemente, ascoltiamo e rispondiamo.»[76]

In assenza di un interlocutore in carne e ossa, se ne può trovare uno immaginario. Ma la presenza attiva del primo è ancora più preziosa e, anche se è stato necessario isolarsi per scrivere, Goethe ama dire ai propri interlocutori che sono responsabili quanto lui delle opere a loro indirizzate. Sarebbe felice di vedere Schiller far proprie le idee che gli sottopone. «Avrò a cuore di deporre tra le vostre mani molti progetti [...] perché, grazie a voi, essi prendano vita.» Molto tempo dopo, dice a Eckermann: «Non è bene che l'uomo rimanga solo; per riuscire, ha bisogno che vi sia interesse per ciò che egli fa, che lo si stimoli. Devo a Schiller l'*Achilleide*, molte delle mie *Ballate*, perché è stato lui a esortarmi e, quando finisco la seconda parte del *Faust*, potete rivendicarlo a voi». L'interlocutore *è* l'autore e qui Goethe individua una regola generale: «L'opera può piacere veramente al lettore o allo spettatore soltanto se lo costringe a interpretare secondo il proprio sentimento, a continuarne e completarne in qualche modo la creazione».[77]

Si è visto Goethe ricusare la distinzione tra pensatori originali e pensatori che hanno subito delle influenze. Alla morte di Schiller egli ha l'impressione di perdere non soltanto un amico, ma anche una metà di sé stesso. Non ha alcuna difficoltà a riconoscere ciò che deve agli altri. «Se potessi elencare tutti i debiti che ho contratto verso i miei grandi predecessori e i miei contemporanei, quel che mi resterebbe sarebbe poca cosa.» Ancora una volta, l'individuo è soltanto un anello in una trasmissione perpetua. Durante il viaggio in Italia, egli annota: «Trovo altrettanto piacevole e conforme al mio dovere di celebrare la memoria di un predecessore. Non sono io stesso il predecessore di altri che verranno dopo di me, nella vita come nel viaggio?». Questa convinzione cresce in lui man mano che si avvicina alla morte. Un mese prima del 22 marzo 1832, torna sullo stesso argomento in presenza di Eckermann. «Che cosa mi appartene davvero, a parte la facoltà e la propensione che possedevo a vedere e ascoltare, distinguere e scegliere, animare con un po' di vivacità e ripetere con un po' di abilità ciò che avevo visto e sentito?» E nell'ultima lettera scritta a Wilhelm von Humboldt, solo qualche giorno prima di morire: «Il miglior genio è colui che assorbe tutto, che sa appropriarsi di tutto, senza che la sua determinazione fondamentale, comunemente chiamata carattere, subisca il minimo danno, che ne risulti perfino ancora più elevato e per questo capace di aprirsi a tutte le possibilità».[78]

Nei giorni che precedono la morte, in cui è abitato forse inconsciamente dall'oscuro presentimento del momento in cui la terra assorbirà il suo corpo e lui stesso si confonderà con l'universo oggettivo, Goethe è ossessionato da una cosa: che il suo spirito è soltanto il risultato di infiniti assorbimenti, che la sua originalità consiste nella capacità di assimilare tutto, che l'essere *è* l'altro. Proprio quando esisterà solo dentro e attraverso lo spirito degli altri, Goethe riconoscerà pienamente gli altri in sé. L'essere individuale è soltanto un'impercettibile transizione in questo scambio generalizzato, perché siamo fatti degli altri e gli altri sono e saranno fatti di noi. Agli occhi dell'individuo nascita e morte sono avvenimenti decisivi, ma dal punto di vista dell'umanità non possono mai spezzare la catena dell'interazione umana. Ed è la sola immortalità che vale: gli altri vivono in noi, e noi viviamo in loro. Di una trasformazione anteriore non siamo altro che una trasformazione destinata a sua volta a essere trasformata.

È questa l'apoteosi di Goethe: nel momento stesso in cui il suo corpo perituro è destinato a perdersi nella materia, il suo spirito riconosce di essere soltanto memoria e si abbandona senza diffidenza al ricordo degli altri, contemporanei e futuri lettori. La permeabilità generalizzata dissolve la persona e Goethe, come ogni uomo, è portato via non dagli angeli, ma dagli altri uomini, che si trasmetteranno a loro volta agli altri e così all'infinito.

NOTE

Introduzione. La cifra umana

[1] Tutti i testi che seguono sono stati rivisti, in alcuni casi considerevolmente, per tale motivo non segnalo la data della loro prima edizione. Desidero sottolineare che tali revisioni consistono in aggiunte di nuove informazioni, eliminazione di ripetizioni o correzioni stilistiche, non in un diverso orientamento del loro significato.

Germaine Tillion

[1] *Fragments de vie*, Seuil, Paris 2009, p. 87.
[2] *Il était une fois l'ethnographie*, Seuil, Paris 2000, p. 39.
[3] Ivi, p. 104.
[4] *Fragments de vie*, cit., p. 115.
[5] *Combats de guerre et de paix*, Seuil, Paris 2007, p. 402.
[6] *Fragments de vie*, cit., p. 129.
[7] Ivi, p. 251.
[8] *Combats de guerre et de paix*, cit., p. 423.
[9] *Fragments de vie*, cit., pp. 159, 179.
[10] Ivi, pp. 147, 177.
[11] *Ravensbrück*, Seuil, Paris 1997, p. 29.
[12] *Fragments de vie*, cit., p. 149.
[13] Ivi, pp. 178, 249-250.
[14] *Ravensbrück*, cit., p. 33.
[15] *Combats de guerre et de paix*, cit., p. 149.
[16] *Fragments de vie*, cit., p. 250.
[17] *Combats de guerre et de paix*, cit., p. 80.
[18] *Fragments de vie*, cit., p. 196.
[19] *Le Verfügbar aux enfers*, La Martinière, Paris 2005, p. 118.
[20] *Ravensbrück*, cit., p. 33.
[21] *Fragments de vie*, cit., pp. 245, 252, 357, 229, 253.
[22] Ivi, p. 247.
[23] Ivi, p. 246.
[24] Ivi, p. 133.

[25] *Combats de guerre et de paix*, cit., p. 176; *Fragments de vie*, cit., p. 358.
[26] Ivi, p. 322.
[27] *Combats de guerre et de paix*, cit., p. 267.
[28] *Fragments de vie*, cit., p. 315.
[29] *Combats de guerre et de paix*, cit., p. 289; *Fragments de vie*, cit., p. 317; *Combats de guerre et de paix*, cit., p. 69.
[30] *Fragments de vie*, cit., p. 44.
[31] *Combats de guerre et de paix*, cit., p. 430.
[32] *Fragments de vie* (cit.) rappresenta un tentativo di ricreare l'opera incompiuta.
[33] *Combats de guerre et de paix*, cit., p. 64.
[34] Ivi, pp. 223, 212, 309.
[35] Ivi, p. 43.
[36] Ivi, pp. 222, 400.
[37] Ivi, p. 290.
[38] Ivi, p. 81.
[39] Ivi, p. 43.
[40] Ivi, p. 212.
[41] *Le Siècle de Germaine Tillion*, Seuil, Paris 2007, p. 99.
[42] *Combats de guerre et de paix*, cit., pp. 194, 216.
[43] Ivi, pp. 196, 53, 42.
[44] Ivi, pp. 152, 388, 401.
[45] Ivi, pp. 388, 51.
[46] Ivi, p. 43.
[47] Ivi, pp. 210, 424.
[48] Ivi, p. 728; Simone de Beauvoir, *La Force des choses*, Gallimard, Paris 1963, p. 462 (tr. it., *La forza delle cose*, Einaudi, Torino 2008).
[49] *Combats de guerre et de paix*, cit., pp. 63-64.
[50] «Combat», 10 maggio 1947, ripreso in A. Camus, *Œuvres complètes*, t. II, Gallimard, Paris 2006, p. 430; *Combats de guerre et de paix*, cit., p. 195.
[51] Ivi, pp. 404, 470.
[52] Ivi, p. 402.
[53] Ivi, p. 69.
[54] Ivi, pp. 186, 47.
[55] Lettera pubblicata nel numero speciale dei «Cahiers du Rhône» dedicato a Ravensbrück nel 1946, poi ripresa in «Voix et visages», 1947(6).
[56] *Combat de guerre et de paix*, cit., p. 277.
[57] Ho dedicato a Germaine Tillion molti altri studi, in particolare un capitolo di *Memoria del male, tentazione del bene*, Garzanti, Milano 2009, pp. 349-369 e *Germaine Tillion face à l'extrême*, in *Le Siècle de Germaine Tillion*, Seuil, Paris 2007, pp. 171-189.

Raymond Aron

[1] N. Baverez, *Raymond Aron*, Flammarion-Champs, Paris 1993, p. 381. Un'altra ricca fonte di informazioni su Aron è il numero speciale a lui dedicato dalla rivista «Commentaire» (*Raymond Aron. 1905-1983. Histoire et politique*, vol. VIII, nn. 28-29, febbraio 1985). I riferimenti alle citazioni ricavate dalle *Memorie* figurano nel testo preceduti dalla lettera M e rinviano all'edizione curata da Oreste Del Buono, pubblicata presso Mondadori nel 1984.

[2] Citato da N. Baverez in *Raymond Aron*, cit., p. 210.

[3] *Le Spectateur engagé*, Julliard, Paris 1981, Presses-Pocket, Paris 1983, p. 294 (tr. it., *L'etica della libertà*, Mondadori, Milano 1982).

[4] Ivi, p. 299.

[5] Testo del 1965, citato da Baverez in *Raymond Aron*, cit., p. 338.

[6] Ivi, p. 125.

[7] *Le Spectateur engagé*, cit., p. 298.

[8] Citato da Baverez in *Raymond Aron*, cit., p. 173.

[9] *L'Opium des intellectuels*, Hachette, «Pluriel», Paris 2002, p. 11 (tr. it., *L'oppio degli intellettuali*, Lindau, Torino 2008).

[10] *Dialogues, Œuvres complètes*, Gallimard, «Bibliothèque de la Pléiade», Paris 1964, t. I, p. 965.

[11] Citato da Baverez in *Raymond Aron*, cit., pp. 338-339.

[12] J.-P. Sartre, *Situations IV*, Gallimard, Paris 1961, pp. 248-249.

[13] Citato da Baverez in *Raymond Aron*, cit., p. 350.

[14] *Introduction* a M. Weber, *Le Savant et le Politique*, 10/18, 1982, p. 40.

[15] Citato da Baverez in *Raymond Aron*, cit., p. 369.

[16] Catalogo della mostra *Resistenza e deportazione*, 1980.

[17] Citato da Baverez in *Raymond Aron*, cit., p. 88.

[18] Ivi, p. 339.

[19] Ivi, p. 264.

[20] *Les Guerres en chaîne*, Gallimard, Paris 1951, p. 490.

[21] Citato da Baverez in *Raymond Aron*, cit., p. 445.

[22] Ivi, p. 423.

[23] Ivi, p. 72.

[24] Ivi, p. 77.

[25] Ivi, p. 13.

Edward Said

[1] *Joseph Conrad and the Fiction of Autobiography*, Harvard University Press, Cambridge (Mass.) 1966 (tr. it., *Joseph Conrad e la finzione autobiografica*, il Saggiatore, Milano 2008).

[2] *Beginnings: Intention and Method*, Harvard University Press, Cambridge (Mass.) 1974.

[3] *Réflexions sur l'Exil*, Actes Sud, Arles 2008, p. 37 (originale *Reflections on Exile*, Harvard University Press, Cambridge, Mass. 2000; tr. it., *Nel segno dell'esilio: riflessioni, letture e altri saggi*, Feltrinelli, Milano 2008).

[4] *The World, the Text and the Critic*, Harvard University Press, Cambridge (Mass.) 1983.

[5] *Réflexions sur l'exil*, cit., p. 17.

[6] Ivi, p. 699.

[7] *La Conquista dell'America*, Einaudi, Torino 1997; *Noi e gli altri*, Einaudi, Torino 1991.

[8] *Covering Islam*, Harvard University Press, Cambridge (Mass.) 1981; *Culture and Imperialism*, Viking Press, New York 1994 (tr. fr. *Culture et Impérialisme*, Fayard, Paris 2000; tr. it., *Cultura e imperialismo*, Gamberetti, Roma 1998).

[9] *Culture et Impérialisme*, cit., p. 71.

[10] Citato in *Remembering Edward Said*, Columbia University, New York 2004, p. 73.

[11] *Representations of the Intellectual*, Viking Press, New York 1994 (tr. it., *Dire la verità. Gli intellettuali e il potere*, Feltrinelli, Torino 1995).

[12] *L'Homme depaysé*, Seuil, Paris 1996.

[13] *Humanism and Democratic Criticism*, Columbia University Press, New York 2004 (tr. it., *Umanesimo e critica democratica*, il Saggiatore, Milano 2007).

[14] *Gli intellettuali e il potere*, cit., pp. 59 e 64.

[15] E. Said, D. Barenboim, *Parallels and Paradoxes*, Pantheon Books, New York 2002 (tr. fr. *Parallèles et Paradoxes*, Le Serpent à plumes, Paris 2003, p. 23; tr. it., *Paralleli e paradossi*, il Saggiatore, Milano 2008); *From Oslo to Iraq and the Road Map*, Pantheon Books, New York (tr. fr., *D'Oslo à Irak*, Fayard, Paris 2005, p. 258); *On Late Style*, Bloomsbury, London 2006, p. 8 (tr. it., *Sullo stile tardo*, il Saggiatore, Milano 2009).

[16] *Entre guerre et paix*, Arléa, Paris 1997 (tr. it., *Tra guerra e pace*, Feltrinelli, Milano 1998).

[17] *Out of Place*, A.A. Knopf, New York 1999 (tr. it., *Sempre nel posto sbagliato*, Feltrinelli, Milano 2000).

[18] *Reflexions sur l'exil*, cit., pp. 691, 689 (traduzione modificata rispetto all'edizione francese).

[19] *D'Oslo à Irak*, cit., p. 223.

[20] *Umanesimo e critica democratica*, cit.; *D'Oslo à Irak*, cit.; *Sullo stile tardo*, cit.; *Music at the Limits*, Columbia University Press, New York 2008.

[21] *Préface* (2003), *L'Orientalisme*, Seuil, Paris 2005, p. V.

[22] *Reflexions sur l'exil*, cit., p. 21 (traduzione modificata rispetto all'edizione francese), 630.

[23] Ivi, p. 659.

Jakobson e Bachtin

[1] *Théorie de la littérature. Textes des formalistes russes*, Seuil, Paris 1965;

nuova edizione: Seuil, «Points», Paris 2001 (tr. it., *I formalisti russi. Teoria della letteratura e metodo critico*, Einaudi, Torino 2003).

2 *Mikhaïl Bakhtine. Le principe dialogique*, Seuil, Paris 1981 (tr. it., *Michail Bachtin: il principio dialogico*, Einaudi, Torino 1990).

3 V. Kožinov, *Kak pishut trudy*, «Dialog, Karnaval, Khronotop», 1992, 1.

4 *Futurizm* (1919), *Selected Writings*, t. III, Mouton, La Haye 1981, pp. 718-722 (tr. fr., *Futurisme, Questions de poétique*, Seuil, Paris 1973).

5 Ivi, p. 719.

6 *Iskusstvo i otvetstvennost'* (1919), in *Estetika slovesnogo tvorchestva*, Nauka, Mosca 1979, p. 6.

7 *Réponses*, in R. Jakobson, *Russie Folie Poésie*, Seuil, Paris 1986, p. 31 (tr. it., *Russia, Follia, Poesia*, Guida, Napoli 1989).

8 Ivi, pp. 36, 37-38; *Beseda s profesorom R.O. Jakobson*, L. Dezë, Debrecen 1972 (inedito).

9 *Relations entre la science du langage et les autres sciences* (1970), in *Essais de linguistique générale*, t. II, Minuit. 1973, p. 65 (ripreso in *Selected Writings*, cit., t. VIII).

10 *Archives du xxe siècle: Entretiens avec R.J.*, ORTF, Paris 1972 (inedito), VII, p. 38.

11 *Ein Blick auf* Die Aussicht *von Hölderlin* (1976), *Selected Writings*, cit., t. III, p. 421 (tr. fr., *Un Regard sur* La Vue *de Hölderlin*, in *Russie Folie Poésie*, cit.).

12 Ivi, p. 434.

13 R. Jakobson, K. Pomorska, *Dialogues*, Flammarion, Paris 1980, p. 101 (originale russo ripreso in *Selected Writings*, cit., t . VIII); *O pokolenii rastrativshem svoikh poètov* (1931), *Selected Writings*, cit., t. V, 1979 (tr. fr., *La génération qui a gaspillé ses poètes*, in *Question de poétique*, cit., p. 101).

14 *Razgovory s Bakhtinym* (1973), «Chelovek» (I: 4, 1993; II: 5, 1993; III: 1, 1994; IV: 3, 1994; V: 4, 1994; VI: 6, 1994; VII: 1, 1995), III, p. 162. Questi incontri sono stati raccolti in un libro, in forma leggermente diversa: *Besedy B. D. Duvakina s M. M. Bakhtinym*, Progress, Mosca 1996.

15 Ivi, III, p. 171

16 *Pis'ma M. M. Bakhtina*, «Literaturnaja uchëba», 1992, 5-6 (lettere a Kožinov datate dal 1960 al 1965), p. 150; *Razgovory*, cit., I, p. 150; M. Kaganskaja, *Shutovskoj khorovod*, «Syntaxis», 1984, 121, p. 141.

17 *Linguistic and Poetics* (1960), *Selected Writings*, cit., t. III, p. 24.

18 P.N. Medvedev, *Formal'nyj metod v literaturovedenii*, Priboj, Leningrad 1929, pp. 203-204; *Iz zapisej 1970-1971 godov*, *Estetika*, cit., p. 352 (tr. fr., *Le carnets 1970-1971*, in *Esthétique de la création verbale*, Gallimard, Paris 1984).

19 *Problema obosnovannogo pokoja*, in *M. M. Bakhtin kak filosof*, Nauka, Mosca 1992, p. 235.

20 *Iz chernovykh tetradej* (1943 e s.), «Literaturnaja uchëba», 1992, 5-6, p. 154.

21 *Réponses*, cit., p. 39.

[22] Ivan Tolstoj, *Otmytij roman Pasternaka*, Vremja, Mosca 2009, pp. 216-227.

[23] *Dialogues*, cit., p. 39.

[24] Ivi, p. 37.

[25] *Réponses*, cit., pp. 10, 13; *Beseda*, cit., p. 37.

[26] *Réponses*, cit., p. 43.

[27] *Razgovory*, cit., III, p. 160.

[28] *Kagan*, cit., pp. 80-81; *Razgovory*, cit., VI, p. 166.

[29] Ivi, V, p. 181.

[30] Ju.-P. Medvedev, *Nas bylo mnogo na chelne...*, «Dialog, Karnaval, Khronotop», 1992, 1, pp. 97, 95.

[31] K. Clark, M. Holquist, *Mikhail Bakhtin*, Harvard University Press, Cambridge (Mass.) 1984, p. 260; *Pis'ma*, cit., p. 150.

[32] «Dialog, Karnaval, Khronotop», cit., p. 120.

[33] *Réponses*, cit., pp. 26, 27, 41.

[34] *Beseda*, cit., p. 27; *Archives*, cit., pp. 29-30.

[35] *Archives*, cit., III, pp. 39-40; *A Tribute to Roman Jakobson*, Mouton, Berlin 1983, pp. 69, 87.

[36] *Préface* (1976) in V.N. Volochinov (M. Bachtin), *Le Marxisme et la Philosophie du langage*, Minuit, Paris 1977, p. 8.

[37] *Réponses*, cit., p. 42.

Il salvataggio degli ebrei bulgari

[1] *La banalità del male. Eichmann a Gerusalemme*, Feltrinelli, Milano 2003, p. 194.

[2] *The Bulgarian Jews and the Final Solution, 1940-1944*, University of Pittsburgh Press, Pittsburgh 1974. Altri studi completano questo primo lavoro: Nir Barouch, *Otkupât. Car Boris i sâdbata na bâlgarskite evrei*, Éditions universitaires Saint-Clément d'Okhrid, Sofia 1991; Michael Bar-Zohar, *Beyond Hitler's Grasp*, Adams Media Corporation, Avon 1998.

[3] *Oceljavaneto [La sopravvivenza]*, Shalom, Sofia 1995, p. 134.

[4] Si possono conoscere in dettaglio queste reazioni leggendo le *Memorie* di Dimitar Pechev (tr. fr., *La Fragilité du bien. Le sauvetage des juifs bulgares*, Albin Michel, Paris 1999).

[5] *Oceljavaneto*, cit., p. 181.

[6] Messaggio del 27 marzo 1943, citato in Christo Boyadjieff, *The Bulgarian Jews and the Final Solution*, Free Bulgarian Center, Ottawa 1989, p. 73.

[7] *Oceljavaneto*, cit., p. 207.

[8] Ivi, pp. 205-206.

[9] Ivi, p. 210.

[10] Cfr. *La Fragilité du bien*, cit., pp. 122-123.

[11] Un racconto molto dettagliato di questa giornata è presente nel li-

bro di Michael Bar-Zohar, *Arrachés aux griffes de Hitler*, Editions Bul-Koreny, Sofia 2006.

[12] *La Fragilité du bien*, cit., pp. 122-123.

[13] Ivi, pp. 96-99.

[14] *Oceljavaneto*, cit., p. 237.

[15] Ivi, p. 257.

[16] Ivi, p. 42 (il riferimento evangelico è a *Matteo* 7,1-2).

[17] Ivi, pp. 265-266.

[18] Cfr. Gabriele Nissim, *L'uomo che fermò Hitler*, Mondadori, Milano 1998, pp. 225-226, 315-316.

[19] Ivi, pp. 210-222.

[20] Cfr. Liliana Deyanova, *Dva malki kazusa*, in *Prenapisvaneto na uchebnicite po istorija*, Institut za socialna kritika, Sofia 1994.

[21] Nissim, *L'uomo che fermò Hitler*, cit., p. 269.

[22] Cfr. *La Fragilité du bien*, cit., pp. 82, 91, 93, 133.

[23] *Oceljavaneto*, cit., p. 55.

[24] *Oceljavaneto*, cit., p. 236; testo tedesco in Boyadjieff, *The Bulgarian Jews and the Final Solution*, cit., p. 79.

[25] *La Fragilité du bien*, cit., p. 114.

[26] Ivi, p. 151.

[27] Ivi, pp. 125, 156, 157.

[28] *Oceljavaneto*, cit., p. 232.

[29] Diario di Filov, 5 aprile 1943, tradotto in *La Fragilité du bien*, cit., p. 111.

[30] 4 aprile 1943, *Oceljavaneto*, cit., p. 234.

[31] *The Bulgarian Jews and the Final Solution*, cit., p. 72.

[32] *La Fragilité du bien*, cit., p. 72.

[33] *Oceljavaneto*, cit., p. 231.

[34] *La Fragilité du bien*, cit., pp. 156-157.

[35] Ivi, pp. 164s.

[36] Ivi, pp. 114, 189, 98.

[37] Ivi, pp. 72, 125, 189.

[38] Ivi, pp. 189-190.

[39] Ivi, pp. 190, 194, 196 197.

[40] Ivi, p. 159.

[41] Ivi, pp. 81, 172.

[42] Ivi, p. 66.

[43] *Oceljavaneto*, cit., p. 259.

[44] *La Fragilité du bien*, cit., pp. 59-60.

[45] Ivi, p. 195.

[46] Diario di Filov, 24 marzo 1943, *La Fragilité du bien*, cit., p. 109.

[47] 23 marzo 1943, ivi, p. 108.

[48] 24 marzo 1943, ivi, p. 110.

[49] Ivi, pp. 211, 216.

[50] Ivi, p. 131.

[51] Ho trattato il problema di coloro che si sono prodigati per il salva-

taggio degli ebrei anche in *Face à l'extrême*, Seuil, edizione del 1994, pp. 256-264 (tr. it., *Di fronte all'estremo*, Garzanti, Milano 1992).

Stalin visto da vicino

[1] G. Dimitrov, *Dnevnik*, Éditions universitaires Saint-Clément d'Okhrid, Sofia 1997.

[2] *The diary of Georgi Dimitrov, 1933-1942*, Yale University Press, New Haven 2003.

[3] Si trova una notevole ricostruzione romanzata degli ultimi giorni di Münzenberg nel libro di Antonio Muñoz Molina, *Sefarad*, Mondadori, Milano 2002.

Artisti e dittatori

[1] *L'antico regime e la rivoluzione*, Rizzoli, Milano 1989, III, 1, p. 194.

[2] R. Wagner, *Œuvres en prose*, Éditions d'aujourd'hui, Paris 1976, t. III, p. 91.

[3] Ivi, pp. 19, 16, 243.

[4] *Futurisme. Manifestes, proclamations, documents*, a cura di G. Lista, L'Âge de l'homme, Lausanne 1973, p. 88.

[5] *Marinetti et le futurisme*, a cura di G. Lista, L'Âge de l'homme, Lausanne 1977, pp. 18, 19.

[6] *Le Futurisme*, L'Âge de l'homme, Lausanne 1980, pp. 103, 159, 110, 112.

[7] *Marinetti et le futurisme*, cit., pp. 59s. (questo passaggio è contenuto in *Fascismo e Futurismo*, in *Teoria e invenzione futurista*, Mondadori, Milano 2008, p. 562)

[8] In *Anthologie du Bauhaus*, Didier Devillez, Bruxells 1995, pp. 51-54; citato da E. Michaud, *L'œuvre d'art totale et le totalitarisme* in *L'Œuvre d'art totale*, Gallimard, Paris 2003, p. 43, di cui seguo qui l'analisi.

[9] *Bauhaus 1919-1969*, Musée national d'art moderne, 1969, p. 13, citato da Michaud in *L'œuvre d'art totale et le totalitarisme*, cit., p. 47; *Anthologie du Bauhaus*, cit., p. 110; Michaud, cit., p. 53.

[10] L. Moholy-Nagy, *Peinture, photographie, film*, Jacqueline Chambon, Nîmes 1993, p. 78 (tr. it., *Pittura Fotografia Film*, Einaudi, Torino 2010); Michaud, *L'œuvre d'art totale et le totalitarisme*, cit., p. 54.

[11] Citato da Igor Golomstock, *L'Art totalitaire*, Éditions Carré, Paris 1991, p. 66 (opera fondamentale per il problema di cui ci stiamo occupando).

[12] *Présence de Marinetti*, a cura di J.-C. Marcadé, L'Âge d'homme, Lausanne 1982, p. 197; Michail Larionov in «Lef», 2(1923), p. 135.

[13] M.F. Larionov, in *Une avant-garde explosive*, L'Âge d'homme, Lausan-

ne 1978, pp. 72-73; K.S. Malevič, *Écrits*, L'Âge d'homme, Lausanne 1993, t. I, p. 102; B.K. Livšic citato da J.-C. Marcadé, *L'Avant-garde russe. 1907-1927*, Flammarion, Paris 1995, p. 6.

[14] B. Arvatov, citato da Marcadé, *L'Avant-garde russe*, cit., p. 19; *L'utopie objectalisée*, 1923, in G. Conio, *Le Constructivisme russe*, L'Âge d'homme, Lausanne 1987, t. II, p. 46.

[15] *Des nouveaux systèmes dans l'art*, in *Écrits*, Éditions G. Lebovici, Paris 1986, p. 336.

[16] «Lef», 2(1923), p. 135.

[17] Citato da Conio, *Le constructivisme russe*, cit., p. 153; *L'artiste et la Commune*, ivi, t. I, p. 241.

[18] *Foi et Amour*, *Œuvres*, Gallimard, Paris 1975, t. I, p. 341.

[19] Citato da Conio, *Le constructivisme russe*, cit., p. 44.

[20] B. Arvatov, *Utopie ou science?*, in Conio, *Le constructivisme russe*, cit., t. II, pp. 65-66.

[21] N. Čužak, in Conio, *Le constructivisme russe*, cit., t. II, p. 39.

[22] Ivi, pp. 23, 170, 178; K. Marx, *Thèses sur Feuerbach*, in Marx-Engels, *Études philosophiques*, Éditions sociales, Paris 1947, p. 59 (tr. it., *Tesi su Feuerbach*, Centro di ricerca per la pace, Viterbo 1991).

[23] Čužak, in Conio, *Le constructivisme russe*, cit., pp. 176, 23, 178.

[24] Ivi, pp. 40, 180.

[25] «Lef», 1(1923), p. 199.

[26] *Repubblica*, in *Dialoghi Politici. Lettere*, a cura di F. Adorno, UTET, Torino 1970, 500e-501a; *Leggi*, Ivi, 817b.

[27] Citato in *L'Homme nouveau dans l'Europe fasciste*, Fayard, Paris 2004, p. 7; citato da E. Michaud, *Un art de l'éternité*, Gallimard, Paris 1996, p. 17; E. Ludwig, *Colloqui con Mussolini*, Mondadori, Milano 1932, citato in *L'Homme nouveau*, cit., p. 284.

[28] 15 febbraio 1927, citato in *L'Homme nouveau*, cit., p. 82.

[29] Citato in *Art and Power*, mostra alla Hayward Gallery, London 1995-1996.

[30] *Lettre à un soldat de la classe 60*, in *Écrits à Fresnes*, Plon, Paris 1967, p. 140.

[31] G. Ciano, *Diario 1939-1943*, Rizzoli, Milano 1980, vol. I, p. 317.

[32] H. Rauschning, *Hitler m'a dit*, senza editore, 1939, p. 255 (tr. it., *Hitler mi ha detto*, Rizzoli, Milano 1946); *Musique en jeu*, 23, p. 60.

[33] A. Kubizek, *Adolf Hitler. Mein Jugendfreund*, Leopold Stocker Verlag, Graz-Stuttgart 1953, p. 101 (tr. fr., *Hitler, mon ami d'enfance*, Gallimard, Paris 1954, citato in B. Hamann, *La Vienne d'Hitler*, Éditions des Syrtes, Paris 2001, p. 88).

[34] Kubizek, *Adolf Hitler*, cit., p. 343, citata da Hamann, cit., p. 77; A. Speer, *Journal de Spandau*, 1975, p. 108, citato da Michaud, *Un art de l'éternité*, cit., p. 86.

[35] Citato da Golomstock, *L'Art totalitaire*, cit., p. 12.

[36] Goebbels, *Combats pour Berlin*, Éditions Saint-Just, Paris 1966 (originale 1931), p. 38; citato da Michaud, *Un art de l'éternité*, cit., pp. 20, 62.

[37] Citato da Franz Dröge, Michael Müller, *Die Macht der Schönheit, Avantgarde und Faschismus oder die Geburt der Massenkultur*, Europäische Verlaganstalt, Hamburg 1995, p. 57.

[38] Rauschning, *Hitler m'a dit*, cit., p. 273.

[39] Riportato da S. Sechukov, *Neistovye revniteli*, Mosca 1970, p. 339, citato da V. Strada, *Le réalisme socialiste*, in *Histoire de la littérature russe. Le XXe siècle*, t. III, Fayard, Paris 1990, p. 20.

[40] *Pervyj vsesojuznyj s'ezd sovetskikh pisatelej* [*Primo congresso nazionale degli scrittori sovietici*], Mosca 1934, p. 5.

[41] Citato da Golomstock, *L'Art totalitaire*, cit., p. 76.

[42] Cfr. S.S. Montefiori, *Young Stalin*, Weidenfeld & Nicholson, London 2007.

[43] O. Ivinskaïa, *Mes années avec Pasternak*, Fayard, Paris 1978.

[44] *Vlast' i khudozhestvennaja intelligencija*, Mosca 1999, p. 275; K. Čukovskij, *Dnevnik 1930-1969*, Mosca 1994, p. 141. I due sono citati nel libro di S. Volkov, *Chostakovitch et Staline*, Éditions du Rocher, Paris 2005, pp. 115, 153.

[45] *Programme du Parti communiste russe*, citato in M. Heller, *La Machine et les rouages*, Calmann-Lévy, Parus 1985, p. 11; Rauschning, *Hitler m'a dit*, cit., p. 278.

[46] *Belomorsko-Baltijskij kanal imeni Stalina*, Mosca 1934, p. 397, citato da M. Heller, *Maxime Gorki*, in *Histoire de la littérature russe*, cit., pp. 78-82.

[47] L. Trotski, *Littérature et Révolution*, Julliard, Paris 1964, pp. 213, 215, 217 (tr. it., *Letteratura e rivoluzione*, Einaudi, Torino 1973).

[48] *L'œuvre d'art à l'ère de sa reproductibilité technique*, in *Poésie et Révolution*, Denoël, Paris 1971, pp. 208, 210.

[49] *Lettre aux* Cahiers du Sud *sur les responsabilités de la littérature*, «Les Cahiers du Sud», 34(1951).

[50] Affronto più diffusamente l'ideologia romantica e il posto che occupa nella storia in *La bellezza salverà il mondo*, Garzanti, Milano 2010.

[51] *La société ouverte et ses ennemis*, t. I, Seuil, Paris 1979, p. 135.

I limiti della giustizia

[1] «Le Monde», 2 maggio 2001.

[2] Lettera 104 in *Œuvres complètes*, Seuil, Paris 1964.

[3] Cfr. il mio libro *La paura dei barbari*, Garzanti, Milano 2009, pp. 187s.

[4] «Le Monde des débats», 25, maggio 2001.

[5] *Una tragedia vissuta*, Garzanti, Milano 2010.

[6] Cfr. Stephen Holmes, *The Matador's Cape*, Cambridge University Press, New York 2007, pp. 164-167.

[7] «Le Monde», 1-2 luglio 2001.

[8] *Le devoir de vérité*, in *Combats de guerre et de paix*, Seuil, Paris 2007, p. 401.

[9] *Paix et guerre entre les nations*, Calmann-Lévy, Paris 1962, p. 721.

[10] Citato da P. Hazan, *La Justice face à la guerre*, Stock, Paris 2000, p. 219.

Il testamento di Primo Levi

[1] *Comprendre et faire comprendre*, in Primo Levi, *Conversations et Entretiens*, Robert Laffont, Paris 1998, p. 242 (ed. it., *Conversazioni e interviste: 1936-1987*, Einaudi, Torino 1997).

[2] *I sommersi e i salvati*, Einaudi, Torino 1997, p. 1150.

[3] Ivi, pp. 1151, 1019.

[4] Ivi, p. 1034.

[5] Ivi, p. 1152.

[6] Ivi, p. 1021.

[7] Ricordo la vicenda e il pensiero di Primo Levi anche in *Di fronte all'estremo*, Garzanti, Milano 1992 e in *Memoria del male, tentazione del bene*, Garzanti, Milano 2009, pp. 213-223.

La memoria come rimedio al male

[1] *Matteo* 6,13.

[2] *Le Portail*, La Table Ronde, Paris 2000.

[3] Ivi, p. 383; *Le Portail*, Talents Hauts, Paris 2007, p. 9.

[4] *Le Portail*, La Table Ronde, cit., pp. 113, 148.

[5] «Le Soir», 20 settembre 2007.

[6] *No future without Forgiveness*, Doubleday, New York 1999 (tr. fr., *Il n'y a pas d'avenir sans pardon*, Albin Michel, Paris 2000; tr. it., *Non c'è futuro senza perdono*, Feltrinelli, Milano 2001).

[7] Citato ne *Il n'y a pas d'avenir sans pardon*, cit., pp. 136-137.

[8] Ivi, pp. 126, 89, 87.

[9] Ivi, pp. 193, 39.

[10] Ivi, p. 39.

[11] *Country of my Skull*, Vintage, New York 1999.

[12] *African Forgiveness – too sophisticated for the West*, discorso di apertura del IV Festival internazionale della letteratura di Berlino, 21 settembre 2004.

[13] *Tulipe* (1946), Gallimard, Paris 1970, p. 85.

[14] *Les Cerfs-Volants*, Gallimard, Paris 1980, p. 265.

[15] *Giovanni* 17,15.

[16] *Entretiens avec Zoran Music*, in J. Clair, *La Barbarie ordinaire*, Gallimard, Paris 2001, p. 150.

La scoperta dell'America

[1] Di questi documenti esiste una traduzione in francese nella raccolta *Le Nouveau Monde*, Les Belles Lettres, Paris 1992.

[2] Cfr. C. Colomb, *La Découverte de l'Amérique*, t. III, *Écrits et Documents. 1492-1506*, La Découverte, Paris 1991, pp. 48-49. Michel Lequenne, curatore di questa edizione, ha insistito molto a tale riguardo.

[3] Alcune lettere di Pietro Martire, non incluse nelle *Decadi*, sono state tradotte da P. Gaffarel e P. Louvot, *Lettres de Pierre Martyr*, Revue de géographie, Paris 1884. I principali estratti sono presenti in Colomb, *La Découverte de l'Amérique*, cit., pp. 83-87.

[4] L'edizione integrale dei testi di Vespucci è contenuta in: *El Nuevo Mundo*, Editoria Nova, Buenos Aires 1951. In italiano vedi: Luzzana Caraci, *Amerigo Vespucci, Nuova raccolta colombiana*, I.P.Z.S., Roma 1999.

[5] Sulla questione della scoperta, si può consultare anche A. Ronsin, *Découverte et baptême de l'Amérique*, G. Lepape, Montréal 1979 (nuova ed.: Éditions de l'Est, Nancy 1991) e N. Broc, *La Géographie de la Renaissance (1420-1620)*, in *Mémoires de la section de géographie*, 9, Bibliothèque nationale, Paris 1980.

[6] Cfr. Colomb, *La Découverte de l'Amérique*, cit., t. II, 1979, p. 75.

[7] F. Colomb, *Christophe Colomb raconté par son fils*, Perrin, Paris 1986.

[8] Cfr. *Récits aztèques de la Conquête*, Seuil, Paris 1983 (ristampato nel 2009 con il titolo *La Conquête. Récits aztèques*); *Témoignages de l'ancienne parole*, La Différence, Paris 1991.

[9] Allo studio di Colombo e dei successori ho dedicato il mio libro *La conquista dell'America*, Einaudi, Torino 1997.

La Rochefoucauld, la commedia umana

[1] M significa massima; MS, massima soppressa; MP, massima postuma; R, riflessione. Le massime sono citate secondo l'edizione seguente: *La fatica di diventare migliori. Edizione integrale delle Massime*, Paoline Editoriale Libri, Milano 2002. Le lettere contemporanee riguardanti le massime sono citate secondo *Maximes*, Bordas, Paris 1992.

[2] Al padre Thomas Esprit, 6 febbraio 1664.

[3] *Ibidem.*

[4] *Pensieri*, Edizioni Paoline, Roma 1979, B.455, L.597.

[5] A Thomas Esprit, 6 febbraio 1664.

[6] *Pensieri*, cit., B.100, L.978.

[7] *Etica a Nicomaco*, VIII.5.5.

[8] Ivi, VIII.12.3.

[9] Lettera del 6 febbraio 1664.

[10] *De la force du gouvernement actuel de la France*, Flammarion, Paris 1988, VII, p. 74; *Pensieri*, cit., B.233, L.418.

[11] *Préface à Narcisse, Œuvres complètes*, Gallimard, Paris 1964, t. II, p. 972.

[12] *Mes Pensées, Œuvres complètes*, Seuil, Paris 1964, B.1042, N.464; *Lettres morales*, VI, *Œuvres complètes*, Gallimard, Paris 1969, t. IV, p. 1116.

[13] Cicerone, *I doveri*, Classici latini, UTET, Torino 1997, I, XXXI, 113.

[14] Ivi, I, XXXIV, 125.

[15] Lettera del 17 agosto 1662.

[16] Al conte di Guitaut, 19 novembre 1666.

Mozart, uomo dei Lumi

[1] Le lettere di Mozart sono citate secondo la *Correspondance*, Flammarion, Paris 1989-1992: t. I (1756-1776), t. II (1777-1778), t. III (1778-1781), t. IV (1782-1785), t. V (1786-1791). A Leopold, 4 febbraio 1778.

[2] *Testament Johanis* in Lessing, *Schriften*, Göschen, Stuttgart und Leipzig 1886-1907, t. XIII, p. 15.

[3] A Leopold, 11 settembre 1778.

[4] A Padre Martini, 1775.

[5] 9 maggio 1781.

[6] A Leopold, 20 giugno 1781.

[7] A Leopold, 1775.

[8] A F.J. Bullinger, 7 agosto 1778.

[9] Nella raccolta dell'amico Gottfried von Jacquin, nel 1786.

[10] 4 aprile 1787.

[11] A Leopold, 4 febbraio 1778; 17 agosto 1782.

[12] *Mémoires de Lorenzo da Ponte*, Mercure de France, Paris 1980 (tr. it., *Memorie*, Garzanti, Milano 1981).

Constant, politica e religione

[1] *De la religion*, Actes Sud, Arles 1999, II, 8, p. 139; *Histoire abrégée de l'égalité*, in *Œuvres complètes*, Niemeyer Verlag, Tübingen 1995, t. III, 1, p. 373

[2] *De Madame de Staël et de ses ouvrages*, in *Œuvres*, Gallimard, Paris 1979, p. 826; *Lettre sur Julie*, Ivi, pp. 806-807.

[3] *Des réactions politiques*, in *De la force du gouvernement actuel de la France*, Flammarion, Paris 1988, VIII, p. 136.

[4] Ad Annette de Gérando, 5 giugno 1815, in B. Constant e M.me Récamier, *Lettres 1807-1830*, Champion, Paris 1992.

[5] Testo del 1806, ripreso in *Annexes aux Principes de politique*, in B. Constant, *De la liberté chez les modernes*, Le Livre de poche, Paris 1980, pp. 437-440.

[6] *De la religion*, cit., p. 617.

[7] Ivi, p. 469.

[8] Ivi, p. 340.

[9] Ivi, p. 48.

[10] *Adolphe*, Garzanti, Milano 2008, X, p. 116; *De la religion*, p. 577.

[11] Ho dedicato a Constant una monografia, *Benjamin Constant. La passione democratica*, Donzelli, Roma 2003.

Stendhal, amore ed egotismo

[1] *Dell'amore*, Garzanti, Milano 2010², I, p. 5; XXXII, p. 79; XXIX, p. 67; XXXII, p. 78.

[2] Ivi, I, p. 6; X, p. 23; XLII, p. 153.

[3] Ivi, p. 194; XL, p. 111; LIX, p. 188; *Vita di Henry Brulard*, Garzanti, Milano 2003, XLII, p. 458; XLIII, p. 465.

[4] *De l'amour*, Gallimard, Paris 1980, Folio, p. 338; *Dell'amore*, cit., XLI, p. 113; XLII, p. 117; XLII, pp. 118-119; XLIX, p. 139; *Frammenti diversi*, 56, p. 212; XLI, p. 115.

[5] Ivi, *Frammenti diversi*, 56, pp. 211-212; XLIII, p. 120; *De l'amour*, cit., *Troisième préface*, pp. 341-342; XLVII, p. 132; XLIV, p. 123; *De l'amour*, cit., *Troisième préface*, p. 341.

[6] *Le rameau de Salzbourg*, p. 361; II, pp. 8-9; VIII, p. 19; *Frammenti diversi*, 121, p. 242; Rousseau, *La Nouvelle Héloïse*, I, 46, *Œuvres complètes*, t. II, Gallimard, Paris 1964, p. 103; II, 18, p. 319; *Émile*, V, *Œuvres complètes*, t. IV, 1969, p. 743.

[7] *De l'amour*, cit., p. 359; *Dell'amore*, cit., XI, p. 24; XVII, p. 33.

[8] Ivi, XXIII, p. 42-43.

[9] *Journal*, *Œuvres intimes*, t. II, Gallimard, 1982, II, p. 46; *Journal littéraire*, *Œuvres complètes*, t. 49, Cercle du bibliophile, Genève 1972, p. 140; p. 141; *Ricordi di egotismo*, Garzanti, Milano 1999, IX, pp. 103-104.

[10] *Dell'amore*, III, p. 13; XXXII, p. 78; IX, p. 21.

[11] Ivi, p. 334.

[12] *Ricordi di egotismo*, cit., I, p. 12.

[13] *Dell'amore*, I, p. 6.

[14] *Vita di Henry Brulard*, cit., II, pp. 22-24.

[15] *Ricordi di egotismo*, cit., I, p. 7; p. 6; *Vita di Henry Brulard*, cit., I, p. 11; XXI, p. 240.

[16] *Ricordi di egotismo*, cit., II, p. 18; *Vita di Henry Brulard*, cit., XIII, p. 152; *Ricordi di egotismo*, cit., VI, p. 72; *Vita di Henry Brulard*, cit., I, pp. 14-15.

[17] Ivi, XIII, p. 152.

[18] Ivi, XLV, p. 476.

[19] Ivi, II, p. 29; IX, pp. 111-112; VII, p. 88.

[20] *Ricordi di egotismo*, cit., IX, p. 100; *Dell'amore*, cit., XL, p. 112.

[21] *Vita di Henry Brulard*, cit., IV, p. 46; XXX, p. 335.

[22] Lettera a A. Levavasseur del 21 novembre 1835, *Correspondance*, Gallimard, Paris, t. III, p. 140; *Journal*, cit., II, p. 283; II, p. 66.

[23] *Vita di Henry Brulard,* cit., XXIV, p. 277; I, pp. 13-14; *Ricordi di egotismo,* cit., I, p. 6; VII, p. 82.

[24] *Journal,* cit., 14 dicembre 1829, II, p. 109.

[25] *Ricordi di egotismo,* cit., V, p. 34; VI, p. 58; *Vita di Henry Brulard,* cit., XXXVIII, p. 418; II, p. 21; XLV, p. 478; *Appendice,* p. 489.

[26] *Journal,* cit., II, p. 198.

[27] *Émile,* cit., I, p. 264; V, p. 777.

Beckett, la speranza

[1] Platone, *Dialoghi politici. Lettere,* vol. I: *Repubblica,* UTET, Torino 1988, VII, 514a, p. 545.

[2] *Lo spopolatore,* Einaudi, Torino 1989, a cura di R. Oliva.

[3] *Lettres à Malesherbes,* in *Œuvres complètes,* Gallimard, Paris 1959, t. I, p. 1131.

[4] *Compagnia,* Jaca Book, Milano 1986.

[5] *Teste-morte,* Einaudi, Torino 1980.

Un profilo di Goethe

[1] Goethe-Schiller, *Correspondance 1794-1805,* Gallimard, Paris 1994, 21 novembre 1795; *Conversations de Goethe avec Eckermann* [d'ora in poi abbreviato Eckermann], Gallimard, Paris 1988, 23 novembre 1830; 14 febbraio 1830.

[2] Eckermann, 11 giugno 1825.

[3] A Schiller, 16 maggio 1798; *Einwirkung der neueren Philosophie,* in *Goethes Werke,* Hamburger Ausgabe, München 1981-1982, t. XIII, p. 25.

[4] Schiller a Goethe, 9 luglio 1796; a Schiller, 10 agosto 1796; Schiller a Goethe, 23 giugno 1797; a Schiller, 24 giugno 1797.

[5] Eckermann, 14 novembre 1823; a Schiller, 19 febbraio 1802.

[6] A Schiller, 30 dicembre 1797; al medesimo, 27 luglio 1799; *Écrits sur l'art,* Flammarion, Paris 1996, p. 311; a Schiller, 19 ottobre 1794.

[7] A Voigt, 19 dicembre 1798, *Briefe,* DTV, München 1988, t. I, p. 363; a C.F. Schultz, 18 settembre 1831, ivi, t. IV, p. 450; a Schiller, 19 dicembre 1798.

[8] *Écrits sur l'art,* cit., p. 185; *Bedeutende Fordernis,* Hamburger Ausgabe, t. XIII, p. 25; a Jacobi, 23 novembre 1801, *Briefe,* cit., t. II, p. 424.

[9] Eckermann, 18 settembre 1823; Schiller a Goethe, 23 agosto 1794; *Massime e riflessioni,* Theoria, Roma-Napoli 1983, 575, 569.

[10] Eckermann, 10 aprile 1824; a Schiller, 14 agosto 1797; al medesimo, 12 maggio 1798.

[11] A Schiller, 6 marzo 1799.

[12] Al conte Reinhard, 18 giugno 1831.

[13] Eckermann, 14 aprile 1825; *Wilhelm Meister. Les années d'apprentissage,* VIII, V, in *Romans,* Gallimard, Paris 1954, p. 883; *Écrits sur l'art,* cit., p. 293.

[14] Eckermann, 13 novembre 1823; Schiller a Goethe, 18 maggio 1798; Eckermann, 16 aprile 1825; a Schiller, 30 giugno 1798; al medesimo, 27 aprile 1798; Eckermann, 24 febbraio 1823.

[15] *Écrits sur l'art,* cit., p. 148.

[16] Eckermann, 29 gennaio 1826; 14 aprile 1824; 3 novembre 1823; 29 gennaio 1826; *Viaggio in Italia,* Mondadori, Milano 1993, p. 105; p. 45; *Poesia e verità,* in Goethe, *Opere,* Sansoni, Firenze 1944, vol. I, X, p. 965.

[17] Eckermann, 29 gennaio 1826; 14 marzo 1830.

[18] *Poesia e verità,* cit., XIX, p. 1312; XX, p. 1327.

[19] *Wilhelm Meister,* cit., VIII, V, p. 885.

[20] Eckermann, 25 febbraio 1824; *Winckelmann,* Hamburger Ausgabe, t. XII, pp. 98-99; cfr. P. Hadot, *N'oublie pas de vivre,* Albin Michel, Paris 2008, p. 34.

[21] Eckermann, 3 novembre 1823; *Divan occidental-oriental,* Aubier, Paris 1940, p. 393 (tr. it., *Il divano occidentale-orientale,* BUR, Milano 2008).

[22] Eckermann, 20 aprile 1825.

[23] A Schiller, 21 febbraio 1798; *Viaggio in Italia,* cit., p. 307; p. 386; *Poesia e verità,* cit., IX, p. 951.

[24] Eckermann, 20 ottobre 1830.

[25] Eckermann, 12 maggio 1825; 17 febbraio 1832.

[26] *Poesia e verità,* cit., XIII, p. 1137.

[27] Eckermann, 16 dicembre 1828; *Poesia e verità,* cit., X, p. 974; *Écrits sur l'art,* cit., p. 248.

[28] *Poesia e verità,* cit., p. 573; XII, p. 1102; VIII, p. 918.

[29] Ivi, XV, p. 1215.

[30] *Écrits sur l'art,* cit., p. 305; p. 299.

[31] *Écrits sur l'art,* cit., p. 317; a Schiller, 27 agosto 1794; al medesimo, 18 febbraio 1795; *Bedeutende Fordernis,* Hamburger Ausgabe, t. XIII, p. 38.

[32] A Schiller, 6 gennaio 1798.

[33] *Poesia e verità,* cit., VI, p. 799; XVIII, p. 1281.

[34] Ivi, VIII, p. 883.

[35] Ivi, IX, p. 928; XIII, p. 1126.

[36] Ivi, XV, pp. 1195-1196; p. 1196.

[37] *Faust,* Garzanti, Milano 1999, II, 3, vv. 9381-9382.

[38] *Poesia e verità,* cit., XIII, pp. 1144-1145.

[39] Rousseau, *Le confessioni,* Garzanti, Milano 2009, p. 5; *Poesia e verità,* cit., XIV, p. 1171.

[40] *Viaggio in Italia,* cit., p. 500; p. 210; p. 100.

[41] *Viaggio in Italia,* cit., pp. 230-231; pp. 373-374; p. 380.

[42] *Divan occidental-oriental,* cit., p. 190; cfr. Hadot, *N'oublie pas de vivre,* cit., p. 66.

[43] A Eckermann, 3 novembre 1823.

[44] *Poesia e verità*, cit., XIII, p. 1141; XVI, p. 1230; a Jacobi, 9 giugno 1785, *Briefe*, cit., t. I, p. 475.

[45] *Poesia e verità*, cit., XIII, p. 1137.

[46] J.W. Goethe, *Cento poesie*, Einaudi, Torino 1999, p. 193.

[47] Ivi, p. 249; cfr. Hadot, cit., pp. 248s.

[48] *Poesia e verità*, cit., XVII, p. 1267; *Viaggio in Italia*, cit., pp. 133, 227.

[49] *Viaggio in Italia*, cit., p. 441.

[50] *Poesia e verità*, cit., VII, p. 186; XIII, p. 376; a Schiller, 3 marzo 1799.

[51] *Poesia e verità*, cit., XIII, pp. 1140-1141.

[52] Ivi, XIII, p. 1148; XVIII, p. 1282.

[53] Ivi, VIII, p. 885; *Viaggio in Italia*, cit., p. 161.

[54] Ivi, p. 574.

[55] *Écrits sur l'art*, cit., pp. 194, 199.

[56] *Poesia e verità*, cit., XIII, p. 1149.

[57] *Viaggio in Italia*, cit., p. 173; p. 429.

[58] *Poesia e verità*, cit., XIV, p. 1174; II, p. 34; XII, p. 1073; VII, p. 839.

[59] Eckermann, 14 marzo 1830; *Poesia e verità*, cit., XVII, p. 1266.

[60] *Écrits sur l'art*, cit., pp. 297, 300; a C.L. von Knebel, 14 dicembre 1822, *Briefe*, cit., t. IV, p. 54; *Écrits sur l'art*, cit., pp. 300, 321.

[61] *Écrits sur l'art*, cit., pp. 297, 299-300, 299.

[62] *Poesia e verità*, cit., I, p. 601; *Viaggio in Italia*, cit., p. 192; *Poesia e verità*, cit., XII, p. 1109.

[63] H. Luden (1813), in Goethe, *Sämtliche Werke. Briefe...*, B.VII (XXXIV), Deutsche Klassiker Verlag (N° 165), Frankfurt am Main 1999; *Flüchtige Übersicht über die Kunst in Deutschland*, Hamburger Ausgabe, t. XII; *Écrits sur l'art*, cit., p. 306; Eckermann, marzo 1832.

[64] *Compte-rendu de Serbische Lieder*, Hamburger Ausgabe, t. XII, pp. 327s.; Eckermann, 31 gennaio 1827.

[65] *Bezüge nach Aussen*, *Sämtliche Werke* (N° 166); a J.L. Blücher, 14 giugno 1820, *Sämtliche Werke*, B.IX (XXXVI); Eckermann, 31 gennaio 1827.

[66] *Poesia e verità*, cit., VII, p. 844.

[67] *Divan occidental-oriental*, cit., p. 372; a Cotta, 16 maggio 1815, *Briefe*, cit., t. III; *Divan occidental-oriental*, cit., p. 326.

[68] A Schiller, 26 ottobre 1796.

[69] A Schiller, 26 dicembre 1795; Eckermann, 27 aprile 1825.

[70] A Schiller, 15 dicembre 1798; al medesimo, 9 luglio 1796.

[71] Eckermann, 26 febbraio 1824; 14 ottobre 1823; a J.L. Blücher, 14 giugno 1820; Eckermann, 10 gennaio 1825.

[72] Eckermann, 11 aprile 1827; 15 maggio 1831; *Écrits sur l'art*, cit., pp. 248, 294; Eckermann, 24 febbraio 1825; 17 gennaio 1831; 8 marzo 1831; 18 luglio 1827; 11 dicembre 1826.

[73] Eckermann, 2 maggio 1824.

[74] *Viaggio in Italia*, cit., pp. 233, 441.

[75] *Poesia e verità*, cit., XV, p. 1200; XIII, p. 1136; a Schiller, 3 marzo 1799.

[76] *Écrits sur l'art*, cit., p. 190.

[77] A Schiller, 27 agosto 1794; Eckermann, 7 marzo 1830; *Entretiens avec le chancelier Müller*, Phénix, Paris 1999, p. 285.

[78] Eckermann, 12 maggio 1825; *Viaggio in Italia*, cit., p. 289; Eckermann, 17 febbraio 1832; a W. von Humboldt, 17 marzo 1832, *Briefe*, t. IV, p. 480.

INDICE

LETTURE

CONCLUSIONE

Dal catalogo

Garzanti

Tzvetan Todorov

LA BELLEZZA SALVERÀ IL MONDO

Wilde, Rilke, Cvetaeva

Per millenni e millenni, gli esseri umani l'hanno chiamato «Dio». Poi ha preso anche altri nomi: «Nazione», «Classe», «Razza». Oggi molti non si riconoscono più in queste forme religiose o politiche, e tuttavia continuano a inseguire l'assoluto. Una delle strade che si possono percorrere in questa ricerca è l'arte, l'aspirazione alla bellezza. Al centro della vita di Oscar Wilde, Rainer Maria Rilke e Marina Cvetaeva c'è proprio questa ossessione: questi tre grandissimi scrittori non si sono accontentati di creare opere d'arte sublimi, ma hanno posto la loro intera esistenza al servizio del bello e della perfezione. Fino alle estreme conseguenze: per Wilde, questo ha portato alla decadenza fisica e psichica; Rilke ha avuto come compagna costante la depressione; la Cvetaeva è arrivata addirittura al suicidio. Tzvetan Todorov racconta i loro destini e si interroga sul senso più profondo della loro esperienza di «avventurieri dell'assoluto». Per chiedersi in che cosa consista davvero una vita bella e scoprire il segreto dell'«arte della vita».

Dal catalogo
Garzanti

Tzvetan Todorov

LA LETTERATURA IN PERICOLO

In un mondo dominato dalla scienza e dalla tecnica, rischiamo di non capire più i grandi capolavori della letteratura. Sul versante della critica, negli ultimi decenni abbiamo messo a punto una serie di strumenti assai efficaci per l'analisi dei testi, a cominciare dalla filologia e dallo strutturalismo, che hanno assunto un'importanza crescente nell'insegnamento. In parallelo, fiorisce una produzione narrativa sempre più ripiegata sull'io, e hanno grande fortuna i romanzi di puro intrattenimento. Tuttavia rischiamo di perdere di vista quello che è il senso profondo della opere letterarie, quello che le rende importanti e necessarie. In queste pagine appassionate e polemiche, Tzvetan Todorov va al cuore del problema: a che cosa ci serve, oggi, la letteratura? Parte dalla propria vicenda di studioso, discute i metodi più in voga d'insegnamento della letteratura, esplora l'attuale produzione narrativa. Soprattutto, si confronta con la lezione dei grandi del passato per ritrovare e rilanciare il valore insostituibile della letteratura.

Finito di stampare nel mese di maggio 2011
da Rotolito Lombarda S.p.A.